CONSUMIDO

CB078900

BENJAMIN R. BARBER

CONSUMIDO

Como o mercado corrompe crianças, infantiliza adultos e engole cidadãos

Tradução de
BRUNO CASOTTI

EDITORA RECORD
RIO DE JANEIRO • SÃO PAULO

2009

CIP-BRASIL. CATALOGAÇÃO-NA-FONTE
SINDICATO NACIONAL DOS EDITORES DE LIVROS, RJ

Barber, Benjamin R.
B188c Consumido / Benjamin R. Barber; tradução Bruno Casotti. – Rio de Janeiro: Record, 2009.

Tradução de: Consumed: how markets corrupt children

ISBN 978-85-01-07936-7

1. Consumo (Economia) – Estados Unidos. 2. Comportamento do consumidor – Estados Unidos. 3. Crianças consumidoras – Estados Unidos. 4. Capitalismo – Estados Unidos. 5. Sociedade de massa – Estados Unidos. 6. Estados Unidos – Aspectos sociais – 1980. I. Título.

09-0985 CDD: 339.470973
CDU: 330.567.2(73)

06.03.09 10.03.09 011370

Título original em inglês:
CONSUMED: HOW MARKETS CORRUPT CHILDREN

Copyright © 2007 by Benjamin R. Barber

Todos os direitos reservados. Proibida a reprodução, armazenamento ou transmissão de partes deste livro através de quaisquer meios, sem prévia autorização por escrito. Proibida a venda desta edição em Portugal e resto da Europa.

Direitos exclusivos de publicação em língua portuguesa para o Brasil adquiridos pela
EDITORA RECORD LTDA.
Rua Argentina 171 – 20921-380 Rio de Janeiro, RJ – Tel.: 2585-2000
que se reserva a propriedade literária desta tradução

Impresso no Brasil

ISBN 978-85-01-07936-7

PEDIDOS PELO REEMBOLSO POSTAL
Caixa Postal 23.052 – Rio de Janeiro, RJ – 20922-970

CÓPIA NÃO AUTORIZADA É CRIME
ABDR
ASSOCIAÇÃO BRASILEIRA DE DIREITOS REPROGRÁFICOS
RESPEITE O DIREITO AUTORAL
EDITORA AFILIADA

Para
Cornelia Barber

*Que sabe como comprar e por que comprar
não é o suficiente*

SUMÁRIO

AGRADECIMENTOS

Consumido consumiu não apenas um bocado do meu tempo, mas do tempo e da energia de vários assistentes de pesquisa que trabalharam arduamente. Sou grato a Gary Smith e à Academia Americana de Berlim pelo Berlin Prize Fellowship de 2001-2002, que me permitiu iniciar a pesquisa deste livro. Em vários momentos, durante os quatro anos em que trabalhei, a pesquisa teve significativas contribuições de Josh Goldstein, Tom Ellington e Rene Paddags, da Universidade de Maryland. Josh Karant, um jovem acadêmico brilhante que trabalhou comigo na Universidade de Rutgers e na Universidade de Maryland, fez contribuições substanciais à pesquisa, e minha interação intelectual com ele acentuou minha percepção acadêmica. Minha sobrinha Kate Barber, que trabalha no mercado de revistas, foi uma fonte constante de orientações pertinentes sobre marketing e histórias de propaganda que fortaleceram as partes sobre o marketing para crianças. O pai de Kate, meu irmão Wilson Barber, fez uma revisão final até mesmo analisando os argumentos do livro com seu forte senso crítico.

Nos últimos dois anos de trabalho, quando o livro foi realmente escrito, Patrick Inglis atuou não apenas como meu principal assistente de pesquisa, editor e verificador de fatos, mas como uma caixa de ressonância para idéias e como um crítico atento de meus argumentos de maneiras que melhoraram significativamente o livro. O fato de ele ter feito isso mesmo enquanto concebia sua tese de doutorado e contribuía para meu projeto de Dia da Interdependência é prova de sua disciplina e seu foco acadêmico, bem como de sua infinita boa vontade.

Minha editora em Norton, Alane Mason, com a qual agora já trabalhei em três livros, fez firmes avaliações editoriais sobre a arquitetura e a substância de meus argumentos. Ela não pode receber a culpa por falhas que restaram; pelo contrário, merece bastante crédito pela coerência e continuidade do texto original.

Finalmente, minha irmã mais nova, Cornelia, que tinha 15 anos quando terminei o livro, contribuiu para a pesquisa e ainda com avaliações críticas sobre o material que eu preparava, a partir de sua própria reserva de conhecimento empírico. Sua idade e seu *know-how* de consumidora a tornam um importante alvo da indústria de marketing. Muito mais importante, porém, isso me dá esperança em relação ao futuro: porque Cornelia sabe comprar e tem prazer nisso, mas também sabe os limites do consumo, e tem uma vontade e uma percepção que permitem a ela e a muitos outros de sua geração estabelecer, a partir de dentro, uma resistência à sociedade hiperconsumista. Entre suas qualidades está uma profunda compreensão sobre como ela está sendo alvo do marketing e sobre por que esse marketing freqüentemente é mais uma violação que um tributo à liberdade e à dignidade que ela busca. Por este motivo, e porque ela possui uma bela alma que enche de alegria seus pais e todas as pessoas que a conhecem, dedico este livro a ela — a nossa "Nellie".

— Benjamin R. Barber
Nova York, janeiro de 2007

PARTE 1

O NASCIMENTO DOS CONSUMIDORES

1

O capitalismo triunfante e o etos infantilista

Por último, encerrando a movimentada história [do homem],
Está a segunda infância...

— Shakespeare, *Como gostais*, II, vii

Quando eu era criança, eu falava como uma criança,
compreendia como uma criança, pensava como uma criança,
mas, quando me tornei um homem, deixei de lado as coisas infantis.

— São Paulo em I Coríntios 13:11, O Novo Testamento

NESTES TEMPOS MISERÁVEIS de triunfo do capitalismo, em que resvalamos para um narcisismo do consumo, as sete idades do homem, de Shakespeare, correm o risco de ser varridas pela infantilidade vitalícia. Jornalistas de cultura pop têm usado muitos termos para retratar uma nova espécie de adolescentes perenes: *kidults**, *rejuvenis*, *twixters* e *adultecentes*;[1] em outros lugares do mundo, os alemães falam em "Nesthocker", os italianos em "Mammone", os japoneses em "Freeter", os indianos em "Zippies" e os franceses em uma síndrome de "Tanguy" e em "*puériculture*". O que eles estão identificando com seus neologismos pop é a conseqüência de um novo e poderoso etos cultural, mais sentido que reconhecido. Trata-se de um etos de infância induzida: uma infantilização que está intimamente associada às demandas do capitalismo de consumo numa economia de mercado global.

---

*Junção das palavras *kids* (crianças) e *adults* (adultos). (*N. do T.*)

Hoje, esse etos infantilista tem tanto poder de moldar a ideologia e o comportamento de nossa sociedade radicalmente consumista quanto o que Max Weber chamou de "ética protestante" tinha para moldar a cultura empreendedora do que era na época uma sociedade capitalista inicial de produtividade. Associado a uma ideologia de privatização, ao marketing das marcas comerciais e à homogeneização do gosto, esse etos de infantilização tem trabalhado para sustentar o capitalismo de consumo, mas à custa tanto da civilidade quanto da civilização, e com um risco crescente para o próprio capitalismo. Embora utilizemos o termo *capitalismo democrático* de uma maneira que sugere certa redundância, a realidade é que essas duas palavras descrevem sistemas diferentes, e freqüentemente em tensão um com o outro. O consumismo os separou completamente.

Quanto devemos preocupar-nos? Numa época em que o terrorismo espreita o planeta, em que o medo do *jihad* se espalha tanto quanto a violação das liberdades gerada por esse medo, em que a AIDS e tsunamis e guerras e genocídios põem a democracia em risco tanto nos países desenvolvidos quanto naqueles em desenvolvimento, pode parecer frivolidade preocupar-se com os perigos do hiperconsumismo. Quando crianças pobres no mundo em desenvolvimento estão sendo exploradas, submetidas a fome, prostituídas e obrigadas a realizar serviços militares, a preocupação de que os jovens prósperos do mundo desenvolvido possam estar se tornando consumidores rapidamente demais, ou de que os consumidores adultos estejam se estupidificando muito facilmente, pode parecer de âmbito restrito, e até mesmo solipsista.

Porém, como disse James Madison muito tempo atrás, as patologias da liberdade podem ser tão perigosas quanto as patologias da tirania; e muito mais dificilmente identificadas ou remediadas. Embora as forças do *jihad* continuem a lutar violentamente contra o sucesso do McMundo, e o abuso contra crianças que vivem na pobreza continue a ser um problema muito maior que a infantilização dos adultos que vivem na prosperidade, a modernização parece ser irreversível a longo prazo. Mas o destino dos cidadãos submetidos ao capitalismo triunfante é outro assunto. A vitória dos consumidores não é sinônimo de vitória dos cidadãos. O McMundo pode prevalecer e, ainda assim, a liberdade perder. As doenças da prosperidade que afligem o capitalismo não matam imediatamente. Não violam nenhuma lei explícita da justiça. Mas o sucesso do capitalismo gera desafios novos e perigosos.

A questão não é o capitalismo em si. A questão não é se há uma alternativa para os mercados, mas se os mercados podem ser levados a atender às verdadeiras necessidades que o capitalismo é designado a servir, se o capitalismo pode adaptar-se à soberania da autoridade democrática que, por si só, permitirá sua sobrevivência.

HOUVE UM TEMPO em que o capitalismo estava aliado a virtudes que também contribuíam, pelo menos de forma marginal, para a democracia, a responsabilidade e a cidadania. Hoje, ele está aliado a vícios que — embora sirvam ao consumismo — minam a democracia, a responsabilidade e a cidadania. A questão, então, é se não apenas a democracia mas o próprio capitalismo pode sobreviver ao etos infantilista do qual ele passou a depender. Este livro, depois de diagnosticar as patologias de mercado da liberdade, oferece um sim qualificado. O que está claro é que ou o capitalismo substitui o etos infantilista pelo etos democrático e recupera sua capacidade de promover a igualdade tanto quanto o lucro e a diversidade tanto quanto o consumo, ou a infantilização vai anular não apenas a democracia, mas o próprio capitalismo. Muito disso dependerá de nossa capacidade de dar sentido à infantilização e relacioná-la com a destruição não-muito-criativa da lógica de sobrevivência do consumismo.

A idéia de um "etos infantilista" é tão provocativa e controversa quanto a idéia do que Weber chamou de "ética protestante". A *infantilização* é ao mesmo tempo um termo vago *e* confrontador, uma metáfora forte que aponta, por um lado, para a estupidificação dos bens e dos compradores numa economia global pós-moderna que parece produzir mais bens do que as pessoas necessitam; e isto aponta, por outro lado, para a atitude de visar as crianças como consumidores num mercado onde nunca há compradores suficientes. Depois que um ramo básico da psicologia freudiana se concentrou na psicopatologia da regressão, o termo *infantilização* tornou-se, nos últimos anos, favorito entre jornalistas pessimistas: David Ansen preocupando-se com a "infantilização disseminada da cultura pop";[2] Leon Wieseltier acusando Hollywood de ser "em grande parte responsável pela infantilização dos Estados Unidos";[3] Philip Hensher, do britânico *The*

Independent, assegurando que "os sinais de que a cultura adulta está sendo infantilizada estão em toda parte".[4]

Em relação ao poder da cultura adolescente, liberais e conservadores concordam. Robert J. Samuelson, um liberal moderado, escreve: "Vivemos uma era em que as pessoas cada vez mais se recusam a agir de acordo com sua idade. Os jovens (ou muitos deles) querem ser mais velhos, enquanto os mais velhos (ou muitos deles) querem ser mais jovens. Progressivamente, demolimos os estágios tradicionais do ciclo da vida, abreviando a infância e sucedendo-a de fases nebulosas. A adolescência... começa antes da puberdade e, para alguns, dura para sempre... a negação da idade está em toda parte."[5] Joseph Epstein, um conservador moderado, faz coro com Samuelson: "Todo o movimento da propaganda, ou seja, do mercado e da cultura, desde logo depois da Segunda Guerra Mundial, tem servido continuamente para abaixar o padrão da juventude e ao mesmo tempo estender a possibilidade de parecer jovem a pessoas cada vez mais velhas."[6] Até mesmo conservadores que rejeitam a acusação de infantilização dos consumidores reconhecem esse poder da propaganda. Assim, George F. Will acusa pensadores progressistas, sugerindo que a tese do "infantilismo do público americano" é mais uma explicação do tipo "somos todos vítimas de manipulação" para a vitória de Bush na campanha presidencial de 2004.[7] Pouco surpreende, portanto, que revistas populares como a *Time* ("Eles simplesmente não vão crescer") e a *New York Magazine* ("Jovem para sempre: Por que ninguém mais quer ser adulto") se preocupem, em reportagens de capa, com as tendências a Peter Pan dos Estados Unidos.[8]

Existem provas engraçadas em toda parte: polícia de aeroporto distribuindo pirulitos para aplacar a ira de passageiros em áreas de inspeção;[9] canais de notícias voltados para executivos da área de entretenimento, discussões pop-culturais ao estilo *Vanity Fair* sobre "infantempreendedores", e o entusiasmo da *New York Times Magazine* com "o que as crianças querem na moda, diretamente da boca das meninas", para sugerir calcinhas cavadas para meninas de sete anos;[10] a profissionalização de esportes em escolas secundárias que transforma quadras de basquete de adolescentes em campos de recrutamento para a NBA e associações de jogadores de basquete em cartazes de propaganda; leitores adultos debandando para *Harry Potter* e *O senhor dos anéis* (quando não estão abandonando completamente o hábito da leitura); franquias de *fast food* ganhando o mundo para explorar (entre outras coisas) a inquieta aversão das crianças a jantar sentadas como os adultos; jogos para adolescentes como World of Warcraft, Grand Theft Auto e Narc, e filmes inspirados em quadrinhos como *O Exterminador do Futuro*, *Homem-Aranha*, *Mulher-Gato* e *Shrek* dominando o mercado de entretenimento; novos canais de televisão "educativos", como BabyFirstTV, e vídeos como "Baby Einstein"; cirurgias plásticas e injeções de Botox prometendo uma fonte da juventude a mulheres da geração *baby boom* que invejam suas filhas;[11] remédios para desempenho sexual, como Levitra, Cialis e Viagra (vendas superiores a US$ 1 bilhão em 2002), tornando-se artigos de consumo de homens da geração *baby boom* igualmente insatisfeitos e tentando contrabandear a juventude atávica para a idade da previdência social; e homens de negócios usando bonés de beisebol, jeans e camisetas largas, imitando a negligência estudada de seus filhos ainda em crescimento. Além da cultura pop, o etos infantilista também domina: julgamentos dogmáticos, com base em "preto no branco", na política e na religião substituem as complexidades cheias de nuanças da moralidade adulta, enquanto as marcas da infância perpétua são impressas em adultos que se entregam à puerilidade sem prazer e à indolência sem inocência. Daí a atração do novo consumidor pela idade sem dignidade, por roupas sem formalidade, sexo sem reprodução, trabalho sem disciplina, brincadeiras sem espontaneidade, aquisição sem propósito, certeza sem dúvida, vida sem responsabilidade e narcisismo até a idade avançada e até a morte sem um vestígio de sabedoria ou humildade. Na época em que vivemos, a civilização não é um ideal nem uma aspiração, é um videogame.[12]

Essas inúmeras anedotas contam uma história, mas a infantilização — não a segunda infância, mas a infantilidade que perdura — é muito mais do que apenas uma metáfora fascinante. Um novo etos cultural está sendo forjado e está intimamente associado ao consumismo global. Os responsáveis pela fabricação e comercialização de bens para o mercado global, aqueles que estão realmente pesquisando, ensinando e praticando marketing e propaganda hoje, objetivam tanto vender para uma população mais jovem quanto incutir em consumidores mais velhos os gostos dos jovens.

Comerciantes e marqueteiros estão conscientemente perseguindo um público comercial jovem com a carteira suficientemente cheia de dinheiro para representar um mercado bastante atraente, mas suficientemente desinformado em seus gostos para ser vulnerável à manipulação corporativa consciente via propaganda, marketing e *branding*.* Ao mesmo tempo, esses avatares do capitalismo de consumo estão procurando incentivar a regressão dos adultos, esperando reacender neles os gostos e hábitos de crianças, de modo que possam vender globalmente a parafernália relativamente inútil de jogos, aparelhos e inúmeros bens de consumo para os quais não há nenhum "mercado necessário" identificável além daquele criado pelo próprio imperativo frenético do capitalismo de vender. Como a estudiosa de desenvolvimento infantil Susan Linn explica em seu estudo crítico sobre o que chama de "a hostil tomada de poder da infância", as corporações estão disputando "cada vez mais agressivamente os consumidores jovens", enquanto a cultura popular "está sendo sufocada por uma cultura comercial incessantemente vendida a crianças [valorizadas] pelo que consomem". [13]

Enquanto a população do mundo desenvolvido envelhece — a ironia da infantilização —, a definição de juventude simplesmente avança na faixa etária, com os representantes da geração *baby boom* nos Estados Unidos a contrabandeando para seus anos mais avançados. Enquanto isso, os jovens tornam-se grandes perdulários antes mesmo de ganhar modestos salários: em 2000, 31 milhões de crianças e adolescentes americanos com idade entre 12 e 19 anos já controlavam 115 bilhões dos dólares de consumidores.[14] Apenas quatro anos depois, 33,5 milhões de crianças controlavam US$ 169 bilhões, ou aproximadamente US$ 91 por semana cada criança.[15] O mercado jovem em potencial é ainda mais impressionante em outros lugares do mundo, onde uma população muito maior tem menos de 12 anos e onde uma nova prosperidade — em nações como Índia e China — promete um mercado jovem de centenas de milhões de consumidores nos próximos anos.

A *Economist* resumiu isso alguns anos atrás, em sua reportagem especial sobre o milênio: "Antes, quando você crescia, deixava de lado as coisas infantis. Hoje, o analista de Wall Street de 35 anos que corre para o trabalho em sua patinete, ouvindo Moby e carregando relatórios anuais em sua mochila, tem muito mais em comum com um jovem de 20 anos do que ti-

*Trabalho de construção de uma marca junto ao mercado. (*N. do T.*)

nha uma geração atrás."[16] John Tierney observa no *New York Times* que os americanos estão se casando mais velhos (desde 1970, a média de idade dos que se casam aumentou quatro anos, chegando a 25 para mulheres e 27 para homens), que os trinta anos são os novos vinte anos e que os quarenta são os novos trinta.[17] Em Hollywood, onde o desejo de permanecer jovem é tão antigo quanto os filmes e onde tudo é uma hipérbole, "os quarenta anos são os novos trinta e os cinqüenta os novos quarenta, mas, ao que parece, só quando aqueles novos quarenta e cinqüenta foram aprimorados cirurgicamente... Hoje em dia, quando uma atriz de mais de quarenta contracena com um ator de mais de sessenta, a adequação de idades no elenco não parece fazer sentido, porque a atriz tem o rosto tão liso quanto o de uma adolescente."[18]

Nada menos que 4 milhões de adultos não tão jovens, com idades entre 25 e 34 anos, ainda moram com seus pais nos Estados Unidos, muitos deles de classe média. Na Grã-Bretanha, o Escritório de Estatísticas Nacionais revelou a mesma tendência, observando que "57% dos homens e 38% das mulheres com idades entre 20 e 24 anos estão hoje morando com seus pais". De acordo com o relatório de 2005, "quando têm quase trinta anos, mais de um em cada cinco homens ainda vivem na casa dos pais, o que é o dobro do índice das mulheres".[19] "Livres do aluguel — ou prestações de imóvel ou filhos", esses filhos que não saem de casa têm "uma boa renda disponível, motivo pelo qual os marqueteiros alegremente têm como foco os adultescentes desde pelo menos 1996."[20] Uma organização de médicos chamada Sociedade para a Medicina Adolescente relata em seu site que se dedica a pessoas com idades entre 10 e 26 anos, enquanto o projeto "Transições para a Vida Adulta", da Fundação MacArthur, situa o fim da transição na idade de 34 anos.

A ironia da infantilização é que, é claro, os americanos estão realmente ficando mais velhos: a idade média passou de 25 anos, no ano que foi o auge do *baby boom*, 1960, para 35, em 2000; em 2050, haverá mais pessoas com mais de setenta anos do que adolescentes.[21] A mesma coisa acontece intensamente na Europa e nas populações indígenas (imigrantes excluídos) dos países do mundo desenvolvido em geral. Só no Terceiro Mundo e nas comunidades de imigrantes do Terceiro Mundo que vivem no Primeiro Mundo a maioria é constituída por jovens — embora geralmente estes não tenham meios para expressar sua infantilidade no consumo. Da mesma forma, nos Estados Unidos, mais de um terço daqueles que vivem abaixo da linha de pobreza são crianças, que, como seus primos do mundo em desenvolvimento, estão relativamente isoladas, por sua pobreza, das conseqüências — se não das tentações — do marketing de consumo.

Houve um tempo, no período mais criativo e bem-sucedido do capitalismo, em que o capitalismo *produtivista* prosperava atendendo às reais necessidades de pessoas reais. Criando uma sinergia entre fazer dinheiro e ajudar os outros (a fórmula protestante puritana da virtude empresarial), produtores lucravam fabricando bens para trabalhadores que eles próprios empregavam — um ciclo de virtudes que, ao mesmo tempo que envolvia elementos de risco para produtores e a exploração de trabalhadores, beneficiava as duas classes e a sociedade de uma forma geral. Hoje, porém, o capitalismo consumista lucra apenas quando consegue atender àqueles cujas necessidades essenciais já foram satisfeitas mas que têm meios para satisfazer necessidades "novas" e inventadas — as "necessidades imaginárias" de Marx. A maioria das pessoas ainda tem necessidades naturais amplas e verdadeiras, refletindo o que os psicólogos T. Berry Brazelton e Stanley I. Greenspan chamaram de "as necessidades irredutíveis das crianças".[22] Mas, sem meios para atendê-las, elas estão sendo cortadas — pela desigualdade do mercado global (a "divisão norte/sul") — dos investimentos em capital e de empregos que permitiriam a elas se tornar consumidores. Isto é válido não apenas para o Terceiro Mundo global, mas para o Terceiro Mundo crescente que existe dentro do Primeiro Mundo: os pobres que vivem entre os ricos, expostos às seduções do mercado de consumo mas sem os meios para participar dele.

Habitantes do mundo desenvolvido — da América do Norte e da Europa até a Coréia e o Japão — envelhecem cronologicamente, porém mais jovens em comportamento, estilo e etos controlador, com as crianças dominando os mercados de consumo e as culturas de gosto que as sustentam de maneiras que subvertem a cultura adulta. Em outros lugares do mundo em desenvolvimento, embora a população amadureça em idade mais jovem (relembre o fato conhecido de que mais da metade da população do Oriente Médio tem menos de 16 anos), as crianças continuam marginalizadas e pobres, irrelevantes como consumidores, apesar de suas enormes necessidades, e forçadas a crescer prematuramente, tornando-se pequenos soldados, pequenas prostitutas e pequenos trabalhadores da indústria têxtil, dando alguma coisa ao mercado global mas ganhando muito pouco dele. Elas estão completamente privadas de poder mesmo onde são usadas e abusadas como crianças-soldados ou objetos sexuais. E são sempre as primeiras a pagar o custo das desigualdades econômicas globais. Suas necessidades são ignoradas pelo capitalismo global, uma vez que elas não têm qualquer renda disponível para pagar por suas necessidades. Até mesmo o Banco Mundial e o Fundo Monetário Internacional — instituições das quais são cobradas respostas a suas necessidades — impõem "condições" para ajuda e empréstimos, com os quais pretendem aliviar tais problemas. Os "corruptos" e "ineficientes" governos do Terceiro Mundo são punidos; as crianças passam fome, ficam doentes e morrem. Na guerra e na pobreza, nos desastres naturais e nos genocídios cometidos pelo homem, elas são muito freqüentemente as primeiras vítimas e, em outros contextos, as últimas a se beneficiar do apetite voraz do capitalismo por consumidores.

Nesta nova época em que os necessitados estão sem renda e os abastados estão sem necessidades, a radical desigualdade é simplesmente estimada. Os Estados Unidos e o Canadá, por exemplo, com apenas 5% da população mundial, controlam quase um terço (31,5%) das despesas mundiais com consumo particular. A Europa Ocidental, com 6,4% da população, controla quase 29% dessas despesas — isto significa que 11,5% da população do mundo controlam 60% dos gastos de consumidores no mundo. Por outro lado, a África Subsaariana, com quase 11% da população, controla apenas 1,2% das despesas de consumidores.[23]

A desigualdade deixa o capitalismo com um dilema: ou o mercado capitalista superprodutor cresce ou morre. Se os pobres não podem enriquecer o suficiente para se tornar consumidores, então os adultos do Primeiro Mundo — atualmente responsáveis por 60% do consumo no mundo e com uma ampla renda disponível mas poucas necessidades — terão que ser atraídos às compras. Induzi-los a permanecer infantis e impetuosos em seus gostos ajuda a assegurar que eles comprem os bens do mercado global destinados a jovens indolentes e prósperos. Quando traduzidas em números para comparar gastos em propaganda com gastos em ajuda externa, essas cruéis desigualdades produzem um contraste impressionante: enquanto os Estados

Unidos gastaram cerca de US$ 16 bilhões em ajuda externa em 2003, o gasto com propaganda projetado para 2005 no país era de US$ 276 bilhões (aproximadamente a metade do gasto com propaganda projetado para 2005 no mundo).[24] Porém, se a necessidade de produção, e não de bens, é a principal tarefa do capitalismo de consumo, então a propaganda maciça e os orçamentos de marketing são compreensíveis.

O próprio Marx havia observado, no Manifesto Comunista, de 1848, a substituição das indústrias tradicionais por novas indústrias em que, "no lugar de antigas vontades, encontramos novas vontades". Calvin Coolidge havia prescientemente retratado a propaganda como "o método pelo qual se cria o desejo de coisas melhores", antecipando em aproximadamente quarenta anos a afirmação mais radical de Guy Debord, nos anos 1960, de que "a satisfação das necessidades humanas básicas [é] agora confrontada, da maneira mais sumária, por uma fabricação incessante de pseudonecessidades".[25] Por outro lado, muitas das necessidades de crianças que podem ser consideradas "irredutíveis" não podem ser satisfeitas pelo mercado de modo algum, mas dependem de relações familiares, pais, auto-avaliação, aprendizado e estabelecimento de limites.[26] Como muitas necessidades estão além do que o capitalismo produz e vende, o capitalismo exige o que Keynes chamou de um certo "estímulo" ao poder de compra. Ao visitar Paris em 1935, o fundador da loja de departamentos Filene's entendeu até que (na descrição de Victoria de Grazia) "o principal problema econômico que o mundo industrial enfrentava era distribuir bens de acordo com a capacidade agora claramente inesgotável de produzi-los. O problema não era a superprodução de mercadorias, mas sua não-distribuição."[27] Do ponto de vista dos negociantes, eles não estavam produzindo demais; os consumidores é que compravam de menos.

Este foi um tema que fluiu pelo capitalismo consumista desde o início. Em nossos tempos, foi um tema selecionado por marqueteiros, para os quais a fabricação de necessidades parecia ser a melhor parte da sabedoria. Hoje já não temos a referência da advertência de Vance Packard sobre persuasores escondidos: os persuasores saíram do armário e estão ensinando a administradores de corporações a arte do marketing para adolescentes em conferências nacionais e articulando técnicas de marketing para bebês em livros de especialização e cursos universitários. Nem precisamos do sutil argumento de Herbert Marcuse sobre a unidimensionalidade do homem moderno: consultores de marketing inteligentes estão abertamente subvertendo a identidade humana pluralista buscando não simplesmente a lealdade à marca, mas a identidade com a marca por toda a vida.

Em outras palavras, eu não estou estudando a noção de infantilização que o mercado está fazendo com o objetivo de iluminar suas práticas numa era de vendas obrigatórias; estou deduzindo das verdadeiras práticas do mercado de consumo a idéia de estimular o poder de compra, produzir necessidades e incentivar a infantilização. Não estou sugerindo na voz passiva que há "um processo de infantilização em andamento". Estou argumentando que muitas de nossas instituições de negócios, educacionais e governamentais básicas estão consciente e intencionalmente engajadas na infantilização e, como conseqüência, que estamos vulneráveis a práticas associadas, tais como privatização e *branding*. Porque é assim que mantemos um sistema de capitalismo consumista já não sustentado por forças de mercado tradicionais de suprimento e demanda.

Assim, o argumento aqui se baseia na mensagem de defensores do merchandising como Gene Del Vecchio, e dá expressão sistemática a ela. Del Vecchio diz aos clientes que o capitalismo está sob cerco e que, para vender no mercado global, onde "a demanda por bens e serviços para adultos tem provado não ser interminável",[28] e onde há pouco lucro com a venda para aqueles que têm necessidade, os fabricantes precisam não apenas criar produtos globais homogêneos destinados aos jovens ricos, mas embarcar no que outro marqueteiro chama de autêntica "consumerização da criança".[29] O novo capitalismo precisa produzir um "terremoto de bens e serviços infantis" dirigido a crianças com idade suficiente "para articular suas preferências — ou seja, crianças de quatro anos ou mais".[30] Em conferências sobre marketing para crianças como a Youth Power 2005, em Nova York (24 e 25 de fevereiro de 2005), e a Youth Marketing Mega Event, realizada recentemente em Huntington, Califórnia (10 a 13 de abril de 2005), os tópicos de discussão incluíram "Alcançando Crianças por meio de Causas — Um Profundo Tutorial sobre Como Vender com o Coração" e "Excursão Etnográfica Observatória da Juventude", com promessas de ajudar as empresas a renovar continuamente "seu conhecimento sobre bebês, crianças e adolescentes ou correr o risco de ficar 'ultrapassadas demais'".

Essas conferências têm-se espalhado globalmente para lugares como Paris (Conferência de Mercado Jovem, 7 e 8 de abril de 2005, com um painel chamado "Como adquirir e manter clientes no grupo etário 0—25 [sic]"), Cingapura (Conferência de Marketing para Jovens: Customizando Estratégias de Marketing Convencional Visando Especificamente os Jovens, 18 e 19 de maio de 2005), Sydney (Marketing Jovem, 20 de maio a 2 de junho de 2005) e Xangai (Fórum de Marketing para Jovens da China: Estratégias de Marketing Direcionadas para Atingir Consumidores Jovens na China, 2 a 26 de maio de 2005). Essas estratégias são mais do que uma questão de propaganda — embora esta seja certamente uma questão de propaganda, uma vez que a indústria da propaganda nos Estados Unidos gastou sozinha mais de US$ 230 bilhões em 2001, dos quais US$ 40 bilhões destinados a crianças (mais do que os US$ 2,2 bilhões de 1968 e os US$ 4,2 bilhões de 1984).[31]

O fenômeno é global, com a expectativa de que a propaganda no mundo aumente 5% ao ano durante os próximos cinco anos, com quantidades proporcionais sendo gastas com crianças. A Europa já se aproxima de US$ 100 bilhões por ano, e a propaganda latino-americana cresce 5% ao ano e já está acima de US$ 16 bilhões por ano. A China começa a verificar os lucros que podem ser obtidos com o mercado para pessoas de 8 a 21 anos, que têm uma renda anual agregada totalizando talvez US$ 40 bilhões. Embora o lucro seja hoje de US$ 9 bilhões, a China projeta um aumento para US$ 12 bilhões em 2006 e para US$ 18 bilhões em 2011, quando se tornará o terceiro maior mercado de propaganda do mundo.[32]

O que os observadores dizem sobre a China hoje é pouco diferente do que dizem sobre a França ou o México: "Crianças, adolescentes e jovens adultos chineses desempenham um papel importante nos mercados de consumo de varejo... (como) consumidores diretos", mas também, assim como no Ocidente, por sua capacidade de "influenciar as decisões de compras de seus pais" e o crescente gasto online deles.[33] Numa nação onde a antiga política de "um filho" criou centenas de milhões de famílias com seis adultos (dois pais, quatro avós) concentrados nas necessidades e vontades de uma criança, o clima para a infantilização do mercado (não importa se estragar as crianças) parece extraordinariamente promissor — se é esta a palavra —, enquanto seu impacto no esperado papel global da China parece mais do que desconcertante.

Nos Estados Unidos, ninguém identificou o que está acontecendo com maior lucidez do que a crítica cultural Juliet B. Schor, do Boston College: "Os Estados Unidos", escreve ela, "são a sociedade mais orientada para o consumidor do mundo (...) [e] os arquitetos dessa cultura (...) voltaram agora seus olhos para as crianças (...) Crianças e adolescentes são hoje o epicentro da cultura de consumo americana. Eles comandam a atenção, a criatividade e os dólares dos anunciantes. Seus gostos dirigem as tendências do mercado. Suas opiniões moldam estratégias de marca."[34] Assim, o consumismo nos exorta a resgatar as coisas de criança que a Bíblia nos disse para deixar de lado e a entrar no novo mundo de brinquedos eletrônicos, jogos e aparelhos que constituem um moderno playground digital para adultos que — o mercado parece ter concluído — já não precisam crescer. Em vez de usarmos as escolas para ajudar as crianças a crescer fora de seus brinquedos, importamos os brinquedos para as escolas — videogames e computadores como assistentes de ensino "recreativo", bem como TV em sala de aula patrocinada por anunciantes.[35] O projetista de jogos Marc Prensky deixa claro o que está em causa: "O mundo comercial está prometendo e cumprindo", diz ele. Jenn Shreve acrescenta: "Métodos de ensino tradicionais simplesmente não podem competir com o apelo do mundo comercial dos jogos, que transforma as crianças em heróis ou coloca o destino de Harry Potter em suas mãos."[36]

Em salas de aula de escolas secundárias nos Estados Unidos, essa comercialização é sustentada por instrumentos como a Channel One Network, que oferece "noticiários" de TV dentro das escolas, leves e completos, com intensa propaganda vendida a preços que rivalizam com os preços especiais para horário nobre durante o Super Bowl.[37] No ensino superior, faculdades e universidades que antes funcionavam como um contraponto à cultura comercial se renderam aos patrocinadores corporativos de pesquisas, aos quais os administradores acadêmicos não têm vontade de se opor nem têm fundos independentes para isso. O ensino superior sempre se inclinou para as forças do treinamento vocacional (Thorstein Veblen escreveu uma crítica irada em 1918). Seu declínio para se tornar uma "fábrica de conhecimento" com várias unidades, escreveu Clark Kerr nos anos 1960, marcou apenas o início de sua corporatização moderna — da qual Stanley Aronowitz, à esquerda, e Allan Bloom, à direita, reclamaram ferozmente, cada um à sua maneira, e sobre a qual comentarei adiante em minha discussão sobre privatização.[38]

A nova corrupção no ensino superior decorre de tratar os estudantes não como aprendizes autônomos, mas como consumidores livres e compradores ainda não comprometidos com marcas — clientes de serviços educacionais. Vendedores vêem um mercado de US$ 200 bilhões por ano formado por "um subsistema particularmente atraente de jovens americanos" que ainda estão procurando marcas e que controlam uma extraordinária renda disponível e influência de mercado sobre seus pais e outros adultos.[39] Faculdades e universidades carentes de recursos vêem oportunidades de "parceria" (um contrato exclusivo com a Coca-Cola ou a Pepsi, uma ocasião favorável de pôr o nome num estádio) como uma oportunidade "livre" de replanejamento de orçamentos que sofrem com a redução de recursos do Estado.

Mas os marqueteiros corporativos não se limitam a transformar a educação em merchandising. Transformam o merchandising em educação, tornando cada momento do dia de uma criança uma oportunidade de merchandising — anúncios *pop-up* na internet, onde os estudantes agora fazem seu dever de casa, em substituição a bibliotecas livres de anúncios; feriados que antes eram "dias sagrados"* (Dia de Ação de Graças, Natal, Ramadã, Festa das Luzes, Páscoa e Kwanza) transformados em maratonas de vendas, juntamente com feriados seculares, como Dia dos Namorados, Dia dos Presidentes, Dia das Mães, Dia dos Pais, Dia do Trabalho, todos eles recebendo suas próprias inflexões únicas e cada um deles oferecendo, nas palavras de Richard Woodward, "um testamento sobre a infinita ingenuidade do capitalismo".[40]

No ensino superior e em outras áreas, o etos comercializante da infantilização incentiva e é incentivado por uma ideologia política de privatização que deslegitima bens públicos de adultos, tais como o pensamento crítico e a cidadania pública (que já foram os objetivos básicos do ensino superior), em favor de escolhas particulares baseadas em interesses próprios e de ganhos pessoais narcisistas. Assim, um especialista em marketing de faculdades vê os estudantes antes de tudo como "consumidores vorazes que

*Em inglês, *holiday* (feriado) soa como *holy day* (dia sagrado). (*N. do T.*)

usam a satisfação pessoal para compensar os rigores da vida acadêmica e o estresse de um futuro incerto".[41] O etos catalisa uma nova identidade política na qual a marca consumida — em vez de raça, religião e outras formas de identidade de atributos, juntamente com a identidade cívica e a política voluntária — passa a definir quem eles são. A discussão e os interesses em comum diminuíram intensamente no debate político; programas de rádio incentivam os ouvintes que telefonam a se comportar como crianças mimadas; programas na televisão a cabo fingem ser notícias mas são estritamente programas de entretenimento. Cada vez mais pessoas se ligam a ideologias religiosas simplistas fundamentadas em dogmas e absolutismo, e não na fé comum e em morais universais.[42]

De acordo com o crítico conservador Joseph Epstein, cada vez mais adultos estão "trancados numa escola da mente, comendo cereais, assistindo a horas e horas de televisão, esperando realizar conquistas sexuais" e geralmente aproveitando uma "adolescência perpétua, sem compromissos, sem responsabilidade, sem as verdadeiras pressões que a vida, esse negócio confuso, sempre exerce".[43] À esquerda, Juliet Schor concorda que "nos tornamos uma nação que dá menos prioridade a ensinar a suas crianças a evoluir social, intelectual e até espiritualmente do que a educá-las para o consumo".[44] Norma Pecora argumenta que "com a consumerização da criança vem a formatação ideológica do adulto. Isto não quer dizer que todos nós vamos exigir nosso Rei Leão como adultos, embora vários comerciais recentes brinquem com a criança interna, mas que vamos esperar que a vida seja vivida de maneiras particulares".[45] São as nossas expectativas sobre como a vida será vivida que o etos infantilista determina.

A celebração da juventude é mais do que simplesmente uma escolha de estilo de vida. Algumas pessoas estão buscando mudar também a biologia. A Academia de Medicina Antienvelhecimento nega que o envelhecimento seja "natural e inevitável",[46] uma atitude que gera uma celebração do não-natural e do perverso — de fontes cirúrgicas e farmacêuticas da eterna juventude e máquinas criogênicas de vida eterna.[47] A juventude está onde o dinheiro está, sejam os consumidores velhos ou novos.

No mundo emergente do comércio total, também há anúncios em parquímetros, anúncios em prédios públicos, anúncios na televisão educativa, onipresentes anúncios aéreos (gerados por fumaça), oportunidades de uso de espaço em prédios públicos como ginásios de esportes, antes associados a personalidades públicas, e possibilidades de anunciar no espaço sideral — já que este é militarizado, por que não comercializá-lo também? A última fronteira, agora atravessada, não é, porém, o espaço sideral, mas o corpo humano. A venda do corpo — que com o fim da verdadeira escravidão se tornou uma metáfora para trocas coercitivas que eram em grande parte invisíveis (Marx e Foucault) — tornou-se hoje um exemplo tóxico, mas muito bem tolerado, da subordinação da identidade ao comércio, e inclui a venda de elementos constituintes do genoma humano. Aproximadamente 20% do genoma já foram patenteados para uso comercial privado, e a tendência está aumentando. Assim como acontece com muitos outros elementos na corrida para o fundo* global, é a globalização que dirige a privatização: a busca de patentes genéticas é uma função da globalização da pesquisa. Se "nós" não fizermos isso, os coreanos, os franceses ou os chineses farão. E como os bens de consumo, juntamente com a "necessidade" deles, precisam de qualquer maneira ser comercializados globalmente para o capitalismo em sua mais nova fase de consumo florescer, a bioengenharia, a clonagem e outras formas avançadas de pesquisa genética estão prestes a ser postas nas mãos de corporações.

A globalização também estimula as vendas aos jovens de uma outra maneira importante. O mercado global passa a ser definido pelos gostos relativamente comuns dos jovens. As culturas adultas são plurais e distintas, mas a cultura jovem é bastante universal. Na adequada descrição de Chip Walker, "apesar das diferentes culturas, os jovens de classe média em todo o mundo parecem viver suas vidas como se estivessem em universos paralelos. Acordam de manhã, vestem suas Levi's, calçam seus Nikes, apanham seus bonés, suas mochilas e seus aparelhos de CD Sony e vão para a escola".[48] Existem *citoyens* franceses, nativos ibos, sunitas iraquianos e patriotas brasileiros, mas jovens são jovens. Se seus países, tribos e religiões podem ser levados a parecer tão secundários para seus gostos no mercado global e para seus apetites de crianças por marcas jovens, o capitalismo não

*"Race to the bottom": fenômeno que teoricamente ocorre quando a competição entre nações causa redução progressiva de padrões de regulação (impostos e barreiras comerciais, por exemplo). Segundo a teoria, isto resulta em aumento da pobreza. (*N. do T.*)

precisa ser impedido pelo pluralismo. Uma economia de consumo *global* num mundo de culturas diferenciadas depende da capacidade de vender bens uniformes. De acordo com Naomi Klein, a questão precisamente é: "Qual é a melhor maneira de vender produtos idênticos através de fronteiras múltiplas? Que voz os anunciantes devem usar para se dirigir ao mundo todo de uma vez? Como uma empresa pode acomodar diferenças culturais e ao mesmo tempo permanecer ainda internamente coerente?"[49] O guru dos negócios James U. McNeal, que escreveu o que seus admiradores chamam de "bíblia para todos os comerciantes que lidam com crianças",[50] tem uma resposta convincente:

> Em geral, parece que, antes de haver uma cultura geográfica, há uma cultura de crianças; que as crianças são muito parecidas no mundo industrializado. Elas adoram brincar... adoram comer besteira... e adoram ser crianças com outras crianças (em vez de assumir papéis mais adultos). O resultado é que elas querem as mesmas coisas e geralmente traduzem suas necessidades em vontades semelhantes que tendem a transcender a cultura. Portanto, as estratégias de marketing multinacionais claramente padronizadas para crianças são viáveis.[51]

O ponto de partida da lógica de McNeal — bem como da lógica de Klein, uma lógica que vem a ser o espírito do capitalismo de consumo moderno — é o mundo do mercado global de superprodução de William Greider:[52] bens em excesso perseguindo muito poucos consumidores numa era de crescimento da desigualdade e diminuição da vontade dos consumidores, pelo menos entre aqueles com renda disponível, e numa economia global em que os clientes com condições de comprar são diversos demais para desejar os mesmos bens (se é que desejam algum). De maneira bastante simples, num mundo com mercadorias demais e compradores de menos, "as crianças se tornam valiosos consumidores".[53]

Venda para crianças e assegure um mercado planetário único. Esta é a clara estratégia adotada pelo defensor do marketing Arundhati Parmar, que escreve de maneira atraente sobre a "juventude global unida" como um "grupo homogêneo" que pode ser o "principal alvo dos comerciantes dos EUA".[54] E, como bônus, a clientela aumenta à medida que as crianças crescem. Como escreveram o dr. David Jones e Doris Klein há mais de 35 anos, "a criança quer porque quer quando quer, sem considerar as necessidades de outros, e o homem-criança não foge desse padrão".[55]

Congelados no tempo, adultos que envelhecem continuam sendo consumidores jovens durante suas vidas, os "homens-crianças" do título de Jones e Klein, enquanto bebês e pré-adolescentes são convertidos em consumidores "adultos" quando passam a ficar "online" em idades cada vez menores. Assim, o capitalismo em sua mais nova fase consumista adia seu encontro com o destino e sobrevive pelo menos mais uma geração ou duas. O fundamento econômico se mantém, mesmo que outros valores com os quais as pessoas se preocupam sejam postos de lado. Nós semeamos, como indivíduos, o que não necessariamente escolheríamos colher como comunidade. Estamos presos a uma cultura de consumo individualista na qual os bens públicos que pertencem a nós, como cidadãos, não fazem parte da contabilidade. O destino do capitalismo e o destino dos cidadãos já não convergem.

O problema enfrentado pela sociedade democrática não é simplesmente que ela está destituída de cidadãos adultos responsáveis que são seus únicos protetores legítimos, mas também que a ética da infantilização perverte a infância, levando-nos a tratar as crianças como instrumentos — não como pequenos seres humanos a serem servidos pelo grande capitalismo, mas como sendo elas próprias servas do grande capitalismo. A fantasia de Peter Pan de J. M. Barrie está primorosamente invertida. Para Barrie, o sonho era as crianças nunca crescerem, pois assim elas poderiam ser poupadas do fardo da vida adulta responsável: emprego, família, prestações e responsabilidades políticas e morais. "Eu não quero crescer", exclamou Peter, fugindo para a Terra do Nunca. "Eu não quero ser um homem. Quero ser para sempre um menino e me divertir."

Os especialistas em modernos merchandising também não querem que Peter cresça: porém, não para preservar sua inocência, não para mantê-lo a salvo do mundo do comércio, mas para torná-lo um cliente leal, para explorar sua separação da mãe e da família e fazer com que pertença a eles, para levá-lo a *comprar* a diversão que sua juventude oferecia a ele com acesso grátis. Voe para a Terra do Nunca, Peter, onde esperamos por você com tudo o que o menino que existe em você sempre quis — exceto a obrigação de comprar isso com dólares de adultos. Ou compre isso — naquela perversão da Terra do Nunca fabricada pela marca Michael Jackson — vendendo tanto sua família quanto sua inocência. Deixe seus pais para trás, mas assegure-se de trazer com você *sua* carteira de dinheiro e seu erotismo corrompido.

Para os mantenedores profissionais do etos infantilista, cuja tarefa é habilmente descrita com eufemismo por Gene Del Vecchio como "criar algo sempre-*legal*", fazer a guerra pela alma de Peter Pan significa travar uma grande "batalha", uma luta para chegar à "conquista do *legal*".[56] É uma batalha como a de Peter com o Capitão Gancho, que é "mais feroz" numa arena onde "as crianças estão cada vez mais influentes quanto seletivas, [e] a competição é grande". Essa batalha "será vencida pela empresa que compreender melhor as crianças, suas necessidades emocionais, suas fantasias, seus sonhos, seus desejos. Esse conhecimento é a arma mais poderosa, num arsenal de marqueteiros, para conquistar o coração de uma criança".[57] Esqueça Peter Pan. Esqueça escritores sensíveis como Barrie e Lewis Carroll, que capturam as crianças na literatura para libertar a imaginação dos jovens em toda parte. Entre no universo daqueles cujo objetivo é capturar a imaginação das crianças para prendê-las ao mercado. Entre no universo de Michael Jackson, *Shrek*, Super Mario Bros., Steven Spielberg, Britney Spears, Grand Theft Auto, Kobe Bryant, *American Idol* e Disney World — consumismo infantil disfarçado de consumidor *legal*. Peter Pan foi encarcerado no que Mike Davis chamou de "corredor panóptico" na "cidade carcerária".[58] Wendy está assistindo à Home Shopping Network.

A batalha não se limita a marketing e mercados. As palavras de Del Vecchio expressam não apenas um etos de marketing, mas a linguagem da política, que se tornou contenciosa, argumentativa e simplista; a linguagem da ideologia com o foco em privatização, narcisismo e interesse; e a linguagem da telerreligião e da telemercadoria oferecendo soluções rasas para problemas profundos; tudo isso empregado em benefício dos interesses de uma economia de consumo global decadente, incapaz de vender aos pobres o que eles precisam (isso não dá dinheiro), mas tentando desesperadamente vender aos ricos o que eles não precisam. A infantilização nesse formato instrumentalista sinaliza o abandono da compreensão (não necessariamente compartilhada por culturas anteriores), por parte da civilização ocidental, da infância como um legado precioso e das crianças — ainda incapazes de ter autonomia e de se defender — como fins em si mesmas, cuja alegria e bem-estar são o objetivo final do bem público. Assim, nossa democracia pouco a pouco é corrompida, nosso reino de bens públicos e cidadãos públicos é gradualmente privatizado e a economia capitalista — que antes objetivava servir à democracia e ao bem-estar público da república — vai sendo retorcida e provavelmente logo se partirá.

Aos desorganizados dirigentes da Atenas antiga, o filósofo Sócrates disse certa vez que, para a justiça prevalecer, é preciso tornar os reis filósofos e os filósofos reis. Os sofistas do marketing de hoje em dia oferecem uma fórmula análoga ainda que menos nobre: para o capitalismo de consumo prevalecer, é preciso tornar as crianças consumidores e tornar os consumidores crianças. Ou seja, torne as crianças mais inteligentes — dê a elas poder como consumidoras; e torne os adultos mais tolos, tirando deles o poder de cidadãos. Como McNeal explica, isso exige que compreendamos que "as crianças são um mercado futuro que pode ser cultivado agora, de modo que, quando elas atingirem a idade do mercado, poderão ser convertidas em clientes mais facilmente".[59]

Na indústria da moda, por exemplo, os vendedores visam a "mãe que tenta parecer que tem 15 anos", ao mesmo tempo que a criança que freqüenta o jardim-de-infância é enfeitada para parecer que tem 40 anos — "uma idéia que fabricantes de roupas para crianças têm endossado assustadoramente". Valerie Steele, diretora do Museu do Instituto de Tecnologia da Moda, diz: "Ao mesmo tempo que você vê adultos vestindo jardineira, você vê meninas de oito anos usando sutiãs que fazem os seios parecer maiores."[60] Existe ainda o florescente mercado "retrô", que oferece roupas, filmes e outros bens nostálgicos tanto a adultos envelhecidos que querem recapturar sua juventude quanto a jovens e adolescentes que acham que adotar o estilo de gerações anteriores é realmente uma maneira *legal* de ser jovem. O retrô permite ser jovem, envelhecer e ainda permanecer jovem.

Os resultados de buscas no Google nos últimos anos sugerem o quanto tem sido bem-sucedida essa estupidificação pop-cultural. O que as curiosas mentes precisam saber — de acordo com dados do próprio Google, relativos às buscas mais comuns de 2001 a 2005 (veja quadro na página 34) — tem como foco Eminem, Britney Spears, Pamela Anderson, Harry Potter, Janet Jackson e Paris Hilton. Entre os objetivos de busca, nos quais predominam celebridades, cultura pop e esportes — assuntos supostamente exclusivos de adolescentes —, o grupo dos dez principais resultados inclui apenas quatro que se referem a um mundo mais geral (Nostradamus, furacão Katrina, tsunami e Iraque).

No cinema, o impacto da infantilização é ainda mais pronunciado (embora haja elementos de mudança e até de resistência abordados adiante no capítulo final). Enquanto a bilheteria dos filmes diminui (como tem acontecido nos últimos anos), Hollywood está ainda mais dominada por *blockbusters* destinados ao "mercado adolescente" esticado — de pessoas de 13 a 30 anos. Como sugere Peter Biskind em sua história de Hollywood nos anos 1970 (parafraseado aqui por Louis Menand), "por volta de 1967, a produção de filmes americana pegou fogo e amadureceu, e então Spielberg e Lucas vieram e apagaram as chamas com grandes dilúvios de dinheiro gerados por *junk food* para o público de 14 anos".[61] Tomando como exemplo um único ano, 2004, quatro das cinco maiores bilheterias foram de filmes destinados a crianças: *Shrek* 2 foi o número um, *Homem-Aranha* 2, o número dois, *Harry Potter e o prisioneiro de Azkaban*, o número quatro, e *Os incríveis*, o número cinco. Como mostra a lista a seguir, dos vinte filmes que tiveram os melhores resultados, pelo menos metade é dirigida ao mercado jovem, e todos, exceto *A Paixão de Cristo*, de Mel Gibson, e *Fahrenheit 11 de Setembro*, de Michael Moore — ambos casos especiais de adultos lutando contra as normas da direita religiosa e da esquerda secular — pertencem ou à categoria de mercado de histórias em quadrinhos (quatro dos 12 primeiros), ou ao mercado de ação e aventura ou ao mercado das meninas. Três filmes (incluindo os números um e dois) são seqüências de fórmulas de sucesso anteriores. A maioria pertence à categoria de filmes "acontecimentos", como *Guerra nas estrelas*, *Harry Potter* ou *Matrix*, destinados a obter a maior audiência global possível em lugares onde vender para crianças é o objetivo principal.

PRINCIPAIS BUSCAS NO GOOGLE 2001-2005

Ano	Categoria	1	2	3	4	5	6	7	8	9	10
2001	Homens	Nostradamus	Osama Bin Laden	Eminem	Michael Jackson	Howard Stern	George Harrison	Josh Hartnett	Dale Earnhardt	Bob Marley	Michael Jordan
	Mulheres	Britney Spears	Pamela Anderson	Jennifer Lopez	Madonna	Aaliyah	Kylie Minogue	Shakira	Anna Kournikova	Andrea Thompson	Mariah Carey
	Geral*										
2002	Homens	Eminem	Brad Pitt	Nelly	$_2$Pac	Vin Diesel	Josh Hartnett	Ben Affleck	David Beckhman	Ronaldo	Ja Rule
	Mulheres	Jennifer Lopez	Britney Spears	Shakira	Halle Berry	Jennifer Love Hewitt	Heidi Klum	Pamela Anderson	Sarah Michelle Gellar	Carmen Electra	Anna Kournikova
	Geral*										
2003	Homens*										
	Mulheres*										
	Geral	Britney Spears	Harry Potter	Matrix	Shakira	David Beckham	50 Cent	Iraque	O senhor dos Anéis	Kobe Bryant	Tour de France
2004	Homens	Orlando Bloom	Eminem	Usher	Johnny Depp	Brad Pitt	David Beckham	50 Cent	Bob Marley	Justin Timberlake	Michael Jackson
	Mulheres	Britney Spears	Paris Hilton	Christina Aguilera	Pamela Anderson	Carmem Electra	Jennifer Lopez	Angelina Jolie	Avril Lavigne	Beyoncé	Hilary Duff
	Geral	Britney Spears	Paris Hilton	Christina Aguilera	Pamela Anderson	Chat	Jogos	Carmem Electra	Orlando Bloom	Harry Potter	MP3
2005	Homens*										
	Mulheres*										
	Geral	Janet Jackson	Furacão Katrina	Tsunami	Xbox 360	Brad Pitt	Michael Jackson	American Idol	Britney Spears	Angelina Jolie	Harry Potter

*Dados indisponíveis.

Fonte: Google Zeitgeist Archive, disponível em www.google.com/intl/en/press/zeitgeist/archive.html.

OS MAIORES FILMES DE 2004[62]

1. *Shrek* 2 (DreamWorks)	US$441 milhões em bilheteria
2. *Homem-aranha* 2 (Sony)	US$374
3. *A Paixão de Cristo* (Newmarket)	US$370
4. *Harry Potter e o prisioneiro de Azkaban* (Warner)	US$250
5. *Os incríveis** (Disney Pixar)	US$237
6. *O dia depois de amanhã* (Fox)	US$187
7. *A supremacia Bourne* (Universal)	US$176
8. *O espanta-tubarões** (DreamWorks)	US$159
9. *Eu, robô** (Fox)	US$145
10. *Tróia* (Warner)	US$133
11. *A lenda do tesouro perdido** (Disney)	US$133
12. *O expresso Polar** (Warner)	US$124
13. *Como se fosse a primeira vez* (Sony)	US$121
14. *Van Helsing — O caçador de monstros* (Universal)	US$121
15. *Fahrenheit 11 de Setembro* (Lions Gate)	US$119
16. *Com a Bola Toda* (Fox)	US$114
17. *A vila* (Buena Vista)	US$114
18. *O grito** (Sony)	US$110
19. *Colateral* (DreamWorks)	US$101
20. *O diário da princesa 2** (Disney)	US$95

O ano de 2004 não é uma anomalia: comparando os dados sobre os filmes que mais lucraram de 2001 a 2005, as tendências são as mesmas.[63]

2001

Harry Potter e a Pedra Filosofal	US$349,5
O Senhor dos anéis: A sociedade do anel	US$344,9
Shrek	US$294,6
Monstros S.A.	US$281,6
A hora do rush 2	US$248,9
O retorno da múmia	US$222,2
Pearl Harbor	US$218,4
Onze homens e um segredo	US$201,8

2002

Homem-aranha	US$438,5
O senhor dos anéis: As duas torres	US$368.0
Guerra nas estrelas, episódio II: Ataque dos clones	US$327,3
Harry Potter e a câmara secreta	US$283,8
Casamento grego	US$261,6
Sinais	US$247.0
Austin Powers em O homem do membro de ouro	US$230,9
Homens de preto II	US$207,4

2003

O senhor dos anéis: O retorno do rei	US$399,4
Procurando Nemo	US$359,9
Piratas do Caribe: A maldição do pérola negra	US$323,5
Matrix reloaded	US$298,2
O Todo poderoso	US$257.0
X2	US$227,7

2004

Shrek 2	US$450,4
Homem-aranha 2	US$385,3
A Paixão de Cristo	US$382,1
Entrando numa fria maior ainda	US$288.0
Os incríveis	US$269,8
Harry Potter e o prisioneiro de Azkaban	US$257,3

2005 (Até 4 de dezembro)

Guerra nas estrelas, episódio III: A vingança dos Sith	US$380,3
Guerra dos mundos	US$234,3
Harry Potter e o cálice de fogo	US$229,3
Penetras Bons de Bico	US$209,1
A fantástica fábrica de chocolate	US$206,4
Batman begins	US$205,3

O cenário global de filmes se parece com o quadro americano. Em 2003, o filme de maior bilheteria na Argentina, na Alemanha, no México, na Suíça e no Reino Unido foi o desenho animado *Procurando Nemo*. Juntamente com *Procurando Nemo*, filmes populares para crianças e jovens como *Matrix reloaded*, *Piratas do Caribe* e *Todo poderoso* prevaleceram no mercado global.

As seqüências também proliferaram. Assim como as crianças, cada vez mais pedimos em relação a filmes e peças de teatro: "Conte-me a história de novo, por favor? Agora, por favor, conte de novo!" Isso contribui para o marketing seguro, mas também satisfaz um gosto pueril e entediado que não deseja nem ser surpreendido nem ficar decepcionado. No inverno de 2005, quando aprendeu direitinho a seguir as estratégias de marketing de Hollywood, a Broadway ofereceu a seu público não apenas o cardápio habitual de remontagens de musicais como *Chicago*, *A gaiola das loucas*, *Sweet Charity* e *Violinista no telhado*, mas também uma série de peças dramáticas que na época em que haviam sido montadas significavam correr riscos, e até mesmo romper tabus, mas que hoje representam um terreno seguro de familiaridade e um passado de sucesso (aproveite a nostalgia de tabus já quebrados sem o risco de ter que quebrá-los novamente!) Essas peças incluem *Um bonde chamado desejo* (1947), *O sucesso a qualquer preço* (1984), *Num lago dourado* (1979), *Flores de aço* (1987), *À margem da vida* (1944), *Quem tem medo de Virginia Woolf?* (1962) e *Hurlyburly — O alvoroço* (1984). Se isso fosse um tributo à influência duradoura dos clássicos do teatro americano, seria alentador, mas, na verdade, representa a covardia coletiva de um setor do teatro comercial jogando com segurança até mesmo numa área do teatro onde se espera que você jogue perigosamente.[64]

Os filmes representam um sinalizador não apenas para o teatro, mas para toda a economia. Como escreveu a jornalista e crítica Lynn Hirschberg, "enquanto outros países interpretaram o globalismo como uma chance de revelar suas psiques e circunstâncias nacionais através de filmes, os Estados Unidos estão mais interessados em atrair o maior público internacional possível. Em Cannes [em 2004], a Croácia, despedaçada pela guerra, foi mostrada através dos olhos do diretor Emir Kusturica; a elite francesa foi exposta em *Uma questão de imagem*; e o medo da mutilação genital feminina foi retratado em *Moolaadé*, do Senegal". Enquanto isso,

Hollywood deu ao mundo uma criatura fantasiosa verde (sim, encantadora) chamada Shrek, que voltou mais tarde para uma nova aparição, quebrando recordes, em *Shrek 2*.[65]

A estupidificação de filmes e a estratégia de produzir sucessos populares não são características acidentais de um enredo irracional de Hollywood, mas uma decisão consciente de executivos de estúdios e produtores de filmes que entendem que, para fazer dinheiro, seus produtos devem ser vendidos em todo o mundo. Em 1946, 100 milhões de americanos iam ao cinema por semana (numa população de 160 milhões), enquanto hoje esse número é de apenas 25 milhões por semana. O número de telas de cinema nos Estados Unidos tem diminuído há décadas. Quando o mercado doméstico de filmes se voltou para a televisão, o aluguel de filmes e vídeo sob demanda, o mercado de cinema externo se tornou ainda mais importante. Por volta de 1993, a renda com as bilheterias estrangeiras superou a renda doméstica dos filmes de Hollywood, e hoje mais de 60% da renda com exibições vêm de mercados externos.

Hollywood precisa, portanto, de *blockbusters* exportáveis cujo alvo principal são "pessoas com uma capacidade subdesenvolvida de gratificação posterior, ou seja, crianças".[66] Como cada vez mais Hollywood depende de clientes que vêem filmes três ou quatro vezes, ou mais, essas crianças — as crianças "conte-me a história de novo" citadas anteriormente — são os clientes ideais, juntamente com uma nova classe de adultos rejuvenescidos. O mesmo pode ser dito sobre as novelas mexicanas destinadas ao mercado latino-americano, sobre os musicais "Bollywood" do próspero mercado de filmes da Índia (o sujeito durão Salman Kahn, de filmes indianos de ação e aventura, foi introduzido nos Estados Unidos juntamente com uma dupla de atrizes de sucesso em Bollywood) ou sobre o novo apetite de Madri por musicais globais. Tudo isso sugere que as tendências em Hollywood e Nova York têm seus equivalentes no mundo. O mercado para pessoas de 14 a 30 anos domina. Não será surpresa para ninguém saber que o sucesso de televisão *American Idol* tem agora um equivalente: o programa de sucesso *Indian Idol*.

A infantilização tem sido a estratégia de adaptação de Hollywood, com novos *blockbusters* com características infantis universais, ação de história em quadrinhos, personagens conhecidos, seqüências incontáveis, extenso marketing de produtos dentro dos filmes, associação comercial com empresas de *fast food* e outras, enredos mínimos e diálogos menores ainda. O que talvez seja surpreendente é que filmes sérios são feitos de algum modo — como aqueles que entraram em cartaz em 2005, quando filmes maduros e politicamente relevantes como *O segredo de Brokeback Mountain, Capote, O jardineiro fiel, Syriana* e *Boa noite e Boa sorte* dominaram a premiação do Oscar (veja capítulo 8).

ASSIM, OS MARQUETEIROS globais do mundo, quando não estão infantilizando explicitamente os adultos, dedicam-se à delicada tarefa de capacitar as crianças como consumidores adultos, porém sem permitir que elas abram mão de seus gostos infantis. Fazer isso exige não apenas traçar estratégias de propaganda e merchandising, mas reformular instituições culturais, educacionais e civis para ajudar a sustentar um etos favorável à infantilização — a condição para vender mercadorias uniformes em todo o mundo. Antes, era bastante comum os conservadores zombarem do estatismo do bem-estar por criar uma dependência infantil em relação a seus clientes (veja Charles Murray, por exemplo). Historicamente, Estados totalitários foram planejados para agir como autoridades arrogantes que infantilizavam seus cidadãos para mantê-los na linha. Tradicionalmente, críticos têm argumentado que "filantropos e liberais tendem a se colocar no papel de um parente que está suprindo as necessidades de uma criança indefesa. Ao fazer isso, eles alimentam a infantilização das pessoas".[67] Esta era a visão de David Jones e Doris Klein em *Man-Child*, no qual eles reclamavam da "tendência mundial de socializar todos os serviços [como] mais uma indicação de que o homem está pondo o governo no papel de mãe".[68]

Mas se os Estados paternalistas criam formas de infantilização de-cima-para-baixo, os mercados hoje criam formas de infantilização de-baixo-para-cima — menos visíveis, porque elas surgem de baixo, de mercados supostamente pluralistas e competitivos que se mostram coercivos de maneiras intratáveis enquanto buscam inspirar nos consumidores a dependência infantil. Hoje, até mesmo modelos democráticos de cidadania estão subordinados a paradigmas pais-criança. Recentemente, o lingüista e acadêmico George Lakoff deixou de lado a reserva acadêmica para iludir o Partido

Democrata com um paradigma de política reducionista, e até mesmo humilhante, que vê os líderes republicanos como um modelo de "pai rígido" e os líderes democratas como um modelo de "pai afetuoso" (uma versão politicamente correta da "mãe compreensiva").[69] Esse paradigma trata os cidadãos como consumidores de serviços do governo — crianças necessitadas em busca de cuidado paternal.

Até mesmo adultos que evitam ter filhos ou interagir com eles parecem ser animados por desejos infantis. Um exemplo paradoxal do etos infantilista em ação no mercado é o movimento por ambientes "sem criança", que impede o acesso de crianças a ambientes de adultos para permitir que os adultos "sejam eles mesmos" e, portanto, sejam livres. Mas ser livres de quê? "Livres dos moleques", dizem defensores ardentes. Na verdade, livres para ser moleques, é o que parece — para agir sem as habituais preocupações e responsabilidade de adultos em relação às crianças e ser, portanto, exatamente como as crianças. Não ter filhos (ou ser como uma criança?) não é "uma espécie de fase bonitinha" que vai passar, exclama um fanático livre de crianças, mas "uma escolha de vida legítima".[70] Algumas dessas pessoas — 10% dos eleitores não têm filhos, embora obviamente apenas poucos deles sejam fanáticos anticrianças — buscam o santuário de "bairros com o Quociente Mínimo de Reprodutores" e se referem a crianças como "filhotinhos estridentes" e "pessoas em miniatura" e a casais como "escória criadora de *yuppies*" ocupada em "desovar".

Isso é bobagem, são questões de uma pequena minoria de "reativos a crianças". Mas revelam uma clara ironia que ilumina tendências de toda a sociedade. Porque a autonomia que essas pessoas buscam no mundo das crianças é marcada, acima de tudo, por uma busca narcisista de sua própria liberdade em relação às responsabilidades de adulto, em favor de um consumismo egoísta.[71] "Estou gastando a herança de meus netos", vangloria-se um popular adesivo de pára-choque de carro que pode ser visto em veículos-casas, que consomem muita gasolina, rodando pelo Cinturão do Sol, cujos habitantes se autodenominam alegremente "SKIers" (Spending the Kids Inheritance).* Também não é muito difícil encontrar sinais de perseguição a crianças em programas de TV americanos bastante popula-

*Gastando a Herança das Crianças. (*N. do T.*)

res, como *Desperate Housewives*. Enquanto filmes de adolescentes freqüentemente ridicularizam pais, professores e outras figuras de autoridade "adultas", o adulto jovem ridiculariza e difama crianças — a melhor coisa para retirá-las da hierarquia do narcisismo que define o infantilismo.[72]

A lógica continua regredindo até chegar aos bebês e talvez até mesmo aos fetos, que, uma vez considerados vivos e humanos, podem ser tratados como compradores em potencial também. Del Vecchio estabelece a idade de quatro anos como limite, mas outros vêem as crianças que ainda nem falam como alvos apropriados. Existe hoje um canal de TV a cabo 24 horas chamado BabyFirstTV, voltado diretamente para crianças de seis meses a dois anos. Há espaço suficiente para bebês Barney e bebês Teletubbies no mercado de crianças. Como observa Norma Pecora (diferentemente de muitos outros, ela é crítica), "enquanto entramos no século XXI, crianças são consumidores bem treinados, capazes de associar Ronald McDonald com coisas boas antes de aprenderem a falar".[73] De fato, de acordo com o Centro para um Novo Sonho Americano, "até mesmo bebês de seis meses de idade podem formar imagens mentais de logotipos e mascotes de empresas", o que significa que "a lealdade a marcas pode ser estabelecida já aos dois anos de idade". A conseqüência é que, "na época em que as crianças vão para a escola, a maioria consegue reconhecer centenas de logotipos de marcas".[74] O marqueteiro de crianças James McNeal mostra a diferença, identificando o "cliente criança" ideal como "uma criança confiante de nove anos com um narizinho fofo e braços cheios de sacolas de compras, saindo de uma loja de departamentos (...) confiante, um grande gastador, capaz de lidar com o mercado".[75] Não é de surpreender que os gastos com propaganda para crianças aumentaram de menos de US$ 100 mil, em 1990, para mais de US$ 2 bilhões, em 2000. Afinal de contas, "entre todos os consumidores, as crianças são os menos complicados. São os que têm menos e, portanto, os que querem mais. Conseqüentemente, estão numa posição perfeita para ser apanhados".[76]

Peter Zollo, um desses pesquisadores de mercado de crianças que parece salivar enquanto realiza sua pesquisa, escreve com desdém e deboche sobre o estereótipo do adolescente de hoje, descrito como "um comprador compulsivo obcecado por marcas, orientado por rótulos, que se reúne em shoppings e gasta sem limites". Mas, com um piscar de olhos e uma risada, ele rapidamente acrescenta que "geralmente há alguma verdade nos estereótipos". Afinal de contas (agora ele fala sério), "os gastos dos adolescentes estão aumentando, e poucos deles estão presos aos pagamentos que inibem os gastos dos adultos, como aluguel, contas de serviços públicos e alimentação. A renda considerável dos adolescentes é quase exclusivamente arbitrária. Eles são consumidores com uma missão: querem gastar em qualquer coisa que dê prazer a eles. Que alvo irresistível".[77]

É preciso, porém, mais do que simples marketing para atingir uma criança visada. Isto exige que o alvo seja separado de seu ambiente protetor: que sejam cortadas as raízes de casas e hábitos que inicialmente o protegem de marqueteiros predadores e da exploração comercial. Wendy e seus irmãos, seduzidos por Peter Pan, voaram para longe de casa (literalmente) para escapar de adultos dominadores determinados a vê-los crescer. Especialistas em merchandising os atraem para fora de casa para levá-los a um mundo consumista adulto onde sua inocência os torna especialmente vulneráveis à bajulação comercial. Aqui, liberação significa abrir butiques para crianças e lojas da Disney e da Warner Brothers como territórios livres de adultos. Isto significa organizar o espaço no shopping center de modo que as lojas para jovens estejam em andares (ou setores) diferentes, para que eles façam compras separados de seus pais.

Em sociedades totalitárias anteriores, as crianças tinham sua lealdade à família retirada e eram levadas a servir ao partido em nome da libertação em relação a pais "não confiáveis" e "não patriotas" — "Entregue seus pais se eles não são leais ao Partido!". Hoje, por motivos econômicos triviais, os "guardiões" de crianças também são enfrentados e, quando possível, retirados do caminho em nome da "capacitação" — a necessidade de tornar as crianças consumidores "autônomos".

Novamente, estas não são abstrações filosóficas extraídas de uma velha crítica cultural da esquerda ao capitalismo que precisa ser compreendida pelo mercado. Isto é o que os fornecedores do mercado reconhecem — e até se vangloriam — que estão fazendo. Uma das expressões favoritas dos marqueteiros de crianças é "capacitação da criança".[78] Conferências de marketing para jovens são favoráveis a essa expressão.[79] Embora estejam apenas permitindo irresponsabilidade e impulso, os marqueteiros oferecem às crianças uma bandeira de falsa "autonomia", que usa a linguagem da libertação e da capacitação para justificar sua atitude de tornar os jovens mais vulneráveis às seduções dos predadores comerciais. Num gesto retórico semelhante, uma empresa de vendas para adolescentes por catálogo recentemente extinta, a Blu Sphere, apresentava uma retórica de "melhorias" para empurrar produtos para adolescentes que incluíam roupas, aparelhos eletrônicos, artigos de esportes e revistas sobre estilo, consideradas "bíblias".

Esse foco em melhoria pessoal, liberdade privada e capacitação individual alimenta uma forte associação entre o marketing para adolescentes e a privatização, que tem sido brilhantemente explorada pelo grande sucesso da televisão *American Idol*. Esse programa atrai nada menos que 30 milhões de telespectadores jovens permitindo a eles votar em vencedores e perdedores que competem por seu apoio. Numa reportagem que parece uma promoção, a repórter do *New York Times* Alessandra Stanley escreve: " 'Idol', que é visto por pais e filhos juntos, dá às pessoas um senso de capacitação embriagante, mas seguro — escolha sem conseqüências."[80] É claro que escolha sem conseqüências é sinônimo de incapacitação, mas, no novo marketing, essa combinação de jogos para consumidores e capacitação democrática é usada em toda parte (veja capítulo 4).

Na linguagem dos negócios, essa individualização da escolha é "segmentação de mercado", o que é descrito como algo "coerente com a mudança dos padrões gerais de consumo a partir das necessidades da família e das vontades de consumo individual".[81] A criança inserida numa comunidade familiar é um comprador pobre — um consumidor incapacitado, forçado a se curvar a "guardiões" como mamãe e papai. Mas a criança liberada pelo marketing para se tornar um "indivíduo" de quatro anos de idade torna-se um consumidor apto, capaz até mesmo de "influenciar" a renda despendida por pais subordinados. Aqui, a criança é autônoma num sentido técnico, na medida em que — no que diz respeito ao shopping com área para crianças — ela está sozinha e livre da orientação dos pais. Mas, na verdade, sua autonomia a deixa vulnerável, desprotegida e suscetível à manipulação externa.

Como as pessoas poderiam imaginar — incluindo os produtores da BabyFirstTV e de "Baby Einstein" —, aqueles que se aproveitam de pessoas muito jovens e escrevem livros com títulos como *O que as crianças compram e por quê* exibem suas credenciais de especialistas. O grau de Ph.D. de Dan

Acuff está na capa de seu livro para ajudar a legitimar qualquer coisa, menos sua missão acadêmica. A maioria das empresas de marketing incentiva sociólogos, antropólogos e psicólogos de seus quadros a dar a suas pesquisas de marketing a aparência de pura ciência. Assim como Dan Acuff, elas falam sobre como não estão "apenas interessadas no que vende... fundamentalmente", e dizem que são "firmemente contra" qualquer coisa que "possa mostrar-se de maneira significativa ruim para as crianças".[82] Como capacitar e libertar as crianças pode ser ruim? A BabyFirstTV publicou um guia "repleto de aprovações de pediatras, psicólogos e educadores" com o objetivo de imunizar sua programação contra críticas; o guia diz que a televisão pode "melhorar a experiência de seu bebê, revelando um mundo de imaginação e imagens".[83]

Se a capacitação de crianças é um objetivo legítimo, por que não a capacitação de bebês? De fato, se as crianças mais novas não fossem mais inseridas em suas famílias e menos autônomas em seus gastos do que as crianças mais velhas, sua impulsividade e suas qualidades as tornariam alvos ainda melhores para o consumismo do que os adolescentes, que já estão a caminho de se tornar dissidentes e rebeldes, se não são ainda adultos, e podem já ter começado a deixar as coisas infantis de lado. As mentes jovens dos bebês são menos formadas, seus gostos são mais vulneráveis à manipulação e à mais fácil brincar com suas vontades. "Capacitá-las" (e, portanto, incapacitar seus pais, professores e pastores) é mais fácil (ainda que mais difícil de justificar). Uma pesquisa recente da Fundação Família Kaiser descobriu que metade de todas as crianças de quatro a seis anos já jogou videogames, e o *New York Times* relatou que 14% dos bebês com menos de três anos também já jogaram. Enquanto isso, brinquedos antiquados que incentivam a imaginação ativa das crianças estão sendo substituídos por computadores, jogos eletrônicos, telefones celulares e Ipods.[84] Não é surpresa que a tendência seja justificada por entusiastas como Steven Johnson, que propõe que "tudo que é ruim é, na verdade, bom para nós", mas cujas provas empíricas não têm fundamento (limitadas na maior parte a videogames).[85]

De fato, a internet tem as pessoas muitos jovens como alvo no mundo inteiro, oferecendo acesso fácil a crianças de quatro anos e destinando muitos de seus sites de jogos e chats a pré-escolares. Sem dúvida, há alguns sites responsáveis com as crianças. Ou sites que oferecem aos pais sinais tranqüilizadores de relevância pedagógica. No início de 2000, a homepage "Kid Stuff", da Road Runner, incluía atrações como "Forme seu Vocabulário", a coluna de fatos "Brain Pop" e links para vídeos, livros e fitas de áudio de clássicos como *A menina e o porquinho* e *A Great and Terrible Beauty*. Mas crianças mais novas não conseguem distinguir propaganda de narrativa de histórias, ou fantasia de fato. E, até o governo finalmente estabelecer um limite (na primavera de 2000) para pesquisas sobre crianças pequenas, os sites freqüentemente perguntavam a crianças de três ou quatro anos sobre os hábitos de consumo de suas famílias e suas próprias preferências de compra (isto é capacitar!), tornando tal fato uma condição para o *log in*. Diferentemente da Europa, onde a proteção das crianças pelo governo na internet e em qualquer lugar é uma rotina, a ideologia do mercado americano prefere que o autopoliciamento e outros mecanismos de mercado lidem com o que apenas algumas pessoas acham que são, em primeiro lugar, abusos.

O mau uso de termos normativos como *autonomia* e *capacitação* a fim de justificar a venda a crianças novas demais para ter liberdade ou capacidade de julgamento (os componentes-chave para a verdadeira escolha ou para o poder de autodeterminação) é típico de um etos infantilista que reforça a ideologia do mercado de consumo fornecendo a predadores corporativos uma ética altruísta para legitimar objetivos egoístas e claramente imorais. Até mesmo Dan Acuff, o alegre guerreiro do marketing com Ph.D. citado antes, sente-se constrangido para problematizar a capacitação. Ele reconhece que não é muito fácil dizer "o que é capacitar e o que é incapacitar crianças". Diante da questão crucial, entretanto, ele rapidamente a evita por meio de um truísmo descuidado: capacitar é o que nutre um "desenvolvimento positivo" e incapacitar é o que favorece um "desenvolvimento negativo" — tendo em mente que "isto não é como preto no branco".[86] A capacitação genuína sempre trata a pessoa como um fim em si própria e é definida pelo domínio da educação, e não da propaganda. É medida pelo aumento da capacidade de resistir à manipulação e pelo não-aumento da vulnerabilidade a ela. Portanto, infantilização é o oposto de capacitação.

AO FALAR SOBRE INFANTILIZAÇÃO, tenho em mente uma relação entre o infantilismo compreendido na psicologia de desenvolvimento clássica como um estágio patologicamente atrasado de desenvolvimento emocional e o infantilismo compreendido na psicologia cultural como um estágio patologicamente regressivo de desenvolvimento do mercado de consumo — os dois juntos compreendendo o que Freud disse sobre "uma patologia de comunidades culturais" no estudo em que ele esperava um dia embarcar.[87]

A patologia cultural do capitalismo de consumo recente prioriza efetivamente o consumismo à custa do tradicional equilíbrio capitalista entre produção e consumo, trabalho e lazer, investimento e gasto. Conforme descrito na literatura freudiana clássica e na neofreudiana, o comportamento infantil é conseqüência de um processo regressivo que ocorre como uma defesa contra intimidadores dilemas adultos com os quais um ego perturbado é incapaz de lidar. O narcisismo charmoso de Peter Pan representa o lado sedutor da regressão, enquanto Wendy vem a ser uma daquelas jovens saudáveis que sabe crescer, que "um dia cresceu por sua própria e livre vontade mais rapidamente do que outras meninas".[88]

O infantilismo ao qual regride uma psique não saudável é marcado por uma incapacidade de fazer uma distinção entre si e o mundo. Conforme Freud concretiza isso, "uma criança que mama ainda não distingue seu ego do mundo externo como fonte das sensações que fluem de dentro dela".[89] Essa confusão entre "ego e objeto" leva inicialmente a uma tentativa corajosa, mas no fim das contas inútil, ou de controlar completamente o mundo (ego triunfante) ou de se unir completamente a esse mundo (objeto triunfante). De um modo ou de outro, o *self* tenta apagar as fronteiras ainda não reconhecidas entre o ego emergente e o objeto-mundo e permanecer naquele útero-túmulo de identidade coletiva pré-individualizada que oferece segurança protetora imediatamente antes e depois do nascimento. O que é um estágio passageiro no desenvolvimento da primeira infância torna-se uma patologia quando persiste até o período em que crianças normais reconhecem as fronteiras e usam seus esforços psicológicos e comportamentais para se adaptar a elas e para aceitar o que significa crescer — subordinando o id ao superego, na linguagem de Freud; ou seja, tornando-se civilizadas.[90]

Na cultura patológica da economia de consumo, o comportamento do consumidor fica completamente inadaptado às tendências civilizadoras. Ele imita a agressividade infantil de maneiras impressionantes. De uma vez só, o consumidor imediatamente tanto absorve o mundo de produtos, bens e coisas impostos a ele, e portanto o conquista, quanto é definido — via marcas, nomes de produtos e identidade de consumidor — por esse mundo. Ele tenta tornar o mercado seu, mesmo que este lhe faça prisioneiro. Ele proclama sua liberdade mesmo trancado na gaiola dos desejos particulares e da libido desenfreada. Ele anuncia um falso poder de consumo mesmo quando renuncia ao seu verdadeiro poder de cidadão. Os dólares ou euros ou ienes com os quais ele imagina estar controlando o mundo de coisas materiais o transformam numa coisa definida pelo material — deixando de ser uma pessoa autodefinida para ser uma marca definida pelo mercado; de um cidadão público autônomo passa a ser um comprador privado heteronômico (este é o assunto do capítulo 6). A fronteira que separa ele próprio do que ele compra desaparece: ele cessa a compra de bens como instrumentos para outros fins e, em vez disso, transforma-se nos bens que compra — um tórrido adolescente Calvin Klein, ou uma urbanóide Anita Roddick Body Shop, ou um rebelde Benetton politicamente correto, ou um ativista sem-teto urbano Crate & Barrel, ou um "atleta" telespectador Nike de TV de plasma.[91]

O jogo de marcas tem como alvo os consumidores, mas também ajuda a apagar as fronteiras entre o consumidor e o que é consumido. Pensando que conquistou o mundo das coisas, o consumidor é, na verdade, consumido por essas coisas. Tentando ampliar a si próprio, ele desaparece. Sua chamada liberdade evapora até mesmo quando é mencionada. Porque ela é mais privada do que pública e, portanto, impede as verdadeiras conseqüências públicas das escolhas particulares. O exultante proprietário de um Hummer pode satisfazer seu orgulho de macho, sem ter consciência ou simplesmente sem se dar conta do fato de que dirige um monstro antiecológico que desperdiça combustíveis fósseis, polui o meio ambiente e torna os Estados Unidos mais dependentes do que nunca do petróleo estrangeiro — contribuindo inadvertidamente para justificar as intervenções militares no Oriente Médio, às quais, por outro lado, ele se opõe veementemente. Os "eleitores" de *American Idol* confundem um concurso de popularidade com capacitação. As conseqüências públicas das escolhas particulares são mascaradas pelo consumismo da identidade de marcas, no qual apenas a preferência particular e suas implicações subjetivas são visíveis.

Escondidos, os custos sociais das preferências do consumidor não são, na verdade, notados nem na consciência dos consumidores nem nos índices estatísticos do Departamento de Tesouro dos EUA; ou nos registros da Organização Mundial do Comércio ou do Fundo Monetário Internacional. O consumidor aqui está radicalmente individualizado, e não socialmente inserido, e, como conseqüência, menos livre, em vez de mais livre. Ele tem permissão para fazer escolhas num cardápio de opções oferecido pelo mundo, mas não para alterar ou melhorar o cardápio nem o mundo. Nisto, a dinâmica de consumo, na verdade, torna o indivíduo mais vulnerável ao controle, e não menos vulnerável, em grande parte da mesma maneira que a criança, apesar de seu senso de poder, tem, na realidade, menos poder num mundo do qual ela não consegue se distinguir. Em resumo, de quase todas as maneiras, o consumidor em tempo integral, conforme imaginado pelo executivo de marketing agressivo, age, de maneira ideal, regressivamente, mais como uma criança impulsiva do que como um adulto.

Por outro lado, o cidadão é um adulto, uma pessoa pública que faz escolhas, capacitada pela liberdade social a afetar o ambiente de escolha e as agendas pelas quais as escolhas são determinadas e retratadas; o consumidor infantilizado é uma pessoa privada que faz escolhas, cujo poder de participar de comunidades ou afetar mudanças é diminuído e cuja capacidade de julgamento público é atenuada. Assim, o etos infantilista faz o trabalho necessário do capitalismo de consumo, mas à custa da civilização que o capitalismo de produção ajudou a criar.

O CAPITALISMO FECHOU um ciclo. Nascido de uma sinergia extraordinária entre egoísmo e altruísmo, entre lucro e produtividade, houve um tempo em que permitiu que empresários que assumiam riscos prosperassem servindo ao crescimento e ao bem-estar de nações emergentes. Fez isso com a ajuda de um etos protestante que emprestou peso moral ao trabalho duro, ao investimento sagaz e à rígida abnegação. Hoje, sua capacidade de produção ultrapassa as necessidades às quais ele antes servia, enquanto sua capacidade de distribuição é obstruída pelas crescentes desigualdades globais que ele catalisou. Dependendo, para ter sucesso, do consumismo e não da produtividade, gerou um etos de infantilização que preza os mesmos atributos que o etos protestante condenava. Parece estar literalmente consumindo a si próprio, deixando a democracia em perigo e o destino dos cidadãos incerto. Embora aja como se prezasse e aumentasse a liberdade, torna o significado da liberdade ambíguo numa época em que comprar parece ter-se tornado um sinalizador mais persuasivo da liberdade do que votar, e aquilo que fazemos sozinhos no shopping é considerado mais importante para moldar nosso destino do que o que fazemos juntos na esfera pública.

2

Do protestantismo à infantilidade

> A questão das forças de motivação na expansão do capitalismo moderno não é, em primeira instância, uma questão de origem de (...) somas de capital (...) mas, sobretudo, de desenvolvimento do espírito do capitalismo.
>
> Max Weber[1]

A IDÉIA DE UM ETOS INFANTILISTA é uma nova distorção de um velho conceito: de que o capitalismo, como sistema econômico, exige certas atitudes culturais e comportamentos sociais de reforço em cada um de seus estágios de desenvolvimento e de que essas atitudes e comportamentos podem ser inculcados numa sociedade por meio de um sistema de valores que assume a forma de uma moral da sociedade, ou de um etos religioso. Max Weber deu substância à idéia um século atrás, com seu relato sensível sobre as ligações entre o capitalismo inicial e o que ele chamou de ética protestante. Vale a pena lembrar a história que ele contou, devido à luz que ela joga sobre o funcionamento do etos infantilista hoje — a maneira peculiar com que um etos cultural, sem ser determinista, consegue tanto refletir quanto condicionar um sistema econômico dominante.

A ética protestante e o espírito do capitalismo

No início do século XVI, levadas por uma tardia maré renascentista de individualismo cívico, inovação técnica e inquietação popular, duas grandes ondas de mudança varreram a Europa. A primeira delas foi o protestantismo: o cristianismo ressurgente, movendo-se em nome da Palavra de Deus, impulsionado por um espírito purificador de ascetismo, diante da Igreja católica corrupta e terrena. A segunda foi o capitalismo, uma economia de mercado se movendo em nome de um novo evangelho de iniciativa empreendedora e prosperidade, diante da economia feudal estagnada e da rígida ideologia mercantilista que deixava pouco espaço para a flexibilidade e a liberdade dos mercados. Ambas compartilhavam um profundo etos cultural que expressava ao mesmo tempo o novo espírito ascético do protestantismo e a nova preocupação do capitalismo empreendedor com o trabalho árduo, o investimento abnegado e a recompensa comum.

Quando, no início do século XVII, os puritanos navegaram para os Estados Unidos, levaram com eles essa poderosa ideologia cultural que evidenciava o novo etos — essa ética nova e vibrante, capaz de dar alívio à alma carente, mesmo enquanto ajudava o corpo em seus esforços. Plantado num continente novo e pródigo, e combinando os valores centrais da nova e florescente economia livre — trabalho, investimento e poupança — com uma determinação vigorosa e clara em benefício do bem comum, o etos foi fortalecido por um catequismo espiritual que celebrava o trabalho altruístico, a abnegação ascética, a gratificação posterior e a devoção às boas ações e à caridade — tudo isso amarrado a uma crença na igualdade de direitos em que o trabalho e a fé, virtudes disponíveis a todos, geravam recompensas tanto materiais quanto sobrenaturais. Esse novo milagre da teologia protestante encontrou um caminho para a redenção da alma eterna que passava pela abnegação, mas que produzia prosperidade para o corpo mortal. Era um modelo de sinergia dialética concebido de maneira perfeita: a renúncia ascética produzia limites materiais, enquanto a prosperidade terrena se tornava um sinal de uma certa salvação espiritual.

Essa extraordinária sinergia cultural foi o que o grande advogado e acadêmico alemão Max Weber identificou e descreveu criticamente trezentos anos depois (um século atrás) em *A ética protestante e o espírito do capitalismo*, um trabalho no qual Weber tornou a intimidade entre a religião e a economia completamente aparente. Weber procurou investigar "a influência de certas idéias religiosas no desenvolvimento de um espírito econômico, ou o etos de um sistema econômico... a conexão entre o espírito da vida econômica moderna e a ética racional do protestantismo ascético".[2] Num profundo paradoxo, Weber revelou uma ética que capturava tanto o etos protestante quanto o espírito do capitalismo, uma ética que fazia uma "avaliação religiosa do trabalho incansável, contínuo e sistemático num apelo terreno, como o meio mais elevado para chegar ao ascetismo e, ao mesmo tempo, a prova mais clara e óbvia da ressurreição e da verdadeira fé". Essa ética, escreveu ele, "deve ter sido a mais poderosa alavanca concebível para a expansão daquela atitude diante da vida que chamamos aqui de espírito do capitalismo".[3]

No novo mundo, com sua abundância natural e seu imaculado isolamento em relação ao resto do mundo, o espírito do capitalismo se tornaria tipicamente americano e caracteristicamente democrático — o etos de uma nação cristã livre onde o trabalho era uma ambição genuína e o investimento uma marca do altruísmo prudente e da construção democrática de uma nação, em vez de mero egoísmo. Essa marca sagrada foi impressa na face profana do capitalismo desde então e até recentemente, quando foi superada por um etos novo e distinto, mais apropriado ao capitalismo americano em sua recente fase consumista — o que eu chamo de etos infantilista.

Embora tenha sido intensamente contestada, provocando uma "Guerra dos Cem Anos acadêmica",[4] a visão de Weber sobre o etos capitalista original — o ascetismo protestante como um orientador econômico para o capitalismo empresarial — era parte de um projeto maior de Weber, o de estudar a psicologia social das grandes religiões do mundo.[5] O projeto mais amplo indicava várias proposições mais gerais: de que o capitalismo e a cultura, em suas muitas variações diferentes, estão sempre mais intimamente unidos do que poderiam sugerir as nítidas fronteiras acadêmicas entre as disciplinas de economia e sociologia ou psicologia. De que nosso atual dilema capitalista não é — como Daniel Bell descreveu vários anos antes — o de que o fim da ética protestante deixou o capitalismo "sem nenhum ética moral ou transcendental",[6] mas o de que ele adquiriu uma ética nova e diferente que tem tons tanto seculares quanto religiosos e que legitima as tendências que o capitalismo de consumo exige hoje para sobreviver — tendências, como descreveu Thomas L. Friedman, "de enaltecer o consumo em detrimento do trabalho duro, do investimento e do raciocínio a longo prazo".[7] De que se o aumento da produtividade do capitalismo atendeu a uma ética protestante e a fortaleceu, existe hoje também uma outra ética a ser revelada — de maneira alguma protestante — que atende ao incipiente declínio do capitalismo em direção ao hiperconsumismo e o intensifica. Embora a ambição e a puerilidade sejam características naturais da psicologia humana, elas ganharam uma proeminência no moderno homem materialista que reflete as ambições artificiais de um etos infantilista tentando assegurar a sobrevivência do capitalismo.

Bell pode ter proclamado o total "abandono do puritanismo e da ética protestante",[8] mas ainda há verdadeiros fiéis que continuam defendendo essa ética, ainda há alguns capitalistas românticos que continuam a encontrar na economia de oferta e no mercado um modelo da antiga virtude cristã, embora transformada pela grande experiência econômica americana. O persistente mito americano que associa o sucesso e a riqueza terrenos a virtudes divinas e que levou Andrew Carnegie a escrever, em seu *Gospel of Wealth*, que "não o mal mas o bem participa da disputa gerada pela acumulação de riqueza daqueles que têm capacidade e energia para produzi-la",[9] também continua visível na religião pop americana, na terapia pop e na cultura pop — televangelismo, programas de terapia em 12 passos e muitos esquemas de enriquecimento rápido mais libertinos (e, portanto, bem-sucedidos).

Grande parte da literatura cultural pop imita o puritanismo, mesmo que falsifique seu conteúdo. Prega a sobriedade (programas de 12 passos) enquanto incentiva a indulgência (propaganda e marketing) e apela à sobriedade de caráter (críticas culturais conservadoras), mesmo enquanto molda o comportamento num molde consumista (apoio conservador ao capitalismo de mercado). Exige lazer para o consumismo (shopping centers como substitutos de centros de cidades), mas torna o lazer uma espécie de trabalho (o imperativo de comprar), uma vez que o etos ascético é preservado não como uma obrigação de produzir, mas como uma nova obrigação de comprar e consumir. A ambição torna-se uma forma de altruísmo, que responde não ao amor a si próprio, mas ao amor à produtividade capitalista. Quando o presidente Bush quis encontrar uma metáfora para a normalidade, a fim de ajudar os americanos a se recuperar do pesadelo do 11 de Setembro, recorreu ao consumo — implorando aos americanos que mostrassem à al-Qaeda seu patriotismo indo ao shopping e continuando a comprar.

O novo evangelho de consumo e o etos infantilista

No novo evangelho do consumo, gastar é sagrado, assim como poupar era sagrado no tradicional evangelho do investimento. O trabalho ainda é valorizado, e os americanos — os mais ávidos consumidores do mundo — são também os maiores trabalhadores industriais do mundo. Mas, como argumentarei adiante, o trabalho de produção também se tornou o trabalho do consumo, com a alegria infantil sendo aos poucos transformada em lazer disciplinado e brincadeira com propósito. De modo que, se os americanos ainda trabalham mais (e por mais horas) do que qualquer outra pessoa no mundo ocidental, eles também brincam mais, compram mais e gastam mais. Embora comprar possa significar levar para casa a cultura material de valor corrosivo contra a qual os conservadores culturais pregavam, esses mesmos conservadores continuam tão casados com o consumismo quanto os secularistas liberais, e, portanto, continuam amplamente incapazes de atacar seus fundamentos na cultura corporativa. Isto talvez explique como o presidente Bush conseguiu ganhar os votos dos conservadores cristãos nas eleições de 2004 sem abandonar seu apoio (cortes e desregulamentação de impostos) às empresas do mercado cuja lucratividade depende do consumismo materialista que necessariamente mina os valores conservadores. Nesse espírito, o comentarista pop cultural conservador David Brooks encontrou uma maneira de sacralizar o ato de comprar, defendendo o consumo como uma vocação imbuída de "intenção sagrada". Num brilhante, mas no mínimo não muito sério, tributo ao "significado transcendente" de gastar no mercado moderno, Brooks descreve a maneira como o desejo espiritual se torna desejo físico no que ele chama de literal "transubstancialização de bens".[10] Thomas Frank usa essa mesma ambivalência em seu *What's the Matter with Kansas*, no qual afirma que a direita não consegue discernir "a conexão entre cultura de massa, que a maioria dos conservadores odeia, e o capitalismo *laissez-faire*, que eles adoram sem reservas".

Isso leva os conservadores de Kansas a exultar "quando celebridades dizem coisas estúpidas", a "festejar quando estrelas do cinema são presas" e, em geral, a pedir "a cabeça da elite liberal". Mas então vem a época das eleições, e eles "votam para cortar os impostos de todas as estrelas do rock".[11]

São poucos os românticos neopuritanos que vão além de Brooks e tentam manter viva a conexão direta entre a virtude protestante e o capitalismo antiquado de pouco tempo atrás. Nos últimos tempos, talvez não exista figura mais tocante, e certamente não mais atavicamente convincente, do que George Gilder, que, entre as limitações dos anos 1960 como crítico do feminismo e de hoje como defensor da tecnologia digital futurista, conseguiu, no início dos anos 1980, capturar e romantizar o fervor radical da lei da oferta de neoliberais como David Stockman e Jack Kemp. Exatamente quando as doutrinas libertárias deles estavam sendo postas numa retórica grandiosa — se não verdadeiramente em prática pelo presidente Ronald Reagan e pela primeira-ministra Margaret Thatcher —, Gilder escreveu um livro com o objetivo de abordar o que ele tinha prazer em chamar de "a grande aventura e a moralidade salvadora do capitalismo".[12]

Em seu *Riqueza e pobreza*, longe de negar a tese de Weber, ele aumenta a aposta, embelezando a linguagem imparcial de Weber sobre racionalidade capitalista com uma ardente retórica de criatividade, de correr riscos e de epifania empreendedora. Ele não se limita a descrever o etos protestante residual de ascetismo — e certamente não está querendo seguir o caminho mais tarde trilhado por Brooks e aprovar e justificar o consumismo. Em vez disso, quer reacender uma ética nova de altruísmo espiritual que tem como fonte a religião. Ele insiste que "economistas que não acreditam na religião nunca conseguirão compreender as formas de devoção pelas quais o progresso é alcançado".[13] Quer celebrar "a heróica criatividade dos empreendedores". Do mesmo modo que Weber, pensa neles mais como abnegados do que como pessoas que querem adquirir, em grande parte como os consumidores modernos talvez vejam a "ambição" atribuída a eles como um instrumento para objetivos mais elevados.[14] Ele não se envergonha diante da desigualdade porque, assim como o filósofo político inglês John Locke (forte influência sobre os pregadores puritanos ingleses do século XVIII), avalia que os pobres são motivados tanto por preguiça, inveja e controvérsias quanto por sua má sorte e pela injustiça — uma ausência de zelo, em vez de uma ausência de oportunidade.[15] Ele vê na acumulação de capital não o trabalho de exploradores e expropriadores do trabalho de outros, mas a conquista de pessoas criativas que assumem riscos, de altruístas e até de mártires: "Uma economia bem-sucedida depende da proliferação dos ricos, da criação de uma ampla classe de homens que assumem riscos e que querem evitar os meios fáceis de uma vida confortável para criar um novo empreendimento, obter lucros enormes e investi-los novamente". Gilder insiste em que "os empreendedores mais bem-sucedidos contribuem com muito mais para a sociedade do que aquilo que recuperam".[16]

Gilder não estava errado em relação ao espírito moralizador da economia de oferta e a seus defensores políticos, como Ronald Reagan, que, assim como Gilder, pensava na pobreza "menos como um estado da renda do que como um estado da mente" e celebravam a si próprios como altruístas sacrificando seus prazeres imediatos em nome dos riscos produtivos da criatividade empreendedora. De fato, Gilder parece bastante presciente, na medida em que sua moralização do lucro privado e do auto-interesse corporativo captura perfeitamente não apenas o compromisso do televangelismo com o materialismo, mas o espírito da bem-sucedida estratégia de campanha do presidente Bush em 2004, quando ele conseguiu manter a devoção e os lucros no mesmo pacote, convencendo os evangélicos de que o capitalismo global de grande sucesso era o melhor amigo deles e convencendo os capitalistas de que eles nada tinham a temer com o fundamentalismo cristão antimaterialista. No Canadá, o jornal *Vancouver Sun* — o maior e mais popular diário de Vancouver — publicou um artigo na página de opinião intitulado "Compre até cair: É um imperativo moral".[17]

Entretanto, Gilder não percebeu que o capitalismo que ele beatificava havia mudado. Ele confundiu o capitalismo de consumo recente e o que ele viu como sua celebração da avareza altruística (ambição é bom!) com o antigo capitalismo empreendedor e sua celebração da ascese altruística (o trabalho é sagrado!). Gilder estava cantando hinos para poupar e investir, enquanto os cristãos estavam ocupados gastando e consumindo. Ele aplaudiu a virtude da inventividade e da criação de capital, mas eram a virtude das fusões sem produto, as aquisições, o marketing de gerar necessidades e as marcas que definiam o novo espírito do consumismo.

Nos anos 1980, cujo reaganismo Gilder prenunciou, o capitalismo havia se movido decididamente de uma economia dura para outra suave, da produção de bens para outra de necessidades, de um mercado empreendedor para outro administrativo, da descoberta de empresas empenhadas na criação de capital para a alavancagem de fusões e aquisições com o objetivo de expropriar e liquidar capital, do investimento financeiro para a especulação de moeda e da poupança para o gasto. Essas tendências foram catalisadas por uma bem-sucedida campanha neoliberal contra a regulação do governo — contra a própria idéia de esfera pública — que contribuiu mais para destruir a inovação empreendedora e o investimento em produção do que a criatividade do capital de risco e a inovação tecnológica (foco de Gilder) fizeram para criar novas riquezas.

O que Gilder não conseguiu entender foi a relação, na moderna economia, entre a fabricação de bens para atender a necessidades reais — que estava em declínio — e a fabricação de necessidades para atender e absorver as mercadorias e o excedente de serviços da produção exagerada, que aumentava. O que ele não reconheceu foi como as contradições capitalistas estavam criando uma grande riqueza, mas apenas à custa da criação de uma grande desigualdade na mesma medida; como a produtividade tradicional de um etos de trabalho que tende ao ascético e visa a investimentos havia ao longo do tempo gerado uma riqueza excedente destrutiva para o etos ascético ("o paradoxo de toda ascese racional... é de que a própria ascese racional criou a própria riqueza que rejeitava", escreveu Weber);[18] como a produção exagerada no mundo dos que têm se uniu ao subdesenvolvimento no mundo dos que não têm, de modo que aqueles com dinheiro tinham pouca necessidade ou pouco desejo intrínseco de consumir, enquanto aqueles com verdadeiras necessidades tinham pouco dinheiro para aplacar seu desespero. Estas foram circunstâncias designadas para acelerar o crescimento, mas que também estimularam a desigualdade tanto dentro das sociedades quanto entre elas.

O capitalismo é levado a uma crise nos dois lados da fronteira Norte/Sul. No Norte, numa dinâmica descrita de modo convincente por William Greider, produtos não lucrativos em excesso buscaram muito poucos consumidores, e, entre estes, muitos precisavam ser estimulados, empurrados e seduzidos a consumir;[19] enquanto no Sul, necessidades urgentes, mas não lucrativas em excesso, buscaram muito pouco capital disponível, mantido por proprietários que permaneciam desinteressados naqueles sem renda arbitrária — os empobrecidos, doentes e profundamente necessitados habitantes da África Subsaariana, por exemplo.

O consumismo e a Gaiola de Ferro

O novo consumismo, que se tornou hoje a estratégia de sobrevivência do capitalismo moderno, aproxima-se mais das sombrias previsões de Weber do que dos doces sonhos de Gilder. "No campo de seu maior desenvolvimento, nos Estados Unidos", advertira Weber, "a busca de riqueza, despida de seu significado religioso e ético, tende a ficar associada a paixões puramente mundanas, que, na verdade, geralmente dão a ela um caráter de esporte."[20] Gilder esperava restaurar a idéia de trabalho como um chamado espiritual, mas embora Weber tivesse reconhecido a tendência moderna (ele escreveu no início do século XX) de considerar o trabalho uma dimensão de uma ascese obsessiva, ele reconheceu uma verdade simples: enquanto "os puritanos queriam trabalhar em [o que para ele era] uma ambição, nós somos forçados a fazer isso", queiramos ou não. Se um dia o capitalismo vestiu uma capa de materialismo, de preocupação com bens externos, que poderia "ser deixada de lado a qualquer momento... o destino decretou que a capa deveria tornar-se uma gaiola de ferro".[21]

Gilder quer sair da gaiola em benefício de seus novos empreendedores, e quem haverá de culpá-lo? Mas Weber parecia mais perto de acertar do que os entusiastas do mercado neoliberais pós-modernos quando escreveu que "ninguém sabe quem viverá nessa gaiola no futuro, ou se no fim desse tremendo desenvolvimento vão surgir profetas inteiramente novos, ou se haverá um grande renascimento de antigas idéias e ideais".[22] Um renascimento de ideais antigos é o desejo ardente de Gilder. Mas a profecia alternativa de Weber sobre a tendência do capitalismo a crescer numa "petrificação mecanizada, embelezada com uma espécie de auto-importância convulsiva" parece mais precisa.[23] O problema de Weber foi que ele não conseguiu prever (ou achou que seria presunçoso e não-científico fingir ser capaz de prever) que o capitalismo moderno, em sua "auto-importância convulsiva" — embora inicialmente tenha permitido a si próprio ser despido de sua importância religiosa e ética —, iria ao longo do tempo gerar um novo etos. Esse etos seria formado por partes iguais de uma ética de consumidores infantilizados e de uma teologia de fiéis infantilizados.

Precisamos apenas revisitar a eclosão de empreendedores de televisão e gurus de escolas de negócios durante a última década, ou as duas últimas, para encontrar uma tribo de pregadores que, longe de abandonar a linguagem da ética, imitam George Gilder e David Brooks e a reinventam. Eles recorrem a paródias absurdas de solipsismo auto-racionalizante e as direcionam para uma nova ética capitalista. O grande egoísta libertário de Ayn Rand, Howard Roark, que em *The Fountainhead* declarou: "Vim hoje aqui dizer que não reconheço o direito de ninguém a um minuto de minha vida... que sou um homem que não existe para os outros",[24] é um solipsista moderado, comparado aos egoístas moralizadores do novo capitalismo. Um grande exemplo é o personagem Gordon Gekko, de Oliver Stone (vivido por Michael Douglas em *Wall Street — Poder e Cobiça*, filme de Stone de 1987), pregando energicamente a um coro de acionistas: "A questão, senhoras e senhores, é que a ambição, na falta de uma palavra melhor, é boa. A ambição é correta. A ambição funciona. A ambição esclarece, corta caminho e captura a essência do espírito da evolução." O egoísmo já não se esconde na religião: tornou-se uma religião. A ambição não é simplesmente boa para *mim*. O novo etos quer que acreditemos que *é* boa em si própria.

O evangelho do capitalista de consumo pós-moderno é precisamente aquele encontrado nos múltiplos textos "saiba como" do cânone consumista em que ser rico é definido como gastar com entusiasmo, e o consumo conspícuo já não é um vício, mas uma virtude. O livro de Jonathan Hoenig *Greed Is Good*, cujo título ele tomou emprestado do filme de Stone, é um exemplo, acompanhado do excêntrico mas eficaz subtítulo *The Capitalist Pig Guide to Investing*. Hoenig aconselha os investidores a aceitar que, "embora a ambição tenha sido vista como uma coisa muito má em nossa cultura... no jogo chamado vida, o objetivo é fazer a si próprio feliz". Se o capitalismo inicial de Weber era um mecanismo que dava aos outros o que eles queriam e precisavam, Hoenig entende que "a ambição é o mecanismo para ter o que você quer".[25] Mas Hoenig, um guru cínico e que zomba de si mesmo, como você descobrirá, propõe um "Credo do Porco Capitalista", cuja "filosofia de porco capitalista não tem a ver simplesmente com enriquecimento. Mais do que qualquer outra coisa, tem a ver com o desejo de estabelecer vidas em que controlamos nosso futuro". Tem a ver com "planejar", "pensar", "escolhas sensíveis" e "objetivos na vida".[26] O verdadeiro objetivo de Hoenig é moralizar a ambição e incentivar aqueles que podem ter escrúpulos para adotá-la — uma definição do novo etos.

Depois, existe Suze Orman, a amplamente bem-sucedida assessora de investimentos em televisão, empacotando seus conselhos sobre dinheiro e finanças num livro cujo título — *The Courage to Be Rich: Creating a Life of Material and Spiritual Abundance* — pode ter sido criado numa escola da New England Puritan Sunday. Orman não se preocupa de modo algum em falar sobre investimento; a idéia é mergulhar diretamente na parte sobre ficar rico. As primeiras páginas de seu livro dizem, portanto, aos leitores que "é preciso coragem para viver honestamente, de maneira inteligente, fiel a si próprio — e fiel ao desejo de ter mais".[27] A prosa de Orman faz eco à retórica de moral elevada de *Almanaque do pobre Ricardo*, de Benjamin Franklin, ou de *O progresso do peregrino*, de Bunyan: "Nossa jornada começou com o ato do perdão", escreve ela, "um ato que foi o primeiro passo para unificar pensamentos e ação. Pelo perdão, eu esperava que você encontrasse clareza e força para olhar para a frente, com coragem e esperança... A soma total de nossas ações forma nosso caráter, e o seu caráter determina o seu destino."[28] Para Orman, aqueles que arrancam lucros do sistema são menos narcisistas em busca de sucesso do que peregrinos religiosos em seu caminho para a salvação. Afinal de contas, escreve ela, numa espécie de irônica distorção da convicção calvinista de que os que estão salvos são conhecidos por seus bons trabalhos, "o dinheiro é atraído para pessoas fortes e poderosas".[29]

O puritanismo pode então ter relaxado em sua antes poderosa posse ética do capitalismo, mas os novos fiéis a substituíram por uma pátina trivializada de falso espiritualismo e ética instrumental para justificar a psicologia solipsista da nova relação entre consumidores e mercadorias exigida para que o capitalismo de consumo tenha sucesso. Algum tempo atrás, Karl Marx atacou o (então) novo "nexo do dinheiro" do capitalismo — um nexo que afogaria "os êxtases mais divinos do fervor religioso... na água gélida do cálculo egotista". O pior de tudo, explicaram Marx e Engels, é que ele substituiria "a exploração, encoberta por ilusões religiosas e políticas... a exploração nua, desavergonhada, direta, brutal".[30] Entretanto, o consumismo moderno volta a vestir a nudez do capitalismo substituindo as mercadorias de consumo pelo nexo do dinheiro. O próprio Marx havia sugerido que o triunfo do nexo do dinheiro significava que a "necessidade de coisas" natural e convencional seria substituída pelo que chamou de "novas necessidades".

A nova religião de comprar com sua indução de crianças à catedral do comércio sacraliza essas novas necessidades. O gasto dos consumidores na virada do milênio foi estimado em US$ 6 trilhões por ano nos Estados Unidos, ou mais de US$ 21 mil por pessoa; supershoppings como o Mall of América, nos arredores de Mineápolis, o Potomac Mills, Virgínia, ou o planejado New York DestiNY [sic] Mall, no norte do estado, parecem realmente ser o destino americano sendo cumprido.[31] Um outro supershopping no estado de Washington oferece a milhões de visitantes anuais mais de 92 mil metros quadrados de espaço cujo alvo são compradores impulsivos (apenas um quarto dos visitantes chega com um produto específico em mente) e turistas para os quais esses shoppings são locais de "destino" e que admitem com prazer que são movidos por algo que não é necessidade — "Eu não precisava de nada", diz um típico comprador. "Eu simplesmente vim comprar; eu gosto de comprar, não importa o quê."[32] Nas palavras francas de um anúncio da Porsche apresentando o Cayman S, "de repente o limite entre querer e precisar parece tão arbitrário". Ou seja, é um impedimento a produtores que vendem produtos que consumidores querem, mas que provavelmente só comprarão se puderem ser convencidos de que "precisam" deles — para dar um exemplo, da mesma maneira que os homens agora "precisam" não de uma, nem de duas, nem de três lâminas de barbear, mas do barbeador Fusion da Gillette, com cinco lâminas, para assegurar um barbear melhor.[33]

Weber imaginou um mundo capitalista no qual o nexo do dinheiro triunfava sobre o investimento, antecipando que os supervisores administrativos do capitalismo recente provavelmente se interessariam mais em liquidar do que em criar e investir capital e provavelmente se preocupariam mais em vender bens não necessários àqueles que têm condições de comprá-los do que em produzir bens necessários àqueles que não têm meios para comprá-los. Assim, ele previu um mundo onde capitalistas seriam transformados em "especialistas sem espírito, sensualistas sem coração", homens e mulheres cantando em louvor a si próprios, mas constituindo, na verdade, "essa nulidade" que "imagina que atingiu um nível de civilização nunca antes alcançado".[34]

Nem todo mundo que admira o capitalismo dá boas-vindas ao seu declínio para a nulidade do consumismo compulsivo ou espiritualiza sua cultura infantil coerciva. E também nem todo mundo que admira sua capacidade de criar riqueza acha que isto é a mesma coisa que criar alegria — para não falar em justiça. A autopromoção de algum modo histérica dos anos 1990, que permitiu que investidores convencessem a si próprios de que o capitalismo estava mais uma vez tendo uma explosão, fomentado pela nova tecnologia digital, deu lugar, em algumas áreas, a um pessimismo renovado. Mesmo que o capitalismo tenha significativas vitórias eleitorais nos Estados Unidos, bem como em nações do G-8 ainda mais prósperas (incluindo a Europa e o Japão), ou mesmo em nações do G-20 (abarcando economias emergentes como Índia, Brasil, Argentina, Indonésia, Coréia do Sul e África do Sul), seu humor hoje em dia é tão freqüentemente triste quanto festivo. Já nos anos 1950, durante o *boom* econômico pós-guerra, muitas vozes se levantaram contra o comercialismo e a degradação do espírito que o consumismo podia causar. Erich Fromm, Theodor Adorno, Ernest van den Haag, John Kenneth Galbraith e Wilhelm Röpke estavam entre os muitos (tanto conservadores quanto liberais) que lamentaram os custos de uma abundância que também admiravam. Röpke foi um crítico típico, perguntando se havia "alguma maneira mais certa de dissecar a alma do homem do que o hábito de pensar constantemente em dinheiro e no que ele pode comprar? Existe um veneno mais poderoso do que o comercialismo impregnante de nosso sistema econômico?"[35]

São poucos os entusiastas ao estilo de Gilder no novo milênio, e os otimistas precisam encontrar maneiras de celebrar o consumismo. Freqüentemente eles o associam à cultura conservadora e à independência espiritual, a mesma cultura e a mesma independência que críticos como Röpke e Van den Haag achavam que o comercialismo subvertia. Poucos podem sequer exibir o humor cauteloso de semi-afirmação que Irving Kristol evocou quase 40 anos atrás em seu *Two Cheers for Capitalism* — um tomo sombrio que já se preocupava com o "filistinismo amável... inerente à sociedade burguesa" e com "chame isso do que você quiser; eu acho que vou chamar de decadência" contra o qual os jovens rebeldes que Kristol desprezava estavam reagindo, conforme ele reconheceu.[36]

O tom hoje é ainda mais funesto em algumas áreas, e mais bem retratado por Robert E. Lane em seu estudo acadêmico mas circunspecto (e com título bastante apropriado), *The Loss of Happiness in Market Democracies*. Lane não finge qualquer entusiasmo: seu humor nenhum-brinde-ao-capitalismo é de desânimo e lamento, talvez porque, diferentemente da época de Kristol, a cultura hoje mostra pouca disposição para se rebelar contra a gaiola de consumo na qual está presa. O pessimismo de Lane é apoiado por dados de pesquisa: o Estado do Mundo 2004, do Instituto Worldwatch, relatou que em 65 países pesquisados o potencial de renda e de consumo para comprar alegria diminuiu enquanto as pessoas ganhavam e consumiam mais de US$ 13 mil por ano (uma média global cujo alcance inicial realmente trouxe alegria).[37]

Na análise reveladora de Lane, que (previsivelmente) recebeu pouca atenção comercial, ele detecta "em meio à satisfação que as pessoas sentem com seu progresso material" um tipo de "sombra sobre o terreno". Bem antes das catástrofes terroristas e da estagnação econômica que marcaram o início do novo milênio, Lane investigou incisivamente "o espírito de infelicidade e depressão que persegue democracias de mercado avançadas em todo o mundo, um espírito que zomba da idéia de que os mercados maximizam o bem-estar e a promessa do século XVIII de um direito de buscar a felicidade".[38] Nisto, ele estava, é claro, apenas fazendo eco àqueles que têm escrito sobre a alienação da sociedade capitalista, remetendo a Nietzsche (que retratou os cidadãos da sociedade burguesa como os "últimos homens", um pouco melhores do que os pequenos "insetos esperançosos") e Rousseau (que observou que, quanto mais poder os homens modernos adquiriam, mais miseráveis eles se tornavam, uma vez que o poder que eles tinham de satisfazer suas vontades apenas multiplicava essas vontades).

Depois veio Karl Marx, que prescientemente explicou como "a expansão da produção e das necessidades se torna uma subserviência engenhosa e sempre calculada a apetites desumanos, depravados, não naturais e imaginários".[39] E, mais recentemente, pense nas previsões sombrias de

Christopher Lasch sobre a "cultura do narcisismo" apresentadas em seu livro que tinha esse título, em 1979. Lasch observou como, na sociedade moderna, "o self egomaníaco, ávido por experiências e imperial, regride para o self grandioso, narcisista, infantil e vazio".[40] O relato de Lasch sobre o narcisismo ressoa em muito do que eu vou retratar como o novo etos de infantilismo capitalista. O etos que anima o capitalismo de consumo pós-moderno é de compulsão sem alegria. O consumidor moderno não é nenhum caçador de prazeres livre em seus desejos, mas um comprador compulsivo guiado pelo consumo, porque o futuro do capitalismo depende disso. Ele é menos o sensualista alegre do que o masturbador compulsivo, um viciado relutante trabalhando em si mesmo com pouco prazer, incentivado em seu trabalho por uma ética de infantilização que o lança a uma auto-indulgência com a qual em geral ele não consegue lidar bem.

Na verdade, o capitalismo moderno tem-se ocupado há algum tempo em inventar um etos que faça pelo consumo o que o etos ascético de Weber já fez pela produção. Isto tem exigido a construção de algo que já identificamos como uma aliança política difícil e instável entre o conservadorismo cristão prudente e o materialismo consumidor imprudente, um projeto originalmente assumido pelos moralistas escoceses do Iluminismo do século XVIII, quando o capitalismo parecia ainda estar voltado para reais necessidades humanas (veja, por exemplo, *A Teoria dos Sentimentos Morais*, de Adam Smith, de 1759). Hoje, a tarefa é muito mais difícil. Ainda não está claro se a sociedade consumista pode resistir à contradição inerente a um conservadorismo cultural que prega valores como coesão familiar, crescimento espiritual e responsabilidade cívica e a um capitalismo consumista que necessariamente mina e destrói esses valores.

Hoje em dia, comprar não é simplesmente um trabalho, mas, na verdade, tornou-se um emprego para aqueles que atuam como compradores para ricos profissionais; assim como o marketing se tornou uma vocação para milhares de adolescentes contratados por empresas para criar um bochicho sobre seus produtos e "influenciar" líderes a consumir suas marcas.[41] Um tipo de escolha é preservado, mas, como vou mostrar, é apenas uma escolha particular, a escolha do prisioneiro sobre onde ficar ou se sentar dentro da gaiola consumista: No shopping? No multiplex? Na internet? Em frente à televisão? eBay? Wal-Mart? Disneylândia? Ou FedExField?

Há um método simples e cruel de capturar macacos na África que indica os paradoxos que a "escolha" enfrenta em nossa era de consumismo global. Uma pequena caixa contendo uma grande noz é presa a um poste bem firme. Só se pode chegar à noz por um único e pequeno buraco na caixa, projetado de modo a acomodar a garra de um macaco se esticando, mas, quando o animal fecha a garra para apanhar a noz, não consegue retirá-la. É claro que fica imediatamente óbvio para qualquer pessoa (exceto o macaco) que tudo o que a criatura precisa fazer para se libertar é deixar a noz. Caçadores espertos descobriram, porém, que podem manter sua presa ali durante horas, ou mesmo dias, porque o macaco — movido pelo desejo — não dispensará a noz. Antes disso ele morre (o que freqüentemente acontece).

Os consumidores são os macacos enganados do capitalismo; teoricamente estão livres para comprar ou não, mas com o etos infantilista fomentando seus desejos, uma vez dentro da armadilha de macaco infantilista, não conseguem sair. Os shoppings e mercados virtuais não são prisões, mas também não se pode dizer que oferecem a seres humanos alguma coisa parecida com liberdade pública, ou cívica, ou moral. Isto não é argumentar sobre "falsa consciência", mas sobre "consciência limitada": como os consumidores são persuadidos a adotar uma noção de liberdade que lhes permite eles uma escolha pessoal real, mas ao custo de subverter sua liberdade civil (veja capítulo 4).

É claro que o capitalismo não fez da noite para o dia essa desalentadora viagem da nobre comunidade puritana para a triste gaiola consumista. Nem seu etos evoluiu de um trabalho duro obrigatório, de uma produtividade para o bem dos outros, de investimentos no futuro e do ascetismo na vida diária para gastos inúteis obrigatórios e lazer intenso no piscar de olhos de um comprador. O sistema econômico mudou lentamente, e as noções éticas empregadas em seu benefício evoluíram com igual deliberação enquanto o próprio capitalismo se transformava. Entre o mundo perdido dos vencedores produtivistas do protestantismo e a recém-descoberta terra dos perdedores consumistas conduzidos tanto por um etos de infantilismo quanto por uma autêntica necessidade econômica, existem várias fases complexas de desenvolvimento econômico, cada uma delas com seu próprio etos em evolução e cada uma delas conectada à fase anterior e à seguinte. Existem mudanças lentas também na própria identidade dos seres que antes eram os produtores de desejo do mercado e que com o tempo se tornaram seus consumidores ambivalentes — ou, no caso dos pobres e desprovidos de direitos civis e poder, excluídos permanentes.

NAS MUITAS FASES do capitalismo, há um momento que precede aquele que Weber identifica e que estabelece um contexto para seu sucesso com raízes nas mesmas forças que o momento capitalista de Weber suprime. Essa fase de prelúdio capitalista pode ser compreendida como o "Capitalismo Criativo" que acompanha e é acompanhado por uma ética de anarquia criativa; ela define o protagonista capitalista ideal como o aventureiro impetuoso. A fase crucial de Weber de capitalismo burguês é definida pelo "Capitalismo de Investimento" que acompanha e é acompanhado por uma ética de ascetismo (a "ética protestante" de Weber). Ele define o protagonista capitalista ideal como o contador prudente: o investidor calculista que é capaz de trabalhar duro e de planejar racionalmente a longo prazo, bem como de manter uma poupança. As várias fases que então se interpõem entre o momento ideal de Weber de decolagem capitalista podem ser chamadas de "Capitalismo Liberal", acompanhado de uma ética de individualismo radical e definido pelo protagonista que é alguém com livre escolha (o individual definido por autonomia e direitos); e depois de "Capitalismo Administrativo", acompanhando e acompanhado por uma ética de organização e conservação definida pelo protagonista ideal que é um supervisor. Não vou abordar essas importantes fases intermediárias especificamente com outro objetivo além de deixar claro que a viagem do etos protestante para o etos infantilista não foi simples nem ininterrupta. A última fase é aquela que atrai minha atenção aqui: o "Capitalismo de Consumo", que acompanha e é acompanhado por uma ética de infantilização e que tem como protagonista ideal o consumidor compulsivo. Da mesma forma que acontece com todos as fases dialéticas, enquanto esses tipos se sucedem, traços de cada um estão presentes em cada um dos outros, e nenhum desaparece completamente, mesmo quando é sucedido por outro. Todos os arquétipos anteriores — de empreendedor aventureiro, de contador prudente, de indivíduo livre para escolher e do capitalista administrador — continuam a povoar o mundo do capitalismo de consumo, embora este seja agora dominado pela ética do infantilismo e tenha como protagonistas consumidores juvenis incapazes de alcançar a liberdade dos cidadãos.

Nossa breve história capitalista será concluída — embora não haja nada absolutamente necessário nessa progressão, e o argumento aqui não seja uma versão do determinismo histórico[42] — com uma fase emergente de oposição ao capitalismo consumista, uma fase definida pela *resistência*. Porém, uma das características assustadoras do etos de infantilização é sua inflexibilidade. É difícil resistir ao recente capitalismo de consumo, ou mudá-lo, porque ele cria uma ilusão de liberdade privada que resulta numa coerção invisível e torna o exercício da liberdade pública mais difícil. Além disso, novas estratégias de marketing que visam particularmente às crianças são dirigidas às pessoas menos capazes de autonomia real ou de resistência consciente. Entretanto, a resistência é possível (veja capítulos 7 e 8): depende de uma estratégia de democratização cujo protagonista é o cidadão reenergizado que tem como objetivo enfrentar os desafios apresentados pelo declínio do capitalismo na direção do consumismo materialista.

As fases do capitalismo e o poder em evolução do etos

Weber inicia sua investigação da ligação entre capitalismo e protestantismo não pelo começo, mas pelo meio — bem no meio das coisas, com o capitalismo já socialmente formado e politicamente engajado. Na verdade, a ética protestante que Weber associa ao capitalismo inicial define os valores de um capitalismo que, se não está completamente atualizado, está bem lançado, já emergindo da criatividade empreendedora espontânea para a cultura burguesa estabelecida. Weber é firme ao observar que seu foco não está na aquisição ou na capacidade de adquirir por si só, características que ele distingue em cada sociedade e que não pertencem a qualquer modelo econômico exclusivamente. Em vez disso, está na formação de capital. Ele se esforça para observar que o capitalismo cuja ética está examinando já está além da fase dos "especuladores ousados e inescrupulosos" e dos "aventureiros econômicos que encontramos em todos os períodos da história econômica". Seus empreendedores são homens que, embora tenham "crescido na dura escola da vida" e talvez sejam "calculistas e ousados ao mesmo tempo", são "acima de tudo moderados e confiáveis, sagazes e completamente dedicados a seus negócios, com opiniões e princípios estritamente burgueses".[43] Mais criticamente, Weber acredita que o caráter dos homens nos quais esses capitalistas se tornaram é produzido em grande parte pelo próprio capitalismo enquanto este amadurece em suas fases de racionalização e consolidação.

Este é um ponto significativo, pois o capitalismo burguês de Weber está bem além daquele prelúdio capitalista que inaugura a acumulação de capital — a fase protocapitalista que diverge completamente, em suas tendências selvagens anarquistas, da ética puritana de ascetismo, ainda que seja uma fase claramente necessária para o surgimento do capitalismo. Durante esse prelúdio, os homens que Weber desprezou como sendo ousados, especuladores e aventureiros predominam. Weber acredita que esses tipos de caráter podem existir em todas as épocas (e eu vou sugerir que existem também em nós próprios), mas eles são prezados no prelúdio capitalista, onde suas personalidades, que de outro modo seriam perturbadoras, parecem brevemente ser quase virtuosas, ainda que dificilmente nos moldes puritanos.

O PRELÚDIO CAPITALISTA: AVENTUREIROS E CAÇADORES DE PETRÓLEO

Os homens do prelúdio capitalista — transpirando uma impetuosidade viril, raramente são mulheres[44] — modelam uma forma ainda-não-racionalizada de capitalismo em que a invenção e a descoberta são conduzidas por idéias novas e freqüentemente insanas e por uma energia indisciplinada. Como aventureiros que correm riscos, apostadores arrogantes e piratas à caça de fortunas, esses renegados pré-capitalistas produzem um etos que justifica a irresponsabilidade e os jogos de apostas e que legitima uma impulsividade que de outra forma não seria confiável. Eles podem ser chamados de hipócritas por aqueles que os sucedem, porque são homens que parecem "ensinar o pecado no pedestal de um santo" (Shakespeare em *A Comédia de Erros*), mas raramente fingem ser o que não são. E embora sejam marinheiros trapaceiros — desonestos confessos e homens de confiança —, sua vitalidade criativa e sua iconoclastia radical põem um halo de virtude sobre hábitos independentes que pouco tempo depois serão condenados pelo prudente etos do protestantismo.

O objetivo deles ainda não é acumular capital. É apenas ficar rico rapidamente (ou viver um bom período tentando, sem sucesso, ficar rico), rompendo com o passado, esmagando o conservadorismo feudal, mexendo com a imaginação e provocando a criatividade: apenas sonhar e embarcar em viagens animadas, ainda que elas levem tão freqüentemente a desastres quanto a descobertas; é apenas criar máquinas e descobrir recursos que — embora eles próprios muito freqüentemente desperdicem — com o tempo se tornam a base para a futura acumulação de capital e a construção de um edifício racional de prosperidade. São homens protocapitalistas como esses que George Gilder parece estar celebrando quando dá preferência a empreendedores modernos que correm riscos em detrimento dos prudentes contadores de Weber, cujos riscos são sempre filtrados pela ponderação.

O filósofo conservador inglês Michael Oakeshott certa vez descreveu essa tribo fascinante e não confiável que intermediou a transição entre o feudalismo e a sociedade comercial como "filhos mais novos abrindo seu próprio caminho num mundo que tinha pouco espaço para eles... aventureiros livres que deixaram sua terra para fazer negócios... moradores de pequenas cidades que cortaram os laços comunitários com o interior... sábios vagabundos".[45] Esses rudes exploradores, desgarrados de famílias e do conforto do lar, rompendo com os costumes de uma sociedade conservadora, não eram capitalistas, nem mesmo comerciantes; mas, sem eles, o investimento prudente e a administração racional, e, portanto, a acumulação capitalista e a troca entre mercados, não teriam sido possíveis. Não haveria nem equipamentos militares para supervisionar nem riqueza para acumular: nenhum ouro nem prata para facilitar o comércio, nenhum instrumento de navegação para permitir a exploração, nenhum carvão ou petróleo para abastecer a economia e construir os grandes monopólios, nenhuma máquina para descaroçar o algodão, nenhum tear para tecer os têxteis, nenhum trabalhador do campo desgarrado para formar um inquieto proletariado urbano.

O credo desses exploradores e aventureiros era a imprudência. Eles se recusavam a calcular e manifestavam uma indiferença tola e destrutiva ao dinheiro e à administração deste. Quem é que toma a decisão de sair de casa e ir para um país distante baseando-se numa prudente avaliação de riscos? O temperamento conservador é avesso a riscos. Somente os tolos entregam o que têm para buscar fortunas que podem nem existir. Esses aventureiros eram claramente tolos, mais destemidos do que inteligentes. O etos que explicava e justificava seu comportamento freqüentemente destrutivo era profundamente americano-whitmanesco: cantar a canção da estrada aberta, cantar o corpo elétrico, cantar canções de pessoas livres. Na dedicatória de Whitman à energia espontânea do self solitário não poderia caber o tipo de cálculo em que os custos são comparados aos benefícios. Em sua "Canção de Mim Mesmo", ele capturou os Estados Unidos no limiar capitalista criativo, quando o país emergia da Guerra Civil:

> *Walt Whitman, um americano, um dos rudes, um cosmos,*
> *Desorganizado, gordo e sensual... comendo, bebendo e procriando,*
> *Nada sentimentalista...*
>
> ....
>
> *Remova as fechaduras das portas!*
> *Remova as próprias portas de seus batentes!*[46]*

Repetidamente, no início da história do capitalismo em cada sociedade, surgem rebeldes malandros, vangloriando-se do tamanho de seus próprios apetites: "Eu inalo grandes correntes de ar do espaço;/O leste e o oeste são meus, e o norte e o sul são meus", exclamara Whitman em sua "Canção da Estrada Aberta". Repetidamente, à maneira do excepcionalismo americano, eles consideraram sagrada sua missão — "Eu sou maior, melhor do que eu pensava;/Eu não sabia que tinha tanta bondade", exaltou Whitman, acrescentando a garantia de que "Quem quer que me aceite, ele ou ela, será abençoado e me abençoará".[47] Foram os aventureiros whitmanescos que ajudaram a abrir as rotas de comércio, que fizeram contatos que levaram a trocas, que prepararam leitos de estradas e instalaram trilhos, que extraíram o ouro e a prata e o óleo no qual outros encontrariam fortunas prudentes. Sem os vaga-

**Walt Withman, an American, one of the roughs, a kosmos,/disorderly, fleshy and sensual... eating, drinking and breading,/ No sentimentalist.../Unscrew the locks from the doors!/Unscrew the doors themselves from their jambs!* (N. do T.)

bundos insolentes que vieram antes deles, os atuários calculadores que fundaram as empresas de comércio e os bancos de investimentos, e depois os cartéis e monopólios que tornaram nações como Inglaterra, Alemanha e Estados Unidos prósperas e grandes, não teriam sido possíveis. A primeira geração criou a primeira riqueza, ou pelo menos as condições para criar a primeira riqueza; mas eles não eram contadores que acumulavam riqueza, contavam-na e lhe davam valor, dando-lhe, portanto, significado, convertendo-a em prosperidade coletiva.

Esses pré-capitalistas eram exploradores continentais como Lewis, Clark e seus predecessores navegantes, que mostraram não apenas que existia um vasto mundo além da segurança da terra, mas como ligar esses mundos através do conhecimento, da comunicação e do comércio. Eram caçadores de petróleo e mineradores que se tornaram fundadores de pequenas cidades, construindo tabernas e armazéns em torno de minas de prata do Colorado e cercando plataformas de petróleo com teatros de ópera e bordéis. As cidades às vezes vinham e iam no brilho de uma pirita de ferro nas mãos de um prospector e sobreviviam apenas enquanto o petróleo continuasse sendo bombeado num campo vazio que poderia secar em um ano ou um mês. As pequenas cidades que surgiam refletiam os homens que as fundavam: vinham, floresciam, ganhavam fama além de qualquer realidade substancial e depois atrofiavam e desapareciam nos 20 anos que esses administradores e contadores levavam para pôr a nova riqueza sob controle e racionalizá-la num sistema de acumulação, distribuição e consumo que ajudava sociedades inteiras a prosperar durante séculos, mas que já não precisavam de novas cidades anárquicas e aventureiros fora-da-lei para construí-las.

Na era americana moderna, eles foram homens como Howard Hughes, que multiplicou, gastou, perdeu e reconquistou a fortuna representada pela Hughes Tool Company, de seu pai prudente, numa série de escapadas românticas e aventuras empreendedoras envolvendo aviões, filmes, mulheres, imóveis, hotéis e cassinos de Las Vegas e a gigante da aviação comercial TWA. Em todos esses campos, ele foi um pioneiro e especulador que mostrou o caminho para seguidores mais prudentes, como a Pan American Airways e os grandes estúdios de Hollywood. Assim como sua vida afetiva, que tocou os nomes mais fabulosos dos dias de glória de Hollywood (Ginger Rogers, Katharine Hepburn, Barbara Hutton, Susan Hayward, Jane Russell,

Linda Darnell, Zizi Jeanmaire, Jean Simmons, Elizabeth Taylor, Rita Hayworth, Ava Gardner, Joan Fontaine, Gene Tierney e suas esposas, Jean Peters e Terry Moore), sua carreira nos negócios foi uma mistura bizarra de ousadia e imprudência, invenção e corrupção, visão e insanidade, que o deixou, bem como as empresas que fundou profundamente angustiados.[48] Seu *blockbuster* de US$ 4 milhões em 1930, *Anjos do Inferno*, pavimentou o caminho para todos os excessivos megassucessos de Hollywood que viriam, assim como sua nave voadora Spruce Goose que voou uma única vez, com Hughes no controle, tornou-se um ícone da imaginação da aviação que impulsionou os Estados Unidos para uma liderança global no setor da aviação militar e comercial.

Ainda mais recentemente, eles foram os pioneiros da revolução eletrônica e digital, caubóis do Vale do Silício que deram saltos criativos e que, nos anos 1960 e 1970, correram os riscos que permitiram aos consolidadores e homens de negócio que estabeleceram monopólios e fizeram fortunas nos anos 1980 e 1990 prosperar. Não eram os Bill Gates do mundo cibernético, mas pessoas como o romancista William Gibson, John Perry Barlow (que escreveu letras para o Grateful Dead) e o grande ciber-pioneiro Norbert Wiener.

Talvez não haja melhor exemplo americano desse arquétipo de aventureiro pré-capitalista do que o pai de John D. Rockefeller. Ao retratar a vida de John D., o biógrafo Ron Chernow apresenta um retrato de William Rockefeller que capta o prelúdio pré-capitalista dos Estados Unidos logo depois da Guerra Civil e imediatamente antes da grande explosão capitalista que seria chamada de Época de Ouro. Chernow descreve esse período como "o mais fértil da história americana para planejadores e sonhadores, homens desbravadores e trapaceiros falantes. Uma completa mania de patentes e invenções varreu os EUA. Todo mundo aparecia com um novo aparelho. Foi uma época de retóricas bombásticas e sonhos exagerados".[49] (Os planejadores e sonhadores merecem, porém, seu crédito, que nem Weber ou os capitalistas prudentes que ele celebrou jamais lhes deram. Basta ver o desdém de John D. Rockefeller pelas maneiras irresponsáveis de seu pai bem como pelos aventureiros deslumbrados com seus sonhos e pelos autodestrutivos assumidores de risco que ele encontrou, usou e submeteu à sua escalada para a fortuna a fim de entender como foram valiosos os cafajestes pré-capitalistas, tanto como fundadores quanto como contraexemplos instrutivos do que o capitalismo burguês maduro e moralizador exigiria para se sustentar.

O pai de John D. Rockefeller foi um desses homens independentes enlouquecidos. Chernow o chama de "o homem das trapaças", um bígamo charmoso que criou duas famílias em condados diferentes; uma figura também conhecida como "o demônio Bill", que, segundo fofocas, era um "jogador, ladrão de cavalo, um marginal".[50] William Rockefeller foi literalmente um negociante trapaceiro e criou esquemas tão numerosos quanto aparentemente inúteis ao fazer e perder pequenas fortunas. Foi um pai que deu os primeiros empréstimos a seu filho que se tornaria um titã, mas nunca entendeu o quanto seu filho estava mais perto das verdades do capitalismo maduro do que ele próprio jamais estaria.

Walt Whitman não foi simplesmente um alter ego literário de William Rockefeller, mas seu contemporâneo. Bill Rockefeller foi um substituto inconsciente de Whitman, sobrevivendo ao personagem que Whitman fez de si próprio quando escreveu sobre o que Chernow chamou de um desses "rudes.../Desorganizado, gordo e sensual.. comendo, bebendo e procriando". Mas o filho prudente de William sabia bem que "o homem imoral fraco também estava destinado a ser um homem de negócios pobre". Que assim como o homem da fronteira não passou de um momento na viagem dos Estados Unidos para o amadurecimento, o homem trapaceiro não passou de uma fase transitória no início da vida do capitalismo, um homem que criou as condições para a acumulação de capital, mas que rapidamente veio a se situar entre o capitalismo e o destino deste.

Ao longo de sua vida, John D. encontrou e exerceu poder sobre homens do tipo que seu pai havia sido. Ele havia desprezado um sócio caçador de petróleo, Jim Clark, considerando-o "um homem imoral... [que] aposta em petróleo", e o havia dispensado com um golpe que foi um exemplo do risco calculado do próprio Rockefeller em nome da administração prudente.[51] E havia desdenhado exibicionistas fanfarrões como seu primeiro sócio, George W. Gardner, que gastava tudo o que ganhava em roupas elegantes e grandes relógios de pulso para demonstrar sua riqueza a um mundo invejoso ao qual deveria estar servindo diligente e silenciosamente. John D. tinha um desprezo semelhante pelas cidades que prosperavam rapidamente e que teriam incendiado a imaginação de seu pai. Cidades como Pithole Creek, onde os primeiros poços de petróleo da Pensilvânia foram perfurados, representavam para John D. as almas desagradáveis que homens como seu pai evidenciavam. Eram "uma fábula que prenunciava as esperanças destruídas e os sonhos falsos", uma fábula que renovava "temores sobre a expectativa de vida curta da indústria [do petróleo]".

Mas sem William não teria havido nenhum John D. — nenhum filho de fortuna, mas também nenhum capitalista descobridor de fortuna. Porque o próprio sucesso de John D. dependeu da criatividade sem limites e da espontaneidade narcisista de aventureiros fanfarrões como seu pai, aqueles que quiseram perder suas próprias vidas e fortunas para gerar a energia que — uma vez capturada e controlada — permitiria ao capitalismo crescer e se tornar um poderoso motor de produtividade. O capitalismo burguês só conseguiu enraizar-se em solo firme por causa do desprendimento daqueles que vieram antes. O que era verdade para os Estados Unidos depois da Guerra Civil havia sido verdade para a Europa de Weber antes. As novas cidades comerciais da Europa, ao longo de rios que haviam catalisado o capitalismo europeu inicial no Renascimento, só foram possíveis por causa dos jovens destemidos que fugiram da segurança dos castelos medievais no fim da Idade Média para buscar sua sorte na estrada. Os valores familiares do protestantismo burguês dos Estados Unidos (o Metodismo, por exemplo), que com o tempo assegurariam o capitalismo maduro, dependeram de forma semelhante da mobilidade de uma geração anterior que abandonou suas casas e desejou voltar as costas para suas próprias raízes.

O pré-capitalista criativo não estava preocupado em criar riqueza voltando-se para necessidades a longo prazo; afinal, os aventureiros eram narcisistas a curto prazo. Mas eles prepararam o terreno para as máquinas e os mecanismos por meio dos quais as necessidades seriam ao longo do tempo buscadas e satisfeitas. Os caçadores de petróleo estavam fazendo perfurações animados com uma mercadoria que não tinha qualquer objetivo óbvio inicial além de representar um suplemento para os suprimentos de óleo de baleia, e só depois do motor de combustão interna o petróleo viria a servir às necessidades de uma sociedade móvel completamente industrializada. O ouro e a prata não satisfaziam a qualquer necessidade humana a não ser a um complexo e maduro sistema de comércio, produção de capital e troca. Mas aqueles que extraíam esses metais ou os comercializavam montaram o palco para as famílias dos Fugger, Rothschild e Rockefeller, que mais tarde descobriram como transformá-los em poder econômico e político sustentável. Muitas das primeiras invenções foram resultado da curiosidade e da ciência pura e ganharam valor como capital apenas quando foram colocadas em uso instrumentalmente por prudentes intermediários capitalistas. Copérnico e Galileu foram movidos pela curiosidade científica e atraídos pela noite estrelada; mas fizeram descobertas que facilitariam a navegação e que com o tempo levaram à exploração global, que, por sua vez, abriria o mundo ao comércio e à troca de bens e trabalho. Os astrônomos, porém, não tinham mais interesse nas aplicações mundanas — mas que mudariam o mundo — que sua ciência causaria do que os exploradores tinham na recompensa financeira que suas viagens mágicas acabariam propiciando. Marco Polo não foi nenhum capitalista prudente exercitando um ascetismo puritano; nem Cristóvão Colombo (diferentemente de seus patrocinadores) foi um avaliador cauteloso interessado em acumular riqueza. Mas sem eles não se pode imaginar o comércio livre ou o capitalismo — ou o mundo moderno *tout court*.

Explicando em termos contemporâneos, o capitalismo inicial ainda não era uma demanda ou uma economia que "puxava" baseada nas necessidades; ainda era uma economia que "empurrava" baseada em descobrir coisas e depois buscar um uso e um mercado para elas. Neste sentido, as economias capitalistas iniciais lembram a economia digital dos anos 1990, em que a habilidade tecnológica e a invenção ultrapassaram de longe a necessidade potencial do que estava sendo planejado, levando a um ciclo de sucesso e fracasso que ainda está ocorrendo. Se (veja adiante) Bill Gates representa o Rockefeller da época de ouro do capitalismo de informação, loucos, profetas e aventureiros como William Gibson e John Perry Barlow são — como já sugeri — seus caçadores digitais e aventureiros eletrônicos.

Se cada época da história da evolução do capitalismo é representada por um protótipo cívico, pode-se dizer que o período do prelúdio é caracterizado por um protótipo anticívico — o inocente fora-da-lei, o anarquista romântico. Seus valores são radicalmente individualistas, freqüentemente anarquistas, mostrando uma falta de atenção, se não um desdém, em relação às convenções e aos costumes. Seu comportamento teimoso é anti-social e iconoclasta, mas seus motivos são inocentes e infantis. Ele pode ser totalmente uma pessoa de má reputação, mas parece adorável. Pertence à família de charmosos meninos maus, incentivados tacitamente mesmo quando estão sendo criticados, admirados por seu espírito inovador mesmo quando são condenados por sua impetuosidade que rompe regras. Esses ancestrais capitalistas da primeira fase compartilham com os consumidores obsessivos da última fase um gosto pelo comportamento impulsivo e infantil. Chamá-los de infantis seria distorcer sua natureza, mas ironicamente há um traço de infantilidade neles que — como ficará aparente — leva o círculo completo do capitalismo à sua recente fase consumista global.

O CAPITALISMO RACIONAL DE WEBER: INVESTIDORES CALCULISTAS E CONTADORES PRUDENTES

Quando Max Weber pintou seu retrato do espírito do capitalismo em ascensão, descreveu uma ética e uma era. Sociólogo, e não contador de histórias, ele não se dignou a identificar os verdadeiros capitalistas da era da Reforma (e além dela) que podem ter ilustrado e dramatizado seu relato sociológico. Mas, na verdade, ele poderia estar descrevendo a poderosa Família Fugger, uma família comerciante católica que se espalhou a partir de Augsburgo, cidade do Renascimento alemão na era de Lutero e Calvino, para envolver grande parte da Europa do Renascimento numa rede de interesses em mineração, comércio e bancos que controlou tanto imperadores quanto papas. Ou poderia estar retratando a família americana de batistas do norte Rockefeller transformando uma indústria de petróleo nascente e anárquica e sistemas de transportes emergentes numa fortuna nacional que ajudou a criar uma nação capitalista americana depois da Guerra Civil. Ou poderia até mesmo estar descrevendo a secular família Gates tomando a nova tecnologia de nossa própria era e a transformando num vasto monopólio de plataformas de software e paradigmas digitais, indicando o fim da Era Industrial e a chegada da Era da Informação. Esses capitalistas incorporam a ética abstrata do protestantismo de maneiras que ilustram o efeito poderoso que um etos cultural pode ter sobre um comportamento econômico e político. Enquanto outras culturas religiosas provaram ser compatíveis com o comércio e a atividade bancária — notadamente o judaísmo —, apenas o protestantismo ofereceu de maneira tão dramática uma base cultural para o crescimento do capitalismo industrial em sua moderna forma fortalecida e racionalizada.

Ron Chernow oferece um relato convincente dessa segunda e mais racional fase do desenvolvimento capitalista, em que valentões de tons variados e especuladores pioneiros dão lugar, conforme Max Weber escreveu, aos "homens que haviam crescido na dura escola da vida, calculando e ousando ao mesmo tempo".[52] Chernow está escrevendo sobre John D. Rockefeller (para o qual ele voltará nossa atenção presentemente), mas poderia estar descrevendo os Fugger.

Jacob "O Rico" Fugger: No exato momento de 1517 em que Martinho Lutero estava prendendo suas 95 teses nas portas da Catedral de Wittenberg, Jacob Fugger ("Jakob der Reich", ou Jacob, o Rico) estava aplicando uma fortuna familiar que viria a rivalizar e depois superar a fortuna dos Medici (que controlaram Florença, a supercidade do Renascimento) no caminho para dominar a Europa, de Roma e Madri a Londres e Viena, e lançando sua sombra sobre o mundo que se ampliava até Chile, Peru e o Oriente. Enquanto Lutero pregava (Tese 43) que "cristãos devem aprender que aque-le que dá aos pobres ou empresta aos necessitados faz um trabalho melhor do que comprar perdões", Jacob Fugger usava sua fortuna para ajudar o Papado a vender perdões e ainda a fundar em Augsburgo a primeira casa para abrigar pobres na Europa — a Fuggerei, uma instituição concebida por Jacob em 1505 e que sobrevive nos tempos modernos tanto como o abrigo para pobres mais antigo do mundo quanto como um marco no desenvolvimento da idéia de atividade de caridade como uma responsabilidade de grandes ricos. O lema "Ganhe, poupe e dê", que se tornaria o evangelho metodista de John Wesley, parecia já estar permeando a alma católica de Jacob Fugger.

A inscrição em latim que permanece até hoje na entrada da Fuggerei celebra Jacob e seus dois irmãos, que descrevem a si próprios como inspirados pela "piedade" e "nascidos para fazer o bem à cidade". Eles reconhecem que, "por sua grande propriedade, têm que agradecer principalmente ao Deus todo-poderoso e benevolente".[53] Quando acusado por seus muitos inimigos de ser um cartelista ambicioso e perverso, Fugger os repreendeu com uma linguagem que mais tarde milionários americanos cheios de piedade imitariam. Ao duque George da Saxônia, Fugger escreveria: "Dizem que sou rico. Sou rico pela graça de Deus, sem ferir nenhum homem."[54] Assim como Rockefeller séculos depois, Fugger disciplinava os riscos que corria com piedade e justificava sua acumulação de riqueza por meio de serviços. Suas inovações eram calculadas mais que os riscos que assumia, totalmente nos moldes weberianos. A competência prudente era sua marca registrada. Seu "talento para a organização não apenas abriu novos caminhos no desenvolvimento do comércio, como explorou, em benefício de suas empresas, toda a nova maquinaria para a comunicação de notícias".[55]

Ele era, de fato, um capitalista protomoderno único, talvez porque fosse um ardente cartelista que via no monopólio uma prática de negócios prudente. Nas palavras de um biógrafo popular, embora fosse "na verdade ainda uma pessoa da Idade Média", Jacob Fugger era "simplesmente um administrador de estilo moderno. Ele era estranho ao sentimentalismo... excluindo membros incompetentes e femininos da família de assuntos de negócio para manter o capital amarrado à firma". Ele se voltou para as práticas de monopólio, em grande parte como Rockefeller faria mais tarde, "para assegurar ao capital [recebido]... um grande retorno, e tão regular quanto possível, para compensar o risco envolvido. Só o monopólio permite esse retorno".[56] Esta não seria a última vez que o monopólio seria justificado como um instrumento cego que poderia impor regularidade e ordem ao caos dos mercados competitivos. Fugger recorria a mais coisas do que seu próprio risco: sem dúvida, o monopólio asseguraria lucros a ele, mas também resultaria "em benefícios para todo o sistema econômico alemão".[57]

Jacob Fugger era católico, mas Lutero também era, antes de sua rebelião; e assim como Lutero descobriu em sua interação com a Igreja católica e com as comunidades camponesas da Alemanha a fonte de um novo etos religioso que se tornaria o protestantismo, os Fugger descobriram em seus negócios e suas práticas intelectuais uma visão moral que, a seu próprio modo, contribuiria para o protestantismo também. Porque nos termos de sua empresa e suas inclinações administrativas e monopolistas, ele era um católico possuidor de um etos que parecia tanto moderno quanto, naquele sentido, protestante. Ele não apenas respirou, mas ajudou a gerar, o espírito protestante de sua era. Seu império financeiro serviu (e até certo ponto controlou) os imperadores Maximiliano I e Carlos V de Habsburgo *e* o Papado, pagando, em 1505, pelo estabelecimento da Guarda Suíça e cunhando moedas a partir do produto de suas minas no Tirol austríaco e na Hungria para os papas Júlio II e Leão X. Embora a família Fugger tenha desempenhado algum papel na venda de indulgências papais — chame isso de investimento, se não estiver bem nos moldes puritanos — ela também estabeleceu um padrão para o capitalismo protestante que viria depois, fundando muitas das primeiras instituições de caridade (incluindo a Fuggerei, mencionada anteriormente).

Por tudo isso, os Fugger continuaram sendo católicos fiéis, e Jacob Fugger, na verdade, despertou a ira de Martinho Lutero (se não também uma certa admiração rancorosa).[58] Mas as práticas de negócios de Fugger e sua experiência como "um administrador de caráter moderno" cujo "conhecimento avançado e inovações, transações proibidas envolvendo interesses e monopólios, e atitudes de dar e tomar entre ele e os grandes poderes de sua época" sugeriram o que Weber veria como uma mentalidade protestante que tanto absorveu quanto ajudou a gerar o novo etos que Weber mais tarde celebraria — um etos que possibilitou aos Fugger captar, controlar e aplicar a nova e fantástica energia do capital do monopólio.[59]

As armas secretas dos Fugger foram, juntamente com o cartelismo, a contabilidade de dupla entrada e a transferência de crédito, que permitiram que as mercadorias fossem convertidas em dinheiro e este fosse convertido em movimentação sem dinheiro e acumulação de riqueza. Os Fugger haviam aprendido seus segredos contábeis no grande porto de comércio do Renascimento, o porto de Veneza, e depois, impulsionados por seus interesses em mineração e comércio, puseram-nos em prática na Alemanha e no resto da Europa, com conseqüências que tiveram um impacto profundo sobre o capitalismo europeu. Como Weber havia entendido, foi a contabilidade que fez o capitalismo deixar de ser o sonho de um aventureiro para se tornar o império de um homem prudente.

É crucial verificar que o poder econômico dos Fugger veio, porém, não simplesmente do controle do fluxo de dinheiro. Impérios bancários posteriores, como o que foi estabelecido pelos Rothschild a partir de sua base na França, exerceram uma espécie de hegemonia financeira sobre amplos setores do poder terreno — os Rothschild salvaram a Dinamarca da falência e financiaram Napoleão. Mas, como observa Frederick Morton em sua curta biografia da família, "de 1810 em diante, e até este exato momento, a família [Rothschild] apenas compraria e venderia dinheiro".[60] Não os Fugger. Essa família talentosa negociou uma ampla variedade de mercadorias, envolveu-se em comércio e usou as atividades bancárias associadas a suas propriedades para construir monopólios e influenciar o poder político — atuando como os capitalistas weberianos, tanto investindo riqueza quanto a criando, tanto a aplicando bem quanto a poupando, em nome de finalidades tanto materiais quanto espirituais.

Eles começaram como mercadores e sua fortuna foi gerada no comércio de especiarias e nos produtos têxteis, em cuja produção estavam diretamente envolvidos. Com o tempo, o negócio cresceu para abarcar a indústria de mineração (acima de tudo, cobre, mas também prata, ouro e zinco), na qual Jacob, o Rico, acabou estabelecendo quase monopólios de um tipo raro no século XVI, embora um modelo de cartelismo para os séculos posteriores. Esta talvez tenha sido a maior conquista de Jacob Fugger. Foi esse modelo que definiu o capitalismo de investimento em sua fase produtivista weberiana, e esse modelo que acabaria por definir o trabalho de John D. Rockefeller, o contador prudente que ajudou a catalisar a grande "decolagem" capitalista depois da Guerra Civil dos Estados Unidos.

John D. Rockefeller: De fato, nessa época posterior, durante a qual os Estados Unidos estavam embarcando em sua própria viagem capitalista, John D. Rockefeller introduziu muitas das técnicas empresariais e de contadoria que Jacob Fugger havia usado séculos antes e que Weber havia retratado de forma resumida no negócio prático de construir o primeiro colosso corporativo americano. A ascensão de Rockefeller definiu e foi definida pelo surgimento de um monopólio sem precedentes na produção, no refinamento e na distribuição de petróleo (Standard Oil), bem como nos sistemas de transportes nacionais que isso exigia (ferrovias e canais). Como Ron Chernow percebe, a carreira de negócios de Rockefeller estava profundamente inserida em suas convicções religiosas. Sua devoção ao trabalho, à racionalidade, à economia e à poupança respondeu com eloqüência à piedade inspirada nele por sua mãe batista do norte. Quando, por exemplo, introduziu a contadoria racional nos negócios de larga escala, ele não só domou a selvagem aventura capitalista que era o *boom* de petróleo na Pensilvânia, mas conseguiu sacralizar a contabilidade e dignificar os momentos mais cotidianos de sua vida comercial mundana. O dia em que teve seu primeiro compromisso como contador-assistente da firma de Hewitt e Tuttle (26 de setembro de 1855) ele comemorou como o "dia do emprego". Os livros de contabilidade da contadoria de dupla entrada que lhe permitiram a ele impor um controle racional ao caos do mercado capitalista inicial de petróleo e bens se tornaram "livros sagrados que orientaram decisões e salvaram de emoções falíveis". Seu primeiro livro de contabilidade assumiu o aspecto de uma "relíquia sagrada".[61]

Assim, não precisamos interpretar o protestantismo através da vida de Rockefeller. O que Chernow chama de "a combinação íntima de cristianismo e capitalismo no início de sua carreira" já está aparente no papel de liderança que ele desempenhou na Igreja de Missão Batista da Rua Erie, em Cleveland, em seu compromisso com o trabalho de caridade antes de se tornar enormemente rico, e na maneira como ele interpreta seus sucessos capitalistas como parte de um desígnio divino: "Essas amplas provisões de riqueza eram", ele estava certo, "... os presentes abundantes do grande Criador."[62] Seu credo era simples: "Eu acredito que o poder de fazer dinheiro é um presente de Deus... a ser desenvolvido com o melhor de nossa capacidade para o bem da humanidade. Tendo sido favorecido pelo talento que possuo, acredito que é meu dever fazer dinheiro e ainda mais dinheiro, e usar o dinheiro que faço para o bem de meus companheiros, de acordo com os ditames de minha consciência."[63]

Weber considerou protestante a ética do capitalismo. O grande pregador puritano John Wesley considerou o próprio cristianismo uma "religião essencialmente social". O que Wesley entendeu como a obrigação de obter toda a riqueza que você puder, poupar toda a riqueza que você puder e dar toda a riqueza que você puder se tornou o legado compartilhado por metodistas e batistas do norte, bem como a obrigação dos capitalistas da Época de Ouro nos Estados Unidos[64] — um evangelho que, nas palavras da historiadora Gertrude Himmelfarb, uniu frugalidade e indústria.[65] Portanto, mesmo que Rockefeller se tenha dedicado a "preparar e distribuir esse produto valioso [petróleo] para suprir as vontades do mundo"[66] usando métodos que alguns compararam a atos brutais, ele conseguia pensar em si mesmo como se estivesse adotando a "nova trindade" de Wesley, que apelava para ganhar, poupar e dar. Durante aquele período, esse evangelho social tornara-se o legado compartilhado por metodistas e batistas do norte. Os "barões ladrões" podem ser monopolistas em conluios prontos para abafar a competição capitalista que havia permitido o sucesso deles próprios, mas também se autodescrevem como filantropos seguindo as palavras de Timóteo 1 (6:17—18) na Bíblia: "Cobre daqueles que são ricos neste mundo... Que eles façam o bem, que sejam ricos em bons trabalhos, prontos para distribuir, desejosos de comunicar."

De fato, Rockefeller se pôs a provar que Weber estava errado em um ponto: de que a indústria e a frugalidade eram incompatíveis a longo prazo. Juntamente com Wesley, Weber havia se preocupado com a possibilidade de que a maior conquista do etos protestante — a dedicação comum do melhor dos homens tanto à indústria quanto à frugalidade — não conseguisse durar muito tempo, uma vez que, nas palavras de Wesley, "enquanto aumentam os ricos, a essência da religião diminui na mesma proporção". Por quê? Porque, "enquanto os ricos aumentarem, aumentarão o orgulho, a raiva e o amor do mundo em todas as suas formas".[67] Mas Rockefeller se comprometeu com indústria e frugalidade, ganhar e dar, capitalismo e piedade, os dois pilares de uma vida na qual a criação de riqueza trouxe com ela a responsabilidade de ser um prudente administrador da riqueza. Numa época inteiramente anterior ao capitalismo, os Estados Unidos haviam sido fundados sobre princípios nobres como os que foram adotados por Benjamin Franklin quando ele declarou que um homem dedicado ao seu trabalho certamente estará diante de reis. Rockefeller manteve Franklin em mente, acreditando não apenas que ser bom nos negócios representava uma vida de probidade moral e ações de caridade, mas que uma pessoa indisciplinada e imoral estava destinada "a ser um homem de negócios pobre".[68]

Não é o caso de comparar os escrúpulos religiosos de Rockefeller com seu comportamento capitalista. Até mesmo Chernow, que alguns poderiam considerar um pouco simpático demais às racionalizações de Rockefeller, deixa claro que, em nome da imposição de uma "paixão hipertrofiada pela ordem" nos "negócios sem lei e ateus" que eram o petróleo, Rockefeller estava exibindo "desejo de dominação... retidão messiânica e desprezo por aqueles mortais de visão curta que cometeram o erro de ficar em seu caminho",[69] bem como "crueldade competitiva", "desonestidade" e "conspiração em larga escala" que "não tinham paralelo na indústria".[70] Mas este era precisamente o poder do etos protestante — não apenas uma teologia que, nas palavras de Rousseau, poderia "espalhar buquês de flores sobre [nossas] correntes",[71] mas uma filosofia viva que permitia ao egoísmo oferecer altruísmo e acumulação de riqueza para abastecer a filantropia. Ao controlar competidores que ajudara a quebrar, Rockefeller "gostava de fazer a Standard Oil soar como uma agência filantrópica ou um anjo de misericórdia, que vinha para socorrer refinadores oprimidos, oferecendo-se não como seu liquidante, mas como seu salvador". Como ele diria, "vamos assumir todos os seus fardos".[72]

O que talvez tenha sido mais inovador na aplicação por Rockefeller de um etos religioso para explicar e reavivar seu comportamento econômico foi que, refletindo a equação de modernidade e racionalidade de Weber, ele argumentava que a criação de cartéis e monopólios era, na verdade, a racionalidade encarnada — uma maneira de controlar a desordem e permitir ao monopólio servir aos interesses da sociedade em geral. O protestantismo de Weber havia servido ao capitalismo libertando o individual e pondo uma recompensa moral tanto sobre o trabalho quanto sobre o investimento. O racionalismo batista do norte de Rockefeller permitiu-lhe justificar o monopólio como uma maneira de trazer ordem e lucratividade benéfica à sociedade, eliminando a competição que antes definira a essência do capitalismo. Como Weber já havia argumentado que a guilda medieval serviu para unir e, portanto, "limitar" competidores,[73] Rockefeller podia argumentar que o cartelismo moderno limitava a competição entre as forças anárquicas que haviam criado riqueza, permitindo a uma sociedade (e a seus proprietários de cartéis) maximizar a racionalidade e a ordem de uma economia industrial próspera e crescente.

Bill Gates, Jr.:[74] Na medida em que os arquétipos do desenvolvimento capitalista — inicial, médio e recente — coexistem em cada período do capitalismo, devemos ser capazes de identificar exemplos mais contemporâneos do contador capitalista de Weber, pessoas que, como John D. Rockefeller, formam monopólios para assegurar o controle sobre o "crescimento racional" do capitalismo. Bill Gates, Jr. é um candidato apto, ainda que obviamente moderno e pós-industrial demais para encarnar completamente o etos que Weber celebrou. Explorando o trabalho feito por inventores e engenheiros anteriores, Gates adaptou o software a diferentes plataformas de hardware, especialmente a BASIC, que se tornaria a base de seus negócios na Microsoft. Mas, muito mais importante que isso, Gates criou um novo modelo de negócio.[75] Porque as plataformas Microsoft DOS e Microsoft BASIC se tornaram padrões da indústria através de métodos que tiveram o objetivo de criar dominação em vez de competição. A plataforma de sistema operacional sobre a qual o software funcionaria seria ligada a computadores pessoais IBM — "empacotada" com eles, como essa combinação questionável ficou conhecida. Ao mesmo tempo, a Microsoft reteria os direitos de ceder o software e o sistema operacional a outros fabricantes de hardware.[76] Isto permitiu à Microsoft tornar-se o fornecedor mais procurado, e não apenas mais um fabricante de hardware. Isto também acabou levando o governo federal a acusar a empresa de práticas ilegais e monopolistas, afirmando que "a Microsoft manteve seu monopólio por meios anticompetitivos e tentou monopolizar o mercado de browsers... ligando de maneira ilegal seu browser ao seu sistema operacional".[77]

Assim, o sucesso de Gates não foi simplesmente o resultado de um bom produto cujas qualidades intrínsecas venceram as de seus competidores. Havia muitas empresas — como Apple, Netscape ou Novell — que ofereciam plataformas alternativas atraentes (alguns diriam superiores), enquanto softwares de código aberto (Linux, por exemplo) prometiam uma opção alternativa mais ou menos "livre". Particularmente, como a ação judicial do governo federal contra Gates deixou claro, "a empresa teve um comportamento anticompetitivo... [e] essas ações contribuíram para a manutenção de seu poder de monopólio", o que levou o governo a "declarar a descoberta, pelo tribunal, de responsabilidade por monopolização".[78] Gates havia criado seu monopólio via pacotes — associações com hardware ao estilo de trustes —, bem como outras técnicas, que não só foram bem além das qualidades de seu produto, como tornaram impossível a competição em torno das verdadeiras qualidades de softwares competitivos.

A Microsoft de Gates fez com o software o que Rockefeller havia feito com o petróleo: apanhar uma mercadoria cujo valor inicial em termos de demanda de mercado não era claro e cuja produção era dominada por uma mentalidade de vanguarda e por aventureiros digitais que assumem riscos, e, portanto, por uma série de alternativas (a grande virtude do capitalismo!), e "domar" essa vanguarda eliminando grande parte da competição que era a grande virtude do capitalismo, racionalizando o sistema de distribuição e criando um monopólio sobre o produto. Gates foi o que todos os grandes criadores de instituições da indústria foram· um oportunista brilhante. Ele preferiu o *de facto* aos princípios elevados: "Muitos dos padrões mais bem-sucedidos, entretanto", observa ele, "são '*de facto*': aqueles que o mercado descobre... Mas como os padrões *de facto* são sustentados pelo mercado e não pela lei, eles são escolhidos pelos motivos certos e são substituídos quando alguma coisa realmente melhor aparece."[79] Em seu canto de louvor às novas tecnologias *O mundo é plano*, Thomas L. Friedman elogia com razão o trabalho de Marc Andreessen no desenvolvimento do navegador Mosaic, que estabeleceu um padrão industrial e tornou a internet uma tecnologia usável.[80] O que ele deixou de observar é que não foi Andreessen o pioneiro, mas Gates o consolidador racional que cria o monopólio de consumo e faz fortuna à custa dos pioneiros, que chegaram primeiro. Deixe outros testarem o mercado: depois, pule quando os resultados estiverem ali. Deixe outra pessoa inventar: depois, compre os frutos de sua invenção.

Esse foi um campo cheio de pioneiros, uma pletora de pessoas brilhantes com idéias geniais voltando ao pai da cibernética moderna, Norbert Wiener, do MIT. Houve matemáticos como John Kemeny e Thomas Kurtz, que inventaram o BASIC, mas nunca conseguiram comercializar seu trabalho, bem como outros visionários que não tiveram a especialização técnica (William Gibson ou John Perry Barlow, por exemplo), ou criadores como Ed Roberts, inventor do Altair 8800, cujas carreiras patinaram enquanto suas empresas eram compradas antes que eles fizessem muito dinheiro. O criador da Cray Supercomputers, Seymour Cray, criou o que muitas pessoas consideraram os melhores computadores do mundo, apenas para ver sua empresa decair e sua fortuna pessoal desaparecer. O mercado de consumo em massa de produtos eletrônicos — assim como o mercado de produtos de petróleo — teve que ser criado antes que os grandes lucros que ele prometia fossem obtidos. Outros se concentraram nos produtos, mas Bill Gates criou o mercado e, no fim, formou um monopólio de mercado para sua empresa.

A dificuldade que todos na indústria de computadores tiveram que superar foi o desafio da compatibilidade de plataforma. Inicialmente, havia muitas plataformas e linguagens de programação viáveis que podiam ser usadas por programadores para expandir as possibilidades do consumidor. Mas qual plataforma os consumidores seriam induzidos a escolher? Quantas escolhas genuínas haveria? Seria este um mercado de demanda genuíno, em que a força dos consumidores determina os vencedores corporativos? Ou um mercado do lado da oferta, em que um monopolista empurra seu produto para um público desprovido de competição real (o modelo que vamos examinar no decorrer deste livro)? A empresa controladora da plataforma escolhida dominaria, de fato, o mercado. Bill Gates reconheceu cedo essa característica da nova economia digital. Num discurso no Rosen Forum, em 1981, ele observou, com seu jeito caracteristicamente modesto (novamente, não muito diferente de John D. Rockefeller): "Eu realmente não deveria dizer isso, mas de alguma maneira isso leva, numa categoria de produto individual, a um monopólio natural: quando alguém documenta corretamente, treina corretamente, promove corretamente um pacote específico no momento certo, a lealdade do usuário, a reputação, a força das vendas e preço criam uma posição muito forte para aquele produto."[81]

O mercado de computadores era, é claro, extremamente mutável: plataformas podiam mudar, softwares evoluiriam. Mesmo quando Gates estabeleceu uma posição forte, próxima de um monopólio, no mercado de computadores pessoais, ele sabia que enfrentaria uma nova competição inspirada no que ele alcançara — o que David Bank chamou de "dilema do monopolista".[82] Como se esperava, quando a Apple desenvolveu uma nova interface gráfica de usuário que permitiu a representação icônica de um desktop na tela do computador, a Microsoft foi diretamente desafiada. Mas Bill Gates rapidamente superou competidores como Steve Jobs, da Apple; Phillipe Kahn, da Borland; e Bruce Bastian e Alan Ashton, da WordPerfect. Essas empresas haviam fornecido o que muitos usuários consideraram produtos superiores, chegando algumas vezes a ganhar uma posição de ponta no mercado que procuravam dominar, apenas para ver a Microsoft comprar outros competidores, desenvolver seus próprios produtos imitadores ou — de maneira mais bem-sucedida — combinar ou "empacotar" produtos que antes haviam sido mantidos discretos (a mudança para combinar aplicativos em "suítes", por exemplo), forjando um monopólio de mercado efetivo que impediu os competidores de vender produtos rivais, embora superiores. Isto foi particularmente importante no início dos anos 1990, quando Bill Gates expandiu os negócios da Microsoft passando de um sistema operacional para aplicativos. A tecnologia estava mudando rapidamente, em geral sob a liderança de outros, mas ao longo de décadas a Microsoft mostrou uma capacidade impressionante de manter o passo por meio de pacotes, *buyins*, *buyouts* ou novos produtos próprios. Quando as redes de computador surgiram, competidores poderosos como Raymond Noorda, da Novell, ou a 3Com pareciam prontos para a liderança, mas Bill Gates contou com a plataforma inicial do sistema operacional para se antecipar aos competidores que tentavam se aproximar. Cada vez que a Microsoft fazia mudanças fundamentais em seu sistema operacional, trocando o MS-DOS pelo NT ou a tecnologia de 16 bits pela de 32 bits,os competidores achavam que teriam a chance de superá-lo; mas a Microsoft sempre conseguia usar a redução da compatibilidade de seus produtos para fechar a janela de oportunidades.[83] A Microsoft era simplesmente a que vinha com a maior parte do hardware do mercado sem deixar muita escolha. Alguns até alegaram que os sistemas de Microsoft eram construídos para ser incompatíveis com outras plataformas, de modo que, apesar de uma suposta possibilidade de optar por uma mudança, essa mudança não era realmente viável. Tudo isso sugere um modelo de negócio no qual a escolha real do consumidor já não é a força capaz de tornar a empresa lucrativa — nosso assunto abaixo.

Mesmo nos novos negócios ousados associados à internet, nos quais a Microsoft parecia inicialmente tropeçar feio, Bill Gates conseguiu recuperar-se. Quando os co-fundadores da Netscape, Andreessen e Jim Clark, juntamente com outros provedores de serviço da internet (ISPs), alteraram radicalmente o formato do mercado digital, a Microsoft parecia estar impedida. Parecia estar perto de perder o que estava acontecendo e quase não conseguiu entrar no mercado. Mas Gates desenvolveu a tempo seu provedor de serviços MSN e uma série de serviços associados a e-mail e mensagens instantâneas. Ainda mais recentemente, ele entrou no forte mercado de programas de busca, mostrando disposição para enfrentar o Google, o favorito da indústria. Com o sucesso que o Google tem tido (a "nova Microsoft"), só mesmo um romântico poderia apostar contra a Microsoft enquanto ela mais uma vez entra agressivamente num mercado em que outros foram pioneiros.

Chernow nos conta que Rockefeller "quase que certamente se sentiu perturbado por essa economia instável, que o forçou a mexer em seus negócios organizados por meio de um redemoinho de mudanças incessantes".[84] Gates com certeza também percebeu que seu sucesso dependia de controlar as flutuações enlouquecedoras do mercado que podiam parecer liberdade para outras pessoas, mas que para ele pareciam o caos. Lutar contra o "redemoinho de mudanças incessantes" levou capitalistas como Rockefeller e Gates a buscar o controle monopolista do mercado. Rockefeller criou um cartel que controlava não apenas 90% do petróleo refinado nos Estados Unidos, juntamente com as próprias refinarias, mas também a fabricação de barris e as fábricas que os produziam, depósitos, mecanismos de transporte, uma frota de carros-tanques e — bem além do setor de energia — o interesse em (ou o controle de) ferrovias, canais e ductos — cada indústria envolvida na ampla rede de negócios através da qual o petróleo era extraído do chão, transportado pelo mundo e transformado em produtos de consumo vendáveis. Bill Gates, Jr. teve de fazer exatamente a mesma coisa na nova e anárquica economia de sociedade de informação. Precisava controlar não apenas uma única linguagem de programação, mas também sistemas operacionais, redes de conexão de computadores, desenvolvimento de hardware, aplicativos do consumidor, aplicativos de negócios, browsers de internet, aplicativos de comunicação e busca e tudo mais na economia de informação em que era preciso lucrar.

Gates estava buscando sua própria solução sistemática para o caos das relações de mercado iniciais da indústria de software digital. Como observa Chernow, tivera uma "percepção de oportunidade, repleta de conseqüências. Em vez de simplesmente tender ao seu próprio negócio, ele começou a conceber a indústria como um mecanismo-inter-relacionado gigante" que tinha de ser administrado por meio de "alianças estratégicas e planejamento a longo prazo... [substituindo] a competição por cooperação na indústria".[85] A nova indústria das telecomunicações dos anos 1990 precisava do mesmo remédio: a "cooperação" como um eufemismo para a supressão da competição, a eliminação da escolha — em uma frase, a dominação total.[86]

O que Rockefeller efetivamente alcançou então não foi meramente a aplicação do etos protestante para justificar e explicar a necessidade de trabalho, poupança, investimento e de considerar características de ambos os mundos, os ganhos e a salvação espiritual. Ele alcançou algo ainda mais impressionante: a aplicação do etos protestante para justificar e explicar a necessidade de monopólio. Quando foi acusado por competidores da indústria de refinaria que esmagou de não cumprir a lei, Rockefeller simplesmente alegou que a Standard Oil foi "o Moisés que livrou [os refinadores] de sua estupidez que havia causado tamanha confusão em suas fortunas". Ele se gabou de que seus esforços eram "heróicos, bem intencionados — e, eu diria com reverência, divinos — para tirar essa indústria quebrada da profunda depressão".[87] O que se passa com o capitalismo competitivo é, na verdade, "um materialismo vulgar" repleto de "práticas de negócios opressoras que dissolveram os laços da fraternidade humana", enquanto a estratégia de cartéis de Rockefeller poderia acabar como esse "egoísmo e materialismo abomináveis para os valores cristãos". Seus rivais eram "chantagistas, trapaceiros e desonestos", muitos deles "pessoas egoístas sempre causando problemas ou criando aborrecimentos, como tantas crianças travessas que precisam de umas boas palmadas de seu pai".[88]

Assim, Rockefeller realmente tentou usar o etos protestante para superar uma contradição fundamental do capitalismo — de que, no caminho para consolidar invenções, produtos e mercadorias que surgem da competição capitalista inicial que é a maior virtude da economia de mercado, são criados monopólios que não apenas alimentam a desigualdade e a competição injusta, mas que destroem a própria liberdade sobre a qual o capitalismo constrói seu sucesso.

Gates pode ter sido menos direto ao justificar o monopólio, mas realmente respondeu como os grandes monopolistas da Época de Ouro haviam respondido às acusações de egoísmo e abuso, procurando tornar-se um filantropo numa proporção tão grande quanto a proporção de sua carreira nos negócios. Assim como os Fugger estabeleceram seu assentamento de bem-estar social em Augsburgo e Rockefeler estabeleceu suas bases e ações de caridade religiosa em Cleveland e Nova York, Gates fez de Redmond, Washington, o lar não apenas de suas ambições corporativas, mas dos esforços filantrópicos que, em proporção e ambição, se tornaram o anjo bom equivalente da Microsoft. A Fundação Bill e Melinda Gates, dirigida por seu pai, tornou-se quase imediatamente uma das maiores e mais generosas fundações do mundo — assumindo não apenas desafios das fronteiras digitais (onde se pode dizer que os esforços filantrópicos ajudam os próprios negócios da Microsoft), mas trabalhando em áreas como educação sobre HIV, fornecimento de vacinas e medicamentos a países em desenvolvimento e incentivos ao ensino secundário. Ganhando cerca de US$ 46 bilhões, Gates prometeu doar mais de 95% de sua riqueza a sua fundação. Em 2006, Warren Buffett, o segundo homem mais rico do planeta, depois de Gates, prometeu a maior parte de sua fortuna de US$ 30 bilhões à Fundação Gates, tornando-a maior do que as outras sete maiores fundações do mundo juntas.

Como os gigantes do capitalismo anteriores, Gates confere à sua filantropia o mesmo otimismo simpático que caracteriza sua carreira de negócios. O alegre site de sua fundação reflete a alegre linguagem de marketing da Microsoft: "Enquanto o mundo ao nosso redor supre nosso senso de urgência, ele também supre nosso otimismo. Nós acreditamos que, aumentando a igualdade e as oportunidades, o mundo se tornará um lugar melhor para as próximas gerações. Todos os dias, vemos mudanças positivas no trabalho de nossos sócios que estão ajudando milhões de pessoas a transformar suas vidas e comunidades. Como os anos à frente trarão mais avanços na saúde e no aprendizado, nós compartilhamos a responsabilidade global de assegurar que esses avanços alcancem as pessoas que mais precisam deles."[89]

O próprio Gates — embora não seja exatamente um moralista grandiloqüente que se justifica, nos moldes de predecessores como Andrew Carnegie ou John D. Rockefeller — tem usado uma linguagem sobre o que é "bom" e "certo". Ele disse: "Nos EUA sempre se fala sobre igualdade — desigualdade racial e desigualdade entre os sexos. E, se você pensar, menino, em desigualdade como o mundo ficando mais rico — aumentar essas desigualdades é uma coisa que está certo que fazemos."[90] Em 26 de dezembro de 2005, sob o título "Os Bons Samaritanos", Bill e Melinda Gates apareceram na capa da *Time* ao lado do pop star da banda U2 e ativista Bono. Eles e Bono foram nomeados pela *Time* "Personalidades do Ano". Numa retórica que poderia ter sido usada por Andrew Carnegie, a *Time* elogiou Gates: "Bilionários são... alienados [da realidade]", pontificou, "acomodados no alto de riquezas fantásticas, onde eles nunca mais têm que fazer suas próprias ligações telefônicas, ou descongelar o jantar, ou voar na classe comercial." Mas não Gates: "Por sua perspicácia ao fazer o bem, por reconectar a política e replanejar a justiça, por tornar a piedade mais inteligente e a esperança estratégica e depois desafiar o resto de nós a segui-lo", Bill Gates (e Melinda e Bono também) foi a Personalidade do Ano da *Time*.[91]

A maneira protestante: fazer o bem fazendo bem. E você já não precisa ser cristão para entender isso. Este é um resíduo de um sistema que está desaparecendo, ainda evidente na filantropia de grande sucesso, mesmo enquanto afundamos numa era de fértil infantilização e capitalismo de consumo. Podemos ficar alegres porque a Carnegie constrói bibliotecas e porque os Gates estão lutando contra a AIDS, mas a desigualdade não vai acabar pelo fato de bilionários estarem devolvendo alguns despojos de seus monopólios.

A TRANSIÇÃO PARA O INFANTILISMO

Não há nenhuma transição instantânea da grande era da consolidação capitalista reforçada pelo etos protestante para essa nova era de consumismo capitalista amparada por um etos infantilista, nenhum caminho rápido do altruísmo corporativo com o qual o capitalismo serve a sociedade para a nossa era de narcisismo capitalista em que os negócios comandam gastos libertinos em falsos desejos enquanto ignoram as reais necessidades humanas. Uma história completa da evolução das racionalizações ideológicas faria uma pausa entre o etos do ascetismo e o etos da infantilização para considerar fases de transição que incluem tanto uma fase de individualismo radical quanto uma fase de capitalismo administrativo — fases evidentes não apenas historicamente, mas como momentos dentro da época consumista dominante que vemos hoje.

O capitalismo é definido pela iniciativa e pela competição, e mesmo em seus dias de consolidação cartelista (os Fugger, os Rockefeller e os Gates), a liberdade continuou sendo a virtude pública mais anunciada. Por conseguinte, enquanto o capitalismo produtivista evoluía, as tensões entre o monopólio e a competição permaneceram intensas. O equilíbrio entre os dois era recuperado de vez em quando, tanto por meio da ideologia de mercado liberal quanto pela intervenção do governo em benefício da competição (Theodore Roosevelt ou Bismarck, por exemplo). A fase individualista liberal do capitalismo está intimamente associada ao casamento entre o capitalismo e a democracia liberal — definida mais pela liberdade e pela escolha pessoal do que pela participação ou pela igualdade. Entretanto, em resposta às contradições naturais do mercado — extremas durante a fase liberal do capitalismo —, o Estado democrático emergente desempenhou um papel de equilíbrio que manteve os mercados sob controle. Enquanto o rápido crescimento do capitalismo criava riqueza mais rapidamente do que empregos e promovia a prosperidade sem redistribuí-la com justiça, o Estado democrático legalizava sindicatos e autorizava redes de segurança e um imposto de renda progressivo que equilibrava as contas do mercado. Enquanto a competição empresarial era atacada por cartéis e monopólios, a democrática legislação antitruste salvava o capitalismo de si próprio. O egoísmo se viu levantando-se contra uma comunidade cívica que queria reforçar os direitos do público. Ayn Rand num confronto com John Dewey. Hoover versus FDR. O capitalismo de John D. Rockefeller em xeque.

O capitalismo liberal foi acompanhado e em determinado grau sucedido por uma fase de capitalismo administrativo, que tem como melhor exemplo os anos 1950 e 1960 nos Estados Unidos, quando a administração do capital se tornou mais importante que a posse e o desenvolvimento de recursos, mais valioso do que a criação de recursos. Administradores corporativos se tornaram conservadores, considerando sua tarefa manter a riqueza e talvez expandi-la no papel, e não na realidade. Fusões e aquisições passaram a ter precedência sobre a criação de novas riquezas. James Burnham, John Kenneth Galbraith e outros teóricos do capitalismo administrativo descreveram os novos protagonistas efetivamente.

Nos cem anos que separaram a Época de Ouro da revolução do consumo nos Estados Unidos, o produtivismo deu lugar ao consumismo, e o destino dos cidadãos, tão promissor sob a democracia liberal, ficou obscuro. Um novo etos verdadeiramente distinto não surgiu, porém, até que o consumismo se visse abalado sob a carga da produção excessiva, sem clientes suficientes para a grande quantidade de produtos que seu triunfo tornava possível. As virtudes do antigo capitalismo começaram a calcificar. O que nos leva à nossa própria era e aos dilemas do etos infantilista, que pôs o capitalismo em risco e a cidadania em perigo.

PARTE 2

O ECLIPSE DOS CIDADÃOS

3

Infantilizando consumidores: A chegada dos *kidults*

A longo prazo, a infância faz o capitalismo cantarolar.

— Dan Cook[1]

O ETOS INFANTILISTA gera uma série de hábitos, preferências e atitudes que incentivam e legitimam a infantilidade. Assim como aconteceu com o ascetismo protestante em seu tempo, o infantilismo reflete amplas atitudes e comportamentos gerais que retratam a época, além das preocupações específicas do capitalismo. Mas também serve diretamente ao consumismo capitalista, alimentando uma cultura de consumo impetuoso necessária para vender bens pueris num mundo desenvolvido que tem poucas necessidades genuínas. Assim como o etos anterior ajudou a explicar e moldar a liderança de produtores capitalistas como Jacob Fugger e John D. Rockefeller, mas também Bill Gates em nosso próprio período, o etos infantilista ajuda a explicar e moldar o comportamento de executivos de marketing e ardentes consumidores do capitalismo em nossa era.

Não se pode dizer que um etos cultural, seja protestante ou infantilista, tenha um "autor" em particular, e a ligação entre ele e as exigências do capitalismo é sempre oblíqua e informal, embora não menos eficaz por isso. Ou seja, ele não resulta de uma conspiração silenciosa ou de intrometidos corporativos e propagandistas de marketing. Mas serve ao capitalismo — no caso do etos infantilista, serve ao consumismo — de maneiras que podem ser elucidadas bem concretamente. Porque o etos é impressionantemente eficiente em criar demanda de mercado incentivando a fabricação de falsas necessidades no mundo afluente e, portanto, assegurando a venda de todos os bens e serviços que o capitalismo está zelosamente produzindo em excesso. Eu retratei o impacto da infantilização em nossa sociedade e no caráter do capitalismo de consumo em geral. Mas o que é exatamente essa infantilização? Como sua dinâmica funciona para sustentar o consumismo radical?

A infantilização tem como objetivo induzir a puerilidade em adultos e preservar o que é infantil em crianças que estão tentando crescer, mesmo que as crianças sejam "capacitadas" a consumir. O que é considerado infantil é medido, é claro, por normas incorporadas à construção da própria infância, o que é menos um fato biológico do que um artifício da imaginação humana, "inventado" com propósitos sociais, econômicos e políticos. A idéia moderna de infância só foi introduzida no Renascimento, perto da época do surgimento do protestantismo e, assim como o protestantismo, foi condicionada até certo ponto pela imprensa escrita e o crescimento da alfabetização.[2] Ganhou espaço no Iluminismo com o trabalho de escritores como John Locke e Jean-Jacques Rousseau, que insistiram na idéia de desenvolvimento humano (e sua racionalidade definidora) como uma série de fases nas quais os jovens e os muito jovens deveriam ser considerados não simplesmente adultos pequenos, mas um gênero distinto, com necessidades distintas de desenvolvimento e educação. Em seu estudo que postula o desaparecimento da infância, o crítico social Neil Postman observou que foi a idéia de infância que permitiu um retrato da idéia moderna de maturidade, diferenciada pelas "características... de uma cultura completamente educada: a capacidade de comedimento, uma tolerância à gratificação posterior, uma capacidade sofisticada de pensar conceitual e seqüencialmente, uma preocupação tanto com a continuidade histórica quanto com o futuro, uma grande valorização da razão e da ordem hierárquica".[3]

Postman tem típicas opiniões psicológicas e sociológicas sobre o desenvolvimento da criança, que até certo ponto seguem a trilha do etos protestante (comedimento, gratificação posterior, racionalidade e ordem). Jogando com dualismos criança/adulto, essa perspectiva sugere que a infantilidade, em contraste com a maturidade, privilegia:

IMPULSO sobre PONDERAÇÃO;
SENTIMENTO sobre RAZÃO;
CERTEZA sobre INCERTEZA;
DOGMATISMO sobre DÚVIDA;
BRINCAR sobre TRABALHAR;
FIGURAS sobre PALAVRAS;
IMAGENS sobre IDÉIAS;
PRAZER sobre FELICIDADE;
GRATIFICAÇÃO INSTANTÂNEA sobre SATISFAÇÃO A LONGO PRAZO;
EGOÍSMO sobre ALTRUÍSMO;
PRIVADO sobre PÚBLICO;
NARCISISMO sobre SOCIABILIDADE;
DIREITO sobre OBRIGAÇÃO (RESPONSABILIDADE);
PRESENTE ETERNO sobre TEMPORALIDADE (AGORA sobre PASSADO E FUTURO);
PERTO sobre REMOTO (INSTANTÂNEO sobre DURADOURO);
SEXUALIDADE FÍSICA sobre AMOR ERÓTICO;
INDIVIDUALISMO sobre COMUNIDADE;
IGNORÂNCIA sobre CONHECIMENTO.

Essa série tão rude de pares oferece uma paisagem psicológica eficaz, porém mais extensa do que podemos expor nesse retrato pequeno do etos infantilista. Os contornos dessa paisagem são reduzidos aqui a três dualismos arquetípicos que captam a infantilização: FÁCIL sobre DIFÍCIL, SIMPLES sobre COMPLEXO e RÁPIDO sobre LENTO.[4] Assim como as fases do desenvolvimento capitalista apresentadas antes, essas fases do desenvolvimento psicológico, quando manifestadas por esses dualismos, tendem freqüentemente a se cruzar e a se sobrepor uma à outra de maneiras que são mais dialéticas do que relativas aos pares, maneiras que podem preservar o que é virtuoso e atraente em crianças e ao mesmo tempo substituir o que é simplesmente pueril ou (em adultos) retardado. Na elaboração do dualismo criança/adulto, é, de fato, mais útil pensar num processo, numa tríade, em vez de em uma díade. Fazer isso é considerar as fases plurais do amadurecimento, nas quais a mudança (por exemplo) do fácil para o difícil, do simples para o complexo, do rápido para o lento assume a forma de uma evolução na qual algo da criança (o fácil, o simples e o rápido) é mantido e elaborado no adulto que evoluiu completamente. Conforme Erik Erikson sabiamente observou, como "cada adulto... um dia foi criança", a sociedade tem de aprender a "cuidar dos inevitáveis remanescentes de infantilismo em seus adultos".[5]

Assim, por exemplo, embora se possa generalizar que as crianças preferem o caminho fácil para as coisas enquanto os adultos aceitam e até cultivam o caminho difícil e disciplinado, é mais sábio sugerir que os adultos realmente maduros em geral superam o fácil/difícil totalmente e, em vez disso, chegam a algo como a *fluência*, algo semelhante à calma que adquirem com intenso aprendizado, esforço e disciplina e que consuma a habilidade que faz a arte e a realização parecer sem esforço. A fluência manifesta um pouco daquela calma juvenil espontânea que admiramos nas crianças, mas que em sua forma bruta pode transformar-se em negligência, preguiça ou complacência, e que, quando reproduzida pela virtude do trabalho duro e da disciplina consciente, pode reaparecer de uma forma madura e produtiva que vai além do autoritarismo obsessivo às vezes associado aos adultos. Aplicando a linguagem de William Blake, Erik Erikson sugere, assim, que "os brinquedos da criança e as razões do homem velho são frutos de duas estações". Com isso, ele quer dizer que "a brincadeira da criança é a forma infantil da capacidade humana de lidar com a experiência criando situações de modelo e de controle da realidade por meio da experiência e do planejamento".[6] Adultos inventam e criam transformando a brincadeira da criança num instrumento adulto, o que, de certa forma, é o que os artistas fazem, por exemplo.

No mesmo sentido, embora seja mais atraente supor que crianças as freqüentemente preferem o rápido, enquanto os adultos apreciariam as virtudes do lento, provavelmente é mais preciso não atribuir a maturidade nem ao coelho nem à lebre, mas à coruja, que é ponderada quando necessário, mas que também ataca como um falcão. Ponderar não é "pôr mais peso", mas uma atitude prudente do tipo captado pela frase "aja com uma velocidade ponderada". O mesmo vale para muitos dos outros dualismos citados aqui: se as crianças se caracterizam por uma espécie de espírito anárquico de libertação que de maneira alguma é o mesmo que a autonomia adulta (pense em Peter Pan), a ausência dessa liberdade anárquica não precisa ser o que Peter Pan temia que fosse a escravidão adulta ou o que os filósofos chamam de heteronomia (ser moralmente comandado por outros), mas pode ser uma autonomia moral — o uso da liberdade para escolher o que tem um propósito e o bem. Este é o tipo de liberdade disciplinada que Kant e Rousseau associam à livre vontade moral. Diferentemente da permissão infantil, a autonomia moral adulta não é nem anárquica nem autoritária, mas com objetivo intencional e comum, um fundamento que a Wendy de J. M. Barrie (em *Peter Pan*) parecia gostar que estivesse associado a crescer e ter sua própria família. Foi este fundamento que Rousseau sugeriu que criava as condições para o autogoverno democrático.

Nesse espírito mais dialético, pode-se dizer que as crianças são brincalhonas (brincadeira sem propósito) e adultos jovens são sérios (propósito sem brincadeira), enquanto adultos completamente maduros podem alcançar a disciplina e a brincadeira com propósito que associamos ao talento artístico — como Erikson argumentou, usar a brincadeira como adulto ajuda a "controlar a realidade". As crianças são inocentes pela virtude de sua ignorância e os adultos jovens são conscientes e informados sem ser necessariamente inteligentes (e, portanto, estão além da inocência sem ainda ser bons), enquanto os adultos completamente maduros são inteligentes no sentido de que podem usar o conhecimento e a experiência para se tornar capazes de julgamentos éticos inteligentes. A criança tende a tratar a "verdade" de maneira absoluta, até mesmo dogmaticamente, enquanto a dúvida e a incerteza caracterizam a compreensão do mundo pelo adulto jovem cético. Mas a dúvida que se segue ao dogmatismo numa inteligência madura pode com o tempo firmar-se como uma crença renovada e tolerante, mas uma crença que — mais universal e reconhecedora (às vezes até abrangente) de outros sistemas de crença — sustenta a fé novamente sem readotar o dogmatismo. Esta talvez seja uma diferença entre o tipo de fé dogmática e fundamentalista, que pode ser caracterizada como infantilizante, e a fé madura, que envolve reflexão e dúvida crítica.

Essa abordagem mais dialética ajuda a explicar como certas características da infância têm impacto na cultura adulta não por serem conservadas em sua forma original, mas por serem transformadas e reintegradas ao comportamento maduro em uma forma que retém as virtudes do cenário infantil num ambiente adulto maduro. É preciso colocar essa complexidade dialética na base de nossa análise aqui.

Entretanto, como meu objetivo aqui é compreender a natureza, as causas e as conseqüências da infantilização — da puerilidade e da infantilidade — que vai catalisando e reforçando o comportamento consumista, e não oferecer um relato completo e dialético da psicologia do desenvolvimento, vou concentrar-me no trio de pares intimamente associados apresentados anteriormente: o fácil sobre o difícil, o simples sobre o complexo e o rápido sobre o lento. Ao fazer isso, tratarei a civilização de uma forma um pouco simplista, e até mesmo redutiva, como a cultura dos adultos em geral, e identificarei o etos do capitalismo de consumo em declínio com o culto à infantilidade no sentido mais amplo.

FÁCIL sobre DIFÍCIL

Dizer que o etos infantilista prefere o fácil ao difícil é, na verdade, dizer também que os jovens naturalmente são atraídos pelo que é simples em vez do que é complexo e pelo que é rápido em vez do que é lento. Fácil versus difícil atua como um padrão para grande parte do que distingue o infantil do adulto. Expressões como "fácil de ouvir", "fácil de comprar", "jogos fáceis (apropriados para crianças de 2 a 8 anos)" e uma pessoa de "moral fácil" impulsionam e promovem produtos criados para atrair a atenção e o gosto das jovens. Fácil no reino da felicidade supõe que os prazeres simples triunfam sobre os complexos, enquanto os líderes espirituais e morais em geral dizem o contrário.

A preferência pelo fácil interage com as idéias utilitárias modernas. A ética tradicional (em Aristóteles, Agostinho ou Kant, por exemplo) diferenciava formas elevadas e baixas de prazer e presumia que o que dava prazer poderia nem sempre ser idêntico ao que era bom. Mas a utilitarismo ético moderno do tipo encontrado em filósofos como David Hume e Jeremy Bentham tentou subordinar "o bom" ao que simplesmente dava prazer e, portanto, simplificar e reduzir o prazer a uma estimulação física elementar. Não fazia qualquer distinção entre tipos de prazer (ou dor), supondo que a felicidade dependia simplesmente de maximizar o prazer elementar e minimizar a dor elementar para o maior número de pessoas. Isto permitiu a Bentham, no início do século XIX, oferecer um "*felicific calculus*" útil, ainda que simplista, que associava todo o comportamento humano e toda a ética humana a indicadores de prazer e dor elementares simples e fáceis de medir. Bom era o que era *sentido* como bom. O que era sentido como bom era presença de prazer e ausência de dor, conforme medido pelo menor denominador comum da experiência sensorial. A felicidade era quantificável. Quanto ela era intensa? Com que rapidez ela viria? Qual o nível de certeza de que ela vai acontecer? Mas isto significava que o prazer fácil da criança (para dar um exemplo freudiano) de brincar com suas próprias fezes era simplesmente outro exemplo (amplamente indistinguível) do tipo de prazer redutivo que um adulto poderia ter tocando flauta numa banda de rock afro-caribenha.

John Stuart Mill, aluno do próprio Jeremy Bentham, rebelou-se contra essas simplificações e insistiu em que os prazeres tinham de ser qualificados e que havia *tipos* de prazer, alguns valendo mais que outros, alguns fáceis, outros mais difíceis, alguns simples, outros mais complexos, alguns infantis, poder-se-ia dizer, e alguns mais adultos. Nem todos os prazeres eram imediatamente comensuráveis um em relação ao outro: assim como maçãs e laranjas, ou fezes e flautas, eles se distinguiam pela qualidade, bem como pela quantidade. Alguns seriam preferidos a outros porque ofereceriam prazeres "mais elevados", obtidos à custa de trabalho mais duro e esforço mais disciplinado, e produzindo tipos de felicidade mais complexos e satisfatórios. Na escala de Mill, assim como na de Aristóteles, os prazeres do difícil e do complexo triunfam sobre os prazeres do fácil e do simples. Neste celebrado aforismo, a poesia era preferível a um jogo infantil, porque a felicidade necessária envolvia o mandato epicurista de "trocar o prazer mais fácil pelo mais difícil", uma vez que "prazeres difíceis são mais compensadores".[7]

Vale observar essas características do utilitarismo moderno com suas raízes no hedonismo "prazer-dor" psicológico porque elas sugerem que o infantilismo assimilou as inclinações utilitárias e instrumentalistas da idade e as usou para justificar supostas "virtudes" da puerilidade. As tensões entre o fácil e o difícil têm desafiado cada sociedade, mas a nossa talvez seja a primeira em que instituições adultas de uma civilização parecem estar do lado do fácil. A nossa sociedade recompensa o fácil e penaliza o difícil. Promete lucros na vida àqueles que cortam caminho e simplificam o complexo a cada oportunidade. Perca peso sem fazer exercícios, case sem se comprometer, aprenda a pintar ou tocar piano com um manual, sem prática ou disciplina, adquira "diplomas de faculdade" pela internet sem curso de aprendizagem ou trabalho, faça sucesso como atleta usando esteróides e chamando a atenção para suas jogadas. No campo da política externa, a nobre estratégia global de liberdade de Bush compartilha o etos do fácil, contido em palavras sem conseqüências: guerra sem alistamento militar, idealismo sem imposição de impostos, moralidade sem sacrifício e virtude sem esforço. Exatamente o oposto do etos protestante: não "sem dor, sem ganhos", mas "todos os ganhos, nenhuma dor". Uma visão sonhadora e infantil do mundo na qual dizer "Eu quero que seja assim" é o suficiente para que seja; na qual, como observou acertadamente o crítico Slavoj Zizek, o mercado de consumo oferece produtos que tornam a escolha fácil — "produtos sem sua própria propriedade maligna: café sem cafeína, creme sem gordura, cerveja sem álcool... sexo virtual como sendo sexo sem sexo, a doutrina Colin Powell de guerra sem baixas (do nosso lado, é claro) como sendo guerra sem guerra, a redefinição de política como sendo administração especializada, política sem política".[8]

Mentir, trapacear e enganar (principalmente enganar a si próprio) são características da condição humana, porém se tornam mais aceitáveis hoje em dia em parte porque são vistas como uma forma justificável de escolher o caminho mais fácil. Como é mais fácil bater recordes nos esportes e conquistar a fama como atleta com esteróides do que sem eles! O uso disseminado de drogas que melhoram o desempenho foi descoberto pela mídia e discutido no Congresso, mas, embora as novas regras para o beisebol — que determinam suspensão em 50 jogos no caso de uso de drogas comprovado — sejam mais rígidas do que as antigas (juntamente com o procedimento de suspensão de dez dias na primeira infração, mais de 60 dias na terceira e por aí em diante), os livros de recordes não foram modificados em função de usos de drogas anteriores. Como é mais fácil mentir sobre o uso de drogas quando interrogado do que confessar a verdade! Até mesmo atletas apanhados em flagrante delito continuaram mentindo. O jogador de beisebol Rafael Palmeiro participou de audiências no Congresso sobre o uso de esteróides negando taxativamente: "Eu nunca usei esteróides, ponto final."[9] Apenas nove meses antes, seus testes para uso de esteróide haviam tido resultado positivo.

Estudantes também acham fácil e totalmente justificável colar em provas e plagiar trabalhos escolares. "Na maioria dos campi, 70% admitem ter colado."[10] No caso do plágio, a questão já não é o fato de ser comum ou de inúmeros sites na internet oferecerem à venda trabalhos, mas o fato de muitos estudantes não conseguirem enxergar o que há de errado nisso. Entre dezenas de sites que oferecem ensaios, trabalhos, teses e (!) "dissertações de doutorado" está a empresa Best Custom Term Papers, cujo anúncio na internet tem o extraordinário antetítulo: "Trabalhos Escolares 100% Não-Plagiados." Com isso, a empresa presumivelmente quer dizer que não plagia o que oferece, de modo que o estudante que compra o trabalho pode estar certo de que só existe *um* plagiário envolvido![11]

Com a intenção dos produtores de justificar o roubo intelectual em benefício de seus clientes, e escritores e acadêmicos adultos confusos em relação ao significado da propriedade intelectual (principalmente numa era de crítica literária pós-moderna, em que textos são mercadorias que supostamente pertencem tanto aos que os produzem quanto aos que os consomem), não é surpresa que os estudantes achem o plágio tão fácil — dificilmente dando importância suficiente em virtude da facilidade de obter absolvição. Afinal de contas, tomar emprestado uma linguagem ou esquecer de citar como referência outro trabalho acadêmico não é algo que tenha prejudicado significativamente a reputação de vários historiadores conhecidos, não mais do que fatos e experiências inventados sobre lembranças de drogas e prisão prejudicaram as vendas de *A Million Little Pieces*, de James Frey, não pelo menos até Frey ser duramente repreendido na TV pela celebridade "crítica" Oprah (que inicialmente apoiara Frey quando sua trapaça foi exposta pela primeira vez). Jornalistas do *New Republic* e do *New York Times* conquistaram grandes reputações por meio de "notícias" totalmente fabricadas. Parece que eles teriam de trabalhar mais duro (sem sucesso) para fazer a reportagem do que inventando suas histórias de ficção interessantes.

Diferentemente de sociedades mais tradicionais, a nossa torna fáceis muitas coisas que teriam de ser difíceis, tais como comprar uma arma ou uma esposa. É mais fácil obter um registro de casamento do que uma carteira de motorista, e mais ou menos tão fácil divorciar-se quanto se casar. O fato de a metade de todos os casamentos terminar em divórcio tem pelo menos alguma coisa a ver com as atitudes narcisicamente pueris e irresponsáveis que as pesssoas levam para o casamento e para o divórcio e, é claro, para os filhos que seus casamentos produzem. Idéias prudentes, como um casamento com contrato, que torna mais difícil casar, na esperança de que as pessoas achem menos fácil divorciar-se, têm tido fortes defensores, mas poucos seguidores fora das comunidades cristãs, onde a idéia tem sido endossada.[12]

Também é mais fácil, num sentido genérico, assistir do que fazer; mais fácil assistir à TV, onde a imaginação é mais passiva, do que ler livros, onde a imaginação é mais ativa; mais fácil masturbar-se do que estabelecer relacionamentos dentro dos quais a sexualidade recíproca e a sensualidade interpessoal são componentes saudáveis; mais fácil manter um relacionamento sexual arbitrário e inconstante do que um relacionamento envolvendo compromisso. Em suma, é mais fácil ser uma criança do que um adulto, mais fácil brincar do que trabalhar, mais fácil deixar de lado do que assumir uma responsabilidade. Este não é um argumento conservador frouxo (embora conservadores talvez o entendam melhor do que outros). Chame-o de aristoteliano ou mesmo de utilitário na versão de John Stuart Mill. Porque o que está sendo argumentando é que em cada caso o que é fácil também pode revelar-se menos gratificante, dificultando, em vez de aumentar, a felicidade humana. Mas esta é uma lição que apenas os adultos aprendem — depois de ser ajudados a crescer por pais, escolas, igreja e sociedade. Sob a influência da cultura da infantilização, faz-se com que esta lição pareça rígida e puritana, a preservação de pessoas hostis à felicidade.

SIMPLES sobre COMPLEXO

Como um resultado de sua preferência pelo fácil em detrimento do difícil, o etos infantilista também prefere o simples ao complexo. A simplicidade tem toda uma doçura, mas as civilizações adultas geralmente são definidas por sua capacidade de envolver nuances e complexidade em seu pensamento e em seu comportamento, mesmo que uma tomada de decisão possa acabar exigindo chegar a uma conclusão que ponha as nuances de lado.[13] A complexidade evita os dualismos simplistas e procura sombras cinzentas. Escalas de complexidade moral como a que foi postulada por Lawrence Kohlberg, psicólogo experimental de Harvard, classificam a complexidade do pensamento e a capacidade de enxergar sombras como características de um senso moral mais desenvolvido. Carol Gilligan mostrou que a voz moral das mulheres pode ser definida por uma complexidade e uma sensibilidade ao contexto ainda maiores, que vai além dos dualismos de Kohlberg, talvez separados demais por gênero.[14]

Filósofos e cientistas freqüentemente explicam e elaboram o significado da própria vida, assim como a consciência na qual a vida resulta, como uma espiral de complexidade que aumenta e se aprofunda: partículas subatômicas e campos de força constituem partículas atômicas como elétrons e prótons, que, por sua vez, constituem átomos e moléculas que constituem os complexos elementos atômicos, que constituem a matéria molecular; a matéria torna-se mais complexa à medida que se torna matéria orgânica; a matéria orgânica adquire uma complexidade ainda maior em seu caminho para se tornar vida; e a vida, em sua forma mais complexa, produz consciência, reflexão e, portanto, autoconsciência e auto-reflexão. Somos seres definidos pela própria complexidade mediante a qual compreendemos nós mesmos como sendo complexos. Mas essa mesma complexidade contém uma simplicidade definidora que expressa a dialética desses dualismos. A complexidade engloba "a dinâmica auto-organizadora espontânea do mundo", escreve o analista científico M. Mitchell Waldrop. Resumindo a literatura científica, ele observa que "a complexidade, a adaptação e a rebelião à beira do caos [são temas]... tão impressionantes que um número cada vez maior de cientistas está convencido... [de que eles indicam] uma unidade de base, uma estrutura teórica comum para a complexidade que esclareça natureza e espécie humana da mesma forma".[15]

A complexidade desafia os princípios redutores pelos quais podemos insistir que nossa essência é definida pela água ou por simples átomos, uma vez que nossos corpos são 98% água ou 100% moléculas; porque é precisamente pela maneira *como* se dispõem que algumas moléculas acabam constituindo a consciência viva e outras, as pedras, o plasma ou as moléculas de hidrogênio, oxigênio e carbono a partir das quais toda matéria consciente e viva existe e às quais tudo isso pode ser reduzido. A associação da complexidade com a maturidade adulta e a civilização e da simplicidade com a infância está evidenciada em toda parte hoje em dia no mercado. O consumismo reduz a identidade aos seus próprios comportamentos comerciais e leva a uma psicologia de identidade na qual literalmente nós "somos o que compramos" — somos as marcas que consumimos (capítulo 5). Comprar e consumir não são um aspecto do comportamento, mas definidores do significado da vida.

A preferência pelo simples em detrimento do complexo é evidente em territórios dominados por gostos mais simples — *fast food* e filmes tolos, esportes que excitam o espectador e videogames fáceis, por exemplo, tudo isso está ligado a uma rede de merchandising que o etos infantilista alimenta e promove. Muitas daquelas pessoas celebradas e recompensadas pela cultura comercial hoje em dia — heróis dos consumidores infantis, que são o principal alvo do mercado — estão elas próprias se comportando como as crianças para as quais supostamente são modelos. Num perfil preciso e bastante impressionante do celebrado jogador de basquete Shaquille O'Neal na *New Yorker* (na época ele era ainda o homem forte do então invencível Los Angeles Lakers), Rebecca Mead descreve a forma pela qual "a cultura americana está cada vez mais voltada para os gostos dos adolescentes", mostrando como Shaq vive a vida de um adolescente que ainda não evoluiu, absolutamente seguro na "simplicidade de seus gostos". Ela mostra como, "de muitas maneiras, seu estilo de vida é uma existência fantasiosa de um menino de 13 anos", como ele "se cerca de primos de Newark e velhos amigos da escola secundária, que compartilham seus interesses em ficar à toa, quebrar coisas, fazer barulho, disparar armas e dirigir uma série de veículos motorizados". Ela nos apresenta a um companheiro do grupo que o envolve como uma capa de segurança infantil: ele recorda com alegria infantil as "guerras de comida quando Thomas, o chefe de cozinha, chegava da mercearia com todas aquelas coisas e Shaquille quebrava uma melancia inteira na minha cabeça, e eu atirava um pudim nele". Shaq guarda uma enorme coleção de vídeos prontos para ser vistos nos longos períodos em que ele fica diante da TV e que incluem toda a série de *Little Rascals* e incontáveis filmes de *Kung Fu*. Seu amigo conta como "Shaquile gosta de me acordar apertando um travesseiro contra meu rosto. Sabe quando você finge que está dormindo e alguém aperta o seu rosto com um travesseiro? É muito divertido."[16]

Será que é? Talvez aos 13 anos, mas Shaq tinha mais de 30 na época. Ele está, porém, trabalhando numa cultura esportiva que prefere que seus atletas sejam playboys tolos. Quando Shaq comemorou seu aniversário de 30 anos com bolas de soprar vermelhas espalhadas no caminho de chegada à sua casa, um tapete vermelho com o logotipo do Super-Homem projetado sob a luz giratória de sua sala de estar, a casa decorada com balões vermelhos, amarelos e azuis e um bolo com O'Neal retratado como Super-Homem sendo o clímax da festa, ele estava desempenhando um papel que a corporação que o empregava o ajudava a compor e aperfeiçoar.[17]

Mead chega exatamente a essa conclusão a partir de suas observações sobre O'Neal: "O próprio basquete é comercializado com os gostos dos adolescentes em mente. O teatro que envolve um jogo do Lakers tem uma estética de adolescente-menino: holofotes giratórios... ridículos e superaquecidos... gestos de saudação; trechos de raps barulhentos e do hino dos adolescentes 'We Will Rock You', do Queen.".[18] Se John Stuart Mill, com seu senso de complexidade aristoteliano, preferia poesia a um jogo infantil, os Estados Unidos hoje têm sido induzidos a preferir o novo basquete cheio de acrobacias dos precoces jogadores de escolas secundárias ao velho basquete centralizado no time oferecido por técnicos concentrados na defesa, em que a experiência era importante e a habilidade significava mais do que a agitação. Um jogo mais simples do que complexo. Não importa que as celebridades da indústria do cinema obcecada com juventude se sentem nas platéias de Nova York e Los Angeles e que mesmo estrelas aparentemente adultas como Spike Lee e Jack Nicholson enfeitem as "filas de celebridades" nas cidades das duas costas, sendo vistas em jogos da NBA com a mesma regularidade com que os atletas aparecem em filmes juvenis e discos de rock.

O basquete em sua nova forma simplificada, veloz e ofensiva é apenas o mais popular — talvez mundialmente — dos muitos esportes que, em sua encarnação comercial de hoje em dia, tanto se beneficiam das tendências infantilizantes do atual etos corporativo quanto as reforçam. Em seu ambiente comercial, os esportes oferecem insistentemente mercadorias que demandam infantilização e são reforçados por ela — seja nos brutos torcedores de futebol da Inglaterra, hipocritamente condenados pelos diretores, que às vezes parecem aceitar, se não incitar, seus comportamentos, seja nos telespectadores de 20 ou 30 anos nos Estados Unidos, assediados por alegres anúncios de cerveja que abordam suas fantasias infantis e incentivam sua tendência a gostos adolescentes. Embora certamente haja atletas — como os jogadores da NBA Bill Russell e Michael Jordan, de eras anteriores, e Channing Frye ou Steve Nash, hoje em dia,[19] — que, quaisquer que sejam suas idades, são pessoas maduras e que sabem refletir, capazes de tratar seu esporte como uma profissão de adulto, não é isso que imaginam as empresas que têm transformado os esportes em puro circo de diversões: cada vez mais a norma é o atleta infantilizado e controlado por uma corporação supostamente adulta dedicando-se a táticas infantilizantes em nome do lucro. Como sempre aconteceu, a desculpa é: "Estamos apenas dando às pessoas o que elas querem."

Terrell Owens, ex-jogador do Eagles da Filadélfia, acabou sendo expulso do time por comportamento antiprofissional, o que incluiu insultar o jogador Donovan McNabb. Mas suas travessuras infantis foram toleradas durante anos numa sucessão de times, e, embora tenha havido bastante confusão em torno da maneira antiprofissional como ele lidava com mídia, foi a Monday Night Football que lhe conseguiu um esquete, antes do jogo, com a atriz de televisão do seriado *Desperate Housewives* Nicollette Sheridan, que apareceu no vestiário do Eagles vestindo apenas uma toalha.[20] As várias associações profissionais produzem um fetiche aplicando regras duras a jogadores rebeldes, mas toleram — e se beneficiam de — comportamentos de jogadores que a mídia promove e que aumentam o público de seus esportes, bem como reforçam a renda de seus times.[21]

Mas parece claro que as corporações que controlam os esportes manipulam o jogo e seu ambiente para maximizar as vendas ao consumidor, dando às pessoas não o que elas querem, mas o que elas próprias querem que as pessoas queiram. Jogos de basquete duram 48 minutos, o que não permite muito tempo para o comércio associado (de entrada, cerveja, bandeiras, amendoim e pipoca, e depois os anúncios barulhentos e a música da MTV), e, portanto, os *time-outs**, que "oficialmente" duram 60 segundos,

*Tempo medido por técnico. (*N. do T.*)

são permitidos em intervalos de minutos, deixando também os anunciantes de televisão com bastante tempo. Hoje em dia, um jogo de 45 minutos pode durar várias horas. No basquete universitário, mesmo durante os jogos Final Four** do torneio da NCAA,*** os *time-outs* duram realmente 60 segundos e os jogos se esticam por uma eternidade somente quando são televisionados.

Não é apenas o basquete. O jornalista de esportes do *New York Times* William Berlind faz um retrato assustador de um típico vestiário de clube de beisebol que torna os "meninos do verão" um estudo de literalismo e indica que a descrição de Shaq por Rebecca Mead é típica de esportes em geral, e não específica do basquete ou de Shaq. O clube de encontros do time de beisebol The New York Mets, destinado a "ajudar os jogares a relaxar e se integrar", relata Berlind, é "uma mistura de sala barulhenta de república de estudantes com um Chuck E. Cheese's". É um lugar onde os jogadores se distraem "em salas sem janelas, nas quais o ar-condicionado está sempre no máximo e as luzes azuis piscando dão aos jogadores um aspecto pastoso, meio doentio, enquanto eles assistem à TV, jogam o futebol americano de vídeo de John Madden no Nintendo 64, lêem tablóides, recebem mensagens e comem".[22]

Os esportes de hoje, com sua preferência pelo rápido e pelo simples, em detrimento do lento e do complexo, revelam a ambigüidade e um etos infantilista que estupidifica adultos mesmo que acelere o amadurecimento de crianças ao torná-las consumidores "capacitados". Atletas adultos são tratados como crianças e se comportam como tal: as crianças são pressionadas a crescer e se tornar atletas "adultos" geradores de lucros o mais rápido possível, independentemente das conseqüências para seus corpos ou seus espíritos. Cada vez mais, atletas-estrelas fogem da faculdade para integrar times profissionais de sua escolha logo depois de terminar o curso secundário. Se as brincadeiras de criança eram antes um território vital de atividade espontânea no qual os jovens se divertiam enquanto seus corpos de desenvolviam através de uma variedade de esforços físicos — desde subir em árvore e pular amarelinha até *stickball* e pega-pega —, hoje elas es-

**A fase final. (*N. do T.*)

***Liga de basquete universitário. (*N. do T.*)

tão se tornando rapidamente um campo de treinamento pré-profissional para esportes profissionais comercializados. Como escreveu Michael Sokolove: "Deixadas por conta própria, as crianças treinam naturalmente. Sobem em árvores, atravessam rios, jogam qualquer que seja o esporte da temporada e criam seus próprios jogos."[23] Mas a especialização antecipada empurrada sobre elas pelo comércio as deixa menos em forma — pessoas que só conseguem uma boa performance, como sugere Brendan Sullivan, diretor do Headfirst Baseball,[24] com risco maior de se machucar e ser privadas do aspecto divertido dos esportes que tradicionalmente proporcionam prazer sem objetivo.

O etos infantilista funciona de uma maneira aparentemente contraditória — pressionando as crianças a crescer rapidamente e se tornar atletas profissionais lucrativos, que podem, então, retomar a infantilidade que sua profissionalização as forçou a abandonar. O adolescente treinado é o alvo perfeito para o marketing: velho e disciplinado o bastante para gastar e suficientemente condicionado para fazer música, ou filmes, ou movimentos atléticos — mas jovem o suficiente para ter o gosto pueril exigido para gerar necessidades de consumo globais. Ironicamente, se antes as sociedades autoritárias impunham aos esportes profissionais o treinamento de jovens em lugares como Alemanha Oriental e União Soviética, hoje são as sociedades de mercado livre que fazem a mesma coisa, motivadas menos pelo orgulho nacional ou ideológico do que pela ambição econômica.

Os esportes — assim como o entretenimento em geral — são um território óbvio, mas dificilmente único, em que o simples triunfa sobre o complexo. A transformação de notícias duras em notícias leves e de notícias leves em informação misturada a entretenimento é uma velha história piorada pelas rádios que conversam com os ouvintes e pela televisão a cabo, que nada deixam a desejar em relação aos padrões cívicos que antes tinham algum peso nessa mídia. Recentemente, o jornalista Michael Massing perguntou se "O Fim das Notícias" era iminente, no primeiro de dois artigos para a *New York Review of Books*. Mas a polêmica do conhecido jornalista Edward R. Murrow contra a perda de autonomia e integridade do noticiário de TV e rádio (abordada no recente filme *Boa noite e boa sorte*) tem 60 anos,o que sugere que a infantilização da mídia não é exatamente um acontecimento novo. As notícias a cabo têm, porém, acelerado a estupidificação, criando o que Massing chama de "efeito Fox" (depois da compra, por Rupert Murdoch, da Fox News), visível na indústria.[25] O Sinclair Broadcasting Group, que controla mais de 60 canais com acesso a um quarto dos telespectadores americanos, criou claramente suas seis emissoras afiliadas da ABC não para fazer um segmento do *Nightline* de Ted Koppel em que Koppel leu os nomes de mil americanos mortos no Iraque (o número agora está chegando a três mil). Algo difícil para os telespectadores lidarem, e talvez também para se adequar aos "vários passos que o governo tem tomado para suprimir a cobertura das baixas dos EUA".[26] Mesmo em jornais sérios, os assuntos complexos são cada vez mais marginalizados. O *Los Angeles Times* já não tem um repórter especializado em trabalho nem alguém especializado em assuntos de pobreza.[27]

A maioria dos jornais está perdendo dinheiro e achando cada vez mais difícil competir com a televisão e a internet, que, por sua vez, estão achando cada vez mais complicado veicular notícias duras. A PBS começa a se parecer com a CNN, enquanto a CNN se parece mais com a Fox, e até mesmo a Fox se torna um ET (Entertainment Tonight), cada uma delas se afastando dos padrões adultos que as definiam. Numa entrevista hilariante mas perturbadora com Paul Begala, ex-membro da equipe de Clinton, e com o jornalista conservador Tucker Carlson sobre o programa de TV (hoje inexistente) *Crossfire* — um fórum de opinião política alegadamente sério cujo próprio título* indica o quanto as notícias de televisão se afastaram da complexidade e das nuances —, o cômico Jon Stewart, da Comedy Central Network, lembrou a seus convidados que se esperava que eles fossem mais do que falcões políticos.[28] Quando um comediante tem de lembrar aos jornalistas sérios suas responsabilidades, o contexto está se distanciando do jornalismo sério.

Aprender e crescer são coisas difíceis; inicialmente, sempre se sente que se está perdendo alguma coisa. Permanecer ignorante e jovem é fácil; não exige nada além de ceder ao princípio do prazer. Para o especialista em merchandising, isto não significa tirar prazer da brincadeira da criança, mas tirar lucro do prazer da criança. Porque simples prazeres envolvem grandes lucros. Como Erica Gruen (na época pesquisadora da Saatchi & Saatchi

---

**Fogo cruzado*. (N. do T.)

Interactive) observou, a chamada "categoria ciberbebê lucrativa" — crianças na internet — oferece uma "mídia sem precedentes para anunciantes... Provavelmente nenhum outro produto ou serviço que podemos imaginar é como este em termos de atrair o interesse das crianças", precisamente porque, quando crianças estão online, elas entram num "estado de fluxo", aquela "experiência altamente prazerosa de total absorção numa atividade desafiadora", o que significa que "não existe nada para os anunciantes como construir relações com crianças".[29]

RÁPIDO sobre LENTO

A preferência do fácil em detrimento do difícil e do simples em detrimento do complexo produz naturalmente uma preferência pelo rápido em detrimento do lento. O mundo das crianças é uma civilização de lebres, na qual, tartarugas não têm lugar. Passaram-se 75 anos desde que o filósofo Bertrand Russel escreveu *Elogio ao ócio*, e desde aquela época "o prazer da lentidão desapareceu", como observou Milan Kundera não muito tempo atrás. Kundera afirma que a "velocidade é a forma de êxtase que a revolução tecnológica concedeu ao homem",[30] e o êxtase, assim como a velocidade (a droga epônima das pessoas que acham que são *legais*), é uma especialidade dos jovens. Kundera culpa a tecnologia, mas a tecnologia é sempre um instrumento, e, embora ela tenha características que catalisam a velocidade, a velocidade é algo que o etos infantilista exige tanto da tecnologia quanto do capitalismo. Comida rápida, música rápida, edição de filmes rápida, computadores rápidos, atletismo no qual só a velocidade conta, digitalização em que a velocidade é o principal objetivo, a vida *fast-track* (mesmo que seja, na verdade, uma estrada sem crescimento para lugar nenhum) — estas são as tendências cada vez mais inseridas que dominam a cultura popular jovem e o comércio no mundo. Na Índia, a nova geração de consumidores rápidos chama a si própria de "Zippies".

James Gleick, que escreve sobre velocidade, observa que os Jogos Olímpicos modernos refletem "uma obsessão com o tempo que é mais profunda e intensa do que nunca na história humana. O efeito sobre as Olimpíadas é estranho. Os jogos em si têm sido distorcidos por nossa obsessão com o tempo e nosso controle sobre ele".[31] O estudo de Gleick sobre a velocidade baseia-se na premissa de que "a economia moderna vive e morre pela precisão da medição do tempo e pela eficiência no emprego do tempo". Os negócios estão sempre exigindo "alguns segundos a mais de seu tempo... Com fornos rápidos, a repetição rápida de uma gravação, o congelamento rápido e o crédito rápido".[32] A rapidez se traduz como instantaneidade, que, como Gleick observa, "controla a rede de comunicações e nossa vida emocional: café instantâneo, intimidade instantânea, repetição instantânea de gravação e" — levando-nos de volta ao que talvez seja o principal afastamento do etos de infantilização em relação ao etos protestante — "gratificação instantânea".[33]

Num livro mais recente sobre "pensar sem pensar", chamado *Blink*, Malcolm Gladwell nos diz que julgamentos rápidos e impressões instantâneas contêm tanto perigos quanto utilidades. Embora Gladwell argumente que julgamentos rápidos e primeiras impressões podem, na verdade, representar atalhos baseados em experiência lentamente acumulada — algo relacionado à sabedoria —, a primeira impressão que o próprio livro deixa é de uma fascinação com a instantaneidade, uma prestação de serviço à vitalidade pop-cultural da idéia de velocidade.[34] Os livros instantâneos* são, de fato, cada vez mais comuns na história da indústria editorial, na qual um recorde de gêneros com certeza foi batido em 2006, quando um livro instantâneo sobre Jennifer Lopez e Brad Pitt de mais de duzentas páginas foi escrito em apenas uma semana.[35]

Edições rápidas e cortes rápidos em filmes e vídeos, bem como os anúncios instantâneos de pop-up que saltam na internet, mostram a mesma obsessão frenética por velocidade. Compare os filmes de Hollywood de 1930 — nos quais as cenas podiam durar dezenas de segundos ou mesmo um minuto inteiro sem uma única edição ou mudança no ângulo da câmara — com os vídeos de música e os filmes baseados em histórias em quadrinhos e de ação digital de hoje em dia, em que nenhuma cena dura mais de um ou dois segundos sem um corte aqui e uma edição ali. Nos filmes e vídeos de hoje, múltiplos cortes por segundo são a norma para pessoas hiperativas loucas por controle direcional, para as quais o mais rápido se torna uma

*Insta-books. (*N. do T.*)

forma de tirania cinemática, imaginando, quando fazem isso, que públicos jovens com déficits de atenção induzidos pela mídia pedem essa velocidade — mesmo enquanto elas próprias reforçam tendências viciantes. A velocidade é uma droga como qualquer outra, que tem de ser tomada em doses cada vez mais elevadas para manter seu efeito sobre a psique.

A digitalização incentiva e facilita tanto a velocidade quanto a não-linearidade, esta última sendo um tipo de ruptura artificial na temporalidade, na qual nossa experiência de tempo linear "normal" é descontruída em fragmentos não-seqüenciais. Rupturas na temporalidade podem catalisar arte e inovação criativa, não há dúvida (*Crash*, premiado com o Oscar de melhor filme, é um exemplo), mas estão corrompendo a consciência normal e o comportamento responsável e previsível do tipo tradicionalmente associado à maturidade adulta.

Vista da perspectiva do adulto, a velocidade tornou-se a forma moderna suprema de vaidade juvenil: tempo mexido, tempo controlado, tempo acelerado, tempo superado. Seja em séries de filmes para adolescentes como *O exterminador do futuro, De volta para o futuro* ou a trilogia *Matrix*, chegando a séries recentes como *Premonição* e *X-Men* ou a dispositivos eletrônicos que permitem gravar a programação da televisão aberta e da televisão a cabo (TiVo) e a audição de músicas (iPods), somos agora viajantes do tempo apressados e tão descontentes com a idéia de que o "agora" pode conter nossa temporalidade anárquica quanto com a idéia de que um espaço em particular pode conter nossos corpos convulsivos (enquanto nossas máquinas nos liberam de espaços fixos). Todos os pequenos luxos de nossa lenta juventude do passado, na qual o ritmo definia a virtude — mingau de aveia, xadrez, purê de batatas, cartas de amor —, agora estão disponíveis rapidamente — não só rapidamente, mas instantaneamente, como o imediato jogo de xadrez rápido e as mensagens instantâneas (a instantaneidade de Gleick). Qual é a mensagem do envio de mensagens instantâneas — com seus *emoticons* de rostos sorridentes e tristes abreviados, suas contradições inventivas e seu ritmo enfurecido — se não a mensagem de que se está com pressa? Crianças enviarão mensagens instantâneas durante horas como se tivessem apenas segundos disponíveis; os loucos segundos se acumulam, deixando-as com bastante tempo para compor sonetos, mas elas se contentam com fragmentos de frases. Porque a pessoa do outro lado está esperando, provavelmente realizando multitarefas, e pode ir embora a qualquer segundo agora, e o tempo está voando; então, corra!

Com a vitória sobre o tempo percebida vem a ilusão da vitória sobre a morte — não apenas a cirurgia cosmética mágica e a prometida imortalidade da criogenia, mas a libertação total em relação ao tempo que surge com a instantaneidade: mudança instantânea sem parar, mudança tão rápida que ultrapassa todas as estações terminais e todos os sinais que poderiam indicar a aproximação da morte. Comprar faz parte da ilusão de que o tempo pode paralisar ou desaparecer completamente: nunca se vêem relógios em shoppings (nem em cassinos), onde os vendedores esperam que os compradores se sintam como se o tempo parasse enquanto eles compram ou apostam. *Fast food* significa: comer (abastecer-se) é quase instantâneo. "O consumo conspícuo deriva do medo da morte", conclui um trio sério de sociólogos — sendo o "compre até cair" tanto uma ostentação exultante quanto um lembrete do que pode acontecer se for permitido parar de comprar.[36]

Os videogames também dependem de uma resposta neurológica rápida e de uma reação instantânea a estímulos. Esses jogos estão intrinsecamente ligados à perpetuação da infância e representam um dos setores mais bem-sucedidos do merchandising para crianças, transformando adultos em consumidores de produtos de crianças (mais sobre isso adiante). Mas mesmo sendo medida apenas pela velocidade, a inteligência no mundo dos jogos digitais é associada a uma rápida ativação de sinapses existentes, não a uma formação de novas sinapses, o que constitui a tradicional inteligência associativa (reunindo e fabricando sentidos a partir da informação crua gerada por neurônios rápidos). Se antes a inteligência era equacionada com a sabedoria e a ponderação, privilegiando deliberadamente a lentidão e o gasto intencional da riqueza do tempo, hoje em dia o inteligente freqüentemente tem a ver com o rápido. Para ser considerado inteligente, você tem de fazer um estudo rápido, chegar a conclusões num piscar de olhos, num circuito rápido de processo de decisão, e chegar ao xis da questão. Como todos os testes modernos, exames para faculdade e o sistema judicial têm tempo limitado — uma proposta recente para torná-los sem tempo determinado foi rapidamente rejeitada.

Tornando virtude o que parece ser uma necessidade, temos nossos modernos Panglosses para reassegurar a Cândido que a velocidade é boa.

Steven Johnson considera nosso planeta de videogame em rápido movimento o melhor de todos os mundos possíveis, no qual tudo o que é ruim é na verdade, bom para você. Inicialmente, ele afirma que para ser bem-sucedido em videogames interativos é preciso tempo e trabalho duro, exatamente da maneira como a velha ética protestante dizia que as coisas boas deveriam ser. Obter os bens que levam ao próximo nível "exige tempo — muito tempo". A não ser que, como Johnson também reconhece, "você possa comprar uma espada mágica ou um lote de terra — inteiramente feito de código digital — por centenas de dólares no eBay[37] e assim iludir o tempo e o trabalho duro completamente. Esta é a nova tecnologia, uma ferramenta de tolos com a qual você pode comprar tempo — para iludir o tempo e, com as horas "poupadas", correr para a vitória ou para comprar mais.

Em nenhum lugar a aceleração do tempo é mais aparente do que no território das "notícias". Se notícia é o que é novo, numa era de acontecimentos velozes só o que é o "último" ou o "mais novo" é considerado realmente novo. Ciclos de notícias que duravam semanas nos séculos XVIII e XIX — quando publicações mensais relatavam acontecimentos transmitidos por diligências e barcos a vapor num vagaroso ritmo lunar — progrediram da mesma maneira intensa, mas certeira, que interesses combinados se acumulam. Na primeira metade do século XX, quando ciclos de notícias diárias eram conduzidos por telégrafos, teletipos e serviços telefônicos e os jornais diários substituíram os semanais, o passo se acelerou. Na segunda metade do século, horas, minutos e segundos passaram a dominar o agora ciclo banal de notícias 24 horas, em que a comunicação instantânea e a digitalização da mídia que se move literalmente na velocidade da luz dão às redes de notícias a cabo e à internet (para a qual a mídia impressa tradicional está rapidamente migrando) seu limite poderoso, mas profundamente contraproducente.

Fácil aqui não é de jeito algum melhor ou mesmo particularmente apropriado. O ciclo de notícias se move hoje mais rápido do que as notícias, com serviços a cabo 24 horas por dia e blogs exigindo mais conteúdo do que o mundo real que se arrasta pode fornecer. "O papa morreu" não é mais do que um único item de notícia que mais ou menos fala por si próprio e não precisa de reiteração alguma. O que significa que a verdadeira história precisa ser envolvida por uma cobertura de histórias falsas: "O papa (um dia) vai morrer, e então?" E: "O papa está doente; ele pode realmente estar morrendo." E: "O papa *está* morrendo". E: "O papa está quase moro." Depois: "O papa ainda não morreu, apesar de tudo!" depois: "Mas agora ele está *realmente* morrendo. Realmente". E, depois: "Como o papa morreu", "O papa morreu uma semana atrás" e "Um novo Papa será escolhido pelo Conclave papal". E, finalmente "Quando o novo Papa morrerá?" Com o novo ciclo de notícias chegando à frente da notícia, a notícia precisa reciclar as poucas "grandes notícias" legítimas que o ciclo tem, repetindo as imagens chocantes de incêndio/manifestação/julgamento/acidente/eleição/tiros/indiciamento/assassinato/renúncia/praga/funeral/golpe durante o dia inteiro ou durante dias (semanas). Desastres naturais (furacão Katrina ou o tsunami no oceano Índico), desastres humanos (a morte da princesa Diana, a morte do papa, a morte de Terri Schiavo, a morte do Protocolo de Kyoto de aquecimento global), julgamentos de celebridades (O. J. Simpson, Scott Peterson, Michael Jackson, preencher o "espaço com o exemplo" de hoje) podem literalmente preencher semanas de programação — tudo direcionado a *kidults* crescidos que o mercado tem como alvo e cuja atenção arbitrária só pode torná-los — apesar de seus dons naturais e suas propensões — sem atenção e intelectualmente deficientes.

De fato, de acordo com um jornalista da *New York Times Magazine* (ele tem de saber!), ao gerar "muito mais notícias e notícias muito mais rápidas", o ciclo de notícias 24 horas por dia sete dias por semana ajuda a criar "uma espécie de distúrbio de déficit de atenção disseminado", em que o novo é vencido pelo mais novo, e o mais novo é superado pelo mais novo ainda, que — superado instantaneamente — se torna não a notícia, mas "o que Russel Baker chama de '*olds*'".*[38] Como a notícia corre mais rápido do que a progressão de nossas vidas, ela precisa ser inventada ou reciclada. A repetição lançada como invenção (notícia de última hora: estudo revela que meninas adolescentes rendem menos na escola porque estão obcecadas por meninos!) e como repetição do que já é totalmente sabido (... o aniversário do 11 de Setembro, o início do julgamento de Peterson, o fim do julgamento de Peterson...) domina as horas intermináveis durante as quais

*"*Olds*", que significaria "velhos", é um trocadilho com a palavra *news* (notícia), que poderia ser lida como "novos". (*N. do T.*)

imagens são exibidas e novamente exibidas até que a mais dolorosa das imagens se torne um clichê irritante.[39]

A velocidade mata a notícia e corrompe as telecomunicações de maneira mais geral quando define as supostas virtudes dos telefones sem fio, dos comunicadores BlackBerry e da internet. Essas formas de comunicação nos colocam instantaneamente em contato com pessoas retiradas de nosso ambiente sociofísico, mas nos retira dos espaços sociais nos quais existimos fisicamente. Com isso, contribuem para a aniquilação do espaço público que já está acontecendo. A imagem de usuários de telefone celular caindo num mundo particular com seus parceiros de telefone celular e, portanto, transformando espaços abertos em salas e quartos particulares e literalmente, encobrindo o espaço público não é uma espécie de pesadelo de um cidadão público histérico; estava num anúncio de uma empresa de telefone celular onipresente exibido durante meses na televisão, no início de 2006. A capacidade de pular de uma pessoa para outra, seja no e-mail, na mensagem instantânea, no telefone celular ou nas chamadas de espera, pode depreciar relacionamentos interpessoais sérios, que exigem tempo, continuidade de atenção e compromisso. Aqui, velocidade significa algo raso, superficial, sujeito a esquecimento, sem sentido. Um jogo de criança. Não importa que essas novas "tecnologias de comunicação instantânea" sejam na maior parte evitadas pelas pessoas mais velhas, que estão profundamente envolvidas em relacionamentos e não têm necessidade alguma de apressar a longa caminhada para o esquecimento, mesmo que essas mesmas tecnologias sejam adoradas pelos jovens que buscam encontrar ou mudar relacionamentos cujo valor eles ainda precisam aprender.

Com tantas atividades comerciais atuais representando um extremo ao qual nos viciamos, a velocidade está perto de se tornar uma patologia. Então, acabamos normalizando o patológico em nossa vida diária. Isto não é apenas um distúrbio de déficit de atenção, mas um distúrbio de déficit de atenção *obrigatório*, definido por uma cultura na qual somos dissuadidos de concentração e de continuidade e recompensados por buscar vidas com cortes rápidos de cenas. Um emprego, uma esposa, uma carreira, uma personalidade durante a vida inteira parecem muito monótonos e, bem, na perspectiva das crianças, tão *chaaaato*. Compromissos duradouros, assim como gostos duradouros, parecem não nos deixar volúveis da forma como o consumismo exige. Novos amigos, novas famílias, novos amantes, novos lares, novas modas significam novas mercadorias, novos cartões de crédito, novos passeios ao shopping, novos produtos e, portanto, novas compras. Manter o passo intimidador da mudança é difícil: o etos infantilista ajuda, uma vez que as crianças são rápidas.

O símbolo da preferência consumista pelo rápido — que, para o resto do mundo, se tornou o símbolo do consumismo ao estilo americano — é, naturalmente, a *fast food*. A *fast food* tem sido mal entendida, até mesmo por seus críticos. No livro de Eric Schlosser *Fast Food Nation*, grande parte do foco está em *o que* comemos, sua qualidade geral e como isto afeta nossa saúde, bem como a economia e o ambiente internacionais, tópicos cruciais. Mas a essência da *fast food* não é *o que* ela é, mas *como* ela é: sua velocidade, à qual tudo mais está ligado — incluindo sua qualidade e variedade, ou sua falta de qualidade e falta de variedade. Se ainda não existem cafés de *fast*-caviar ou lojas de *fast*-trufas, não é porque caviar e trufas são caros, mas apenas porque alimentos complexos devem ser consumidos lentamente. Barras de ostra são um compromisso entre a velocidade e o gosto maduro, e cadeias de café, como a Starbucks, são um convite a um certo lazer — e também à execução de múltiplas tarefas no *laptop*. Mas, em geral, a maioria das escapadas do consumidor são rápidas, enquanto grande parte de nossos prazeres complexos exige que eles aconteçam lentamente. Consumir não é experimentar, mas apropriar-se e engolir com objetivos outros além do prazer intrínseco, à maneira como os cachorros comem.

Existe, por sinal, um restaurante em Nova Jersey chamado Stuff Yer Face,* e *fast food* em geral tem a ver com encher a cara: tem a ver com nutrição, abastecer-se, consumir calorias, comida como um instrumento, comedores como simples animais respondendo a imperativos biológicos. Big Macs, batatas fritas e *doughnuts* dão um certo prazer, é claro — gordura, sal e açúcar são gostosos. Mas sua virtude é precisamente o fato de que sua recompensa é rápida e breve, e não exige saborear lentamente. Uma leitura rápida e sexo rápido também podem ter certas virtudes, mas a qualidade do prazer que proporcionam não está entre elas (por isso a ejaculação precoce é precoce — vem antes do prazer que pode ser sentido e indica

*Algo como Encha a Cara. (*N. do T.*)

falta de maturidade erótica). Uma leitura rápida de Proust ou passar os olhos em Whitman não faz mais sentido do que acelerar as férias, fazer amor correndo ou beber às pressas uma bebida especial. As coisas de que mais gostamos nós fazemos lentamente: leituras rápidas e sexo rápido são, na verdade, paradoxos não porque ler e sexo não podem ser feitos às pressas, mas porque fazer as duas coisas correndo corrompe o que elas são.

Fast-tandoori e *fast*-tacos existem, de fato, em Londres, Los Angeles e outros lugares, e *fast* não precisa significar sem gosto ou monocultura. A questão não é privilegiar os intelectuais ou insistir numa hierarquia de comida. Porque a *fast food* de gourmets difere pouco de hambúrger e batata frita em seu impacto final sobre a cultura. Ser "*fast*" significa de um jeito ou de outro que mal sentimos o gosto. Não é realmente uma questão de classe, uma vez que o próprio McDonald's — embora predominantemente um mercado inferior dos Estados Unidos — é mercado superior em Moscou e Pequim e completamente de classe média em muitas cidades européias. A questão é a velocidade com a qual a comida é comprada e consumida, a informalidade e a falta de sociabilidade radicais do processo de consumo, o contraste entre o que fazemos quando comemos e o que fazemos quando (por exemplo) dividimos um pão juntos, ou jantamos ou recebemos alguém para jantar. Um jantar não pode ser às pressas sem ameaçar sua integridade de jantar; as salsichas doces do Mama Napoli não podem ser consumidas como cachorros-quentes, numa competição de encher a cara, e manter sua característica de salsichas doces do Mama, o que evoca um jantar em família na Mulberry Street. Dia de Ação de Graças no Wendy's é impossível, mesmo que o Wendy's contrate um *chef* quatro estrelas e sirva peru, batata-doce e molho de amora em louça de verdade — a não ser que você tenha duas ou três horas e uma família disponível, mas neste caso por que você iria ao Wendy's?

A chegada da *fast food* foi lenta. Tem sua origem no jantar diante da TV. Marqueteiros descobriram que podiam ganhar dinheiro ajudando a família americana e obtendo lucro da impaciência com o pouco tempo na hora do jantar em família. O crescente vício na preparação rápida da comida e na atitude de cumprir tarefas fáceis levou rapidamente ao assista-à-TV-comendo, faça-o-dever-de-casa-comendo,telefone-para-um-amigo-comendo, responda-ao-e-mail-comendo e faça-compras-na-internet-comendo. Jantar já não era a questão; a comunhão e o ritual estavam totalmente fora de plano. A questão era fazer outra coisa que não atrapalhasse, abastecer-se para outras atividades. Os negócios e o comércio sempre exerceram pressão sobre os horários e as famílias: no Império Otomano, vendedores ambulantes de *fast*-kebab atendiam comerciantes e viajantes apressados. Também não era a questão do jantar, mas um suplemento prudente para pessoas ocupadas, em momentos ocupados, no que de outro modo seria uma séria cultura de jantares. Mas jantar tem a ver com sociabilidade. Comer é um ritual e comida é um símbolo, sendo a mesa de jantar uma espécie de altar secular para o lar e o coração da família. Hoje, a tela da TV ou do computador assumiu a função ritual de altar das casas, e comer é algo solitário e passivo. De acordo com a Nutrition Education Network, mais de 40% das famílias americanas "nunca ou raramente comem juntas, e este segmento está crescendo".[40] Os números pioram à medida que os filhos crescem. É como se a missa católica romana tivesse sido reduzida a mastigar em comunhão um pedaço de chiclete.

O conteúdo da *fast food* é relevante para a essência da *fast food* apenas na medida em que a preferência das crianças pelo rápido em detrimento do lento é complementada pela preferência das crianças pelo simples em detrimento do complexo e do leve em detrimento do picante. O açúcar, o sal e a gordura animal triunfam sobre o azedo, a pimenta e o azeite na hora de seduzir as crianças (menores e maiores) a perder alguns minutos para forrar seus estômagos pequenos (e grandes). Bom com os dedos lambuzados em vez de delicioso com o gosto sendo aprimorado; a verdadeira chave da *fast food* é a informalidade e a velocidade com que se come, o processo sem ritual mas altamente eficiente de se abastecer rapidamente da energia necessária para outras atividades juvenis, como mensagens instantâneas, videogames e televisão — e (em tempo) sexo e os prazeres das compras. O açúcar e a cafeína são para um comprador cansado o que uma inalação de sais representa para um pugilista debilitado.

Essas características infantis têm paralelos no mercado adulto, é claro. As praças de alimentação nos shoppings são projetadas como pontos de parada rápida, onde os compradores podem reabastecer-se durante o percurso sem ocupar muito do precioso tempo gasto com as compras. Não é por acaso que os shoppings nos subúrbios não têm nenhum restaurante de verdade onde os compradores possam perder horas de seu tempo em suas jornadas de consumo. Da mesma maneira, os *fast food* urbanos e suburbanos facilitam a alimentação rápida de *workaholics*, para os quais um almoço de três horas ou uma relaxante sesta espanhola em casa com a família prejudicaria a eficiência de um dia cheio de trabalho. Em Madri, a Fundación Independiente lançou uma campanha para pôr fim a esses longos almoços. O presidente da fundação disse formalmente: "Num mundo globalizado, temos que ter horários que sejam mais semelhantes aos do resto do mundo, de modo que possamos estar mais bem conectados. Esses almoços espanhóis de duas ou três horas são muito prazerosos, mas não muito producentes."[41] Até mesmo estabelecimentos aparentemente destinados ao relaxamento, como o Starbucks ou bares esportivos, oferecem televisão e conexão sem fio para internet, de modo que os consumidores possam distrair-se com laptops avançados, aparelhos Bluetooth ou BlackBerry — incluindo compras no vídeo — enquanto relaxam tomando um café. Os clientes podem ocupar-se em vários lugares de uma vez, mesmo que pareçam estar relaxando num único lugar.

Os três principais pares da infantilização — fácil sobre difícil, simples sobre complexo e rápido sobre lento — contêm e envolvem uma série de díades associadas que merecem ser pelo menos mencionadas. O fácil, o simples e o rápido privilegiam a pura brincadeira em detrimento do trabalho — algo que o etos da infantilização incentiva —, embora, como vimos, ele possa preferir a brincadeira ao trabalho, principalmente quando pode transformar o trabalho em brincadeira. Em nenhum lugar a combinação entre trabalho e brincadeira é mais evidente do que na comercialização de esportes recreativos que, cada vez mais, transforma jogadores jovens em pré-profissionais em treinamento constante, transforma esportes em escolas e universidades em esportes profissionais e, ao mesmo tempo, transforma atletas profissionais em crianças cujo comportamento não só é infantilizado, como celebrado em sua forma infantilizada. Vinte anos atrás, Neil Postman já usava o desaparecimento dos jogos infantis e a transformação dos esportes infantis em "negócios de adultos" como prova do que chamou de "fusão de valores e estilos de crianças e adultos" — um relato visionário do que entendemos como infantilização.[42] O outro lado da infantilização de atletas adultos é a profissionalização das brincadeiras de criança na expectativa de obter lucro.[43] Críticos culpam as "crianças insaciáveis", ou seus pais insaciáveis. Mas são as corporações de entretenimento, donas dos esportes profissionais e que lucram com eles, que parecem ser as "culpadas por incitar os adultos a voltar a ser crianças".[44] As crianças não estão crescendo mais rápido: estão sendo crescidas mais rápido para que possam trabalhar, em vez de brincar, para alimentar a ânsia do império dos esportes comerciais por novos talentos.[45]

Mas mesmo que as crianças estejam sendo levadas para a vida adulta rápido demais, incentivadas a treinar em excesso e a se superespecializar de uma maneira que fere seus corpos e as impede de brincar naturalmente, os atletas nos quais elas se transformam não apenas cultivam o prazer infantil, mas são ajudados a fazer isso por seus empregadores, que compreendem as ligações entre os atletas controlados e a puerilidade condicionada. Isto não tem a ver simplesmente com jogadores infantis, mas com preferências administrativas por atletas flexíveis, que deixam as coisas de adulto (como negócios, salários e benefícios sindicais) por conta de seus proprietários ou de seus agentes profissionais, que estão menos interessados na carreira de seus clientes do que em aumentar seus próprios lucros. Os jogadores absorvem a mensagem tão apressadamente que os homens musculosos que ganham milhões de dólares jogando jogos de crianças na meia-idade têm dificuldade de crescer.

A infantilização age em todas as áreas da sociedade de consumo, também privilegiando imagens em detrimento de palavras. Não que as palavras sejam sempre veículos complexos e associados à busca de verdade — uma imagem pode valer mais do que mil palavras, e palavras podem tornar-se símbolos de simplificação, propaganda e manipulação. Em geral, porém, temos construído as instituições democráticas — assim como a ciência, a filosofia e a literatura (portanto, alguns poderiam argumentar, a civilização) — em torno de debates e conversas comuns. A linguagem oferece uma base comum (ainda que às vezes também uma cegueira comum). Provavelmente, revela tanto sobre a verdade — por menor que esta seja — quanto podemos alcançar. De qualquer modo, a preferência hoje por fotografias raramente é uma preferência por imagens como substitutas do poder persuasivo da linguagem, porém mais freqüentemente um caminho em torno daquele poder: um caminho para modos de comunicação maduros e de circuito curto, sejam eles pictoriais ou lingüísticos.

A preferência do infantilismo pelo simples, pelo fácil e pelo rápido dá a ele uma afinidade com certas formas políticas em detrimento de outras. Como o próprio consumismo, ele se prende mais rapidamente aos solitários (ou pacotes de solitários) engajados em comportamentos comuns, como comprar, do que às comunidades que deliberam juntas antes de agir juntas. Por essa mesma característica, o etos infantilista é fortalecido por uma ideologia de "ter o direito", na qual os seres humanos são vistos antes de tudo como indivíduos — o que cientistas políticos poderiam chamar de pessoas legais com direitos —, e não como membros de uma família, amantes, parentes ou cidadãos de uma comunidade cívica. Essa ideologia está intimamente associada ao individualismo americano e ao etos moderno em geral e rejeita a ética da obrigação e da responsabilidade que põe o indivíduo num círculo de sociabilidade no qual a identidade é dada em parte pela associação com outros e pelo dever com os outros. Muitos americanos, católicos ou não, não ficaram satisfeitos com o fato de o papa Bento XVI (quando era o cardeal Ratzinger, de Munique) ter escrito duramente contra o "relativismo da ditadura..." da modernidade, "que tem como maior objetivo o próprio ego e os próprios desejos".[46] Mas o papa Bento XVI estava fazendo não apenas uma condenação dos direitos do etos infantilista, mas também um retrato preciso de seus preconceitos, e que não pode ser interpretado como uma expressão de preconceitos moralistas antigos dele próprio (que, ironicamente, se aproximam da ética protestante).

A ética do narcisismo promove e reflete uma preferência pelo presente eterno em detrimento da própria temporalidade — seja passado ou futuro. O culto ao agora sempre foi uma tentação americana. Há muito tempo os imigrantes encontram em seu caminho para as praias americanas uma forma de escapar da carga de preconceito e erro do tipo que Voltaire associava à história. Os Estados Unidos eram — nas palavras de Tom Paine em *Os direitos do homem* — "a vida como no começo do mundo" — a vida libertada da carga cumulativa do tempo, a possibilidade de começar de novo revigorado. Essa inclinação pelo novo em detrimento do remoto, e do instantâneo em detrimento do duradouro, isolou durante muito tempo os Estados Unidos dos hábitos conservadores das culturas casadas com seu próprio passado e paralisadas pela opressão histórica sob a qual elas funcionavam. Mas, incorporada num etos infantilizador, a libertação em relação ao tempo se tornou um esquecimento em relação à história e uma tola ignorância em relação à mortalidade. A identidade adquirida com o nascimento está apagada, porque a promessa americana é de que o nascimento não importa. Os americanos insistem em que o lugar de onde eles vêm é irrelevante. A morte também é apagada (congelamento de corpos!) porque, esquecidos do futuro e com imunidade contra o processo de envelhecimento garantida pelo artigos que compramos, estamos felizes abrigados no presente eterno e, portanto, momentaneamente imortais.

Em cada um desses casos, o etos infantilista persegue elementos já presentes na psique moderna, mas tira deles a ambigüidade, tratando-os como instrumentalmente virtuosos, porque eles são necessários para o sucesso do capitalismo de consumo em perigo. O etos que o consumismo necessita adota a puerilidade, mas sem nuances, e aposta na infantilidade, mas sem reconhecer as virtudes salvadoras da infância. Ao racionalizar a puerilidade, ele cita a obrigação dos produtores de dar aos consumidores "o que eles querem" e os direitos dos consumidores de exercitar sua "liberdade" no mercado.

Como críticos atentos, podemos e precisamos debater as distinções pelas quais crianças e adultos são separados em grupos paradigmáticos estranhos um ao outro; podemos ver as insuficiências morais das noções tradicionais do que significa ser adulto (rigidez, convencionalismo, rejeição a novas idéias) e os aspectos proto-éticos de alguns ideais da infância (frescor, espontaneidade, capacidade de brincar). Há pouca dúvida de que as chamadas culturas adultas podem extrair das características mais atraentes da infância pelo menos alguns de seus valores maduros animadores. Fácil, conforme indicamos, também pode significar simples e desimpedido, assim como natural, puro e inocente, enquanto difícil pode significar opaco, turvo e complicado. Culturas adultas buscam maneiras de fazer seus artifícios parecerem "naturais" e de fazer suas complexidades parecerem simples — transparentes e lúcidas. Os protestantes — e acima de tudo os puritanos — protestavam precisamente contra a iconografia exageradamente articulada e a liturgia opaca com as quais o catolicismo, através de sua institucionalização terrena, problematizou e obscureceu as verdades da simples fé cristã. O protestantismo, por conseguinte, foi tanto um retorno às raízes "simples" do cristianismo, mesmo que isso representasse uma evolução do cristianismo tornada possível por esses avanços como um gênero móvel, quanto um conhecimento adulto, que deu a grandes populações acesso direto a tradições vernaculares da Bíblia, de modo que elas puderam engajar-se na "palavra de Deus" como adultos maduros, em vez de terem as escrituras servidas a elas na colher, como se faz com crianças.

Brincar pode ser um exercício tolo de fingir, mas também pode envolver um sentido de exploração, liberdade e espontaneidade: em sua forma evoluída, produz a brincadeira que é um sermão, uma missa ou uma peça de teatro. Brincar de forma elaborada pode tornar-se o que a religião e a arte compartilham e, por conseguinte, o que filósofos como Hegel e Nietzsche acham precioso nelas. Até mesmo a celebração cristã do trabalho despreza a obsessão anal, a sinceridade lúgubre e o esforço sem alegria em favor de uma espécie de exuberância sagrada que transforma o trabalho num propósito sagrado: pense no jovem herói cristão do filme sobre as Olimpíadas de 1924 em Paris (*Carruagens de fogo*) exclamando entusiasticamente que ele corre — brinca, trabalha e vive — pela glória de Deus.

Até mesmo a gratificação instantânea pode sugerir uma capacidade de viver intensamente cada momento, enquanto adiar o prazer pode ser um disfarce para alienar-se da atividade e para se desligar da vida. A psicanálise visa (entre outras coisas) buscar, identificar e superar essas aparentes "virtudes" com as quais os neuróticos podem racionalizar o que, na verdade, é repressão e distúrbio psíquico. Como Herbert Marcuse observou, para Freud a própria civilização é necessariamente sinônimo de repressão — a "transformação do *princípio do prazer* em *princípio da realidade*". Em primeiro lugar, isto significa que, se os humanos querem sobreviver, precisam tornar-se adultos movendo-se da satisfação imediata (na observação de Marcuse) para a satisfação posterior, do prazer para a restrição do prazer, da alegria (brincar) para o dever (trabalhar), da receptividade para a produtividade e da ausência de repressão para a segurança.[47] Mas o próprio Freud é dialético, acreditando que "em virtude desse ganho duradouro obtido com a renúncia e a restrição... o princípio da realidade 'protege', em vez de 'destronar', 'modifica' em vez de negar, o princípio do prazer".[48] Ou seja, a civilização acaba por conservar um elemento vital do princípio do prazer do id sujeitando-o às restrições do supergo civilizacional. Este é o argumento de Erik Erikson quando ele considera as relações entre os brinquedos e a razão e entre a capacidade de brincar e a realidade controladora.

Da mesma maneira, todo o catálogo de dicotomias que organizei em torno da criança e do adulto está sujeito a uma inversão dialética, à maneira de Freud: a imaginação pictórica da criança pode invocar fantasias, mas também pode revelar verdades ("uma imagem vale mais do que mil palavras") tão rapidamente quanto as palavras adultas podem obscurecê-las ("depende do que é o significado de 'é'"); o que quer dizer, as palavras servem a advogados e mentirosos, assim como a filósofos e profetas. Artistas e fotógrafos freqüentemente fazem das imagens exemplos de verdade. A razão tem notoriamente seus substitutos (abstração, erradicação, afetação e racionalização), enquanto os sentimentos e as sensações têm, de forma clara, as suas virtudes (concretude, autenticidade, instantaneidade e influência sincera). Em resumo, como em quase todas as oposições simples, a valência moral na oposição entre infantil e adulto acaba sendo dialética. Nenhum dos dois lados da dicotomia carrega a verdade moral integralmente.

Mas essas advertências todas não alteram as decisivas provas históricas que sugerem que grandes civilizações e religiões — embora certamente abarquem e conservem formas modificadas de inocentes virtudes da infância e trabalhem duro para proteger suas manifestações inocentes na infância — compartilham uma convicção comum de que chega um tempo em que os adultos põem de lado as coisas infantis, civilizam seus instintos e crescem. Se os filhos não puderem se tornar pais, os filhos dos filhos não se desenvolverão. Pode-se até argumentar que essa passagem de ser e se comportar como filhos de pais para ser e se comportar como pais de filhos está ligada ao que queremos dizer quando falamos de um povo como sendo civilizado. Pode-se dizer que a associação consciente da sexualidade humana com a reprodução tanto diminui o prazer (responsabilidade, ansiedade e repressão substituem rapidamente a diversão hedonista) quanto aumenta a felicidade, abrindo caminho para nosso senso de pertencer a uma comunidade (uma espécie) permanente que se prolonga além de nossas vidas individuais.

Se não for corrompido, o princípio do prazer destrói a vida à qual dá prazer, apoderando-se, agarrando, ocupando e ferindo de acordo com sua vontade — nas imagens de Freud, inadvertidamente destruindo pais e adormecendo mães diante do primeiro impulso do desejo sem pensar nas conseqüências. Por isso as civilizações — embora possam prezar aspectos da infância assim como os indivíduos fazem e até mesmo trabalhar para encontrar um lugar para eles numa forma modificada da cultura adulta — alinham-se institucionalmente de modo a disciplinar os impulsos e insistem em medir a importância da infância com parâmetros adultos. Nem mesmo Freud, tão sensível ao potencial da repressão de nos adoecer, aceita render-se a suas tendências civilizadoras, a não ser que essa submissão possa ser alcançada sem regressão ao infantilismo.

A cultura do capitalismo de consumo moderno jogou fora toda essa bagagem freudiana (e protestante). Pela primeira vez na história, uma sociedade sente que sua sobrevivência econômica exige uma espécie de regressão controlada, uma cultura que promove a puerilidade em vez do amadurecimento. A estratégia não representa uma campanha contracultural para reconhecer que essas características da infância podem ser fontes de virtudes (inocência, autenticidade, criatividade, espontaneidade e espírito brincalhão). Pelo contrário, é uma campanha para reprimir essas características da infância em favor de outras que tornam os adultos vulneráveis, manipuláveis, impulsivos e irracionais. Essa estratégia faz sentido comercial, uma vez que o mercado não infantiliza devido a um amor ético à infância e a suas supostas virtudes, mas devido a uma necessidade instrumental de vender bens desnecessários a pessoas cujo julgamento e gosto adultos são obstáculos a esse consumo. Por outro lado, essa estratégia pode fazer pouco sentido eticamente ou em termos de civilização.

A civilização pode querer incentivar a espontaneidade, e até a impulsividade, como um estímulo à criatividade e à invenção. Entretanto, quando o mercado e seus etos infantilistas cultivam a impulsividade, trata-se de uma impulsividade *direcionada*. Varejistas não atraem jovens aos shoppings, ou aos parques temáticos ou aos cinemas multiplex para incentivá-los a se socializar, relaxar e passear, como eles podem "naturalmente" fazer, mas com o objetivo de pô-los para trabalhar comprando, direcioná-los a pagar para se divertir e transformar seu impulso para se socializar em impulso de consumir. Às vezes, comerciantes cultivam crianças para que elas os ajudem a determinar o gosto (no chamado marketing *buzz*, por exemplo), e marqueteiros dependem do gosto dos jovens por fofocas e interação com amigos para torná-los agentes do gosto. Como observadores atentos do personagem de Tom Hanks no filme *Quero ser grande* sabem, pode parecer que o menino de 12 anos na pele de um adulto está-se divertindo inocentemente, mas, na verdade, uma empresa esperta está instrumentalizando a diversão e usando o personagem de Hanks como ferramenta para moldar o gosto do público e vender as últimas novidades. Seus objetivos (que em grande parte não são percebidos no filme) não são nem inocentes nem muito divertidos, no fim das contas.

Os marqueteiros transformam Peter Pan em seu flautista de Hamelin, fingindo libertar os jovens das restrições da disciplina adulta para lhes impor a disciplina do mercado de consumo. O flautista de Hamelin atraiu para longe as crianças da vila porque seus pais não lhe pagavam para livrá-los dos ratos. O flautista de Hamelin do mercado atrai as crianças porque seus pais são "guardiões" que ficam no caminho da indução das crianças ao hall dos consumidores. Assim como o flautista da história fez, o mercado hoje em dia finge capacitar as crianças que seduz dizendo-lhes que elas ficarão potentes com a descapacitação de seus pais. Libertadas de pais possessivos, elas estão, na verdade, encarceradas nos corredores do shopping da mente juvenil.

Em *A cultura do narcisismo*, Christopher Lasch se preocupa com o paternalismo deslocado representado pelo estado de bem-estar social, abordando com inteligência um tema que se tornou uma mercadoria conservadora. O que A. V. Dicey (citado favoravelmente por Milton Friedman) disse sobre o estado reflete a ansiedade de Lasch: embora, escreve Dicey, os "efeitos benéficos da intervenção do Estado" possam ser "diretos, imediatos e, supostamente, visíveis", precisamos estar atentos aos seus "efeitos malévolos", que geralmente são "graduais e indiretos e estão longe de nossa visão".[49] Todavia, o que é mais preocupante hoje, quando as maldades do Estado são tão amplamente notadas e as virtudes do mercado tão adotadas sem críticas, é o paternalismo invisível representado pelos anunciantes e especialistas em merchandising do capitalismo de consumo. Esses astutos defensores do etos infantilista — em grande parte como aqueles que festejavam antigamente o Estado benevolente — alegam estar "libertando" as crianças dos laços com os pais em nome da autonomia, quando, na verdade, eles próprios estão assumindo o lugar dos pais como indicadores de gostos e tendências, com "efeitos malévolos" que são mais perigosos por serem "graduais e indiretos e... estarem fora da visão".

Os anúncios de cigarros da Joe Camel que foram substituídos pelos brilhantes anúncios de cerveja mostrando tartarugas, papagaios e outros elementos infantis, assim como pelas salas para crianças no McDonald's e pelos passeios temáticos de Peter Pan na Disneylândia (piratas, caubóis e índios ainda estão lá cem anos depois) são destinados não a ajudar as crianças a permanecer crianças, mas a "ajudar" as crianças a se tornar adultos consumidores de cigarros, ou cerveja sem álcool, ou Big Macs, ou toda a linha de produtos da Disney, que vão desde filmes de desenhos animados até utopias de novas cidades, como Celebration, na Flórida. A Disneylândia vende a mitologia da infância para obter lucros adultos. A brincadeira no parque temático é pagar quando você vai lá — uma experiência de "passeio" relativamente passiva que acontece *com* você em troca de seus dólares. Nesses novos playgrounds de parques temáticos que agora ocupam o tempo de lazer de crianças que carregam dinheiro com elas, os pais são reduzidos ao papel de inspetores com uma carteira de dinheiro.

Existe, é claro, ironia numa "cultura adulta" intensamente séria e muito madura — o que é sério se não o lucro final? — na maneira como ela conspira para usar a capacidade de brincar das crianças, sua inocente espontaneidade e seus sentimentos simples para vender tudo o que tem para vender. O resultado é uma civilização mais infantil, menos livre e mais indisciplinada — não realmente o "desaparecimento da infância" (como Neil Postman indicou no título de seu livro uma geração atrás), mas o desaparecimento da vida adulta, porque a infância é muito mais lucrativa para a economia do consumismo.

Um paradoxo relacionado é evidente no mercado *workaholic* dos Estados Unidos, no qual o "tempo de lazer" e a "diversão na platéia" nada são além de relaxantes e divertidos e no qual as pessoas realmente trabalham mais horas do que seus compatriotas em qualquer outro lugar do mundo civilizado, não pela glória do trabalho, mas por supostas recompensas que significam brincar. Nenhum povo trabalha mais duro para brincar ou gasta mais energia no lazer do que os consumidores americanos. Lazer aqui não significa nada além de preguiça. Nos Estados Unidos, não há nenhuma semana de trabalho de 35 horas ao estilo francês — a semana de trabalho gaulesa abreviada exigida por lei e agora ridicularizada em áreas da Europa ansiosas para imitar os Estados Unidos. Nenhumas férias de verão de seis semanas em que o trabalho literalmente pára por quase todo o verão em cidades como Berlim e Madri. Nenhuma "slow food" à moda do charmoso movimento italiano que tenta erguer uma barreira no caminho do McDonald's.

Na economia capitalista pós-moderna, é um trabalho duro criar uma vida fácil. Uma sociedade totalmente voltada para as compras precisa de consumidores com um bocado de lazer, mas, na verdade, deixa pouco tempo para qualquer coisa além de consumo e do trabalho duro que paga pelo consumo, de modo que raramente se sente relaxada ou livre. Os destinos das férias e as viagens para alcançá-los não passam de férias das compras. Há compras nos corredores de aeroportos e estações ferroviárias, compras nas instalações de parques temáticos e cassinos, compras em todo o percurso das auto-estradas que levam aos destinos turísticos e nos destinos turísticos aos quais elas levam, compras no saguão do hotel e compras na televisão e na internet quando você chega ao seu quarto.

O consumidor das muitas mercadorias disponíveis graças ao trabalho duro e à produção exagerada da indústria de entretenimento precisa trabalhar mais duro do que os produtores para engolir isso tudo. Será que algum consumidor se mantém em dia com os filmes, programas na televisão, ofertas na internet, videogames, *downloads* de música e competições esportivas que constituem os novos pão e circo do mercado? Um indíviduo precisa de trabalho disciplinado para se manter em dia com qualquer um desses setores. Mas se ele não conseguir, a economia de mercado falha. Não importa que o lazer, espremido entre longas horas de trabalho, freqüentemente dê a impressão de fazer parte de um trabalho em tempo integral. Se, como declarou Dan Cook, a infância faz o capitalismo cantarolar, é melhor as crianças irem para o trabalho.

4

Privatizando cidadãos: A produção da esquizofrenia cívica

O libertarianismo é uma filosofia política para Peters Pans, uma visão do mundo com a premissa de nunca crescer.

— Alan Wolfe[1]

A distinção entre o privado e o público coincide com a oposição entre necessidade e liberdade, futilidade e firmeza e, por fim, vergonha e honra.

— Hannah Arendt[2]

ASSIM COMO O ETOS protestante já moldou uma cultura que conduzia ao trabalho e ao investimento, o etos infantilista molda hoje a cultura que conduz à fraqueza, às compras e aos gastos. Se antes os americanos trabalhavam mais duro do que qualquer outro povo, hoje Tom Friedman se preocupa com a "crise silenciosa" em que a "tendência... a enaltecer o consumo em detrimento do trabalho duro, do investimento e do raciocínio a longo prazo" cria um país cuja apregoada produtividade está em declínio e onde crianças estão ficando "mais gordas, mais tolas e mais preguiçosas", desperdiçando o próprio capital moral da cultura protestante antes promovida e sustentada.[3] Como escrevi depois do 11 de Setembro, "o presidente Bush desperdiçou uma oportunidade única [na época] quando a nação pediu um envolvimento e o presidente... os exortou a ir às compras... Para afugentar o medo, as pessoas precisam sair da paralisia. O presidente sugeriu que elas saíssem para ir às compras".[4] Os americanos ainda trabalham duro — mais duro do que outros povos no mundo industrializado; mas eles também trabalham mais duro com o objetivo de encontrar tempo para comprar do que os trabalhadores, digamos, da Europa continental, onde semanas de trabalho de 35 horas, férias de seis semanas e benefícios sociais do Estado minam o velho etos puritano e também prestam socorro a uma nova e indulgente marca de consumismo europeu.

O novo etos de infantilização que se dissemina não é, porém, o único fator no hiperconsumismo de nossa era. Ele tanto gerou quanto tem sido reforçado por ideologias associadas, incluindo privatização, construção de marcas e marketing total, que sustentam o consumismo e contribuem fortemente para o projeto infantilizador. Entre estas, nenhuma se destaca mais do que a ideologia da privatização, uma expressão nova e vigorosa da tradicional filosofia *laissez-faire* que favorece mercados livres em detrimento de regulação de governo e associa a liberdade à escolha pessoal do tipo que os consumidores têm. Em sua versão mais recente, a ideologia da privatização está voltada diretamente para o público e as filosofias democráticas que criaram o prudente equilíbrio do capitalismo do século passado e a soberania popular, com conseqüências decisivas para os cidadãos.

As estratégias de privatização têm moldado o paradigma político dominante pelo menos desde os anos 1980, quando o presidente Ronald Reagan e a primeira-ministra Margaret Thatcher as adotaram como filosofia política oficial do conservadorismo. Essas estratégias atacam a idéia de entidades sociais coletivas enquanto celebram o privado e o pessoal, e recentemente se tornaram dominantes na Europa Ocidental e na Ásia, onde modelos de comunidade e bem-estar social eram populares há muito tempo. Muito antes de Reagan e Thatcher, os primeiros críticos de ciência social, como David B. Truman, insistiam em que "no desenvolvimento de uma interpretação conjunta da política... não precisamos responder por um interesse totalmente inclusivo, porque isso não existe".[5] Não havia necessidade de responder pelo bem comum ao discutir a teoria do interesse porque isso não existe. Políticos como Margaret Thatcher simplesmente afirmavam que "isso não existe como sociedade".[6] O ceticismo em relação ao governo e à sociedade acompanha uma fé renovada e bastante impressionante na capacidade infinita dos mercados de "coordenar o comportamento ou a atividade humanos com um alcance e uma precisão que vão além de qualquer outro sistema, instituição ou processo social".[7] Essas estratégias de mercado reinventaram a clássica economia *laissez-faire* e o libertarianismo político (às vezes chamado de neoliberalismo na Europa), atacando o governo grande e burocrático como um adversário inflexível e ineficiente da liberdade em cujo nome ele atua.

A liberdade aqui tem uma conotação negativa: estar livre *de*, não ser determinado ou controlado pelo poder ou pela vontade de uma outra pessoa. Como o temido lugar do poder visível nos séculos anteriores, e mais recentemente como o lugar reconhecido da vontade coletiva, o governo tem sido a entidade associada ao poder e à vontade, o inimigo da liberdade e da escolha pessoal conforme visto dessa perspectiva libertária. Milton Friedman, o convincente economista liberal, apresenta uma linguagem definitiva. Quase meio século atrás, ele contestou a ideologia do bem-estar (estatista) social prevalescente na época insistindo que "todo ato de intervenção do governo limita a área da liberdade individual diretamente e ameaça a preservação da liberdade indiretamente".[8] Na prática, isto significa, como Ronald Reagan argumentaria, que quando se trata de liberdade o governo é sempre parte do problema, e não parte da solução. A ideologia liberal justifica a estratégia de privatização que se tornou hoje uma aliada crucial da infantilização na sociedade comercial.

Mas, em nome da liberdade pessoal abstrata, liberais privatizadores na verdade pervertem e minam a autonomia real, porque, como argumentou Hannah Arendt, "a liberdade política, falando de uma maneira geral, significa o direito 'de ser um participante do governo', ou então nada significa".[9] Embora, quando Milton Friedman escrevia pela primeira vez, nos anos 1950, o liberalismo *laissez-faire* estivesse fora de moda e (saindo da Segunda Guerra Mundial) a idéia de governo benevolente tivesse poucos críticos, hoje é o governo que está fora de moda, e pode-se dizer (com Jedediah Purdy) que "no despertar de uma era, quando se torna comum esperar demasiadamente da política, a maior e mais perigosa tentação agora é esperar muito pouco da vida pública".[10] A educadora Maxine Greene — que vale a pena observar, pois é uma pessoa totalmente prática cuja vida tem sido dedicada à educação e ao treinamento de professores — é uma daquelas pessoas típicas que desafiam a noção abstrata de que a liberdade é sempre negativa, porque, na verdade, usam a liberdade como uma ferramenta para realizar mudanças sociais.[11] Em vez disso, argumenta Greene, a liberdade precisa ser abordada dialeticamente: porque ela sempre nos leva a um nexo moral e político para o qual interpretações "negativas" pequenas são simplesmente insuficientes. A liberdade não tem a ver só com ficar sozinho e dizer não. Como um ideal utilizável, ela se torna uma noção pública, mais do que privada. A insistência de que ela é privada tem sido uma oportunidade para o que, de maneiras bem distintas, tanto Walter Lippmann quanto John Dewey chamaram de uma espécie de "eclipse do público".[12]

A preocupação de Dewey e Lippmann com o desaparecimento do público (de perspectivas políticas diferentes, sendo Lippman muito mais conservador do que Dewey) deixou claro que a liberdade em si estava adquirindo significados que refletiam circunstâncias sociais e políticas em mutação. Não há necessidade alguma de argumentar, como fez Isaiah Berlin, sobre o que a liberdade "realmente" significa de uma maneira abstrata ou essencialista. A idéia liberal inicial inglesa de liberdade era negativa no sentido de que era oposicionista: enfrentava uma esfera pública de igreja e governo que era hierárquica, autoritária e que precisava de uma divergência radical. Ao associar a liberdade à ausência de impedimentos externos ao movimento, Thomas Hobbes apresentou uma repreensão apropriada às monarquias tirânicas que obstruíam potencialmente os cidadãos livres e restringiam o movimento livre de pessoas e bens. A noção liberal inicial de liberdade continha uma metáfora: a ficção do self desimpedido compreendido como um pacote de desejos e paixões procurando ser deixado sozinho. Fez isso porque confrontou verdadeiras autocracias políticas e religiosas que não deixariam as pessoas sozinhas. Seu objetivo era libertar "objetos de servidão" do domínio do governo tirânico. Na clássica interpretação liberal, a servidão era definida por algemas e músculos — a restrição ao corpo —, de modo que a liberdade era necessariamente interpretada como o que Maxine Greene chama apropriadamente de "antigas rebeliões contra mecanismos, horários, relógios, multidões".[13] Aqui, liberdade se torna sinônimo de revolução: abolir coisas e libertar pessoas das garras dos tiranos.

Na época, essa compreensão de liberdade ajudou a estabelecer repúblicas livres e sociedades tolerantes. Interpretada de uma maneira estritamente liberal, a abordagem da liberdade como direito natural ofereceu uma poderosa objeção à tirania medieval e à ortodoxia eclesiástica moderna inicial — a tirania sobre o corpo e a mente que definia a autocracia tradicional. O domínio arbitrário de mestres sobre escravos e de reis sobre súditos foi rompido pela insistência liberal (contida na Declaração de Independência americana, por exemplo) da fantasia de que os homens nasceram livres (eram "naturalmente livres") e só poderiam ser constrangidos e coagidos "legitimamente" por outros com seu próprio consentimento. A liberdade experimentada como resistência a impedimentos ao movimento abarca tanto a concepção de Hobbes quanto as compreensões liberais mais recentes de liberdade sob a intimidação de modernos regimes tirânicos. Assim, Jean Paul Sartre escreveu paradoxalmente que nunca se sentira mais livre do que durante a ocupação nazista da França, quando seu senso de significado de liberdade foi ampliado pelo clima de repressão no qual conseguia encontrar uma expressão de resistência. Ainda mais recentemente, o escritor de teatro inglês Tom Stoppard, ao refletir sobre a Europa central sob o domínio de comunistas, observou que foi muito mais fácil se sentir livre fazendo trabalhos *samizdat** de protesto contra o regime comunista do que fazendo trabalhos de dissidência não contestados numa sociedade burguesa livre onde tudo acontece, seja em louvor ou em protesto, contanto que resulte em lucro. Václav Havel, guru do teatro e presidente da República Tcheca, chegou a conclusões semelhantes baseando-se em suas experiências como poeta e político.

Mas uma teoria de direitos liberais historicamente apropriada e útil para libertar os homens da tirania não é muito facilmente transformada em teoria de participação cívica útil para justificar a democracia e fundamentar a justiça em sociedades que há muito tempo são livres, pelo menos no sentido legal formal. Este tem sido o principal paradoxo da política no século passado. Neoliberais, libertários e privatizadores parecem estar retrocedendo para uma noção de liberdade útil em oposição à tirania — e talvez útil para cultivar hoje o surgimento da democracia por meio de doutrinas de direitos humanos internacionais — com o objetivo de desafiar a legitimidade do próprio governo democrático, aquela forma de governo que a velha liber-

*Prática adotada nos tempos da União Soviética para driblar a censura imposta pelo governo. Pessoas copiavam e distribuíam clandestinamente livros e outros bens culturais proibidos pelo governo. (*N. do T.*)

dade negativa ajudou a estabelecer e legitimar. Mas, hoje em dia, a idéia de que apenas as pessoas privadas são livres e de que apenas as escolhas pessoais do tipo que os consumidores fazem podem ser consideradas autônomas torna-se um ataque não à tirania, mas à democracia. Desafia não o poder ilegítimo pelo qual tiranos já nos controlaram, mas o poder legítimo pelo qual tentamos controlar a nós mesmos em comum. Se antes essa noção de liberdade desafiava o poder corrupto, hoje ela mina o poder legítimo.

A liberdade é um valor condicionado pela história. A liberdade em relação à restrição, tão importante para resistir à tirania, não pode ser uma fórmula para a libertação moral ou o engajamento político em tempos mais democráticos. Libertários como Friedman e Reagan são ativistas políticos ligados a concepções de liberdade e governo perigosas para a democracia moderna. Nos últimos cem anos, tem havido, é claro, uma ciclagem e reciclagem de argumentos sobre o equilíbrio apropriado entre o público e o privado. Mas, desde a época de Adam Smith, algumas pessoas (o próprio Smith, um pensador mais sutil, não incluído) têm interpretado o liberalismo para dizer que o próprio contrato social é suspeito.

Na primeira metade do século XIX, na Inglaterra e no restante da Europa, e no período posterior à Guerra Civil dos Estados Unidos, quando o governo era frágil e o capitalismo surgia poderoso, um tipo de ideologia de mercado crua e brutal prevalecia. Era celebrado por algumas pessoas como dinâmica social (Auguste Comte) e condenado por outras como darwinismo social, mas reconhecido por todos como a realidade central da época. Um governo pequeno e fraco naquela era raramente poderia dominar alguma coisa, que dirá os mercados econômicos: o governo federal novato era retratado com desdém como "o presidente e o Posto de Correios". Mas os mercados — especialmente enquanto eles cresciam dominando a Europa, depois do Congresso de Viena e da Guerra Civil dos Estados Unidos — criaram uma produtividade extraordinária; porém, mais do que a competição e a liberdade prometidas pelos liberais *laissez-faire*, esses mesmos mercados também produziram cartéis, monopólios e desigualdade. Essas forças anárquicas acabaram ameaçando não apenas a democracia, mas o próprio capitalismo. Henry Ford havia entendido que o tipo de capitalismo que não podia pagar a seus próprios trabalhadores o suficiente para eles comprarem os produtos que produziam provavelmente afundaria. Os empreendimentos não poderiam prosperar com a criação de condições de monopólio que esmagavam a competição e o intercâmbio de mercados. No fim do século XIX, tanto europeus quanto americanos passaram a entender que o papel do governo era assegurar as condições que o capitalismo precisava para florescer, mas que, se ele fosse deixado com seus próprios mecanismos, inevitavelmente tenderia a desmoronar (as famosas contradições do capitalismo).

Nos Estados Unidos, os presidentes Teddy Roosevelt e Woodrow Wilson, e na Europa o primeiro-ministro Gladstone e o chanceler Bismarck, deram uma direção à anarquia do mercado, reafirmando as prerrogativas da soberania e resgatando o capitalismo de suas contradições por meio de prudentes legislações antitruste e regulamentação monetária permanente. Os anos 1920 viram outro período de exuberância dos mercados, em que a nova produção em massa ligada ao comércio global colonial permitiu que o capitalismo mais uma vez corresse mais rápido do que seus supervisores democráticos, levando o grande teórico social e pragmático filosófico John Dewey a imaginar se o "grande público" estava completamente perdido e a observar que a própria política estava tentando "tornar-se apenas mais um 'negócio': a preocupação especial de chefes e administradores da máquina".[14]

Esta era em que o privado triunfou sobre o público provou ser um interlúdio breve e instável entre a Era Progressista e o New Deal. Talvez de maneira mais persuasiva, a Segunda Guerra Mundial permitiu tanto aos aliados — na maioria democracias — quanto aos seus inimigos — todas as ditaduras nacionalistas — renacionalizar grandes partes de suas economias e reafirmar o poder da vigilância do governo sobre economias de mercado com problemas. A defesa nacional e a segurança social foram os dois bens públicos que surgiram da guerra como características definidoras das antigas e novas democracias e, na Europa, da nova Comunidade Européia. Esses bens foram mantidos intactos até recentemente, quando, na história aqui contada, foram submetidos à antipolítica da privatização.

As sementes desse antagonismo foram plantadas antes, em 1944, quando Friedrich Hayek publicou seu influente *O caminho da servidão*. Poder-se-ia ter imaginado na época se era mais provável que o caminho escuro com o qual ele se preocupava levaria à ruína por meio dos novos impedimentos intrusivos do Estado de bem-estar social regulador ou através da frenética anarquia do mercado. De qualquer modo, nos anos 1950 o New Deal e a economia de guerra, juntamente com o contraparadigma do comunismo soviético (e seu aparentado fascismo totalitário vencido), haviam começado a incentivar liberais *laissez-faire*, que estavam dormentes havia muito tempo, para reafirmar sua atração por mercados. Eles se ocuparam formando um movimento ideológico sobre a ideologia de mercado de Hayek que culminaria nas políticas de Ronald Reagan e Margaret Thatcher. A maioria dos líderes de opinião e intelectuais daquela era, nas palavras de Milton Friedman, em seu trabalho divergente *Capitalismo e liberdade*, parecia "impressionantemente convencida de que o capitalismo era um sistema defeituoso, que inibia o ser humano e, portanto, a liberdade". Como conseqüência, houve "uma tendência a considerar qualquer intervenção do governo existente desejável [e] a atribuir todos os males ao mercado".[15]

A roda gira. Hoje, o liberalismo *laissez-faire* está novamente triunfante e o texto de Friedman já não é um sermão radical e herético, mas a bíblia básica do consenso de Washington (e do mercado global). Do lugar onde estamos agora, o conseqüencialismo social e suas raízes no New Deal e na Grande Sociedade parecem ter seguido seu curso, e a ideologia dos mercados é dominante. Mas isso dificilmente significa que a teoria política do neoliberalismo — separada de sua história justificante de fundamento constitucional — é mais convincente hoje do que era durante a Depressão, ou no clima de faroeste depois da Guerra Civil. Ou que ela administra o bem-estar humano no mercado com mais eficiência ou liberdade do que há cem anos. Em guerra contra a história de democracia que ajudou a inaugurar, o liberalismo *laissez-faire* continua a confundir soberania com coerção ilegítima e prosperidade pública com repressão à liberdade. Esquece o exato significado do contrato social, uma declaração na qual indivíduos concordam em desistir da liberdade privada insegura em troca das bênçãos da liberdade pública e da segurança comum.

A santidade do mercado significa, na descrição de David Harvey, um crítico do neoliberalismo, que "intervenções do Estado nos mercados [uma vez criados] precisam ser mantidas num mínimo, porque, de acordo com a teoria, o Estado não pode, de modo algum, possuir informações suficientes para interferir nos sinais de mercado [preços] e porque poderosos grupos de interesse inevitavelmente vão distorcer e influenciar intervenções do

Estado [particularmente em democracias] em benefício próprio".[16] A filosofia do mercado é mais do que uma ameaça à democracia; é a fonte dos piores problemas do capitalismo hoje: sua incapacidade de satisfazer as reais necessidades dos pobres e sua tendência a tentar substituir as verdadeiras necessidades dos consumidores nas sociedades desenvolvidas por necessidades falsas e vontades fabricadas. São essas questões que acabam por colocar o capitalismo de consumo em perigo.

Mas os neoliberais de hoje — nem radicais como já foram Milton Friedman e seus aliados liberais da Escola de Chicago, nem reativos às realidades históricas como foram os primeiros liberais ingleses do século XVII — parecem incompreensíveis diante desses perigos. Aparentemente, eles aceitaram que, em seu período decadente de consumismo obrigatório, o Estado democrático é um obstáculo no caminho do etos infantilista e da ideologia de privatização necessária para manter o consumidor ativamente engajado. Com boas intenções, eles falam de liberdade, mas, na realidade, sua preocupação é com as compras. Eles apreciam, ainda que talvez apenas intuitivamente, que a ideologia da privatização ajude a racionalizar e facilitar o consumo privilegiando a escolha pessoal. Eles se opõem à regulamentação do governo promovida em nome da igualdade, da lealdade e da justiça porque estão preocupados, como observa o cientista político Robert Westbrook, com a "crise da 'produção em excesso' numa economia que já não é testada pela função de acumulação de capital, mas pelos desafios de encontrar mercados para a prodigiosa produção de suas fábricas e fazendas"[17] — e, hoje, de suas indústrias de serviços e tecnologia de informação. Os neoliberais sabem que estão em guerra não contra o poder ilegítimo (os antigos tiranos visíveis), mas contra o poder legítimo (o cidadão democrático visível), com o objetivo de privilegiar o poder do mercado que é tanto ilegítimo quanto invisível, mas crucial para a venda de bens que eles acreditam firmemente ser indispensável para a sobrevivência do capitalismo. Sua retórica concentra-se na tirania do Estado, mas eles contestam não a tirania pública, mas o bem público, porque o bem público e os bens privados deste recente capitalismo de consumo têm objetivos contraditórios e permanecem em tensão fundamental. O capitalismo precisa adaptar-se a um sistema de produção em excesso que William Greider descreveu em seu *One World, Ready or Not* como "um ciclo explosivo de renovação, migração e destruição que é caracteristicamente acionado pela invenção humana" e parece disposto, em nome de sua sobrevivência, a pôr em risco o sistema democrático que o gerou e o cultivou.[18]

Os tempos mudam, e com isso as ameaças que as democracias enfrentam. A tirania não é o que já foi nas regiões do mundo que hoje chamamos de livres: não é uma questão de tiranos cruéis, partidos totalitários e Estados ilegítimos. Pelo menos desde que Alexis de Tocqueville viajou pelos EUA tumultuados de Andrew Jackson, nos anos 1830, a tirania tem mostrado a nós, modernos, uma face enganosamente nova. Como Tocqueville já havia observado, "correntes e decapitadores eram os instrumentos brutos que a tirania empregava antes; mas a civilização da nossa era aperfeiçoou o próprio despotismo... Os monarcas, por assim dizer, materializaram a opressão; as repúblicas democráticas dos dias de hoje a transformaram inteiramente numa questão da mente". Hoje em dia, não é apenas o poder da opinião pública com o qual Tocqueville se preocupou, mas o próprio mercado que criou condições sob as quais, nas palavras de Tocqueville, "o corpo é deixado livre e a alma é escravizada".[19]

Tocqueville estava preocupado com uma tirania da maioria que poderia ser associada à democracia, mas a realidade psicológica que ele captou começa com o fato de que a própria restrição está direcionada não para o corpo livre, mas para a consciência libertada.[20] O tirano moderno espera impedir nossos planos, desviar nossos propósitos e reformular nossos objetivos. Ele não é a maioria democrática nem o bem público: é aquele que impõe a necessidade de vender do capitalismo de consumo. Seu instrumento não é o Estado, mas o próprio mercado de cuja aclamada liberdade ele se gaba. Será então que na nova batalha pela consciência a ideologia do liberalismo tem como verdadeiro objetivo a libertação do corpo em relação aos bens públicos, em nome da subordinação da alma à venda de intermináveis bens privados? Será que o sorridente Peter Pan pós-moderno é o novo menino herói do trabalho de marketing *buzz* para libertar os jovens das convenções e do peso morto da vida adulta? Ou apenas para libertá-los da autoridade moral, dos pais guardiões e do Estado democrático vigilante com o objetivo de nos prender ao consumismo privado?

Para nos opormos a esse uso perverso da liberdade como uma clava contra nossa vontade coletiva e moral, e contra a própria democracia, precisamos relembrar e reafirmar a linguagem da liberdade positiva e moral. Ou seja, na linguagem de Rousseau, Kant e Dewey, precisamos entender que não pode haver qualquer idéia viável de liberdade pública fora da busca de uma moral e de uma vida comum definida por objetivos que são até certo ponto públicos em seu caráter. Não pode haver qualquer garantia de liberdade que não seja também baseada em limites morais e, por conseguinte, em educação e participação cívica. No atual clima político de mercados globalizantes, comércio livre e privatização obrigatória, e sob a influência do etos infantilista, essa forte visão de liberdade é impopular, condenada e está permanentemente sob cerco. Isto não é indicar algum tipo de conspiração de administradores reunidos manipulando teorias políticas para obter lucros nos negócios. Os marqueteiros não são *tão* inteligentes. Nem precisam ser. O etos cultural emergente faz o trabalho para eles. Porque quando usamos a liberdade privada contra o poder público num regime democrático, mesmo que achemos que estamos defendendo nossos "direitos", o que estamos fazendo, na verdade, é atacando não a tirania, mas a democracia.

Para ser politicamente relevante, a liberdade em nossa era precisa ser vivida como positiva, não como negativa; precisa ser pública, não privada. Isto significa que a educação para a liberdade precisa também ser pública, não privada. Os cidadãos não podem ser compreendidos como meros consumidores, porque o desejo individual não é o mesmo que o interesse comum e bens públicos são sempre algo mais do que uma aglomeração de vontades privadas. Defensores da idéia de que consumidores são cidadãos democráticos têm tentado ter seu bolo cívico e também consumi-lo falando sobre soberania do consumidor e sobre uma "república de consumidores".[21] Mas uma república é definida por sua condição de pública (*res publica* significa "as coisas do público"), e o que é público não pode ser determinado consultando ou agregando desejos privados.

A república dos consumidores é simplesmente um paradoxo. Os consumidores não conseguem ser soberanos; apenas cidadãos conseguem. A liberdade pública exige instituições públicas que permitam aos cidadãos tratar das conseqüências públicas das escolhas do mercado privado. Ter permissão para escolher entre muitas marcas de automóveis não permite uma escolha em favor do transporte público em detrimento do transporte privado ou em favor de um motor econômico em detrimento de um motor que consome muito combustível. Perguntar o que "eu quero" e perguntar o que "nós, como a comunidade à qual eu pertenço, precisamos" são duas perguntas diferentes, embora nenhuma das duas seja altruísta e ambas envolvam "meus" interesses: a primeira é idealisticamente respondida pelo mercado; a outra precisa ser respondida pela política democrática. Quando o mercado é incentivado a fazer o trabalho da democracia, nossa cultura é pervertida e o caráter de nosso bem-estar comum, minado. Além disso, meu senso de self — eu como um ser moral inserido numa comunidade livre — é perdido.

A liberdade compreendida como a capacidade de fazer escolhas públicas (nos termos de Rousseau, engajar-se na "vontade geral") é uma capacidade potencial que precisa ser aprendida, não uma capacidade natural exercida desde o nascimento. Os direitos certamente são alegações morais, mas seu exercício efetivo depende de competência e, por conseguinte, de habilidades de cidadania aprendidas. Por isso, Tocqueville falava de uma "liberdade de aprendizagem" necessária, que ele chamava de a mais árdua de todas as aprendizagens. Essa liberdade aponta para o significado central — agora perdido na maioria das instituições educacionais dos EUA — do ensino *público* nas "artes liberais". As artes liberais são as artes da liberdade necessárias ao exercício da cidadania numa república livre. Jefferson e John Adams eram adversários políticos, mas concordavam com Madison que, na ausência de cidadãos competentes, leis de direitos eram pedaços de papel. Se a democracia existisse além das páginas de uma constituição, cidadãos competentes teriam de ser educados em escolas comuns e universidades públicas.

A lógica da democracia pode começar com o estabelecimento de direitos e de uma "condição natural" em que mulheres e homens "nascem livres", mas, para ser implementada, depende de educação cívica, participação pública e consciência comum que dêem substância a nossa liberdade potencial. As novas formas de tirania que enfrentamos hoje derivam menos de modelos tradicionais de dura autocracia que escravizam o corpo em nome da posse de coisas do que de novos modelos suaves de merchandising e entretenimento que visam a manipular o espírito em nome de coisas vendáveis. Comprar compulsivamente é algo que expressa novas formas de coerção de mercado difíceis de diferenciar, que dirá de enfrentar, porque permitem que nos "sintamos livres" mesmo que nos rendamos gentilmente à sua sutil compulsão de baixo para cima. O mercado não nos diz o que fazer; ele nos dá o que queremos — e ele faz isso nos "dizendo" o que queremos e nos ajudando a querer isso (isto é marketing).

Eu citei Max Weber falando sobre a gaiola de ferro da modernidade. Ele escreveu há mais de um século. No caso do recente capitalismo de consumo em crise numa era pós-moderna, uma gaiola diferente vem à mente, aquela da armadilha africana para macacos que eu também descrevi no capítulo 2 — a armadilha na qual o macaco é capturado apenas por sua recusa a soltar a noz que ele quer apanhar na armadilha. Isto é coerção? O macaco é livre ou não? O etos infantilista não algema nossas mãos, ele nos encoraja a manter apertadas as correntes às quais nos agarramos com força. Tudo o que precisamos fazer é soltá-las. Até que ponto essa armadilha é mais diabólica do que a gaiola de ferro de Weber?

A privatização é mais do que simplesmente uma ideologia econômica. Age em aliança com o etos da infantilização para abraçar e reforçar o narcisismo, a preferência pessoal e a puerilidade. Interpreta de maneira errada a liberdade e, portanto, distorce o modo como compreendemos a liberdade civil e a cidadania, amiúde ignorando e às vezes minando o próprio significado dos bens públicos e da prosperidade pública. Nesse ponto, Hannah Arendt está certa ao argumentar que a liberdade política é definida pela participação no governo, não pela liberdade em relação ao alcance do governo; a privatização não apenas diminuiu nossa capacidade de moldar nossas vidas comuns e determinar o caráter da civilização na qual queremos viver, mas também nos tornou menos livres.

Esquizofrenia cívica: a psicopatologia da privatização

Por que a liberdade, quando tratada como totalmente privada, é tão insatisfatória e até destrutiva? Ela está envolvida num paradoxo perturbador: fomenta uma espécie de esquizofrenia cívica que divide o self em fragmentos opostos e acaba por negar legitimidade ao fragmento que compreendemos como "cívico" ou "público" — o self associado à nossa capacidade de exercitar a liberdade pública. A ideologia da privatização trata a escolha como fundamentalmente privada, como uma questão não de determinar alguns "nós deveríamos" deliberativos (um tipo de "vontade geral" produzida por cidadãos que interagem democraticamente), mas apenas de enumerar e agregar todos os "eu quero" que mantemos como consumidores privados e criaturas com desejos pessoais. Mas as escolhas privadas inevitavelmente têm conseqüências sociais e resultados públicos. Quando elas derivam de preferências puramente pessoais, os resultados amíude são socialmente irracionais e não intencionais: em geral, variam de acordo com o tipo de sociedade que escolhemos por meio de deliberação coletiva e decisões democráticas. Embora reflitam precisamente nossas vontades e desejos privados — o que os filósofos chamam de "desejos de primeira ordem" —, elas são literalmente defeituosas no que diz respeito a nossos valores e normas comuns (expressados no que os filósofos chamam de "desejos de segunda ordem", que refletem se realmente assumimos nossos desejos de primeira ordem como desejáveis).

A privatização transforma o "eu" privado, impulsivo, que fica à espreita dentro de mim, num inimigo inadvertido do "nós" público, deliberativo, que também é parte de quem eu sou. O privado grita para mim: "Eu quero!" A perspectiva de privatização legitima o grito, permitindo que ele vença o silencioso "nós precisamos", que é a voz do eu público do qual eu participo e que também é um aspecto de meus interesses como ser humano. Todas as escolhas que fazemos, uma a uma, determinam, portanto, os resultados sociais que com certeza vamos sofrer juntos, mas que nunca são diretamente uma escolha em comum.

Isto explica como uma sociedade sem vilões ou conspiradores, composta de indivíduos bem-intencionados mas que buscam o self, pode produzir uma cultura radicalmente comercial que muitos desses mesmos indivíduos desprezam e pela qual ninguém é diretamente responsável, embora se possa dizer que muitos contribuam para criá-la. O capitalismo de consumo não opera produzindo defensores conscientes da duplicidade que gera uma consciência falsa ao levar indivíduos a estabelecer uma sociedade injusta que eles realmente não querem. Em vez disso, ele cria um etos de esquizofrenia que ajuda a condicionar as atitudes e os comportamentos requeridos para sua própria sobrevivência. Ele alimenta o pensamento no "eu", no modelo da criança narcisista, e desencoraja o pensamento no "nós", do tipo que cidadãos adultos deliberativos reconhecem como sabedoria e que constitui o que James Surowiecki (colunista de negócios da *New Yorker*) chamou de "sabedoria das multidões" — uma sabedoria que se baseia na "diversidade e independência" que permitem "discordar e contestar".[22] Assim, o consumismo constrói armadilhas psíquicas para macacos em seu mercado de alcance livre. É uma pena se acontece de as atitudes e comportamentos resultantes minarem outros valores culturais importantes, que, entretanto, são estranhos às preocupações do capitalismo — por mais profundamente relevantes que possam ser para as estruturas moral e espiritual e para moldar uma cultura pública ideal.

Freud refere-se ao que parece ser uma versão do mesmo paradoxo em seu *O mal-estar na civilização*, no qual ele observa que o ego adulto — normalmente vigiado e regulado pelo superego maduro agindo como guardião da civilização contra o id impulsivo — está sujeito a uma ação de retaguarda do id regressivo. Freud postula uma "antítese entre civilização e sexualidade", cuja conseqüência é que a "sociedade civilizada está perpetuamente ameaçada de desintegração".[23] Porque "a fase infantil original da consciência não cede depois da introjeção no superego, mas persiste junto a ele e atrás dele".[24] O id é impelido por sua vontade de liberdade privatizada ou pessoal a agir contra a civilidade e, por conseguinte, contra a civilização.

Em nossa era de capitalismo de consumo, o etos infantilizante funciona dessa mesma maneira para reverter a valência civilizacional, incentivando uma versão do id comunal a afastar o ego comunal e, no lugar dos bens comuns cívicos, estabelecer um playground comercial anárquico. O etos não despreza a civilização; simplesmente é indiferente a ela. Dedica-se exclusivamente ao capitalismo de consumo e, portanto, incentiva indivíduos conduzidos pelo id a se entregar a um comportamento que — embora corrompa a civilização — é útil ao consumismo. A regressão torna-se uma tática necessária da ordem para consumir; e a infantilização, uma condição para o sucesso do capitalismo. Não há ninguém para culpar. Não existe qualquer "falsa consciência". O sistema se abre em torno de fissuras que se desenvolveram entre as exigências do "eu" e do "nós", do id e do ego, de seu comando econômico e seu sistema de valores civilizacional. Esses pares já foram determinados e harmonizados em nossa sociedade por um etos protestante que incentivava normas civilizacionais úteis tanto para a cultura quanto para o capitalismo: esta era a virtude do puritanismo como etos.

Hoje, porém, a cultura e o capitalismo são estabelecidos separadamente por um etos infantilista que se torna mais eficiente através de sua aliança com a ideologia de privatização que corrói a civilização em seus direitos. Somos incentivados a nos retirarmos de nosso self público e a entrarmos no santuário do "eu quero", a nos afastarmos do setor público e nos isolarmos em comunidades muradas nas quais usamos recursos privados para adquirir o que antes eram bens públicos, como coleta de lixo, proteção policial e ensino, tratando-os como bens privados. Muitos criticaram o presidente Bush por sua resposta ao furacão Katrina no mercado, no início do outono de 2005, mas somente numa sociedade de mercado avançada, que já privilegia a filantropia privada e os programas de cupons de mercado, sua preferência por filantropia religiosa e programas de cupons para moradia tem alguma legitimidade na resposta a um desastre público dessa dimensão. O mercado já havia tido um papel no enfraquecimento das defesas de Nova Orleans contra furacões da categoria cinco: áreas pantanosas que antes protegiam a cidade haviam sido divididas e excessivamente desenvolvidas, padrões de segurança para barragens haviam sido deixados de lado por serem caros demais ou por questões de corrupção e a própria cidade havia seguido um caminho de desenvolvimento urbano no qual as terras mais seguras haviam sido destinadas ao desenvolvimento comercial, enquanto as terras mais baixas, os distritos menos protegidos (como Ninth Ward), haviam sido deixados para os pobres (os menos capazes de fugir de um furacão).

A filantropia é uma forma de capital privado destinada a obter resultados públicos, mas não pode substituir os recursos públicos e a vontade pública no enfrentamento de calamidades públicas. Nos admiráveis esforços privados de estrelas americanas super-ricas, como Oprah e Bill Gates, para dar assistência aos pobres de Nova Orleans, existe algo desanimador também. Primeiro, uma ideologia privatizante justifica a restrição de mercadorias e bens públicos que poderiam permitir ao público em geral pôr fim ao sofrimento de seus companheiros cidadãos ameaçados; depois, a mesma ideologia privatizante festeja os ricos filantropos — resultantes das desigualdades do mercado — que intervêm com seriedade, gastando alguns fragmentos de suas fortunas para fazer o que o público já não pode fazer por si mesmo. Antes a filantropia do que nada, mas muito melhor que a filantropia é um público democrático capaz de cuidar de si mesmo com seus próprios recursos combinados e seu próprio planejamento prudente. O filantropo privado faz pelas pessoas do público o que elas não são capazes de fazer por si próprias enquanto público; a democracia, por outro lado, dá ao público poder de cuidar de si próprio.

Os serviços que tradicionalmente consideramos públicos não são públicos apenas na forma pela qual são pagos numa democracia, mas na forma como funcionam. Quando a coleta de lixo, a saúde, a proteção policial, a educação e o socorro em desastres são privatizados, ele, na verdade, são subvertidos. Você não pode proteger alguns no meio de uma insegurança geral (pergunte àqueles que foram para os subúrbios fugindo das drogas e dos crimes nas cidades); você não pode educar alguns no meio de uma ignorância social (pergunte às corporações que voltaram as costas para a educação pública e agora estão à procura de "trabalhadores instruídos"); você não pode coletar lixo ou prevenir doenças num lugar e deixar o lixo e as doenças proliferarem em outro lugar (pergunte às vítimas, no Primeiro Mundo, de doenças como a Síndrome Respiratória Aguda Grave (Sars) e a Febre do Nilo Ocidental, incubadas em sociedades distantes que não têm coleta de lixo adequada nem programas de saúde pública). Salvar vítimas por meio de filantropia individual não pode substituir a ajuda a cidadãos para evitar a vitimização por meio de um controle público efetivo em que os cidadãos compartilham um poder real.

O paradoxo do público e do privado que põe o capitalismo contra a civilização trabalha para destruir aspirações comuns "capacitando" vontades privadas. Perdemos a capacidade de desenvolver nossas vidas juntos porque somos convencidos pelo etos prevalescente de que liberdade significa expressar nossos desejos isoladamente. No campo da educação, por exemplo (o que vou examinar mais de perto adiante), os problemas do ensino público são considerados remediáveis pelas virtudes da escolha privada dos pais. Por meio de cupons, somos capazes como indivíduos — através de escolhas privadas — de desenvolver instituições e políticas úteis aos nossos próprios interesses, mas corrompendo os bens públicos que dão sentido à escolha privada. Quero um sistema de ensino no qual meu filho tenha o melhor; você quer um sistema de ensino no qual seu filho não seja prejudicado por crianças menos privilegiadas e menos preparadas; ela quer um sistema de ensino no qual crianças "desfavorecidas" (geralmente negras) não serão obstáculo para o aprendizado de sua filha; ele (um negro) quer um sistema de ensino no qual possa tirar seu filho de uma "escola com problemas" e colocá-lo numa escola bem-sucedida.[25]

O que conseguimos? A satisfação incompleta dessas vontades privadas por meio de um sistema fragmentado no qual os indivíduos se afastam do território público, minando o sistema público em que podemos ter uma inserção em comum. É claro que ninguém quer realmente um país definido por uma profunda injustiça educacional nem a derrota de uma pedagogia pública e cívica cuja ausência acabará tendo impacto até mesmo sobre nossas escolhas privadas. Certamente não é essa a nossa opção quando expressamos nossas vontades pessoais em relação às nossas crianças. Mas, na verdade, agregar nossas escolhas privadas como consumidores de educação produz uma sociedade desigual e altamente segmentada na qual os menos favorecidos ficam ainda menos favorecidos quando a riqueza se afasta ainda mais do setor público. Como cidadãos, nunca escolheríamos conscientemente esse resultado, mas, na prática, o que é bom para "mim", o consumidor de educação, vem a ser um desastre para "nós", cidadãos e educadores cívicos, — e, por conseguinte, para mim, habitante de uma área pública americana (ou do que restou dela).

Robert Reich expressa esse mesmo paradoxo quando descreve a filosofia Wal-Mart de produtos baratos e empregos baratos não-sindicalizados, na medida em que mostra que os consumidores são cúmplices da destruição das comunidades saudáveis e dos bons empregos que, como cidadãos, eles prezam. "A economia de hoje", diz Reich, "nos oferece uma pechincha faustiana: pode dar mais aos consumidores em grande parte porque castiga os trabalhadores e as comunidades... Quanto mais fácil para nós encontrar melhores serviços profissionais, mais duro os profissionais têm de trabalhar para atrair e manter clientes. Quanto mais facilmente podemos obter produtos de qualquer lugar do planeta, mais estresse causamos em nossas comunidades."[26]

A Wal-Mart (aperfeiçoando a estratégia de antigos gigantes da venda no varejo e por catálogos, como Sears, Roebuck and Company e Montgomery Ward) põe o consumidor que existe em nós contra o cidadão que existe em nós, pondo nosso interesse privado em obter produtos baratos contra nosso interesse público em ter uma economia capitalista justa que sustente a comunidade, que gere empregos seguros e bem remunerados e que preserve as comunidades locais com robustos setores de varejo — setores que freqüentemente estão no centro da vida cívica da comunidade local.[27] Assim, o etos do infantilismo e a ideologia da privatização privilegiam o consumidor que existe em nós em detrimento do cidadão que existe em nós. Thomas L. Friedman compreende o que ele chama de "distúrbio de identidade múltipla", mas, favorecendo as soluções de mercado, rejeita implicitamente a noção de que a identidade cívica, com suas preocupações públicas, vence a identidade de consumidor, com suas preocupações privadas. Assim, tudo o que ele pode fazer é coçar a cabeça para as "identidades múltiplas — consumidor, empregado, cidadão, contribuinte, acionista" — que são evocadas pelos dilemas da economia da Wal-Mart, sem conseguir priorizá-las politicamente ou reconhecer que o próprio significado de soberania política é estabelecer a prioridade do público sobre o privado. Como acontece com muitos comentaristas modernos, Friedman simplesmente omite esses conceitos políticos cruciais de sua discussão sobre mercados modernos num mundo globalizado, como se o poder fosse irrelevante no mercado ou como se não houvesse diferença alguma entre o poder público legítimo e o poder privado ilegítimo.[28]

O que essa cegueira em relação ao poder inspirada pela convergência entre privatização e infantilização faz muito eficientemente é interferir na disputa entre o público e o privado, garantindo que o "eu" privado triunfe sobre os bens públicos rivais e que o "eu" consumidor que reside cada vez mais esquizofrenicamente em cada um de nós triunfe sobre o "nós" supostos cidadãos que moramos por perto. Porque os dilemas que Friedman trata como neutros já são inclinados pelo novo etos em direção ao setor privado, sugerindo não apenas que os consumidores são melhores defensores da liberdade do que os cidadãos, mas que os consumidores são cidadãos melhores, que fazem melhor o trabalho dos cidadãos do que os próprios cidadãos (ponto de vista que será abordado em detalhes no último capítulo). Esta tem sido a tática bem-intencionada, mas desastrosa, dos produtores de bens do setor privado desde a época da Liga Nacional dos Consumidores, no início do século XX, até os atuais defensores do consumidor cidadão e da responsabilidade corporativa. Esta foi a tática fracassada do presidente Bush na resposta ao furacão Katrina. Incentivar compradores a interceder com seus dólares, euros e ienes para criar um mundo melhor que o governo supostamente já não tem condições de buscar; incentivar os administradores a "fazer o bem fazendo bem", sendo responsáveis e pensando nas necessidades das comunidades nas quais eles moram — até o momento em que os resultados financeiros determinarem que suas empresas que fazem o bem devem abandonar essas comunidades em busca de regiões mais lucrativas no exterior. Essas abordagens têm um apelo óbvio em razão de seus impulsos bem intencionados, filantrópicos, mas estão muito longe de corresponder ao que a democracia pode fazer, ou mesmo de salvar o capitalismo de seus males. O capitalismo está avariado em virtude da perda de sua parceria com a democracia e não pode ser consertado exclusivamente pela boa vontade cívica interna ou por reformas paralelas ao mercado.

A infantilização age para reforçar a preferência pelo privado e o pueril, tratando a criança impetuosa, ávida, como o comprador ideal, e o comprador como o cidadão ideal. Ela inculca em adultos uma obrigação de soltar as rédeas do "eu quero!" e "me dê aquilo!" que tanto revelam quanto constituem o id infantil. Mais do que uma simples opção, a puerilidade é considerada uma necessidade para a sobrevivência do capitalismo e, por conseguinte, uma ordem do *Zeitgeist** — que, obviamente, é o etos de infantilização. O etos é, assim, provido de um caráter benevolente, até mesmo sagrado, em grande parte da mesma forma que o trabalho e o investimento já tiveram as bênçãos fervorosas do protestantismo. O resultado é um verdadeiro "culto à criança", amplamente reconhecido na mídia como tal.[29] É verdade que há um bocado de reação à celebração em Hollywood de um filme pornô baseado em história em quadrinhos como *Sin City — A cidade do pecado* e bastante espanto diante das idiotices do programa de rádio de Howard Stern e do grosseiro *reality show* na televisão em que vence quem consegue comer vermes. Mas não há qualquer resistência séria dos consumidores a um mercado voltado para crianças, assim como não há resistência de consumidores à Wal-Mart voltada para empre-

*Palavra alemã que pode ser traduzida como "espírito da época". (*N. do T.*)

gos sem futuro, com salários baixos e plano de saúde mínimo. A resistência que existe vem de grupos que o mercado classifica como grupos de "interesse especial", tais como os grupos de pais e os sindicatos. O fato de esses grupos serem considerados de "interesse especial", em vez de grupos de "interesse público", é por si só um sinal de triunfo do mercado.

Aceitando nossa esquizofrenia cívica, existe um reconhecimento tácito de que o que é ruim para nós em conjunto é bom para os lucros e aceitável para mim, para meus lucros (o preço que eu pago por produtos), para minha carteira de investimentos e para o valor a longo prazo de minha propriedade (e, neste sentido, para a propriedade de minha igreja). Resmungamos nossas fracas reclamações sobre uma cultura pop violenta e obscena, mas aproveitamos suas bênçãos econômicas e (disfarçadamente) usamos seus produtos tentadores. Preocupamo-nos com corporações que exploram a paixão das crianças por açúcar, gordura e sal, mas saudamos estudos médicos convenientes que "descobrem" que, no fim das contas, a gordura não é realmente uma ameaça à saúde, de modo que os acionistas de empresas de *fast food* podem satisfazer-se alegando que vender pizzas e hambúrgueres em escolas é algo que realmente não faz mal a ninguém.[30]

Está surgindo um novo gênero de livros que — com uma perversa, apesar de inadvertida, anuência da reavaliação de todos os valores de Nietzsche — argumenta que tudo o que você pensava tornar as crianças estúpidas estava, na verdade, tornando-as mais inteligentes: que aqueles videogames tolos, na verdade, tornam os adolescentes mais espertos e que aquelas séries de televisão voltadas para telespectadores com déficit de atenção, na verdade incentivam a complexidade do pensamento e a lógica não-linear. Steven Johnson, por exemplo, vai direto ao ponto: seu livro se chama *Surpreendente! A televisão e o videogame nos tornam inteligentes*.[31] Como já vimos, filósofos e líderes religiosos sempre compreenderam que, de uma maneira geral, o que você sente que é "bom" para você, como um "desejo de primeira ordem", você julga como sendo "ruim" quando isso é refletido em seus "desejos de segunda ordem". É por meio de nossos desejos de segunda ordem que criticamos nosso impulso inicial, dizendo coisas como: "Na verdade eu não *quero* querer o que eu simplesmente queria." É claro, como criança (desejo de primeira ordem), eu gostaria que os adultos me dissessem que tudo o que é ruim para mim é, na verdade, bom (fumar, beber, drogas, preguiça, agressão, sexo sem afeto e videogames violentos), mas, como alguém que quer crescer (desejo de segunda ordem), fico feliz por eles não fazerem isso.

O filósofo Harry Frankfurt explica isso da seguinte maneira: "Além de querer, escolher e serem levados a fazer isso ou aquilo, os homens podem também ter (ou não ter) certos desejos e motivos. Eles podem querer ser diferentes — em suas preferências e propósitos — do que são."[32] A auto-avaliação reflexiva de nossas "escolhas livres" é o que realmente nos torna livres. Estamos divididos dentro de nós mesmos pelo que queremos e pelo que queremos querer. O que queremos geralmente é privado; o que queremos desejar freqüentemente é público. John Stuart Mill associa ao caráter a capacidade de sujeitar o-que-queremos ao que-*queremos*-querer. "Diz-se que uma pessoa cujos desejos e impulsos são dela própria — são a expressão de sua natureza e foram desenvolvidos e modificados por sua própria cultura — tem caráter. Uma pessoa cujos desejos e impulsos não são dela própria não tem caráter algum."[33] O caráter, é claro, é uma função da maturidade, e sua ausência é um sinal de puerilidade persistente.

São inúmeros os exemplos de como essa esquizofrenia cívica, quando combinada com um etos infantilista e com a ideologia de privatização, pode destruir o bem-estar comum. Eu quero um Hummer que seja maior e mais possante do que qualquer veículo na estrada; mas precisamos (o eu cívico quer) de um país (e eu quero viver num país), e precisamos ter um mundo (e eu quero que meus filhos vivam num mundo) onde o carro de uma outra pessoa não proteja seus ocupantes matando a mim e aos meus, onde a nação não seja dependente do petróleo de países com os quais os Estados Unidos acabem entrando em guerra para proteger nossas importações de energia e onde o meio ambiente global não seja degradado por produtos de combustíveis fósseis. Você quer os melhores serviços de saúde que puder comprar só para você e para os seus, mas eu quero viver num país onde todos sejam protegidos de pragas e viroses, porque a saúde é um bem público, não privado, o que significa que, quando algumas pessoas correm riscos, todas correm riscos. Eu quero uma carreira no marketing para jovens em que eu possa encontrar um nicho voltado para crianças de cinco anos, mas não quero viver numa sociedade em que crianças de jardim-de-infância sejam alvo de manipulação e exploração, e certamente não quero que *meu* filho de cinco anos seja esse alvo.

Como executivo de marketing, digamos, da Nickelodeon, eu trabalho para expor crianças às pessoas influentes que eu posso comprar e controlar — celebridades, atletas ou amigos e colegas que eu posso contratar para ser líderes de "*buzz*" — e evitar os guardiões que eu não posso comprar (mães e professores, por exemplo);[34] mas, como cidadão, quero viver num país que proteja as crianças da exploração e do marketing e quero que as pessoas influentes sejam duros guardiões, como pastores, professores, imãs e mães — exatamente as pessoas que estou tentando excluir do círculo de influências de meu trabalho como marqueteiro. Como produtor de filmes para o mercado global, você quer que no mundo inteiro adultos mantenham gostos infantis e hábitos impetuosos de ir ao cinema (o que dá dinheiro são espectadores que vêem *blockbusters* mais de uma vez!), que garantem lucro aos nossos filmes; mas, como pai, você não quer que seus filhos fiquem viciados em violência, pornografia, desenhos, videogames e *fast food* — e certamente não quer que você próprio fique viciado nesses gostos quando já passou dos 30 ou 40 anos e tem filhos.

Na verdade, essa esquizofrenia cívica exasperante se infiltrou na indústria bancária e põe em risco a própria economia. Como indivíduos, os americanos gostam de gastar, e o etos infantilista os condiciona a gastar cada vez mais. Mas o resultado coletivo dessa farra permanente é uma nação que já não poupa, uma dívida internacional crescente, dependência de investidores estrangeiros e uma crise de moeda que não apenas diminui o valor do dólar, como ameaça dissolver a economia. Um relatório da organização civil de pesquisas Demos torna explícita a ligação entre privatização (escolha definida como gasto do consumidor) e infantilização (objetivar e explorar os jovens como grandes gastadores). Entre 1992 e 2001, relata a Demos, "a dívida média em cartões de crédito entre os adultos jovens endividados [de 25 a 34 anos] aumentou 55%", enquanto as "famílias de adultos jovens endividados" gastaram aproximadamente um quarto de sua renda no pagamento de dívidas (superando, inclusive, o governo dos EUA!) e entraram em falência mais do que nunca antes. Entre os adultos mais jovens [de 18 a 24 anos], houve um aumento de 104% nas dívidas em cartão de crédito ao longo de dez anos, entre 1992 e 2001, o que endividou as famílias que gastaram quase 30% de sua renda (índice que dobrou desde 1992) no pagamento de dívidas.[35] Nem mesmo a falência conseguiu impedir a ambição da indústria de créditos de "capacitar" compradores, quaisquer que sejam os custos sociais. Noventa e seis por cento daqueles que declararam falência em 2001 receberam ofertas de cartões de crédito, locadoras de carros e financiamentos de casa própria no mesmo ano que suas dívidas foram perdoadas. Metade destes receberam mais de dez ofertas por mês.[36] Agora, os Estados Unidos têm um índice de poupança líquido inferior a zero, e o mais recente golpe bancário contra o consumidor é oferecer a compradores com crédito um "incentivo de poupança" em que para cada dólar gasto em cartão de crédito, um centavo (ou o troco para um dólar) é posto numa conta-poupança. Agora, gastar é a nova forma de poupar.

Parece claro, então, que o que desejamos para cada um — gastar em vez de poupar — não é intencional quando agregado como um referendo sobre a viabilidade fiscal global dos EUA; mas, na verdade, é exatamente nisto que se transformou. Escolhas privadas não deliberadas produzidas em parte pela convergência entre a ordem para o consumidor gastar e o foco no consumo dos jovens têm conseqüências públicas não deliberadas e freqüentemente terríveis. Até mesmo os bancos de poupança dos quais deveríamos esperar mensagens de incentivo sobre os benefícios públicos de poupar cresceram esquizofrênicos, distribuindo cartões de crédito e débito em vez de contas-poupanças e entrando no coro de vozes infantilizantes que instrui as pessoas a gastar — gastar além do que têm, além de suas poupanças esvaziadas, gastar a si próprias em dívidas enormes, porque a economia capitalista conta com esses gastos para sua sobrevivência, não importando o quanto a economia nacional seja prejudicada. (Os bancos descobriram como ganhar mais com cartões de crédito e débito do que com os modestos lucros que as contas-poupanças antes geravam, por meio de reinvestimento de dólares poupados.) E, portanto, na lógica invertida que emerge da esquizofrenia induzida pela privatização, produtores perseguem seus interesses individuais racionais como vendedores, consumidores perseguem seus interesses individuais racionais como compradores e, rapidamente, o capitalismo de consumo floresce, até o momento em que a economia nacional falhar e, com ela, o próprio capitalismo.

Para manter o capitalismo global crescendo no ritmo que sua sobrevivência exige, os mantenedores do etos capitalista precisam exportar a própria mania pueril dos americanos de gastar. Lenin argumentou que o capitalismo só conseguiria sobreviver pressionando para atravessar fronteiras e estabelecendo uma presença imperial global. Numa era de produção em excesso, o consumismo capitalista enfrenta o mesmo desafio. Nações que vendem seus bens aos Estados Unidos mas que têm economias de consumo doméstico menos robustas e, portanto, importam muito poucos bens americanos produzidos em excesso (contribuindo para o grave déficit comercial americano) são um motivo particular de preocupação daqueles que respondem pelo destino do capitalismo americano. Em permanentes discussões comerciais com a China, o Departamento do Tesouro, na gestão do secretário John W. Snow, não apenas insistiu para que os chineses "acelerassem a privatização de empresas estatais, incluindo bancos", mas afirmou que "a China precisa levar as pessoas a gastar mais e poupar menos".[37] É claro que este é exatamente o mantra do capitalismo de consumo em declínio: nunca a morte do etos protestante foi mais aparente. Na Índia, a riqueza crescente e um sistema de auto-estradas em modernização que está acelerando o ritmo de mudança são vistos por indianos e ocidentais como algo que está transformando "a Índia numa sociedade apressada, escravizando-a à noção ocidental de que tempo é dinheiro".[38] Embora a Índia ainda seja uma nação onde metade das crianças com menos de quatro anos está abaixo do peso, o país está sendo considerado uma grande esperança européia para salvar o consumismo ocidental. A Índia pode estar "roubando" empregos ocidentais, mas, ao fazer isso, está criando uma base doméstica para um aumento do gasto dos consumidores que, a longo prazo, só pode ajudar os vendedores ocidentais de programas de TV que misturam informação com entretenimento, de serviços e de outros bens.

Mas, enquanto o consumismo privado se espalha no mundo, a idéia de que a liberdade envolve apenas uma escolha privada entra em conflito com nossa experiência atual como consumidores e cidadãos. Somos seduzidos a pensar que o direito de escolha num cardápio é a essência da liberdade, mas no que diz respeito aos resultados relevantes do verdadeiro poder, e, portanto, da verdadeira liberdade, essa essência está na determinação do que está no cardápio. Os poderosos são aqueles que determinam a agenda, não aqueles que escolhem as alternativas que a agenda oferece. Escolhemos os itens do cardápio privadamente, mas só podemos assegurar opções significativas no cardápio por meio de decisões públicas. Escolhemos o carro que dirigimos, mas foram as indústrias de automóveis, siderurgia, borracha e cimento, por meio de sua influência no Congresso, que escolheram um sistema de transportes privado baseado em auto-estradas, descartando a opção de um transporte público eficiente e igualitário (ferrovias dentro das cidades e entre elas, por exemplo). Além do mais, o aumento do número de opções num cardápio resulta em retornos menores, até mesmo para a liberdade privada. Viciados em quantidade e na panacéia do "mais", gostamos da idéia de maximizar o número de opções que temos, associando isso à liberdade. Mas, psicólogos ensinam que há limites para o número de opções que podem realmente nos entreter, bem como limites para a nossa capacidade de calcular os benefícios de possibilidades alternativas. Kevin Roberts, diretor executivo da Saatchi & Saatchi, que com certeza sabe disso, escreve que "as pessoas são sufocadas pelas opções que enfrentam. Esqueça a Economia da Informação. A atenção humana tornou-se nossa principal moeda". Ele cita Nicholas Negroponte, do laboratório de mídia do MIT, falando sobre a verdadeira natureza da escolha: "Eu não quero 500 canais de televisão", diz Negroponte. "Só quero um canal que me dê o que eu quero ver."[39]

O que Kevin Roberts não vê, entretanto, é que a escolha entre 500 canais de televisão e um canal que eu realmente queira ver é a escolha entre bens privados e públicos. A televisão pública dos Estados Unidos e a televisão estatal na Europa tentam oferecer pelo menos uma ou duas opções que atendam aos padrões de escolha coletiva e responsabilidade pública, embora estejam sob pressões de privatização e comercialização que ameaçam torná-las apenas mais uma escolha privada entre milhares. A escolha entre transporte público e privado introduziu as mesmas questões. Escolher entre transporte público e privado não é apenas mais fácil. É mais convincente do que a escolha privada entre infinitas marcas de automóveis numa cidade (como Los Angeles) onde o transporte privado é a única opção. A *Consumer Reports* pesquisa regularmente mais de 220 modelos de carro: será que isso realmente aumenta a nossa liberdade? A revista testa também 250 cereais de café-da-manhã, 400 modelos de videocassete, 500 políticas de seguro de saúde, 350 empresas de investimentos e 35 duchas de banho. Este certamente é um massacre de escolhas — o teórico social Barry Schwartz, do Swarthmore College, argumenta que é uma "sobrecarga de escolhas" num mundo onde mais pode, na verdade, significar menos.[40] E é claro que é um clichê da velha sabedoria o de que as escolhas que realmente importam para nós, ou seja, "o que a maioria de nós realmente quer na vida — amor, amizade, respeito, família, posição, diversão... não passam pelo mercado" de maneira alguma.[41] Juntamente com Barry Schwartz e outros, Sheena Iyengar, acadêmica da Universidade de Colúmbia, sugeriu que "mais escolhas pode ser pior do que menos escolhas", uma vez que, quando o número de opções aumenta, a escolha se torna mais onerosa e menos livre.[42] Será que ter todas as opções de marca listadas pela *Consumer Reports* ou ter uma oferta de 500 canais de televisão, ou mais, realmente nos faz sentir mais livres? Quantos canais são suficientes? Quantos tipos de sabonete? Eu realmente quero ou preciso escolher entre 35 modelos de ducha de banho? Como conclui Schwartz, "quando enfrentamos uma escolha exagerada, somos forçados a nos tornar colhedores... selecionadores relativamente passivos do que está disponível".[43]

A escolha privada pode ser exagerada. Mas mesmo quando temos poucas opções, estudos empíricos mostram que, "independentemente da inteligência", as pessoas "nem sempre escolhem bem".[44] Num teste eficiente (e bastante cômico) feito na Califórnia, quando receberam a opção de três planos de aposentadoria entre os quais — sem que soubessem — estava o plano que elas realmente possuíam, apenas uma em cada cinco pessoas escolheu seu próprio plano como sendo o melhor para ela.[45] De maneira semelhante, a experiência mostra que o fato de uma alternativa ser tratada como "incluir" (você tem de dizer expressamente que você a quer para que ela seja selecionada) ou como "não incluir" (você tem de dizer expressamente que você não a quer para que ela seja excluída) pode ter um efeito significativo sobre a tomada de decisão — e é por isso que aqueles que fingem aumentar as opções podem, na verdade, influenciar um cliente a rejeitar uma alternativa preferida oferecendo-a apenas como "incluir" e, portanto, favorecendo a inércia. Nada menos que três quartos dos americanos são a favor da doação de órgãos, mas as condições para "incluir" mostram que menos de um quarto realmente manifesta essa preferência em suas vontades.[46] Por outro lado, embora a maioria dos consumidores não goste de receber telefonemas de solicitação de doação em casa, as requisições do governo para "não incluir" são feitas por empresas de telemarketing. Os consumidores mantêm um "direito" formal de não receber telefonemas (optando por colocar seus nomes em listas de "não telefonar"), mas a "escolha" (surpresa!) favorece os marqueteiros, que recentemente ganharam o direito adicional de acessar telefones celulares, a não ser que os usuários optem por "não incluir".

No fim das contas, parece que maximizar o número de escolhas que fazemos em domínios privados e segmentados que não são realmente cruciais para a felicidade humana e ao mesmo tempo limitar as escolhas que somos capazes de fazer em domínios públicos significativos permite que um sistema de mercado privado dominado pelo consumo e pela falsa liberdade que supostamente ele proporciona distorça e corrompa aquilo com que nos preocupamos e o modo como vivemos.

Isto não é falsa consciência. Nós realmente queremos aquilo que temos a chance de escolher privadamente. Mas estamos numa situação pior e temos menos liberdade, apesar de termos mais escolhas privadas, uma vez que essas escolhas estão num território onde as verdadeiras decisões não estão sendo tomadas. O que nós queremos nós escolhemos privadamente, mas queremos ainda mais: ser capazes de escolher a agenda pública que determina quais serão nossas escolhas privadas. Até mesmo a "escolha de Sofia" — decidir qual de seus dois filhos o comandante do campo de concentração nazista matará — é uma escolha desse tipo. Mas não uma escolha que Sofia escolheria fazer; que dirá identificar ou definir sua "liberdade". De fato, uma diferença crucial entre liberdade pública e privada é o fato de que é precisamente através da participação democrática e da subseqüente intervenção do governo que regulamos as escolhas privadas para restringir seus lados negativos e que nos concentramos nas coisa públicas que realmente importam para nós como membros de uma comunidade civil (e civilizada). Como consumidor privado, você pode escolher viver na Cidade do México ou nos centros poluídos de Los Angeles ou Mumbai, ou viver (se você tem condições financeiras para isso) nas encostas próximas, onde o ar é melhor. Mas por que você também não pode decidir sobre os padrões legais da atmosfera da Cidade do México, ou de Los Angeles, ou de Mumbai, de modo que não seja forçado a escolher entre viver no centro da cidade ou nos subúrbios, para poder respirar? Contrariando a intuição, ao restringir a escolha no setor privado, podemos, na verdade, facilitar a sensação de liberdade que sentimos. Isto pode explicar a expressão paradoxal que Rousseau usou para captar seu conceito crucial sobre liberdade pública — de que podemos, na realidade, ser "forçados a ser livres".[47] Ou seja, nossas verdadeiras escolhas públicas determinantes podem ser ampliadas restringindo-se o território de nossas escolhas privadas triviais. Uma proibição de automóveis particulares em centros urbanos restringe minha liberdade privada de dirigir, como eu gostaria, mas cria um ambiente urbano muito mais propício à saúde, à segurança e (até!) aos meus interesses em comprar, o que, como cidadão, eu considero mais importante e libertador do que minha liberdade privada de dirigir onde eu quiser.

Estejamos inundados de escolhas no mercado privado ou incapacitados pela falta de verdadeiras escolhas públicas sobre os tipos de decisões que precisam constar de nossa agenda, acabamos sendo dilacerados por um senso de liberdade profundamente esquizofrênico. Estamos internamente divididos e insatisfeitos tanto com nossas opções privadas quanto com as opções públicas. Como o alcoólatra que tenta esconder de si mesmo a garrafa ou como o pornógrafo profissional que põe cadeados de segurança em seu escritório em casa e impede que as crianças acessem a internet, de modo a impedi-las de assistir aos produtos ofensivos que ele faz para ganhar a vida, nós nos vemos desprezando em público o tipo de sociedade que nossos desejos privados continuamente criam. Mas somos incapazes e não queremos "incapacitar" esses desejos privados, porque continuamos a ser seduzidos pela alegação de que os produtores estão não apenas nos dando o que queremos, mas (como eles gostam de dizer) nos "capacitando" a participar do processo. Porque satisfazer desejos privados é bom; e ajudar o capitalismo de consumo a sobreviver também pode parecer uma coisa boa para todos. Nosso egoísmo é justificado e desculpado, enquanto os bens públicos pelos quais ainda ansiamos são interpretados como destruidores da liberdade e incapacitantes. No processo, os bens públicos e as instituições democráticas pelas quais os bens públicos são assegurados são deslegitimizados. Dessa maneira, através das magia do marketing, termos profundamente públicos como *libertação* e *capacitação*, antes reservados a um discurso cívico associado com democracia e cidadania, são transformados em ferramentas do consumismo e do merchandising — as novas bandeiras da "revolução do consumidor", cujo objetivo é destruir o self público (o cidadão) que constituía nossa revolução política.

É a toxicidade peculiar da ideologia da privatização que justifica a escolha privada corrosiva como substituta do bem público. Ela se entusiasma com os consumidores sendo novos cidadãos que podem fazer mais com seus dólares, euros e ienes do que jamais conseguiram fazer com seus votos. Associa o privilegiado setor do mercado à liberdade, como uma escolha privada, enquanto condena o governo democrático como coercivo. Promove uma variedade nova e malevolente da doutrina *laissez-faire* do século XVIII de "mão invisível", pela qual economistas do Iluminismo postularam que a busca do desejo privado por indivíduos egoístas resultaria no maior bem de todos. Hoje, a ideologia da privatização nos incentiva a acreditar que o mercado não é apenas eficiente e flexível, mas pode de alguma maneira colocar seus impulsos regressivos a serviço do que restou da idéia de bem público. Ao mesmo tempo, ela finge que os instrumentos tradicionais de nossa capacitação cívica — nossas instituições democráticas — são, na verdade, meios que nos escravizam. A lógica é internalizada, porém, onde ela pode operar de maneira discreta, colocando termos cívicos como *liberdade* e *capacitação* num contexto privado que, na verdade, os afasta de suas funções públicas.

A privatização é uma espécie de contrato social invertido: ela desfaz os laços que nos unem em comunidades livres e repúblicas democráticas. Leva-nos de volta a um estado natural em que possuímos um direito natural de obter o que quisermos por nós mesmos, mas ao mesmo tempo perdemos qualquer capacidade verdadeira de assegurar aquilo a que temos direito. Escolhas privadas dependem de poder individual (força bruta), de habilidades pessoais (distribuídas aleatoriamente) e de sorte pessoal. Escolhas públicas dependem de direitos civis e responsabilidades em comum e presumem direitos iguais para todos. A liberdade pública é o que o poder do esforço comum estabelece e, portanto, pressupõe que nos tenhamos constituído como cidadãos públicos optando por um contrato social. Com a privatização, somos seduzidos a voltar a um estado natural por meio da atração pela liberdade privada e por interesses particulares; mas o que experimentamos no final é um ambiente em que os fortes dominam os fracos e a anarquia acaba por dominar a ambos, minando a segurança deles — exatamente o dilema a que o contrato social original pretendia se dirigir.

Os custos da privatização: comercialização, "externalidades" e igualdade

Na verdade, a privatização em grande escala de bens antes considerados públicos há muito tempo segue seu curso, pelo menos em setores cujo caráter público sempre foi ambíguo e onde eficiência, competição e oportunidades iguais podem ser usadas para justificar a "marketização". Esses setores incluem transportes, primeiramente as ferrovias e mais recentemente as linhas aéreas e auto-estradas (as chamadas "vias rápidas"); habitação, onde a reputação das moradias públicas era prejudicada por ineficiência, projetos ruins, favelas e os inegáveis custos de manter pessoas morando em "casas" que não eram delas; e educação, onde, apesar da grande retórica americana sobre ensino público, as escolas privadas e religiosas sempre competiram com as escolas públicas e onde a escolha dos pais (por meio de cupons, escola charter* e outros mecanismos do mercado) se tornou um grito não apenas de neoliberais, mas de minorias que procuravam retirar seus filhos de escolas públicas supostamente fracassadas.

Em cada um desses setores, bem como em novas e impressionantes arenas, como exploração espacial e assistência federal em desastres, o que antes era monopólio público se tornou um território de competição onde se pensou que os lucros fariam um trabalho melhor na manutenção de bens do que noções supostamente abstratas de bem-estar comum.[48] Uma breve revisão de cada um deles dará um pouco de substância ao argumento da privatização. Vale notar, de início, que, mesmo nesses domínios onde a privatização é amplamente aceita, ela produziu conseqüências perniciosas para um de seus supostos objetivos: uma sociedade pluralista saudável. Porque a privatização inevitavelmente foi acompanhada de comercialização, um desprezo por gastos públicos considerados

*Tipo de escola pública experimental nos EUA. (*N. do T.*)

"externalidades" e uma aceleração das desigualdades já disseminadas na sociedade de mercado.

Um argumento importante para a privatização é que ela supostamente substitui o "monopólio" do governo por um setor pluralista e diversificado de competição privada; se a realidade que ela produz é realmente diferente ou dominada pela cultura comercial homogeneizadora, isto é considerado, portanto, de importância significativa. A transferência do poder público para mãos privadas é associada a uma devolução de poder; mas, na verdade, o poder privatizante não devolve, mas comercializa o poder, colocando-o em mãos privadas que podem ser tão centralizadas e monopolistas quanto o governo, embora geralmente bem menos transparentes e responsáveis e também comodamente comerciais. A privatização da água tem sido vendida como um remédio para a corrupção pública e um estímulo à conservação. Quando a água custa mais, as pessoas a usam com mais prudência. A realidade é que a privatização simplesmente privatizou a corrupção e a desigualdade sem proporcionar suprimentos mais adequados ou mesmo obter grandes lucros.

Parques, escolas e outras instituições anteriormente públicas acham difícil resistir à comercialização, enquanto cidades e estados perdem sua arrecadação de impostos. O Bryant Park, atrás da Biblioteca Pública de Nova York, no centro de Manhattan, por exemplo, tornou-se um espaço público controlado como um negócio, com taxa de entrada para usuários e anúncios de patrocinadores.[49] Os usuários do parque podem gostar das melhorias e considerar os anúncios um custo necessário; mas o custo é "necessário" apenas porque os usuários privados se recusam, como cidadãos, a pagar e adotar taxas (como fazem os franceses, por exemplo) para conservar os parques publicamente. O mesmo acontece com o sistema de ensino privado, que aparentemente pode oferecer aos pais mais opções de escolha locais do que um sistema de ensino público que determina uma única escola pública do bairro para cada criança.

Até mesmo escolas públicas podem ficar presas à lógica da privatização, convidando o Channel One, canal destinado a adolescentes, para exibir comerciais na aula de história em troca do uso de equipamentos de televisão e supostamente de uma programação de notícias educacionais (Channel One News). Em todo o país, pais frustrados com a falta de fundos públicos para escolas públicas nem podem imaginar que novas instalações de escolas públicas carregam agora nomes como ShopRite of Brooklawn Center (em Brooklawn, Nova Jersey), Rust-Oleum Field (em Vernon Hills, Illinois) e Eastern Financial Florida Credit Union Stadium (no Condado de Broward, Flórida), porque as corporações em questão destinaram centenas de milhares de dólares para sua construção.[50] Mas, novamente, essa privatização abre as portas para uma comercialização de instituições educacionais que com o tempo infecta escolas tanto públicas quanto privadas e cria um ambiente de ensino menos pluralista e menos diversificado. E, em todos os casos, a desculpa não é uma preferência por instalações com nomes de corporações ou por anúncios de TV na sala de aula, mas uma necessidade desesperada em razão de verbas públicas muito pequenas para atender às necessidades das escolas e de seus alunos.

Da mesma maneira, universidades públicas e faculdades em busca de recursos privados freqüentemente se vêem subservientes não apenas ao monopólio do Estado (que pelo menos é autorizado e legítimo), mas a um monopólio do mercado também. Hoje em dia, o monopólio do Estado controla escolas e universidades sem liberar recursos apropriados para elas — o terrível "mandato sem fundos" que é a política No child left behind do governo Bush, por exemplo —; ou usa o financiamento para forçar intrusões no espaço livre das escolas (como quando o governo federal ameaça penalizar com a retirada de recursos escolas que não admitem recrutadores militares).

Elas criticam o monopólio do governo, mas os interesses corporativos que querem compensar deficiências no financiamento do Estado em troca de controle informal sobre o ambiente e o conteúdo da educação são eles próprios monopolistas. Como a participação das receitas com operação vindas do Estado e de impostos locais para universidades públicas caiu em média de 74%, em 1991, para 64%, em 2004, o presidente da Universidade do Estado da Pensilvânia falou com tristeza sobre "a lenta tendência da educação superior pública para a privatização".[51] Receitas em queda geram medidas desesperadas. Direitos de uso de nome em instalações de esportes, bem como em prédios acadêmicos, e até mesmo em bolsas de estudo, disciplinas e departamentos acadêmicos, são postos à venda a licitantes, corroendo a integridade acadêmica e a autonomia escolar. Contratos com empresas de refrigerantes são negociados de modo a permitir às corporações comprar um direito exclusivo de vender uma única marca de produto em troca de verbas de muitos milhões de dólares, tornando uma farsa o ideal de um campus isolado da pressão externa, onde a escolha é soberana. Corporações que se gabam de permitir a livre escolha do consumidor no mercado se associam a universidades que se gabam de permitir a livre escolha intelectual na sala de aula para restringir as duas coisas. Empresas de energia pagam por material de ensino contaminado por interesses corporativos que minam a pesquisa e o aprendizado objetivos — a ExxonMobil fornecendo material sobre conservação, por exemplo. Verbas para pesquisas corporativas em áreas científicas privatizam o que deveriam ser pesquisas públicas e permitem que os resultados das pesquisas e patentes sejam vendidos para obtenção de lucro privado.[52] Mas enquanto as verbas do Estado continuam a cair e as universidades cada vez mais "se tornam enormes impérios de pesquisa que precisam de contínua infusão de dinheiro para sustentar seu pessoal e seus custos elevados", a privatização se torna uma condição para a sobrevivência acadêmica.[53]

Em 1980, o governo federal participou da comercialização do ensino superior aprovando uma legislação que permitiu que as universidades vendessem pesquisas para obter lucros. À Universidade da Virgínia Ocidental, a Kmart doou uma disciplina voltada para o marketing de varejo (treinando gerentes de loja?). Na Universidade de Stanford, uma das instituições de ensino superior americanas mais elitizada, um Projeto de Energia e Clima Global foi financiado com uma verba de US$ 100 milhões da Exxon.[54] E finalmente há o triste caso do Channel One, uma rede de notícias leves para escolas secundárias desenvolvida pela Whittle Communications, que ofereceu hardware de telecomunicações grátis (apenas emprestado) em troca de acesso a salas de aula de ensino secundário para nove minutos de programação que mistura informação e entretenimento combinados com três minutos de propaganda. As escolas que se beneficiam dessa barganha demoníaca (na maioria dos estados americanos, são mais de 12 mil escolas secundárias, que representam oito milhões de estudantes) são, na maioria, instituições locais pobres, que podem se permitir desperdiçar oito minutos em sala de aula com anúncios ou reforçar a supersaturação comercial de crianças já profundamente mergulhadas na mídia comercial fora da escola.

Enquanto comercializa os setores que "liberta" dos monopólios públicos, a privatização consegue ocultar os custos sociais das transações de mercado privadas que realiza. Chamando esses custos de "externalidades" — Milton Friedman usa a expressão "efeitos na vizinhança" —, os economistas dão a impressão de que esses custos não fazem parte da contabilidade interna pela qual a eficiência e a produtividade do mercado devem ser medidas. No Reino Unido, por exemplo, governos orientados pelo mercado justificaram, nos anos 1970 e 1980, cortes nos serviços ferroviários para cidades menores e vilas na Grã-Bretanha baseando-se na redução do número de passageiros e da venda de bilhetes. Esse corte de custos baseado na eficiência omitiu qualquer cálculo de custos sociais — de "externalidades". Mas o impacto desses cortes sobre a sociedade foi devastador quando medido pelos danos causados à qualidade da vida rural e, portanto, da cultura inglesa, bem como à preservação da rede de comunicações nacionais que inclui todos os cidadãos — algo considerado importante para o moral nacional. Ao mesmo tempo, os cortes aumentaram a poluição e os engarrafamentos, pois eliminaram uma alternativa-chave para os automóveis nas áreas rurais. O que é desejável do ponto de vista do consumidor pode ser indefensável do ponto de vista do cidadão. O que serve aos resultados financeiros de uma corporação ferroviária privada pode não servir aos objetivos de um sistema de transportes nacional. Um sistema de mercado que reconhece apenas o lucro e trata todos os outros valores como superficialidades a serem ignoradas pode devastar uma civilização enquanto assegura o retorno de investimentos.

A privatização também impõe custos invisíveis aos contribuintes e permite que instituições do mercado pareçam ser mais rentáveis e menos custosas do que são. Um relatório produzido pelo grupo sem fins lucrativos Redefining Progress, com sede em Oakland, Califórnia, criou o Indicador de Progresso Genuíno (GPI, na sigla em inglês), uma avaliação alternativa da economia. Elaborado por Jason Venetoulis e Cliff Cobb, "O Indicador de Progresso Genuíno, 1950—2002 (atualizado em 2004)" afirma que o PIB superestima a saúde da economia em US$ 7 trilhões. Diferentemente do PIB, o GPI mede a qualidade da economia em oposição simplesmente à sua quantidade. O PIB sugere, por exemplo, que de janeiro de 2000 a janeiro de 2003 a economia cresceu aproximadamente 2,64% (ou US$ 272 bilhões). Entretanto, o GPI, que leva em conta os abusos ambientais e a dívida nacional, estima que o crescimento econômico naquele período foi de minúsculos 0,12%, o que representa um declínio de US$ 212 bilhões em três anos. Um outro relatório, "As Pegadas Ecológicas das Nações, atualizado em 2005", também publicado pelo Redefining Progress, calcula se a população global está ou não vivendo dentro de seus recursos ecológicos. O relatório responde que não, mostrando que, enquanto a capacidade biológica da Terra é de 169.968 metros quadrados por pessoa, nós usamos em média 230.671 metros quadrados por pessoa. Os Emirados Árabes Unidos, o Kuwait e os Estados Unidos excederam suas capacidades biológicas. Comparando continentes, a América do Norte e a Europa Ocidental têm as maiores pegadas ecológicas e apresentam equilíbrios ecológicos negativos.[55]

O sistema do mercado americano tornou-se um paradigma de como socializar os custos, mas privatizar os benefícios de uma economia de mercado supostamente privada. Muitos dos pilotos treinados pela Força Aérea dos EUA acabam empregados em empresas aéreas comerciais; sua formação profissional cara, sustentada pelo contribuinte, resulta em custos de treinamento menores para as empresas aéreas e em "lucros" proporcionalmente maiores, que não levam em conta os custos públicos do aprendizado de vôo. Os contribuintes pagam pelo treinamento de pilotos e as empresas aéreas recebem as recompensas. Praticamente a mesma coisa acontece no novo setor de segurança militar corporativo, em que mercenários e outros profissionais de segurança são contratados por empresas privadas apenas depois de concluir um treinamento altamente técnico nas forças militares públicas. É socialismo quando trata de custos (a agora clássica operação de salvamento da Chrysler Corporation), mas capitalismo de mercado quando se trata de lucro. Ironicamente, empresas politicamente ligadas aos governos pelos quais esperam ser financeiramente salvas têm melhor desempenho do que aquelas que não têm essas conexões.[56]

Essa passagem (literal) do dinheiro de privado para público — outra forma do chamado *free riding**, no qual um beneficiário de serviços públicos se recusa a pagar pelos custos desses serviços — é mais evidente no território da segurança, onde um setor antes considerado essencialmente

---

*Passeio livre. (*N. do T.*)

público é rapidamente privatizado, com conseqüências ainda não avaliadas. Funções que muitos associariam à própria essência do Estado — tanto da soberania quanto do contrato social que é sua base — estão sendo terceirizadas e submetidas às forças do mercado. Essas funções essenciais incluem previdência social, segurança individual (polícia) e segurança nacional (militar) e representam uma impressionante expressão da frenética privatização. Provavelmente não é por acaso que a privatização da previdência social está sendo debatida nos Estados Unidos no exato momento em que o policiamento de bairros, as prisões civis e a segurança militar também estão sendo submetidos à privatização radical de maneiras que sugerem não apenas uma reformulação no modo como o Estado assume suas responsabilidades públicas, mas um ataque à própria idéia de funções legítimas de um Estado democrático soberano.

Os argumentos do mercado raramente confrontam o "*free riding*" e as "externalidades" e quase nunca se concentram nessas questões democráticas maiores. Por exemplo, enquanto havia uma grande discussão sobre se a privatização da previdência social proposta pelo governo Bush em 2005 era economicamente viável ou tecnicamente possível, os custos das mudanças propostas pelo presidente Bush, medidos pela vitalidade da sociedade civil e pela integridade da democracia, dificilmente eram calculados ou debatidos. A verdadeira questão aqui é se uma nação que depende de seu setor cívico para receber seu oxigênio democrático tem condições financeiras de permitir que a confiança cívica manifestada pela previdência social seja sufocada. Quando uma política de previdência social pública e aposentadoria é posta num âmbito privado no qual as decisões de mercado pessoais e privadas determinam quem faz bem e quem faz mal, pode haver danos irreparáveis ao interesse comum democrático e ao que antes era chamado de promessa de vida pública. A promessa de previdência social aperfeiçoa as características deformadas de classe, raça e sexo que podem acabar sendo destruídas no reino privado.

A privatização — seja de educação, habitação ou previdência social — nos torna menos públicos. Como escreve Margaret Kohn em seu cuidadoso estudo sobre privatização e liberdade de expressão, "o espaço público desempenha um papel importante de fomentar a democracia preservando oportunidades para o discurso político e a oposição e permitindo um mundo compartilhado onde potencialmente podemos reconhecer um ao outro como cidadãos".[57] Quando privatizamos o espaço público, não apenas minamos a cidadania; optamos por um darwinismo de mercado em que investidores privados podem prosperar, mas outras pessoas perdem, em vez de optarmos por uma justiça social em que todos são igualmente protegidos. A privatização reduz o "nós" a um "isso" (governo ineficiente, burocracia, "eles") e imagina que consumidores e cidadãos são a mesma coisa. Mas a previdência social não é simplesmente um esquema técnico para dar aos trabalhadores privados uma aposentadoria e benefícios por incapacidade e morte, para ser manipulado e alterado de acordo com as tendências econômicas de hoje. É um símbolo da sociedade civil num regime comum; um reflexo dos benefícios que provêm de responsabilidades de cidadania. Nós pagamos, como cidadãos trabalhadores e contribuintes, não apenas para garantir previdências privadas, mas para garantir um sistema social justo e justiça pública para todos. Mas hoje até mesmo a coleta de impostos está sendo terceirizada pelo governo federal. Nos países da Comunidade Européia tem havido muita preocupação com propostas econômicas que, em nome da eficiência econômica e da filosofia de mercado, demandam uma redução de preços dos planos de previdência social associada ao significado central da soberania européia. Embora o voto dos franceses no "não" à nova Constituição européia, em junho de 2005, tenha sido influenciado por vários motivos concorrentes, muitos da esquerda que abandonaram seus líderes temiam que a nova Europa ameaçasse o contrato social implícito no estado de bem-estar social francês.[58]

A segurança física talvez seja ainda mais essencial para o significado da soberania do que a previdência social. Mas, aqui também, as décadas recentes testemunharam a terceirização e a privatização das funções de polícia em nações em desenvolvimento e desenvolvidas, mais uma vez lideradas pelos Estados Unidos. Mais de um sexto dos prisioneiros encarcerados nos Estados Unidos são mantidos em prisões comerciais, cujo interesse não é nem punir criminosos nem reabilitar cidadãos, mas somente produzir um lucro considerável para os acionistas — o que pode significar reduzir serviços, cortar custos e reduzir salários, para competir eficientemente com outras empresas privadas. Ao mesmo tempo que as prisões estão sendo privatizadas, a contratação de guardas de segurança e a construção de comunidades fechadas e gradeadas são características cada vez mais comuns nos subúrbios americanos — que tentam proteger-se da deterioração urbana — e nos condomínios de classe média e alta em países em desenvolvimento, como Filipinas e África do Sul. Em cidades como Paris e Londres, a relação é inversa, com enclaves de ricos no interior da cidade tentando erguer muros para se isolar da periferia, onde populações de imigrantes se vêem em guetos oprimidos e às vezes infestados de violência. Isolar por dentro ou por fora comunidades pobres é algo que se mostra, entretanto, incapaz de impedir crimes: a maioria dos males urbanos — desde drogas e gangues até armas e delinqüência juvenil — tem acompanhado as populações de classe média que se retiram dos anéis urbanos internos para os anéis externos e para as áreas verdes que estão além. E os guetos suburbanos não isolam as elites no interior da cidade da violência e da desordem, como a França descobriu no outono de 2005. A privatização da segurança simplesmente não funciona bem.

Além do mais, murar comunidades pobres e ao mesmo tempo privatizar a segurança dos ricos é algo que prejudica os bens comuns e corrompe a cidadania democrática. Mina a própria segurança pública, cuja legitimidade depende inteiramente da condição de ser constituída e aplicada em comum. Distribuir os benefícios da segurança com base na classe ou na renda e permitir que subgrupos dentro do regime desenvolvam suas próprias forças de segurança privada são situações que anulam o contrato social.

Apesar do impacto sobre o contrato social, os Estados Unidos são pioneiros na privatização não só da segurança policial, mas da defesa nacional e da segurança global. Em *Ardil 22*, de Joseph Heller, escrito quase 50 anos atrás, o exasperado Milo Minderbinder exclama: "Francamente, eu gostaria de ver o governo sair totalmente da guerra e deixar todo o conflito com a indústria privada." O que era na época uma piada cínica de um soldado da Força Aérea cansado da Segunda Guerra Mundial é hoje o realismo cínico do Departamento de Defesa. Enquanto recrutadores militares desesperados em busca de recrutas se abaixam até o nível de adolescentes para encontrar soldados não-críticos que lutem em guerras impopulares (uma ironia de uma era de infantilização), o governo convida a indústria privada a exercer a função de expandir a presença militar global dos EUA não apenas no Iraque e no Afeganistão, mas em bases militares em todo o mundo e até mesmo nos Estados Unidos. A segurança de perímetros de bases domésticas passou a ser mais uma das muitas funções logísticas que estão sendo realizadas por empresas particulares, enquanto Khalilzad, embaixador americano no Iraque, é protegido não pelos quase 150 mil soldados no país, mas por guardas de segurança particulares da Blackwater USA.

Esta é outra ironia num governo americano que sistematicamente tem-se queixado da suposta "rendição" da soberania americana, pelos "liberais", às Nações Unidas ou à Otan, e que tem relutado em pôr um único soldado americano sob comando de um amigável oficial canadense ou britânico, mas que aparentemente está mais do que disposto a terceirizar sua segurança nacional fundamental, entregando-a a empresas privadas cujo declarado interesse é necessariamente (e bem apropriadamente) seu próprio lucro. Não confie na ONU; confie na Brown & Root. Não consulte a França; consulte a Military Professional Resources, Inc. Não chame a Europa para reconstruir o Iraque; contrate a DynCorp. Não peça aos fuzileiros navais para cuidar do embaixador; peça à Blackwater.

Como todas as outras constituições do mundo, a Constituição dos EUA deixa bastante claro que a principal função do governo é "fornecer a defesa comum". Como o analista P. W. Singer, da Brookings, escreve em seu indispensável estudo sobre a privatização da segurança nacional chamado *Corporate Warriors*, fornecer a segurança "era uma das tarefas mais essenciais de um governo. De fato, era o que definia o que o governo deveria ser".[59] Hoje, porém, mais de 70 grandes empresas, muitas delas americanas, ganham mais de US$ 100 bilhões por ano para desempenhar as funções que antes eram exclusivas de Estados soberanos. A Brown & Root Services, da Halliburton, tem feito negócios em vários Estados, que incluem Afeganistão, Albânia, Bósnia, Croácia, Grécia, Haiti, Hungria, Itália, Kosovo, Kuwait, Macedônia, Arábia Saudita, Somália, Turquia, Uzbequistão e Zaire, grande parte deles (se não todos) em benefício do governo dos Estados Unidos. O fato de que o ex-diretor executivo Dick Cheney (que recebeu um contrato de desligamento de US$ 37 milhões da Halliburton quando saiu) tem sido o vice-presidente dos EUA em dois mandatos, durante um período em que a Brown & Root fechou contratos lucrativos com o governo dos EUA, levanta sérias questões de conflito de interesse, mas estas são as menores impropriedades que surgem quando um governo transparente e responsável transfere funções essenciais de segurança pública para uma empresa privada.[60]

Empresas de segurança privada também têm sido usadas nos últimos anos como substitutas para a segurança pública dentro dos Estados Unidos. Depois da devastação do furacão Katrina em Nova Orleans e do subseqüente rompimento da lei e da ordem, quando até o governo dos Estados Unidos e sua agência responsável por catástrofes (a Agência Federal de Gerenciamento de Emergências, Fema) estavam visivelmente deixando de agir, empresas de segurança privadas entraram em ação. A Blackwater USA enviou "150 soldados da Blackwater fortemente armados e vestidos para a batalha total" a Nova Orleans. Alguns de seus funcionários patrulharam o Quarteirão Francês "num carro sem sinais de identificação e sem placa de licenciamento".[61] Forças de segurança adicionais foram contratadas da DynCorp, Intercon, American Security Group, Wackenhut e Instinctive Shooting International (uma unidade israelense) por empresas privadas e moradores ricos para proteger suas propriedades. Ao mesmo tempo, o governo federal fez contratos sem concorrência com empresas privadas como Halliburton, Bechtel e Fluor, levando o senador Richard Durbin, de Illinois, a reclamar que os funcionários públicos estavam "preocupados porque ouvimos falar de contratos sem concorrência em áreas do Katrina sendo fechados com as mesmas empresas que eles levaram para o Iraque sem a prestação de contas que temos que exigir".[62]

A soberania geralmente é definida como o monopólio legítimo sobre a força exercido por um Estado, o que implica que somente um Estado pode exercer soberania. A essência do contrato social-democrático é de que indivíduos e grupos entregam seu "direito natural" de exercer a força no estado natural a um órgão soberano que eles próprios constituem, com o objetivo de se proteger de outros que empregam a mesma força natural anárquica. Quando Estados soberanos "terceirizam" a função de segurança, eles, na verdade, voltam a ceder ao estado natural os poderes que constituem sua própria legitimidade. Fazem o que todos os teóricos do contrato social, de Hobbes a Rousseau, passando pelos fundadores do Estado americano, dizem que não pode ser feito: alienam a soberania "inalienável" e, por conseguinte, negam os direitos inalienáveis.

Como Singer explica o problema em termos práticos, quando Estados capacitam atores privados a assumir funções de segurança, o perigo é que "os próprios atores corporativos capacitados passem a competir não apenas com Estados locais fracos, mas também com os interesses nacionais de outros poderes, incluindo seus próprios Estados de origem".[63] Quando o presidente Karzai, do Afeganistão, contrata guardas de segurança privados para policiar sua vulnerável presença presidencial, ele pode entregá-la a um Estado tribal que ainda não tem um exército nacional completamente confiável. Mas quando os Estados Unidos terceirizam inúmeras funções de segurança tanto no Afeganistão quanto no Iraque para empresas privadas e confiam a segurança de seus próprios representantes no país a essas empresas, como isso pode ser explicado? Na melhor das hipóteses, isso é contratar mercenários para fazer o trabalho de soldados cidadãos. Na pior das hipóteses, é terceirizar a soberania americana e a inviolável — e, portanto, impossível de ser delegada — responsabilidade do Estado pela segurança nacional. Como comentou o *New York Times* em sua página de opinião: "Uma coisa é as forças armadas terceirizarem serviços de alimentação e lavanderia para empresas privadas... mas outra coisa bem diferente é terceirizar o próprio combate."[64]

Apesar dessas preocupações, vários trabalhadores contratados têm sido envolvidos, por exemplo, em abusos na Baía de Guantánamo e na prisão de Abu Ghraib, o que prova que "empreiteiros privados estão agora realizando tarefas altamente secretas que até muito recentemente eram território exclusivo de agências do governo".[65] Os abusos da segurança terceirizada incluem não apenas violações de direitos civis, corrupção e falta de transparência, mas o perigo de que forças mercenárias privadas sejam usadas para minar a paz, não para assegurá-la, e para derrubar democracias emergentes fracas, em vez de lhes dar segurança. Embora isso não seja comum, Singer cita relatos de que empresas de segurança privadas hostis têm "trabalhado para atores violentos que não são do Estado" e têm até ajudado a treinar e suprir redes terroristas.[66] A Sakina Security Ltd., empresa britânica hoje fechada, ajudou a treinar guerreiros sagrados muçulmanos como parte de um programa "Desafio Jihad" que comercializou, enquanto cartéis de drogas mexicanos conseguiram obter assistência em contra-inteligência e armas de uma outra empresa de segurança privada, a Spearhead Ltd. Kelvin Smith, funcionário do governo americano, "teve um negócio paralelo" que treinou pelo menos seis membros da al-Qaeda.[67]

Entre as empresas de segurança privadas que trabalhavam no Iraque em 2004 estavam não apenas a Blackwater USA, mas a Custer Battles, a ArmorGroup e a Kroll Security International. A Custer Battles, que tinha 1.300 funcionários no Iraque, "segue a teoria de segurança do 'soldado mais rápido'", uma referência à "antiga piada sobre o urso faminto que invade um acampamento: Para sobreviver, não é preciso correr mais rápido que o urso; apenas correr mais rápido que o soldado mais lento".[68] No Iraque, os soldados mais lentos são os civis iraquianos, é claro, o que sugere mais um motivo pelo qual empresas de segurança privadas podem não ser os melhores portadores dos objetivos de segurança americanos soberanos naquela nação. Barry Yeoman observa que, usando empresas privadas, o governo consegue realizar trabalhos militares na América Latina e presumivelmente em qualquer lugar "que seria politicamente intragável para as forças armadas". Isso não apenas deixa claro que, "até agora, o Pentágono não conseguiu provar que pode assumir a responsabilidade nem pelas ações nem pela segurança de seus soldados do setor privado",[69] como também, o que é mais importante, sugere que a privatização da segurança permite uma grave evasão da salvaguarda democrática.

O acesso igual ao poder e à segurança é uma das principais virtudes da democracia. Mas os mercados privados são notoriamente indiferentes à igualdade, e fica claro, num retrato citado por Singer, que "esses mercenários vestidos de cáqui e de Brooks Brothers* endossam a idéia de que o poder pertence àqueles que têm condições financeiras de tê-lo".[70] O fato de a privatização florescer num período em que a igualdade não é uma prioridade indica uma relação tanto de causa quanto de efeito, que aponta esse argumento para ambas as direções. Como o governo é um equalizador que redistribui bens, a secessão é sempre uma tentação para os ricos, sobretudo quando eles param de considerar seu próprio interesse público em manter bens públicos e se envolvem numa contabilidade privada que avalia seus custos e benefícios individuais associados ao governo. Se você mora em

*Tradicional loja de roupas americana. (*N. do T.*)

Londres e é rico, por que não cortar os serviços ferroviários para as vilas de Yorkshire e Dorset? Por que não instituir um sistema de controle de tráfego que efetivamente onere os pobres e beneficie os ricos, permitindo o acesso de automóveis ao centro da cidade apenas a quem se dispuser a pagar cinco libras por dia ou a quem conseguir ter dois carros (com uma placa para o dia e outra para a noite, que lhes permitam evitar as restrições de acesso ao centro da cidade em horários diferentes estipulados pelo número das placas)?[71] Privatizam-se as auto-estradas públicas com pistas de alta velocidade com pedágio — as chamadas pistas de Lexus,* porque são apenas para quem tem condições financeiras de usá-las. E, se o território público também se torna insatisfatório, simplesmente mude-se para um condomínio fechado e compre sua própria segurança, sua própria educação e seu próprio serviço de coleta de lixo, e deixe apodrecer o centro da cidade com seus baixos impostos e serviços caros — reclamando o tempo todo da "carga dupla de impostos" que você agüenta por ter de pagar, além dos impostos públicos baixos, os serviços particulares caros para você e os seus. Ou, se você mora numa sociedade emergente no Terceiro Mundo, assolada por anarquia, crimes e corrupção, compre sua própria força de segurança mercenária e pague a ela para que seja o governo; ou, melhor ainda, pague a ela para assumir o governo, derrubar o governo ou protegê-lo das forças armadas do governo, (como em Papua-Nova Guiné). No bravo mundo novo de mercado pós-soberano, o "direito soberano" de usar a força pertence não ao povo constituído por um contrato social, mas àqueles que podem pagar por ele — uma velha receita familiar, que remete à "guerra de todos contra todos" de Hobbes.

Os Estados Unidos não estão de maneira alguma sozinhos na privatização de funções de segurança. Em lugares como a África do Sul, onde a violência se tornou a maior ameaça à nova e vibrante democracia daquele país, brancos e negros de classe média cada vez mais saturados de crimes urbanos, roubos de carros, assaltos e assassinatos nas ruas, recorreram ao policiamento privado e às comunidades muradas. Na África do Sul, isso é menos uma conseqüência da agressiva ideologia de privatização do que das desigualdades persistentes e da incapacidade das autoridades públicas de con-

*Divisão de carros de luxo da Toyota. (*N. do T.*)

ter a onda de crimes. Mas a cura piora os sintomas e deixa as causas sem tratamento. Nas palavras de um analista especializado em África do Sul, enquanto "falta claramente ao governo mais capacidade tanto para a justiça social quanto para a justiça criminal", seus defeitos levam a um "aumento da privatização da lei e da ordem", o que, por sua vez, "reflete o esvaziamento das funções do governo". Quaisquer que sejam as causas — e na África do Sul elas podem remeter à "dificuldade do Estado, tanto durante quanto depois do Apartheid,... de criar empregos, assistência de saúde, moradia e educação acessíveis à maioria da população" —, o fato é que "quando os métodos de justiça e controle social são cedidos ao setor privado — a empresas de segurança, a grupos de vigilância, à justiça simples pelas mãos do povo... —, a democracia se torna uma promessa vazia".[72]

A desigualdade é criada como parte do sistema de mercado, que para os ricos muito freqüentemente se torna uma corrida para o topo e para todos os outros, uma corrida para o fundo. A desigualdade não é uma conseqüência acidental da privatização, é a própria premissa. A tática implícita empregada pelos ricos é abandonar aqueles que recebem mais do serviços públicos do que participam como contribuintes num setor "público" residual (uma espécie de colônia de leprosos autofinanciada que não consegue se autofinanciar) e inserir aqueles que têm muito a contribuir em seus próprios "bens comuns" privados. O resultado são dois níveis de serviços — duas sociedades — hostis, divididos e profundamente desiguais.

Não é de surpreender, portanto, que a privatização acabe por se associar à própria política. Os políticos são oferecidos e vendidos como mercadorias a um público considerado não um grupo de cidadãos, mas uma clientela. As pesquisas de opinião pública tornam-se pesquisas de opinião privada, em que se perguntam às pessoas consultadas não suas opiniões ponderadas como cidadãos, mas apenas seus preconceitos particulares espontâneos. Embora as experiências de "pesquisas de opinião com discussão" mostrem que os cidadãos podem mudar suas mentes e que realmente mudam, até mesmo em questões importantes como a pena capital, quando estão diante de argumentos racionais e de valores e raciocínios de outras pessoas, essas abordagens são consideradas "manipuladoras" por privatizadores, o que em suas mentes justifica discussões de grupo que funcionam para filtrar decisões intermediárias em favor de primeiras impressões sem intermediação.[73] Partidos e políticos são igualmente marcas, de modo que uma coisa que uma pessoa *chama de* estratégia política ou mesmo de idéia se torna mais importante do que o que a coisa é ou faz (capítulo 6). Nos últimos anos, nos Estados Unidos, democratas contrataram lingüistas como George Lakoff e teólogos como Jim Wallis para ajudá-los a dar uma "nova marca" para seus "produtos" em resposta ao que eles acham que foi uma bem-sucedida construção de marca republicana por supostos "gênios" políticos como Karl Rove.[74] Agora, essas técnicas estão se espalhando na Europa e até mesmo em democracias emergentes, como o Iraque.

A atitude de "vender o presidente" (e a Presidência) teve início com a era da televisão e os primeiros debates presidenciais televisionados entre Richard Nixon e o então subestimado John Kennedy. Mas desde então resultou em uma completa marketização da política, na qual a política é reduzida a uma ciência de manipulação que pode ou não ser eficiente, mas que deixa o público — considerado exclusivamente uma base de consumidor político — profundamente cínico em relação ao caráter e à capacidade de seus líderes e de sua democracia.

O resultado hoje é que o governo federal "gasta anualmente cerca de US$ 100 bilhões a mais em contratos externos do que gasta em salários de funcionários", com agências do governo como a Nasa e o Departamento de Energia agindo mais como o que dois comentaristas chamaram de "agências de administração de contratos" do que como órgãos funcionais do governo.[75] A resposta do presidente Bush à devastação causada pelo furacão Katrina foi convidar filantropos privados e grupos da sociedade civil, juntamente com uma diversificada coleção de empreiteiros corporativos, para desempenhar um papel importante no que foi um desastre nacional que precisava de intervenção do governo nacional. A Halliburton — uma das corporações que fornecem (entre outros serviços) segurança ao Iraque — acabou tendo uma participação importante em Nova Orleans também — com base em contratos que sequer passaram por concorrência. Assim como no caso da privatização da previdência social, as justificativas para essas manobras baseiam-se sempre em preço e eficiência; considerando as calamitosas deficiências da Fema, a lógica do presidente depois do Katrina pode até parecer racional — embora, na verdade, tenha falhado com o povo de Nova Orleans, as vítimas, os sobreviventes e os construtores. Mas uma conseqüência igualmente custosa da fracassada resposta de privatização foi seu impacto não avaliado sobre a soberania democrática e sobre os valores públicos. Até a analista política Martha Minow, em seu inteligente estudo sobre privatização chamado *Partners, Not Rivals*, ignora a soberania, embora identifique como valores em risco "a igualdade, os direitos dos cidadãos e a democracia".[76]

Mas a questão fundamental levantada quando a recuperação de uma cidade traumatizada é deixada nas mãos do mercado, ou quando prisioneiros são encarcerados em prisões comerciais, não é apenas se a solução "funciona" (não funciona), mas se o Estado pode delegar obrigações que tem com o bem-estar público (Nova Orleans); se o direito soberano de violar a liberdade de um cidadão (encarcerando prisioneiros) pode ser terceirizado por qualquer que seja o motivo, considerando que o monopólio legítimo sobre a violência e uma responsabilidade inalienável pelo bem-estar público são características definidoras da soberania.

Até mesmo minimalistas como Milton Friedman ou Robert Nozick, que desconfiam totalmente do governo, reconhecem que o direito à vida e à liberdade só pode ser exercido por uma autoridade pública em cujas decisões eu esteja representado. Em resumo, quando a política, a liberdade e a segurança são privatizadas, a própria soberania é terceirizada, e isto simplesmente é um paradoxo. Porque nos leva de volta não àquele "mercado livre" sobre o qual os neoliberais fantasiavam, mas a um verdadeiro estado de anarquia generalizada — o estado natural de Hobbes, em que a força e a fraude são virtudes fundamentais.

SEM DÚVIDA, a privatização é uma característica de nossos tempos e pode ser perniciosa em seus próprios direitos, mas isso prova sua afinidade com o etos infantilista? O exame da dinâmica da privatização que temos feito aqui sugere que o privado se relaciona com o público assim como o infantil está para o adulto. Priorizar o individual e submeter a comunidade ao privado de modo a fazer com que ela pareça uma combinação de vontades e necessidades individuais é um modo pueril de construir o mundo social. Obviamente, individualismo e narcisismo não são sinônimos, mas a redução do bem-estar público a uma série de desejos privados de primeira ordem e a trivialização do bem comum como sendo nada além de discretos interesses privados agregados podem ser pensadas como um tipo de regressão.

O contrato social e a *res publica* que ele cria são formas maduras de organização social: de que maneira os adultos se associam quando aprenderam os limites do anarquismo, as inadequações do individualismo e a realidade da interdependência? No cruel romance *O Senhor das moscas*, de William Golding, a ausência de adultos num grupo de crianças abandonadas precipita uma desintegração das regras sociais e a dominação do forte sobre o fraco — como um retrato perfeito do estado natural de Hobbes poderia ser imaginado. Buscando a metáfora hobbesiana conforme abordada por Golding, nós, por assim dizer, nascemos solitários e autoritários e aprendemos a sociabilidade e a cooperação. O egoísmo é de nascença, o altruísmo é aprendido e a civilidade é uma pátina aplicada sobre nosso cerne narcisista pela experiência, pela educação e pelas forças que moldam a cidadania democrática. Começamos pouco capazes de distinguir o mundo de nós mesmos. Reconhecemos o amor da mãe, mas se não fosse assim, permaneceríamos num casulo de sensibilidade infantil. Com o tempo, passamos a ver que só conseguimos florescer como identidades em desenvolvimento dentro das comunidades de objetivos comuns, que têm nas famílias o primeiro exemplo.

A privatização reverte essa viagem para o amadurecimento. Ela volta a privilegiar o "mim" e se coloca a favor da infantilidade narcisista, eu não contra ela. A comunidade e o bem público referem-se a "nós". O casamento, a família, o clã e a sociedade são produtos do amadurecimento reprodutivo e social. Mas do ponto de vista da sociedade de consumo privada, esses agentes da vida adulta não passam de guardiões obstrutivos a serem evitados ou dominados. O mercado prefere solteiros e solteiras, consumidores infantis sem laços sociais que não sejam os laços que os marqueteiros lhes dão. A maturidade definida por ação, autonomia e julgamento independente não é amiga do consumismo. Hoje, o paternalismo capitalista visa menos tirar o poder dos trabalhadores do que infantilizar os consumidores — paradoxalmente, em nome da capacitação do consumidor.

O lingüista George Lakoff, citado anteriormente como assessor do Partido Democrata e que acredita que "questões de enquadramento" são a chave para os candidatos do marketing, apresenta uma típica estrutura política de sociedade de consumo que trata o governo paternalisticamente e considera os cidadãos como crianças. Ele alega que os republicanos usam um modelo de liderança política de "pai rígido" e exorta os liberais a oferecer, em vez disso, um modelo de "pai afetuoso", aparentemente sem observar que nos dois casos o governo desempenha o papel de pais e mães cuidando de jovens sorridentes (conhecidos também como cidadãos). Que esquema perfeito para uma era de política privatizada, em que o verdadeiro poder da escolha pública significativa é retirado dos cidadãos em troca de dar aos consumidores o poder trivial sobre as escolhas privadas. "Em que você quer gastar sua mesada?", pergunta o pai patrão, procurando influenciar a liberdade do adolescente, mas o tempo todo sabendo que o verdadeiro poder e, portanto, a verdadeira liberdade permanecem com o pai, que decide se existe ou não mesada e se ela será grande ou pequena.

Não é surpresa que o dinheiro privado tenha assumido uma influência tão terrível na política eleitoral dos Estados Unidos, onde a política é compreendida como uma forma de consumo e os próprios políticos são bonecos de pais — muitas Barbies e Kens — oferecidos à venda para cidadãos infantilizados que se permitem, então, ser "adotados" por eles.[77] O crescente custo das eleições reflete a política como um consumismo. Em 2005, nos Estados Unidos, os gastos totais com as eleições foram usados tanto para cultivar o cinismo cívico quanto para comprar cadeiras:

CÂMARA DOS REPRESENTANTES

Partido	Nº de Candidatos	Total Levantado	Total Gasto	Total de Dinheiro em Caixa	Total Proveniente dos PACs*	Total Proveniente de Indivíduos
Todos	1.054	US$407.461.716	US$237.829.973	US$322.106.551	US$141.268.765	US$228.977.852
Democratas	567	US$181.343.922	US$ 106.551.126	US$143.221.910	US$59.679.939	US$107.888.312
Republicanos	460	US$224.834.130	US$130.098.637	US$178.754.059	US$81.566.672	US$119.918.509

Baseado em dados divulgados pela Comissão de Eleição Federal em 1º de junho de 2006. Tabela do Centro para Política Responsável, www.opensecrets.org/overview/stats.asp?Cycle=2004.

*Comitês de Ação Política. (*N. do T.*)

SENADO

Partido	Nº de Candidatos	Total Levantado	Total Gasto	Total de Dinheiro em Caixa	Total Proveniente dos PACs	Total Proveniente de Indivíduos
Todos	131	US$272.062.026	US$122.670.384	US$201.367.512	US$38.815.777	US$200.987.518
Democratas	61	US$150.838.381	US$65.057.670	US$112.484.532	US$18.357.868	US$117.624.012
Republicanos	60	US$117.951.060	US$54.682.416	US$85.275.552	US$20.128.360	US$80.534.984

Baseado em dados divulgados pela Comissão de Eleição Federal em 1º de junho de 2006. Tabela do Centro para Política Responsável, www.opensecrets.org/overview/stats.asp?Cycle=2004.

Os neoliberais podem opor-se a esses gastos em princípio, mas, na prática, estão entre os que mais gastam para "comprar" cadeiras no Congresso, e não são exceção nesses jogos. Mesmo trabalhando para tirar o governo "do ombro das pessoas", eles consideram seus funcionários guardiões paternos das pessoas. É neste sentido que a privatização é uma espécie de regressão: em primeiro lugar, é uma infantilização de cidadãos vistos tanto como clientes ávidos quanto como crianças necessitadas; e depois, com o tempo, é uma dissolução de laços sociais, a negativa do outro, e um retorno a *O senhor das moscas*, em que crianças são colocadas contra crianças numa guerra de todos contra todos que é tanto metafórica (crianças como consumidores) quanto real (crianças como soldados).[78] Essa visão pode ser vendida como progresso — libertação em relação ao monopólio público —, mas representa uma regressão da cultura e da civilização. Os cidadãos são adultos. Os consumidores são crianças. A participação do discurso cívico que permite que inimigos vivam juntos requer adultos; mais fácil é ensinar as crianças a matar. O lado escuro da "capacitação" de crianças é sua capacitação como soldados — uma prática em regiões do mundo onde as crianças são pobres demais para que sejam vistas como potenciais consumidores.

Os cidadãos adultos exercem o poder coletivo legítimo e gozam da verdadeira liberdade pública. Os consumidores exercem a escolha trivial e gozam de uma liberdade falsa. Mesmo quando são infantis, os consumidores têm um lugar numa sociedade livre e representam uma parte do que significa viver livremente. Mas não definem, e não podem definir, a liberdade civil. Quando são definidos como tal, a sociedade livre é posta em risco. A privatização não apenas reforça a infantilização: no reino da política, é a sua própria realização.

Globalização como terceirização da privatização

Enquanto serve à infantilização e à regressão ao privilegiar o pessoal em detrimento do público e a liberdade privada em detrimento da liberdade pública, a privatização, em troca, é servida pelo caráter mutante do mundo moderno — talvez mais significativamente pela globalização. A globalização efetivamente terceiriza a privatização. Ou seja, ela pega a alegação ideológica de que os mercados devem ser soberanos — uma alegação que é contestada dentro de Estados-Nações pela alegação de que somente o Estado pode ser soberano, de que apenas um público (um povo) pode reivindicar soberania — e a globaliza. Na anárquica arena internacional em que não há qualquer soberania popular, mas apenas um estado internacional de anarquia, o argumento para a soberania do mercado não tem oposição. No nível global, a idéia de bem-estar público não tem força alguma, uma vez que não há um órgão político global para legitimá-la ou reforçá-la. As principais forças econômicas que o setor público tradicionalmente regulava e controlava dentro dos Estados escaparam agora de suas fronteiras de soberania. A batalha entre democracia e mercados, entre público e privado, que ainda persiste dentro dos Estados, não tem qualquer equivalente internacional. Ali, os mercados triunfam, os cidadãos não existem e a soberania global é um sonho. Na ausência de sequer um indício de uma cidadania global, não há, e não pode haver, qualquer mecanismo para moderar o redemoinho capitalista. Os adultos ainda podem batalhar pelo controle de mercados dentro dos Estados, mas, na arena global, produtores e consumidores são soberanos e as crianças mandam.

Os europeus estão desistindo de estimados ninhos de segurança do Estado de bem-estar social porque não conseguem ver como é possível protegêlos mesmo dentro de uma Europa economicamente integrada; que dirá numa sociedade de mercado global totalmente desregulada. Como os cidadãos podem ser protegidos dentro de suas fronteiras num mundo de produtores e consumidores sem fronteiras? Se trabalhadores sem documentos desafiam as leis de trabalho nacionais em mercados sem fronteiras, o que pode ser feito para regular o consumo em mercados sem fronteiras? A mobilidade do trabalho tem assustado o que antes eram Estados soberanos com fardos impossíveis. A mesma mobilidade se aplica ao marketing e àqueles aos quais o marketing se dirige, e leva os trabalhadores a uma "corrida para o fundo", mesmo que empurre os consumidores para um mundo de armadilhas de macaco, de consumismo infindável e totalizante.

A globalização transforma os termos do argumento. Dentro das nações, os mercados são sempre vulneráveis à poderosa doutrina da soberania política (a idéia de que o Estado tem o direito de regular a economia, e não o contrário). Na França, no Japão ou nos Estados Unidos, a privatização precisa sustentar argumentos a favor da soberania, da regulação democrática e dos bens públicos. Na arena global, os mercados estão livres de qualquer restrição, racional ou de outro tipo, tanto na prática como em teoria. O controle democrático não existe. Não há cidadãos globais, apenas consumidores globais; nenhum Estado global, apenas empresas capitalistas globais; nenhum Estado de bem-estar público, apenas uma combinação do que indivíduos, nações e mercados de consumo querem; nenhuma identidade cultural global ou nacional, que é, por definição, paroquial e local, apenas a nova e vazia identidade conferida pelas marcas.

A globalização transforma a privatização numa aspiração a uma realidade. É uma viajante do tempo, levando o capitalismo de volta a um período em que os governos eram fracos demais para conter as energias de seu mercado, as desigualdades de seu mercado e a anarquia de seu mercado, como aconteceu na primeira metade do século XIV na Europa ou depois da Guerra Civil dos Estados Unidos. As relações globais são as relações privadas entre indivíduos, grupos e Estados na ausência de associações transnacionais ou supra-soberanas.

As novas realidades de interdependência permitem, portanto, aos mercados econômicos escapar dos confins da vigilância democrática, e nem mesmo o Estado soberano mais hegemônico pode hoje fingir regular ou controlar sua economia de mercado ou conter e disciplinar o capital financeiro. O governo dessa hegemonia que tem sido os Estados Unidos da América já não pode impedir que empregos específicos ou indústrias inteiras jorrem para o exterior. Enquanto a privatização ataca a legitimidade da soberania popular de dentro, a globalização de fora rouba dela sua própria essência. A globalização deixa os mercados livres de qualquer necessidade de justificar seus caminhos anárquicos, estejam eles alimentando prosperidade ou miséria, novas oportunidades de investimento ou um eclipse dos programas sociais nacionais, mais produtividade ou menos empregos, mais liberdade privada ou mais injustiça social. Sendo dialética, a globalização, na verdade, tende a produzir tudo isso. Empresas de cigarro, produtores de filmes pornográficos infantis ou fabricantes de videogames violentos podem enfrentar ataques da consciência local que leva um município aqui, ou um governo nacional acolá, a tomar medidas enérgicas e impedi-los de capturar como clientes crianças e pedófilos consumidores dentro de determinadas comunidades. Mas não há nada para impedi-los de ir à caça no mercado global, em busca de clientes em localidades e sociedades com costumes menos exigentes; ou, melhor ainda, nos interstícios do mercado global, em que o grito de "mercado livre" silencia todos os críticos paroquiais e sinaliza a linha de partida para a notória corrida ao fundo.

Portanto, quaisquer que sejam as batalhas a serem travadas, elas precisam ser travadas também globalmente. A esquizofrenia cívica é mais do que uma doença de sociedades de mercado infantilizadas. É um distúrbio do mercado global. Uma terapia que trate desse distúrbio apenas dentro das fronteiras dos Estados-nações provavelmente será insuficiente. Ou a democracia precisa ser globalizada ou a globalização precisa ser democratizada. Não há nenhum outro caminho. No fim do último capítulo deste estudo eu enfrentarei esse desafio diretamente.

Se a privatização, em suas manifestações globais, é o mais importante aliado ideológico da infantilização, ela não é a única estratégia que o capitalismo persegue na era do consumismo. O consumismo é igualmente dependente de — e talvez viciado em — uma política de identidade que está embrulhada em merchandising, marketing e, sobretudo, marcas; essas características, a longo prazo, diminuem em vez de aumentar a diversidade e têm o efeito de totalizar e homogeneizar o que finge ser uma sociedade de mercado pluralista.

5

Ostentando identidades: A perda de significado

> O principal objetivo [do "*brandscaping*"]* não é vender o produto, mas gerar uma fascinação com a marca; levar o cliente a se identificar com o mundo da marca, criando uma consciência de marca e dando a ela um profundo centro emocional.
>
> — Otto Riewoldt, *Brandscaping*[1]

NOS SÉCULOS DURANTE os quais o capitalismo se desenvolveu como um sistema de organização econômica bastante produtivo, baseado em trabalho, investimento, poupança e gratificação posterior, surgiu uma identidade política associada ao etos protestante que era perfeitamente adequada às necessidades do capitalismo. O homem pós-Reforma, um puritano ascético muito trabalhador, com os olhos voltados para a vida eterna, mas também em busca de uma identidade cristã nesta vida, possuía uma forte noção de ação e coragem que casou eficientemente sua moralidade de ir à igreja aos domingos com sua produtividade capitalista nos outros dias da semana. Com o tempo, outras formas de identidade organizadas em torno de nacionalidade, raça e etnia chegaram a uma compreensão mais autônoma da identidade associada ao protestantismo, que associava o apelo cristão a algum nível de livre vontade. Durante os últimos séculos, essas formas

*Tipo de marketing em que se leva os clientes a experimentar uma marca e a gerar histórias positivas que os clientes transmitirão a seus amigos, de modo a propagar a marca. (*N. do T.*)

de identidade socioculturais (chamadas de persuasivas ou involuntárias) competiram com a identidade econômica e a identidade cívica autodidata ou as dominaram.

Em sua mais recente fase de consumo, o capitalismo, preocupado em vender bens a clientes que podem não precisar nem desejar o que está à venda, não é bem servido pelas formas de identidade contidas no etos protestante nem pelas políticas de identidade cultural dos últimos 40 anos. Com isso, o consumismo se ligou a uma nova identidade política, na qual o próprio negócio desempenha um papel de forjar identidades que levem a comprar e a vender. Aqui, a identidade tornou-se um reflexo de "estilos de vida" intimamente associados a marcas comerciais e aos produtos que elas rotulam, bem como a atitudes e comportamentos ligados a onde compramos, como compramos e o que comemos, vestimos e consumimos. Estes atributos, por sua vez, estão associados a renda, classe e outras forças econômicas que podem parecer permitir escolhas, mas que na verdade são determinadas largamente pela demografia e pela socioeconomia, e estão além do controle de consumidores individuais. No fim das contas, essa profunda comercialização da identidade responde ao etos infantilista e o reflete de maneiras significativas. Como as identidades comerciais tendem a ser simplistas e heteronômicas (determinadas a partir de fora), bem como associadas à celebridade e aos caprichos ("Quero ser um pop star!"), elas reforçam o etos infantilista, minando a ação, a comunidade e a democracia.

Estilos de vida ligados a marcas não são simplesmente vernizes superficiais sobre identidades mais profundas, mas sim se tornaram, em determinado nível, identidades substitutas — formas de caráter adquiridas que têm o potencial de chegar até o fundo. Eles afastam a ética tradicional e as características culturais e dominam os aspectos de identidade voluntários que escolhemos para nós mesmos. Podemos escolher, por exemplo, ser um atleta, mas nos tornamos um atleta Nike devido à logomarca da Nike — dificilmente uma identidade voluntária, embora possamos "escolher" usar a marca em troca de roupas grátis ou do apoio corporativo da Nike ao evento do qual participamos. Essa substituição de uma identidade escolhida, ou mesmo tradicional, por uma identidade de marca é facilitada pela mobilidade americana e pela vida nos subúrbios, que retiram os indivíduos de suas comunidades tradicionais e de sua vida cívica local e os tornam suscetíveis ao simples apelo comercial de uma marca. Isto acontece apesar de escolhermos nominalmente o que compramos e, portanto, pode-se achar que escolhemos a identidade que aquilo que compramos nos impõe.

Durante os anos 1970 e 1980, essa novas identidades comerciais passaram a ser definidas — até certo ponto em termos de geração — por uma sucessão de períodos com assinaturas comerciais. A geração *baby boom*, do pós-guerra, foi definida pela fecundidade de sua reprodutibilidade definidora, mas, com o tempo, reapareceu numa linguagem que definiu sua relação crítica com a cultura e o consumismo — a geração "mimada" dos anos 1960 conhecida de diversas maneiras: como "hippies", "geração Woodstock" e "*flower children*". Essas categorias de geração anteriores pelo menos se referiam a atitudes culturais e comportamentos ou a fatores demográficos (a "contracultura"). A geração seguinte ficou temporariamente sem nome, mas, quando finalmente foi chamada de Geração X, viu-se definida mais pelo comércio do que pela cultura. Indicando os resultados da baixa taxa de natalidade dos descendentes da geração dos anos 1960, que alguns chamaram de preguiçosos e indulgentes, esse nome definiu uma geração que, na descrição do historiador cultural Paul Fussell, queria "romper com o carrossel de status, dinheiro e ascensão social" que havia caracterizado a geração *baby boom* e a anterior.[2] A Geração Y sucedeu a Geração X e retrataria uma geração quase inteiramente em termos de consumo. A Geração Y cresceu no *boom* da tecnologia dos anos 1990 e estava pronta para embarcar de novo no trem do consumo. Diretor executivo da Saatchi & Saatchi, Kevin Roberts cita as "crianças nascidas entre 1979 e 1994" como tendo "o maior poder arbitrário de gastar em toda a demografia adolescente da história", crianças que são ligadas em "tecnologia".[3] No Japão, os membros da Geração X têm sido chamados de "geração dedo"* — porque pessoas com menos de 25 anos são definidas não pelo "conteúdo de seu caráter", mas pela facilidade com que enviam uma mensagem em texto, com o dedo, e pelas relações sociais que crescem a partir disso.[4] Na Índia, jovens empreendedores se identificam como "Zippies", filhos da reforma de mercado neoliberal celebrada por Thomas Friedman. Os *zippies* têm entre 15 e 25 anos e são jovens que "caminham ligeiros como um *zip*",** que

*"Thumb generation". Thumb significa dedo polegar, mas também manusear, folhear. (*N. do T.*)
***Zip* quer dizer fecho ecler, mas também energia, vigor, rapidez, assobio. (*N. do T.*)

transpiram "atitude, ambição e aspiração" e que são "*legais*, confiantes e criativos".[5] É esta geração, que não sente "nenhuma culpa por ganhar dinheiro ou por gastá-lo", que, primeiramente no Japão e agora na Índia e na China, se tornou o alvo do marketing para jovens e sinalizou o sucesso da infantilização como estratégia de marketing no mundo.[6]

Essas categorias demográficas em evolução rapidamente encontraram correspondentes na propaganda, em slogans explicitamente comerciais como "a geração Pepsi" ou a "geração Wired"*** ou, por associação com fortes marcas de estilo de vida como Ralph Lauren (ricos moradores de subúrbios associados a uma espécie de falsa aristocracia americana), The Body Shop (entusiastas da saúde com consciência ambiental) ou Calvin Klein (belos adolescentes em boa forma física cujos corpos mais ou menos reduzidos ao sexo são seus passaportes para uma vida boa). A construção das marcas também chega via programas na televisão que substituem a identidade, como *Cheers*, que se reproduziu em incontáveis ambientes de bares nos EUA onde as pessoas não apenas assistiam aos seus personagens favoritos na TV como os imitavam; *Sex and the City*, que captou e ajudou a moldar as atitudes de trabalhadoras jovens, educadas, concentradas em si próprias e obcecadas por homens; *Família Soprano*, direcionado a jovens supostamente fortes e romantizando a vida de gangues de Nova Jersey como uma forma de diversão nos subúrbios; e mais recentemente *Sleeper Cell*, explorando o medo e o patriotismo no contexto do terrorismo, e *Desperate Housewives*, um estudo do patos cômico da moderna vida nos subúrbios que muitos americanos gostam de criticar e imitar.

Estilos de vida são identificados como marcas, e marcas substituem estilos de vida, assumindo o lugar do caráter do tipo que antes era a marca da identidade. Cada marca tem seu público, de modo que empresas como Urban Outfitters, Gap (com a família babyGap acrescentada), Banana Republic e Rolex tentam não apenas atrair uma parcela particular de consumidores, mas convencê-los de que a vida boa para eles tem que ser definida pela maneira como se vestem, pelo que comem ou pelo uso da marca em questão. Como escreveu Alex Kuczynski, autor da coluna "Critical Shopper",

***Palavra que significa "conectado" e que dá nome a uma revista americana sobre tecnologias. (*N. do T.*)

no *New York Times*, a Ralph Lauren oferece "o poder da descendência implícita".[7]

A moderna construção de marcas já não é uma questão de efetuar uma transação no mercado: "A transação é como uma aventura de uma noite", diz um livro com o transparente título de *Emotional Branding*, "e nunca será tão satisfatória ou recompensadora quanto se apaixonar. Uma transação faz a caixa registradora soar uma só vez. Um relacionamento a faz soar repetidamente. E a venda assume uma nova dimensão quando você a põe no contexto de um relacionamento."[8] Marc Gobé, em sua própria versão do marketing emocional, também chamada *Emotional Branding*, não é bem Max Weber, mas oferece um recorte de uma teoria social reveladora, na qual distingue a "velha economia" da "nova economia". A velha economia é "baseada na fábrica" e "guiada pela capacidade" e, portanto, "concentrada na produção" de produtos realmente manufaturados, enquanto a nova economia é "baseada no consumidor" e "concentrada no consumidor"; logo, preocupada não em fabricar produtos, mas em "criar marcas".[9]

As identidades das marcas não precisam ser coerentes em todos os detalhes ao cruzarem fronteiras internacionais, contanto que a relação com a marca seja preservada: o McDonald's é barato e, portanto, dirigido à classe média baixa e aos pobres nos Estados Unidos, mas é elegante e está na moda na Rússia, enquanto no Japão é confortavelmente burguês. Quer tornar a *fast food* apetitosa e acessível em todos os lugares. Estabelecimentos americanos podem usar marcas internacionais de "cultura elevada" na tentativa de parecerem elegantes: vinhos franceses que são populares em Paris podem emprestar sua aparência de classe a um salão de jantar num hotel de Iowa City ou Detroit. O objetivo é afastar identidades que remetem a tradições associadas a lugares e origens diferentes e, portanto, inadequadas ao mercado global — um curdo turco muçulmano de 20 e poucos anos — por meio de identidades de marcas artificiais sem fronteiras: um consumidor de Pepsi de 20 e poucos anos que assiste à MTV.

Naomi Klein foi uma das primeiras a enfrentar criticamente a construção de marcas, observando, em meados dos anos 1990, que "o que a maioria das campanhas publicitárias globais ainda está vendendo mais agressivamente é a *idéia* do mercado adolescente global — um caleidoscópio de faces multiétnicas se combinando umas com as outras: trança rastafári, cabelo cor-de-rosa, tintura de hena, piercing e tatuagens, poucas bandeiras nacionais, imagens de placas de ruas estrangeiras, escrita cantonesa e arábica e uma enxurrada de palavras em inglês, tudo isso sobreposto por trechos de música eletrônica". Mas as diferenças pelas quais nacionalidades étnicas e facções religiosas e raciais continuam a matar umas às outras no mundo são tratadas pelo comércio de consumo como falsas, embora os marqueteiros de identidades comerciais comuns estejam tentando fazer com que sejam tratadas como reais, no que Klein chama de uma "terceira noção de nacionalidade" — nem americano, nem local, mas algo que una os dois, por meio das compras."[10]

Sociólogos de cultura popular têm dado a identidades comerciais arraigadas a hábitos de consumo uma certa diferenciação por meio de termos como *yuppies, soccer moms* e *bobos*, que associam caráter a gastos e estilo de vida. Essas identidades cruzam fronteiras nacionais e étnicas e, portanto, potencialmente podem ser encontradas em Jacarta, Java e Johannesburgo tanto quanto em Munique, Milão e Muncie. Os *yuppies* são jovens profissionais urbanos que valorizam carros importados, restaurantes da moda e morar na cidade. *Soccer moms* é um termo que presumivelmente descreve mulheres do subúrbio que cumprem múltiplas tarefas, tentando "fazer tudo" numa sociedade que lhes permite ser profissionais contanto que continuem sendo mães, donas de casa e (principalmente) compradoras. E *bobos*, termo cunhado pelo jornalista David Brooks (que se autodescreveu como "sociólogo cômico, mas hoje colunista da página de editoriais do *New York Times*"), refere-se aos "boêmios burgueses" que conseguem misturar a contracultura hippie dos anos 1960 com a cultura de trabalho duro, meritocrática e dominante dos anos 1990. Os *bobos* são encontrados em todas as sociedades comerciais desenvolvidas, da Sloane Square, em Londres, até os shoppings de estilo americano na *rive gauche* de Paris, que imitam o grande Mall of America em Twin Cities, subúrbio de Bloomington, Minnesota.

A crítica do livro *Bobos in Paradise*, de Brooks, na Amazon cita-o descrevendo os bobos como consumidores que "saboreiam café com leite em copos gigantes, conversam no telefone celular e ouvem a NPR, National Public Radio, enquanto dirigem seus SUVs reluzentes até a Pottery Barn para comprar espátulas de titânio de US$ 48. Eles caminham com suas sofisticadas botas de caminhada esportivas por galerias de lojas especializadas em queijo e não acham nada demais pagar US$ 5 por um *muffin* de broto de trigo com azeitonas".[11] Essa caracterização pop-cultural da identidade é tão carregada de produtos quanto o último *blockbuster* de Hollywood, e seus principais indicadores são mercadorias.[12] É como se o caráter da era do Iluminismo fosse identificado pelos vinhos servidos a Voltaire em vez de por *Cândido*, ou como se o significado do romantismo fosse descrito pelo tabaco de cachimbo preferido de Coleridge em vez de por sua poesia heróica. As novas e amplas categorias de público usadas por marqueteiros e seus avatares jornalísticos rejeitam as categorias sociológicas tradicionais, ignorando classe, raça e sexo. Como conseqüência, falta-lhes credibilidade acadêmica. Mas isto não as impede de dominar a paisagem retórica da era consumista nem de determinar as maneiras pueris como pensamos sobre quem somos em termos do que compramos. O vice-presidente Al Gore foi julgado mais por sua alegada inaptidão para coordenar as cores em seu guarda-roupa do que por sua aptidão para soluções políticas complexas ao definir sua plataforma na eleição de 2000. E o senador John Kerry mais tarde insistiu em que o Partido Democrata precisava não estar associado a marcas para vencer as eleições de novo.[13] Outras eleições presidenciais indicam como se tornaram fortes as novas identidades do consumidor. Políticos como Blair na Grã-Bretanha, Sarkozy na França, Putin na Rússia e Chalabi no Iraque são definidos tanto por seus estilos e suas marcas quanto por sua política.

No novo mundo de identidade de estilo de vida, os produtos manufaturados e os serviços prestados da velha economia industrial já não são sequer a medida crítica da própria marca. Na pesquisa definitiva Líderes de Lealdade do Cliente a Marcas-Chaves, de 2004, a marca número um, que superou a Avis, foi a Google — uma empresa que não vende nenhum produto físico, mas cujas ações alcançaram US$ 400 e que representa uma potente força comercial simplesmente por oferecer um portal de acesso — *o* portal de acesso, ela gostaria de pensar — ao novo mundo das informações digitalizadas. Entre os nove primeiros de 2004, havia uma única empresa que vende bens duráveis a serem fornecidos (Canon Office Copier, que não deixa de estar nos negócios de comunicação de informática). Os outros não apenas comercializavam mercadorias como a Pepsi ou a Pizza Hutt, mas representavam empresas de informação ou comunicação, como Verizon e Yahoo! (e o número 14 era a livraria online Amazon), ou estabelecimentos de serviços, como a Avis e a Hyatt Hotels. As marcas já não buscam conteúdo, buscam manias, modas, maneiras novas de viver e fazer. Na visão de Al Ries, presidente da consultoria de marcas Ries & Ries, a marca é "uma coisa da moda. [Agora é a Google.] No ano que vem pode ser outra coisa".[14]

AS 50 PRINCIPAIS MARCAS MEDIDAS PELA LEALDADE DO CLIENTE EM 2004 (CLASSIFICAÇÃO DE 2003 ENTRE PARÊNTESES)[15]

1. Google.com (2)
2. Avis (1)
3. Verizon Long Distance (4)
4. KeySpan Energy (9)
5. Samsung Mobile Phone (7)
6. Hyatt Hotels (19)
7. Sprint Long Distance (3)
8. Canon Office Copier (8)
9. Yahoo.com (14)
10. Miller Genuine Draft (5)
11. Ritz-Carlton Hotels (17)
12. PSE&G (15)
13. Amazon.com (12)
14. Marriott Hotels (13)
15. Swissotel (NR)
16. Discover Card (27)
17. Diet Pepsi (31)
18. Budweiser (16)
19. Motorola Mobile Phone (10)
20. Coors (NR)
21. Netscape.com (59)
22. Sony Ericsson Mobile Phone (93)
23. Capital One Credit Card (29)
24. L. L. Bean Catalogue (20)
25. Wal-Mart (33)
26. Skechers (NR)
27. New Balance Athletic Shoe (22)
28. Miller Lite (87)

29. Starbucks (6)
30. Radisson (48)
31. BP Gasoline (79)
32. Inter-Continental Hotels (NR)
33. Sears Catalogue (30)
34. Verizon Wireless (37)
35. Schwab.com (26)
36. Diet Coke (47)
37. Mobil Gasoline (25)
38. T-Mobile Wireless (76)
39. Bell South Long Distance (28)
40. Adidas Athletic Shoe (23)
41. ETrade.com (42)
42. J. Crew Catalogue (54)
43. FedEx (50)
44. Westin Hotels (73)
45. Excite.com (35)
46. Hilton Hotels (36)
47. HotBot.com (34)
48. Sanyo Mobile Phone (NR)
49. MSN.com (38)
50. AltaVista.com (51)

Como muitas empresas tradicionais de produtos de consumo, a Kodak — cujos lucros tradicionalmente dependiam de filmes para máquinas fotográficas tradicionais e agora estão sob cerco das novas tecnologias fotográficas digitais — não está sequer entre as 200 primeiras marcas da lista. De olho na nova filosofia de construção de marcas, e com uma esperança de recuperação, a Kodak recentemente mudou seu foco de máquinas fotográficas para política de identidade de meninas, decidindo que, ao optar por câmeras que além de ser brindes são descartáveis (o dinheiro está na revelação do filme!), pode "continuar sendo uma atração para meninas adolescentes, deixando que elas saibam que é realmente bom ser elas mesmas".[16] E não apenas no país, mas no mundo. Afinal de contas, a Kodak enfrenta adversários como a Fujifilm e também precisa ter um bom desempenho na Ásia e em outros mercados globais.

De maneira semelhante, empresas de cerveja estão se afastando das bebidas fermentadas que caracterizavam suas marcas. Estão mudando para "bebidas que podem ser cerveja apenas no nome", ou seja, bebidas com fabricação limitada geralmente servidas em novas embalagens, como Moonshot (uma cerveja cafeinada da New Century Brewing), BE ("B" elevado à potência "E") e Tilt (ambas com 6,6% de álcool, cervejas de estilo coquetel) e Utopias, uma bebida com 25% de álcool da Sam Adams, oferecida numa garrafa estranha que parece uma taça em posição invertida e é vendida a US$ 100 (o rótulo "Utopias" presumivelmente está no plural porque bebendo uma ou duas você vê tudo em dobro).[17] Deixando claro que estão vendendo uma identidade de menino ou de cartum, em vez de simplesmente uma cerveja, os fabricantes fazem anúncios pueris que mostram meninas fogosas, rãs que falam e universitários, claramente visando celebrar e atrair homens jovens. Seu público alvo é menor de idade de várias maneiras.

Dessa forma, as marcas gradualmente são dissociadas do conteúdo específico dos produtos e serviços que estão em seus rótulos e reassociadas a estilos, sentimentos e emoções na melhor das hipóteses remotamente ligados a esses produtos e serviços. No processo, tornam-se novos e persuasivos fornecedores de infantilismo, de modo que os marqueteiros procuram dar a seus produtos — sejam eles refrigerantes ou partidos políticos — a autorização (literalmente) de "mamãe". A maneira como o capitalismo se deslocou de seu foco original sobre produtos genéricos para essa preocupação hoje com marcas dissociadas de produtos oferece uma importante visão sobre o uso e o significado das marcas sob a influência do etos infantilista. Porque a aparência dos produtos é mais do que um acidente aleatório da anarquia do mercado.

Historicamente, o capitalismo começou como um sistema em que bens e serviços específicos — genéricos em caráter e refletindo necessidades verdadeiras num mercado livre — eram produzidos e vendidos. Os produtores eram secundários em relação a seus produtos e totalmente submetidos a eles — bens como óleo de baleia, tijolos, aço, carroças, carvão, sabonete, armas, saias, petróleo, vagões de trem, velas, doces, motores e daí em diante. Todos os produtos estavam na classificação de hoje de "genéricos", e as empresas competiam para controlar a produção e a distribuição por meio de negociações privadas, cartéis, monopólios e trustes — em que a maior discrição poderia ser esconder a identidade de um potencial concorrente como a Standard Oil Company. Em condições ideais, produtos genéricos deixavam espaço para apenas um concorrente dominante em cada setor genérico. Sal era sal e só sal. Qual o sentido de ter dois ou três fabricantes de sal?

Na medida em que o monopólio era bem-sucedido, dificilmente havia necessidade de diferenciar um produtor de outro. Petróleo era Standard Oil, aço era Carnegie, filme era Kodak, sopa era Campbell e daí em diante. Mas o sucesso dos mercados capitalistas (com ajuda dos regulamentos antitruste do governo) em identificar monopólios e assegurar a competição resultou em que, no início do século XX, tanto na Europa quanto nos Estados Unidos, vários produtores que faziam o mesmo produto e ofereciam os mesmos serviços estavam disputando uma fatia do mercado. Para se distinguirem uns dos outros, eles começaram a "registrar a marca" de seus produtos e serviços na esperança de que os compradores preferissem uma empresa de sal, petróleo ou armas a outra, inicialmente por "motivos racionais" envolvendo alegações sobre quem oferecia a "melhor" (qualidade), ou "mais barata" (preço), ou "mais confiável" (confiabilidade) versão do produto ou do serviço comercializado.

De início, a propaganda e o marketing tinham o objetivo de fornecer informações sobre os bens mas quando o consumo aumentou e os produtores se multiplicaram, os argumentos para dar preferência a uma marca em detrimento de outra tornaram-se necessariamente mais manipuladores. Numa sociedade agrária (os Estados Unidos antes de 1870, a Europa até, digamos, 1848 e a Índia até os anos 1960), os bens essenciais eram vendidos mais ou menos como genéricos. Empresas com monopólio dificilmente precisavam fazer propaganda. Se você queria petróleo, comprava do senhor Rockefeller. Se queria enviar uma carta, ia aos Correios dos EUA. Se queria sal ou algodão, ia a um armazém e pedia sal ou algodão. Mas quando a gasolina passou a ser oferecida por empresas rivais, as cartas e comunicações passaram a provir tanto de empresas privadas quanto de empresas do governo (Pony Express, Western Union e finalmente UPS e FedEx) e o sal e o algodão passaram a ser oferecidos por empresas rivais em qualidade, preço e confiabilidade no serviço, o cuidado do consumidor tornou-se uma realidade, e influenciá-lo e moldá-lo se tornaram um grande negócio. Fornecer o genérico já não era suficiente: uma marca registrada tinha que oferecer "algo além do genérico".

Os produtos proliferaram não apenas em razão do aumento da demanda, mas para "satisfazer necessidades que ninguém sabia que tinha", como observa William Leach em seu indispensável e revelador retrato da cultura comercial em seus primórdios, chamado *Land of Desire*.[18] Em 1890, relata Leach, 32 mil pianos foram comercializados; em 1904, foram 374 mil. Se antes havia apenas velhas colheres vazias à venda, na virada do século havia colheres de amoras, colheres de açúcar, colheres de sopa, colheres de sal, colheres de mostarda e assim por diante. "Em apenas seis anos, entre 1899 e 1905," escreve Leach, "a produção de alimentos americana aumentou quase 40%. A quantidade de bijuterias baratas dobrou entre 1890 e 1900."[19] De repente, havia escolha, e nessas circunstâncias, em que o produto original (uma colher) ou o serviço (um catálogo de vendas por correspondência) era mais ou menos indiferenciável de outro oferecido por empresas rivais, a marca registrada específica tinha que oferecer um algo mais definido por qualidade, preço, consistência, confiança e atendimento ao cliente. Essas qualidades continuavam ainda associadas ao produto ou ao serviço genérico, geralmente por meio de termos como *mais* e *melhor*. Você podia comprar coisas vendidas num armazém, mas quem saberia dizer por quanto? Na Woolworth's, sempre seria por um previsível níquel ou dez centavos. A Ford fazia um carro melhor. A Western Union oferecia uma comunicação mais confiável. A Baldwin fazia pianos melhores, mas a Chickering ou a Brewster faziam pianos mais baratos. A Sears Roebuck tinha mais produtos com preços melhores do que a Montgomery Ward (ou vice-versa).

Uma mudança crítica estava acontecendo. Thorstein Veblen viu nesses acontecimentos "uma das mutações mais significativas da história do homem", na qual o capital industrial estava sendo substituído pelo capital de negócios em que o investimento para obter ganhos superava o "compromisso com a indústria e a mão-de-obra".[20] O etos protestante estava se metamorfoseando diante dos olhos espantados dos novos consumidores "capacitados". Os mercados estavam sendo comandados, diversificando-se, tornando-se objetos de propaganda e sendo manipulados em nome da escolha do consumidor. William Leach toma emprestado do magnata de lojas de departamento John Wannamaker a expressão "a terra do desejo" tanto para usá-la no título de seu livro quanto para descrever uma cultura de capitalismo de consumo que, apesar de sua retórica de liberdade, estava "entre as culturas públicas menos consensuais já criadas". Como ela "não era produzida por 'pessoas', mas por grupos comerciais em cooperação com outras elites", e como ela "oferecia a estas apenas uma visão de vida boa e retirava todas as outras",[21] seu efeito foi diminuir a vida pública americana e o papel do consenso democrático, ainda que proclamasse um novo mercado de consumo dedicado a servir aos compradores — em grande parte como aqueles que hoje comercializam para crianças proclamam a "capacitação" das crianças. As marcas registradas foram os instrumentos com os quais as novas corporações do mercado de massa criadas com base no capital de negócios ajudaram a criar "fábulas de abundância"[22] e forçaram sua visão de "terra do desejo" para competir umas com as outras pela maior parte dessa terra. Elas anunciaram a chegada do domínio dos consumidores sobre os produtores, ainda que assegurassem o domínio da propaganda e do marketing sobre produtores e consumidores.

As marcas registradas eram, porém, apenas uma estação no caminho para as marcas de uma maneira geral. Porque as marcas registradas ainda estavam muito próximas dos produtos e serviços genéricos e provariam ser insuficientes na tarefa de despertar desejos que as pessoas não sabiam que tinham. Fazer isso exigiria colocar a emoção e a imaginação a serviço da nova sociedade de consumo de massa, que estava produzindo mercadorias mais rapidamente do que conseguia produzir um senso de necessidade palpável para elas. Já em 1901, a mãe da antropóloga Margaret Mead, uma especialista em propaganda chamada Emily Fogg Mead, havia entendido que o que era necessário para o capitalismo de consumo ter sucesso era a "difusão do 'desejo' por toda a população". Defendendo o novo negócio da propaganda, Mead — soando de maneira impressionante como Kevin Roberts, diretor executivo da Saatchi & Saatchi, um século depois — afirmou com entusiasmo: "Não estamos preocupados com a capacidade de pagar, mas com a capacidade de querer e escolher", o que significa abrir "a imaginação e a emoção para o desejo".[23] Um contemporâneo de Fogg tira a conclusão óbvia: "Sem imaginação, nenhuma vontade; sem vontade, nenhuma exigência de que ela seja saciada."[24] Aqui estava a transição crítica do capitalismo como um sistema baseado na produção, em que poupar era a principal virtude, para o capitalismo como um sistema baseado no consumo, em que gastar se tornaria a principal virtude; a transição de uma vida rural estática e conduzida pela necessidade para uma cultura arbitrária móvel e urbana, de "automóvel e avião, cinema e rádio, luz elétrica e ferramentas, refrigerante engarrafado e sopa em lata".[25] Em outras palavras, uma transição de um sistema que servia às vontades para um sistema que produzia vontades.

Para uma revolução como essa, as marcas registradas não foram suficientes. As marcas que viriam nasceram como filhos adotivos da competição entre empreendedores que se seguiu à era dos cartéis e trustes. Não é de surpreender que a Procter & Gamble, com seu monopólio de produtos para casa sendo desafiado por novos concorrentes, tenha sido a primeira a codificar um "sistema de administração de marca", em 1931. As marcas tiraram vantagem da maneira como as marcas registradas haviam primeiramente se tornado substitutas dos genéricos, vindo a ser literalmente sinônimos deles, de modo que, com o passar do tempo, Bayer, Clorox, Jell-O, Vaselina, Band-Aid e Kodak se tornaram sinônimos de aspirina, amônia, gelatina, parafina líquida, curativo e máquina fotográfica. O objetivo já não era dizer aos companheiros o que estava à venda, mas mostrar-lhes por que eles precisavam comprar e aderir a uma marca particular daquilo que estava à venda — melhor ainda, levá-los a comprar aquilo quer eles precisassem ou não daquilo. Isto significava fazê-los sentir-se leais à marca associando-a a um sentimento: com a lealdade por si só — não sentimento por isso ou lealdade por aquilo, mas sentimento genérico e lealdade genérica. Sinta-se em casa com a marca porque a marca é parte da família, sinta que a marca é confiável porque na propaganda tem uma campainha para chamar o fiel cachorro da família, Spot. A massa para panquecas era uma receita genérica com ovos, farinha, gordura e açúcar, mas a Tia Jemima não era apenas ovos e farinha, mas açúcar-creme-e-o-sonho-de-todo-mundo com uma babá inexistente na infância com a qual você podia se sentir seguro e sem culpa ou consciência racial. Se as marcas registradas comercializaram mercadorias genéricas, as novas marcas comercializaram sentimentos e emoções genéricos, que tinham pouco a ver com os próprios produtos e serviços, mas estavam cirurgicamente ligados a eles por médicos de mercado profissionais.

As marcas modernas buscam essa lógica incessantemente. Café é café e só café, e para a Starbucks, por exemplo, está claro que "os consumidores não acreditam realmente que há uma enorme diferença entre os produtos", e, portanto, o verdadeiro objetivo é "estabelecer laços emocionais".[26] Howard Schultz, fundador da Starbucks, sabe muito bem que não está vendendo mais café do que os fabricantes de cerveja estão vendendo cerveja. Em vez disso, o que está em jogo é "o romance da experiência com o café, o sentimento de acolhimento e de comunidade que as pessoas têm nas lojas da Starbucks".[27] A Nike também está "alavancando a profunda conexão emocional que as pessoas têm com os esportes e a boa forma física... [Uma] grande marca eleva o nível — acrescenta um sentido de objetivo maior à experiência".[28] Não produtos, mas alavancagem emocional, estilos de vida manipulados e desenvolvimento de objetivo humano definem a nova corporação. Como Phil Knight, diretor executivo e fundador da Nike, sugere com uma típica franqueza ingênua: "Durante anos pensamos em nós mesmos como uma empresa orientada para a produção, no sentido de que dávamos toda a nossa ênfase ao desenho e à fabricação dos produtos. Mas agora compreendemos que a coisa mais importante que fazemos é comercializar o produto... A Nike é uma empresa orientada pelo marketing, e o produto é nossa ferramenta de marketing mais importante."[29]

Essa inversão radical da tradicional relação capitalista entre bens e serviços (produtos de uma empresa) e marketing (como ela vende seus produtos) representa um extraordinário passo à frente, que exige objetivar e infantilizar consumidores de uma maneira completamente estranha ao capitalismo produtivista. Embora Naomi Klein aponte de maneira divertida para o que chama de "profunda tendência à Nova Era" no mundo corporativo, há muito mais coisas em jogo do que abraçar árvores e ouvir o canto das baleias.[30] A economia do capitalismo de consumo recente parece determinar um sistema em que a Nike está competindo com a Disney e não com a Reebok, e em que as marcas devem ser compreendidas em termos de experiência, estilo de vida e emoção, e são essas qualidades que precisam ser vendidas, enquanto os próprios produtos permanecem totalmente desnecessários ou diferenciados de outros produtos apenas pelo marketing.

Ninguém é mais esclarecedor em relação à nova ideologia de consumo associada ao etos infantilista do que Kevin Roberts, diretor executivo da

Saatchi & Saatchi. “No início, os produtos eram apenas, bem... produtos.”[31] Tijolos são apenas tijolos, e é difícil diferenciar um tijolo de outro; mas tijolos são usados na construção de casas e lareiras e podem evocar uma sensação de segurança e santuário. O fabricante de tijolos que está no ramo de “construção de casas” — esta é uma marca de tijolo que vale a pena comprar. Na Índia — onde os ladrilhos do piso são tão importantes quanto os tijolos —, os marqueteiros aprenderam bem a lição. Fabricantes de ladrilhos rivais enfrentam o desafio de competir uns com os outros enquanto os logotipos de suas marcas são enterrados na parte de baixo de seus ladrilhos, de modo que nunca são vistos pelos consumidores depois que os pisos são instalados. Portanto, as marcas precisam “atrair e conquistar os corações e as mentes dos lares indianos”, algo que exige mais do que uma pesquisa sobre as propriedades dos ladrilhos de cerâmica.[32] Como Marc Gobé escreve, se você quer que sua marca crie uma conexão, “me dê um S-E-N-T-I-M-E-N-T-O (não estatísticas nem listas de números)”.[33]

Aveia não é algo diferente de tijolos ou ladrilhos. Quando a marca Cheerios estava envelhecendo, no início dos anos 1990, Kevin Roberts convenceu os executivos da General Mills Cereals de que a Cheerios não deveria ser considerada apenas uma “aveia comum” entre os cereais consumidos no café-da-manhã; em vez disso, deveria ser considerada “um membro da família” e, portanto, “uma expressão duradoura do amor da mãe por sua família”. Ao “marcar emocionalmente” seu cereal, a General Mills criou laços com seus clientes e em nenhum momento, de acordo com Roberts, as vendas voltaram a cair.[34] Nesse mesmo espírito, a General Motors, fabricante da exclusiva marca de automóvel Saturn, teve o prazer, em seu apogeu (a empresa e a marca estão em declínio), de anunciar que tinha “convencido 44 mil clientes” de que eles deveriam “passar suas férias conosco, numa fábrica de carros”. O Saturn e seus clientes haviam se tornado membros de uma mesma família — uma família com a qual os consumidores estavam mais do que satisfeitos por passar as férias literalmente juntos. Alguns poderiam até dizer que a lealdade à marca beira um culto religioso. Executivos de propaganda são os primeiros a concordar. Douglas Atkin escreveu um livro no qual argumenta que “cultos religiosos são uma fonte rica e legítima de visões para a criação de uma devoção à marca” e que “as marcas são a nova religião”.[35] Ele conclui — não como crítico, mas como defensor — que, "juntamente com as religiões alternativas, as marcas são agora sérios competidores pela crença e pela comunidade".[36] Quando a Jihad enfrenta o McMundo hoje em dia, não é religião contra comércio; é religião contra religião.

Nos Estados Unidos, notícias na televisão são veiculadas pelas novas regras dessa nova compreensão do que Atkin chama de "economia espiritual", em que "a necessidade de pertencer e de produzir significado" domina o mundo dos bens materiais.[37] Os noticiários matinais, tais como *Today Show* e *Good Morning America*, tiveram início numa era anterior (*Today* em 1952) como programas de notícia semi-sérios, que apresentavam jornalistas como John Chancellor e Tom Brokaw. Mas ficou claro nos anos 1980 que as notícias, pesadas ou leves, eram meramente um veículo para as marcas estelares que as redes de televisão estavam vendendo para ampliar suas audiências, tirando vantagem da profunda "necessidade de pertencer".[38] O que antes era o Quarto Poder — o papel crítico do jornalismo cívico diante dos três tradicionais poderes ou classes do reino político — é agora pouco mais do que um bem imóvel, um capitalismo de mercadorias vendendo uma mistura de informações mescladas a entretenimento para maximizar a renda com anúncios, de modo a satisfazer os acionistas corporativos.

Não são as notícias, mas personalidades como Katie Couric, Diane Sawyer e Al Roker que hoje em dia são exibidas. Os programas têm como alvo as mulheres (70% da audiência matinal) e, como observa o crítico de mídia Ken Auletta, "insistem, acima de tudo, na "capacidade de agradar" de seus âncoras. *Today* inclui previsões do tempo periódicas, mas principalmente a fim de oferecer um palco para seu alegre astro Al Roker — cuja função mais importante "não é apresentar previsões do tempo, mas desempenhar um personagem — amigável, brincalhão — chamado Al Roker. A previsão do tempo é irrelevante".[39] No novo marketing de marcas, o produto é sempre irrelevante quando comparado com emoções, sentimentos e conexões. Portanto, quando a Porsche oferece seu novo modelo de Cayenne S Titanium, ninguém fica surpreso com a pequena frase em seu anúncio enorme dizendo: "O Cayenne S Titanium... não é feito de titânio nem tem qualquer parte feita de titânio." Por que deveria? Marcas são experiências, e experiências precisam ser "encenadas".[40] Shelley Ross, ex-produtora de

Good Morning America, tinha, na verdade, um roteiro para suas estrelas que listava o âncora Charles Gibson como "Pai" e, portanto, o "Patriarca", e no qual Diane Sawyer era "a amante de todas as culturas" e o apresentador de notícias Robin Roberts, "o melhor amigo".[41]

Naomi Klein relatou em profundidade em seu *No Logo* o que ela chama de "epifanias de 'visão de marca'", que descobriu embaixo de cada pedra de marketing que virou. A Polaroid já não é uma máquina fotográfica, mas um "lubrificante social"; a IBM vende "soluções para negócios", não computadores; a Swatch comercializa tempo, em vez de relógios de pulso; e a Diesel Jeans é um "movimento" de estilo de vida. A idéia é incorporar uma série de valores, aplicar "marcas de atributo" — não fabricar realmente alguma coisa, mas, conforme Naomi Klein insiste que Tommy Hilfiger está fazendo, estar no "negócio de assinar seu nome".[42] Muitas marcas circulam hoje em torno de celebridades e personalidades, desde gente como Michael Jordan e Larry King, que *são* a marca, até gente como Richard Branson (Virgin), Phil Knight (Nike) e Bill Gates (Microsoft), que, ao transformarem um produto numa fama de celebridade, *tornam-se* — em um nível considerável, ao estilo Martha Stewart — a marca.

Pense em Michael Jordan, ou Oprah, ou mesmo em Martha Stewart, que teve sua imagem ligeiramente manchada, como marcas com nomes, que caminham, respiram, não associadas a produto algum em particular exceto aqueles que eles próprios criam, desempenham, "atuam" ou são pagos para usar.[43] Se eles fazem um produto vender, é porque quem compra esse produto deve pensar que está comprando e adquirindo os atributos de ("se tornar") Jordan ou Oprah — em grande parte, da mesma forma que antigos guerreiros consumiam o inimigo morto acreditando que poderiam absorver as virtudes dele.[44] Pense também na nova geração de celebridades políticas que transformaram as famosas marcas registradas de seus negócios de entretenimento (Arnold Schwarzenegger e seu potencial adversário Warren Beatty) em marcas políticas e que algumas vezes (como fez o ex-senador Fred Thompson, de Tennessee) transformaram marcas políticas em marcas registradas de entretenimento. Qualquer coisa, tudo, qualquer pessoa, até mesmo nada, pode receber uma marca, incluindo, digamos, água, ou mesmo areia.[45] Ou os sem-teto: um menino "inteligente" inventou o que ele chama cuidadosamente de "Bumvertising",* utilizando sinais usados por sem-teto, de modo que os sinetes utilizados pelos mendigos vendem o que você quiser.[46] Ou animais de estimação: o Nickelodeon, canal a cabo para crianças, está vendendo suéteres para cachorros com seu personagem característico Bob Esponja bordado nelas, enquanto a celebridade Paris Hilton veste seu chihuahua como "uma expressão dela própria" (e de sua linha de produtos).[47]

Nem mesmo uma indústria tão independente e séria quanto a indústria editorial está imune. Alguns observadores sugerem que prudentes autores de best sellers do mercado de massa já não precisam pensar que estão produzindo livros; em vez disso, os livros produzem autores de best sellers do mercado de massa. Os autores são as novas marcas, escrevam eles ficção, não-ficção ou facção. Stephen King, ou Bob Woodward, ou Tom Clancy, ou Danielle Steel, ou Ann Coulter vendem primeiramente *eles próprios* e depois seus livros ou seus títulos de livros. As coisas não são muito diferentes na França, onde escritores pop culturais produzem uma enxurrada de livros, memórias e ensaios nos quais seus nomes-marcas e suas fotos na revista *Vogue* são o que vende o produto.

Marcas de celebridades jorram e podem levar escritores menos populares a pensar em suas carreiras de maneiras antiliterárias. Em 2005, num simpósio da Associação de Escritores sobre "Plataformas e Publicidade num Mercado Saturado" (o título por si só diz tudo), a escritora E. Jean Carroll, que já é mais conhecida por sua coluna na revista *Elle* do que por seus livros, falou com entusiasmo não sobre os livros do colega George Carlin, mas sobre a turnê dele para divulgar o livro ("foi ótima") e suas aparições ("foram ótimas"), concluindo que "vai chegar o dia em que o livro não será a plataforma. O livro está começando a ser secundário em relação à plataforma". Assim como acontece com a previsão do tempo no noticiário da televisão, o livro está se tornando secundário, ficando ao lado do objetivo. Falando com uma espontaneidade casual no pódio de autoridades da Associação de Escritores, Carrol resume o espírito da era das marcas: "O livro está, ah, esgotado. Frrrp [sic]. Todo mundo quer estar nos sites, quer estar na TV a cabo, quer estar no rádio, quer estar na Sirius [rede de rádio por satélite]. O livro agora está do lado de fora. Costumava estar do lado de dentro; tudo circulava em torno dele. Agora o livro está do

*Junção das palavras *bum* (vagabundo) e *advertising* (propaganda). (*N. do T.*)

lado de fora."[48] O produto está do lado de fora, o produtor do livro e a marca do produtor estão do lado de dentro.

Em seu entusiasmo infantil, Kevin Roberts tornou explícito o significado implícito das marcas, codificando o significado dos muitos exemplos diferentes avaliados aqui e escrevendo a bíblia da construção de marcas da nova geração sob o título de *Lovemarks*. Nela, ele fica feliz por reconhecer o marketing não como uma ferramenta do capitalismo, mas como sua nova essência — a propaganda emocional que seqüestra emoções e sentimentos autênticos e os usa de maneiras totalmente instrumentais para vender produtos pelos quais nem os produtores nem os consumidores (sem levar em conta os estratagemas de Kevin Roberts) não teriam, de outro modo, muito interesse e pelos quais existe, de qualquer modo, pouca demanda inerente. Robert acredita que chegou a hora de haver um termo de terceira geração para *marca registrada*, algo que aperfeiçoa o que hoje chamamos simplesmente de *marcas*, da mesma forma que essas *marcas* aperfeiçoaram as *marcas registradas*. Sua proposta é usar o termo *marcas de amor* —, marcas pelas quais os consumidores estão apaixonados e que, portanto, "pertencem" não aos diretores de corporações nem aos acionistas, mas aos próprios consumidores. Explicando de maneira mais simples, as marcas de amor são marcas pelas quais os consumidores podem ser levados a se apaixonar, sendo persuadidos a "tê-las" por iniciativa de anunciantes habilidosos e marqueteiros espertos como Kevin Roberts, Richard Branson, Phil Knight, Tommy Hilfiger e Howard Schultz. O trabalho deles é mergulhar produtos e serviços num miasma sentimental inespecífico do qual "decisões emocionais" podem emanar "naturalmente" (natural sendo criação de artifício, e decisões emocionais sendo irracionais e não ponderadas e, portanto, dificilmente sendo realmente decisões).

É "amor à venda" no sentido mais literal, porque as corporações estão vendendo amor, não um produto independente — como o selo postal LOVE, que agora é o favorito do Serviço Postal dos EUA e que parece menos um pagamento pelos serviços prestados do que um emblema de uma marca "sinta-se-bem" dos Correios que possui uma idéia de comunicação alegre de algum marqueteiro. Quando o consumidor compra amor ou o "amo muito tudo isso" (um famoso slogan do McDonald's), nasce uma marca de amor. O produto em si, definido originalmente por necessidades e verdadeiras vontades, já não é a questão. Na era das marcas de amor, o primeiro passo é incorporar completamente a emoção, renegando a racionalidade e o conhecimento como características do marketing de marcas. Como os "seres humanos são movidos pela emoção, não pela razão" (ou como as crianças são movidas pela emoção, não pela razão), a chave para o novo marketing (e, implicitamente, a chave para o velho marketing também) é fazer "conexões consistentes, emocionais, com os consumidores", de modo que eles façam suas escolhas na hora de comprar com base em decisões emocionais do tipo manifestado em expressões como "eu gosto desse, eu prefiro esse, eu me sinto bem com esse". Assim, a Starbucks procura "estabelecer laços emocionais", enquanto a Nike se esforça para "alavancar conexões emocionais". Kevin Roberts é simplesmente o porta-voz dessas empresas quando escreve que, entre todas as emoções visadas, a "Emoção Número Um, a mais fundamental de todas elas", era e é (imagine essa palavra em letras vermelhas brilhantes e berrantes distribuídas por duas páginas vazias no projeto gráfico psicodélico de *Lovemarks*):[49]

A M O R

É simples assim. Como no capítulo 4 de Robert, "Tudo o Que Você Precisa É Amor" (o título você sabe de onde foi tirado).* É isso principalmente que as crianças precisam. Desde o momento em que se tornou diretor executivo da Saatchi & Saatchi, Roberts pratica o que prega. Ele recorda que sua grande idéia foi a de que "a Saatchi não é uma 'agência de propaganda', mas uma 'Companhia de Idéias'". "Precisamos representar muito mais", anunciou ele a seus sócios fascinados. "Muito mais." O que "precisávamos representar", explicou ele, "é amor".[50] Não apenas cada marca a que sua empresa servia precisava tornar-se uma marca de amor, substituta do amor, mas a Saatchi & Saatchi — não era também uma marca? — tinha que fazer isso também. Numa economia de consumo pós-moderna em que tudo que é vendido são marcas, que marca mais exemplar pode existir do que a marca que vende marcas — a própria Saatchi & Saatchi. O economista intrigado vai pensar, nas palavras de uma outra canção popular: "O que o amor tem a ver com isso?"** Mas isso é apenas para confundir a economia da era da infantilização.

*"All You Need Is Love", canção dos Beatles. (*N. do T.*)

**"What's love got to do with it?", sucesso de Tina Turner. (*N. do T.*)

Na linguagem de marketing de Roberts, marcas de amor representam marcas de confiança e dependem da criação de um monopólio sobre uma série de sentimentos associados, incluindo mistério, sensualidade, intimidade, respeito e lealdade; ou seja, "lealdade acima da razão" — uma fórmula extrema, que cínicos podem confundir com algo parecido com "meu país certo ou errado", ou "patriotismo cego", ou "exuberância irracional", ou "lealdade eterna" ao, digamos, Partido Comunista ou à al-Qaeda. Mas Roberts só está levando a nova retórica do marketing ao seu clímax natural. Seus concorrentes usam a mesma linguagem superaquecida, convencidos por Daryl Travis de que "todas as marcas de sucesso têm seu próprio, único, pequeno e doce lugar no centro de suas perspectivas, de preferência um lugar acolhedor em seus corações. Esse doce lugar guarda tanto os fatos quanto os sentimentos daquilo que torna você diferente de seus concorrentes".[51] Eles estão convencidos, como Marc Gobé, de que "o desafio é envolver o conceito existente de identidade corporativa (I.C.), que é 'conduzida corporativamente' a uma identidade emocional (I.E.), numa abordagem conduzida por pessoas".[52] Também para Gobé, as marcas precisam "refletir emocionalmente nossas vidas". Por quê? "Porque as emoções são simplesmente o canal que melhor conecta as marcas às pessoas, elevando nossa percepção de um produto ou serviço ao nível da aspiração." Gobé prepara o terreno para Roberts: "*Mensagens conduzidas corporativamente*", afirma ele com ênfase, "*precisam ser substituídas por diálogos centralizados nas pessoas*."[53] As marcas de amor são produtos arquetípicos de um diálogo centralizado nas pessoas.

Que a lealdade às marcas é cega em relação a fatos e motivos é algo evidente para Roberts desde a já conhecida má avaliação feita pela Coca-Cola Company em 1985, quando a empresa tropeçou no pior erro crasso de marketing de todos os tempos. Depois de uma pesquisa de mercado centralizada em experimentar no escuro gostos não relacionados à marca, a empresa propunha a seus clientes uma nova fórmula, a ser chamada de Nova Coca-Cola. O que não conseguiu entender, ensina Roberts, é que os consumidores de Coca-Cola "não se importavam" com o gosto ou se a nova fórmula tinha ou não, "em princípio (ou mesmo de fato), um gosto melhor"! Eles eram "consumidores por inspiração", ligados à clássica marca Coca-Cola, e, por não conseguir entender isso, a Coca-Cola Company quase jogou fora a própria essência de sua preciosa marca. A Nova Coca-Cola fracassou não por seu sabor, mas porque era um paradoxo e incorporava uma espécie de traição aos seus consumidores mais leais.[54]

O rótulo da garrafa de Coca-Cola era a mensagem sobre o que havia dentro, enquanto o que havia dentro — assim como nos casos de livros, Cheerios e notícias matinais — estava do lado de fora e ao lado do objetivo. A lição aplica-se a tudo, incluindo supostos "princípios básicos", como a educação. A New School of Social Research, em Nova York — um lendário programa de pós-graduação fundado em 1919 por John Dewey e outros e transformado em centro internacional de psicologia social e pesquisa por refugiados da Alemanha nazista nos anos 1930 e 1940 —, mudou seu nome alguns anos atrás para New School University. Havia aberto novos programas e engolido instituições antes autônomas, como o Mannes College of Music, a Parsons School of Design e a Actors Studio Drama School, e precisava tanto integrar essa diversidade anárquica de programas quanto indicar seu novo status de verdadeira universidade. Porém seus fãs e clientes se rebelaram, enquanto o público em geral demonstrou estar confuso. Rendendo-se à pressão do consumidor e à lealdade à marca, em 2005 a instituição recuperou sua marca original — mais uma vez, apenas a New School.[55]

O valor comercial das empresas de consumo reside, portanto, não nos produtos, mas nos nomes e nas marcas que elas representam. A infeliz experiência da Coca-Cola não aconteceu por acaso. Uma empresa que classifica marcas, a Interbrand Corporation, põe a Coca-Coca no topo de sua lista e calculou o valor da marca em "mais de US$ 67 bilhões". Não por suas fábricas, instalações de engarrafamento e por sua fórmula, mas "pelas palavras 'Coca-Cola' e 'Coke', se por acaso a empresa de Atlanta perdesse o juízo e decidisse vender o que pode ser a marca mais conhecida da história do comércio".[56] Na reunião de 2004 do Fórum Econômico Mundial, em Davos, Suíça, foi distribuído um boletim de imprensa com o título "Reputação de Marca Corporativa Supera Desempenho Financeiro como Medida de Sucesso Mais Importante", no qual se alegava que "a reputação corporativa é uma medida de sucesso mais importante do que o desempenho no mercado de ações, a lucratividade e o retorno do investimento, de acordo com uma pesquisa feita por alguns dos principais diretores executivos e líderes de organizações do mundo. Somente a qualidade dos produtos e serviços chegou perto da principal medida do sucesso corporativo". O boletim relatou estimativas que estabelecem o valor da marca em "40% da capitalização de mercado de uma empresa".[57]

Kevin Roberts apresenta um exemplo pessoal para convencer sobre as novas lealdades que o levaram das marcas para as marcas de amor. Ele confessa que sempre adorou o xampu anticaspas Head & Shoulders. Hoje em dia, está careca, mas continua usando o mesmo xampu. Esse tipo de "lealdade acima da razão" é real e está presente no cotidiano, mas geralmente é associado a crianças impulsivas e não a adultos maduros. Tente arrancar uma boneca esfarrapada ou uma coberta puída de uma criança de seis anos com a promessa de comprar uma boneca ou uma coberta novinha em folha e muito melhor!

É claro que o desafio de incutir lealdade à marca é um motivo-chave pelo qual as empresas estão tão "ansiosas para cortejar jovens consumidores e seus pais". Elas estão até "tomando como alvo uma nova alternativa de marketing: os pré-escolares". A Ford Motor Company imprimiu cem mil cartazes sobre segurança em casa e, "é claro, no carro", para instituições pré-escolares, creches e jardins-de-infância, enquanto a Pizza Hut está oferecendo a pré-escolares material de leitura com sua marca (a literatura não é exatamente a origem natural da cadeia de *pepperoni* e salsicha). Mas com mais de quatro milhões de crianças americanas na pré-escola ou em creches, a oportunidade para as corporações de estabelecer lealdade à marca está provando ser irresistível.[58] "Mais do que nunca", relatou o *New York Times*, ao apresentar um artigo sobre produtos de luxo para bebês pequenos, "os bebês estão fazendo suas pequenas vozes valer no mercado de bens de luxo, enquanto os pais apaixonadamente enfiam seus filhos em roupas, acessórios e outros produtos variados com pedigree de *designers*."[59] Sugerir que os bebês estão "fazendo suas vozes valer" diante de alguma coisa é algo obviamente absurdo, se não absolutamente perverso, mas, quando as corporações procuram estabelecer a lealdade à marca em bebês pequenos — como a Christian Dior faz com um programa para emprestar vestidos de *designer* a nenéns —, esse exagero pode ser esperado. Segundo uma mãe cuja filha se beneficiou do programa, "quando oferecem à sua filha um vestido tão social, isso significa que você está num certo nível social especial".[60] No mesmo espírito, a American Girl, um fabricante de bonecas, abriu uma cadeia de restaurantes/butiques dedicados às bonecas e às suas jovens fãs (consumidoras), com endereços em Los Angeles, Chicago e Nova York,[61] recomendado por Julia Moskin no artigo do *New York Times* "É o Lugar Mais Quente da Cidade, e as Bonecas Comem de Graça".[62]

O marketing para crianças muito novas não está restrito aos Estados Unidos. Existe uma "porta de entrada" para jovens que as empresas estão procurando explorar no mundo. Maria Papanthymou relata com entusiasmo uma pesquisa que mostra que "os jovens estão se tornando um público-alvo cada vez mais desejado por marqueteiros na Rússia", uma vez que na Rússia, como em qualquer outro lugar, "os jovens estão altamente voltados para o consumo que dá prestígio e são muito receptivos à comunicação das marcas. Além disso, o estilo de vida dos jovens está se tornando cada vez mais um ponto de referência para a cultura de consumo". Assim como na construção de marcas de identidade em outros lugares, a pesquisa sugere que também na Rússia "a descrição de uma marca jovem ideal está em sintonia com a descrição do self ideal feita pelas pessoas consultadas". Papanthymou parece chegar instintivamente à linguagem de Kevin Roberts quando conclui que as descobertas da pesquisa confirmam "o fato de que os componentes emocionais da imagem da marca e as implicações sociais do produto em particular são muito mais importantes do que os benefícios funcionais do produto".[63]

O apelo das marcas de amor às marcas e à identidade tem, portanto, alcance global. Entretanto, seja na Rússia ou nos Estados Unidos, assume uma outra característica que ajuda a definir os efeitos da distorção do etos infantilista sobre a sociedade: confere e produz falta de autenticidade. Como observa Papanthymou, seqüestra a força sentimental de emoções autênticas e as associa a produtos e serviços cujos "benefícios funcionais" são simplesmente irrelevantes. Tijolos não são a mesma coisa que lar e coração e podem, na verdade, ser usados para destruir, digamos, casas de vidro ou para fechar fornos de campo de concentração ou para construir barracos, mas dificilmente estas são associações sentimentais que os executivos de propaganda esperam transmitir. Cheerios não é realmente um membro da família, assim como Al Roker e Head & Shoulders não são. Seria realmente uma família bizarra, em que essas marcas ganhariam um lugar ao lado de Fido junto à lareira ou mesmo no aquário do peixinho da família, sem falar em se tornarem suplementos ou substitutos de papai e mamãe. Associá-las ao amor da mãe é seqüestrar o amor e trivializar a maternidade. É claro que isso não vai impedir corporações ambiciosas e partidos políticos agressivos de fazer o marketing do sentimentalismo maternal.

No novo mundo da identidade de marcas, os valores são reavaliados por meio da trivialização. A falta de autenticidade se torna uma espécie de autenticidade simulada. Sentimentos falsos e emoções comercialmente planejadas têm sido características especiais do apelo da Disney Company ao que ela chama de "imaginação". Roberts cita admiravelmente Walt Disney dizendo: "Eu amo Mickey Mouse mais do qualquer mulher que já conheci."[64] E Celebration, a investida da Disney na construção de uma nova cidade na Flórida, oferecia aos clientes representações falsas de diversos estilos arquitetônicos coladas sobre modelos de construções suburbanas comuns. De forma ainda mais impressionante, prometia aos compradores a sedução das "tradições instantâneas".[65] A arquitetura de hotéis em Las Vegas e Atlantic City, bem como de cassinos indianos na Nova Inglaterra e de parques temáticos na França e no Japão, especializa-se em reimaginar a realidade e em imagens falsas. Em Las Vegas, pode-se observar a silhueta de Manhattan ou uma paisagem de Paris sem sair do carro alugado, enquanto nos arredores de Paris, na Euro Disney, pode-se aproveitar a Main Street USA num café "alemão". Na Times Square, em Manhattan, pode-se caminhar num esterilizado centro de diversões urbano que mais parece um shopping do subúrbio de Las Vegas. A Ponte de Londres está no deserto do Arizona, e o antigo transatlântico britânico *Queen Mary* está no cais seco de San Diego. Todos os originais são agora recortes de papelão — imitações autênticas que simulam tanto mamãe quanto o *Queen Mary*. O mundo torna-se um salão de espelhos de um baile a fantasia onde tudo é um reflexo.

A televisão tornou-se uma mídia de pararrealidade, patrocinando relações "parassociais" e "pseudopessoais" com apresentadores de canais de compras, âncoras de noticiários, políticos em campanha e personalidades de *reality shows* que são especialistas em simular falsas realidades sociais. Eles olham dentro dos olhos do telespectador e falam espontaneamente com ele do fundo do coração, ainda que estejam, na verdade, mirando uma lente de câmara anônima e lendo, num *teleprompter*, palavras planejadas numa reunião de roteiro feita por escritores invisíveis para os quais a "autenticidade" é uma desculpa para a simulação e a "realidade", um convite à invenção.[66] Como observou o comentarista de cultura Jerry Mander, os Estados Unidos foram "a primeira cultura a substituir a experiência direta do mundo por versões de experiências secundárias e intermediárias".[67]

O título do livro de Neal Gabler, *Life: The Movie,* não é uma simples fantasia retórica, mas uma pista para uma nova ontologia na qual o que se é desloca-se de sua origem para sua representação simulada na tela. Gabler escreve sobre a conquista da realidade pelo entretenimento, sobre uma "república de entretenimento" que tem raízes nos EUA de Jackson, nos anos 1830, e que culminou hoje no entretenimento que é "a cosmologia governante", por meio da qual todas as formas de identidade e celebridade são mediadas.[68] Os conceitos desse novo mundo em que imagem e realidade já não são diferenciadas são captados pelo filme de Peter Weir de 1998, *O Show de Truman*, no qual centenas de câmeras escondidas tornam a vida "particular" (para ele) de Truman Burbank um programa transparente em que cada pessoa segue um roteiro, exceto o próprio Truman, que acha que sua vida é "real". Clay Calvert descreve isso como um "*voyeurismo mediado*", no qual "*o consumo de imagens reveladoras e informações sobre vidas aparentemente reais e desprotegidas de outras pessoas*" se torna a base não apenas do entretenimento, mas da subversão da privacidade e do discurso.[69]

A televisão de realidade voyeurística define e incorpora o consumismo pós-moderno. Como Chauncy Gardner no comovente filme de Peter Sellers *Muito além do jardim* (baseado no romance de Jerzy Kosinski), o mundo inteiro agora "gosta de assistir" — principalmente porque o capitalismo quer isso e ajuda para que seja assim, sendo capaz de ganhar mais dos consumidores que assistem do que dos consumidores que fazem. Tudo, de sexo até esportes e política, torna-se uma paixão de telespectadores. O sexo tem muito a ver com assistir — seja em *Sex and the City* nos Estados Unidos ou no Canal Plus, de pornografia sofisticada, na França, ou em anúncios ou videogames picantes, ou nos populares sites pornográficos "Upskirt", que exibem intermináveis imagens gravadas por câmeras escondidas (em sapatos, escadarias e onde quer que possam ser instaladas secretamente, com lentes espreitando de baixo para cima) de órgãos sexuais de mulheres, agora tornadas internacionalmente públicas na internet. O voyeurismo tomou conta dos esportes, envolvendo telespectadores — passivos em suas poltronas — num confronto entre times com marcas, levando-os a se identificar com suas vitórias ou derrotas, embora os jogadores sejam comprados ou vendidos sem referências para as cidades onde jogam além da lógica do dinheiro — um fato reforçado hoje pelos nomes das corporações privadas que dão nome ao que antes eram espaços publicamente definidos. A política também — até mesmo para aficionados — se tornou um esporte com espectadores, onde a democracia é algo a que assistimos na TV, em vez de uma atividade da qual participamos. Fanáticos por política são definidos como os novos viciados em noticiários na televisão, que passam o tempo todo assistindo ao canal de notícia C-SPAN, noticiários na TV a cabo e os múltiplos sites e blogs políticos que constituem a nova sociedade civil virtual. Quando alguns dos partidários virtuais de Howard Dean — cultivados e capturados pela internet — não conseguiram comparecer para votar na convenção em Iowa, durante as primárias democratas de 2004, uma grande confusão entre os jovens sobre a diferença entre política virtual e a verdadeira campanha eleitoral se tornou aparente.

O voyeurismo não é, portanto, uma característica peculiar da mídia moderna nem uma característica estranha de nossas vidas cada vez mais virtuais. A mídia moderna e nossas vidas cada vez mais virtuais são características definidoras do recente capitalismo de consumo. Porque o capitalismo de consumo agora tem identidade e realidade, precisando delas como instrumentos de marketing num mercado de consumo com dificuldades que desloca produtos (e, portanto, produz lucros) com mais dificuldade do que nunca. Da mesma maneira, não é a tecnologia que determina a política e a economia, mas a política e a economia que determinam a tecnologia. Por trás da interação delas está o etos de infantilização e o poder das marcas que esse etos tem utilizado.

As identidades virtuais e as falsas lealdades são incentivadas quando os produtos se afastam de seu caráter genérico e são associados a sentimentos secundários que são transformados em primários. A guerra de marketing das marcas de vodca é um exemplo esclarecedor. Tentando erguer-se, a Grey Goose Vodka, da França, lançou espertamente em 2005 uma campanha publicitária que trouxe Robert Redford, uma lenda do "filme independente", para a briga de marketing, e patrocinou uma série de filmes que Redford produziu para seu Sundance Channel. A série combinou duplas de grandes "iconoclastas" em documentários que fizeram "retratos íntimos e imprevisíveis de pessoas que transformaram nossa cultura com suas paixões". A Grey Goose Vodka não estava procurando juntar Einstein com Madre Teresa nem Churchill com Stravinsky, é claro. A empresa estava procurando pares que simbolizavam a boa vida, conforme planejava. Seus "pares criativos" incluíam o designer de moda Tom Ford e o artista Jeff Koons; o ator Samuel L. Jackson e a lenda do basquete Bill Russell; o *chef* Mario Batali e o produtor de filmes Michael Stipe. Um concurso relacionado à campanha prometia bilhetes para a estréia em Los Angeles dos filmes e "US$ 1.000 em compras".[70]

Em 2006, a Lexus convocou o apresentador Charlie Rose para outro cruzamento de informação com propaganda: a série de debates "A Estrada para a Inovação", que fez um paralelo entre, de um lado, inovação e aspiração em conversas de Rose com celebridades como George Clooney e Michael Eisner e, do outro, inovação e aspiração conforme definidas pelos automóveis da Lexus.

Um site relativamente novo que faz uma rede social, chamado Orkut, tira vantagem dessa nova falta de autenticidade de maneiras novas e fáceis, oferecendo um lugar onde as pessoas com sorte suficiente de ser escolhidas para integrar "uma comunidade de amigos e relações confiáveis" podem trocar mensagens instantâneas e interagir.[71] É claro que "relações confiáveis" é um paradoxo, mas, como ferramenta de marketing, a coisa funciona bem num mundo carente de confiança e ávido por comunicação. Nas palavras do site Orkut,

> o orkut é único porque é uma rede de amigos confiáveis que cresce naturalmente. Dessa maneira, não vamos crescer muito, nem muito rapidamente, e todo mundo terá pelo menos uma pessoa para lhe dar seu aval pessoal.
>
> Se você conhece alguém que é membro do orkut, essa pessoa pode convidar você a participar também. Se você não conhece um membro do orkut, espere um pouco e muito provavelmente logo você vai conhecer.
>
> Esperamos que você faça parte da comunidade orkut.

O Orkut usa "*buzz*" ("venda" informal de pessoa para pessoa) em torno de uma falsa "comunidade" e uma "confiança" falsa para competir com outros sites de jovens que parecem ser mais "anônimos" e, portanto, menos *legais*.

As lições de todos os exemplos analisados foram tanto absorvidas quanto refinadas numa filosofia de marketing que está sendo ensinada mais uma vez por Kevin Roberts, Daryl Travis, Marc Gobé e Matthew Ragas. Todos eles oferecem um leque de falsas emoções e falsos sentimentos a serem cultivados na venda de marcas, até mesmo (e especialmente) onde as emoções e os sentimentos não crescem a partir dos produtos, mas estão ligados a eles da mesma maneira que foguetes estão ligados a uma plataforma que os lança ao espaço. Exceto que os foguetes se tornam efetivamente a carga paga, justificando os fins por eles próprios.

Isto nos leva de volta ao coração do problema com a identidade de marca numa sociedade de consumo infantilizante. Enquanto trabalha para glamourizar e dar uma credibilidade clássica ao seu marketing de amor, Roberts cita, entre outros, Longfellow, Voltaire, Ruskin e Erich Fromm (além de Walt Disney e Homer Simpson). Ao fazer isso, ele rouba a força do termo de suas fontes autênticas e as instrumentaliza, subordinando-as ao uso comercial. Diferentemente das marcas registradas que antes identificavam bens e serviços genéricos, as novas marcas encarnadas como marcas de amor deslocam os produtos genéricos com genéricos emocionais roubados com o objetivo de colocá-los para trabalhar em benefício da lealdade à marca e dos lucros dos acionistas. O Cheerios torna-se um membro da família não porque a família precisa de um reforço e a aveia simula e assume o lugar de cães, gatos e outros bichos de estimação que aumentam a família, mas porque, ao associar um cereal de aveia genérico ao amor familiar, os anunciantes esperam que sua força sentimental possa ser espalhada sobre o produto e colocam nele um significado de marca que de outra forma não haveria.

A prova da eficiência dessa estratégia vem com a colocação do produto em filmes nos quais o objetivo é não apenas vendê-lo, mas explorar sua mensagem emocional. Assim, por exemplo, no premiado filme de Jim Jarmusch *Flores partidas*, Bill Murray mostra a uma criança como ela deve vigiar seus Cheerios (Murray lhe roubaria uma colher cheia!) — o rótulo de Cheerios funcionando tanto para dar emoção à cena quanto para vender a marca.

Remontagens de musicais da Broadway freqüentemente transformam referências genéricas da produção original em referências a produtos de empresas patrocinadoras, com o aviso de que a intenção é apenas aumentar o realismo. Na versão original de *Sweet Charity*, de 1966, um garçom pergunta a seu cliente: "Um scotch duplo de novo, senhor?" Na versão de 2005, a pergunta é: "Gran Centenario, a tequila?" — a tequila estava à venda durante o intervalo do musical. A Hormel Foods Corporation, fabricante da Spam, não apenas apoiou o musical de sucesso *Spamalot,* como autorizou o uso de seu nome em shows e lançou um novo sabor de Spam, Golden Honey Grail, no mercado de Nova York. A Yahoo! juntou-se à Hormel como patrocinadora de *Spamalot*, tendo sua marca impressa no roteiro (um sujeito no musical grita "Yahoo!" e a empresa aparece como um patrocinador imaginário de uma rotina no palco).[72]

Se o nome da marca pode moldar uma identidade e até assumi-la, então para descobrir "quem você é" você precisa decidir onde (e o que) comprar. Este é segredo simples da moderna construção de marca. Não existe nenhuma "ilusão". Os consumidores são conspiradores conhecidos, de modo que não é exatamente uma questão de falsa consciência. Na forma pós-moderna de identidade do consumidor, a aparência é tudo. Um proprietário de uma casa em Alpharetta, um luxuoso subúrbio da Geórgia, entrevistado pelo *New York Times*, parece reconhecer que está envolvido em "criar a ilusão da história". Ele sabe que as grossas colunas que "sustentam" sua casa são ocas; sabe que a histórica sociedade da *new town** está numa velha casa estilo Queen Anne trazida de uma outra área. Neal Martineau, de 74 anos, admite estar envolvido numa "perturbação arquitetônica" cujo objetivo é provar que ele é "melhor do que você". "Estou falsificando isso aqui", admite. "Tenho uma propriedade que não tem um terreno suficiente para alimentar um cavalo, mas eu a chamo de fazenda de cavalos." Ele sabe que automóveis dão status, e então dirige um Mercedes, "que indica quem eu sou". Como isto o faz sentir importante, ele fica "feliz por vestir [sic] um Mercedes".[73] Típico representante de uma classe "*relo*" (que foi realocada), na qual a identidade é algo variável, Martineau entende que os carros são menos dirigidos do que vestidos — sinais de identidade que vêm de fora, porque o interior é vazio. Roupas, carros, clubes, igrejas, são todos a mesma coisa: Kathy Link, outro produto "relo" em outro novo subúrbio anô-

---

*Cidade criada a partir de uma forma de planejamento urbano nos EUA que realocou populações de grandes cidades para formar comunidades inteiramente novas. (*N. do T.*)

nimo, também está procurando uma marca de identidade. Participando de um clube campestre em sua nova comunidade, Medlock Bridge, ela admite: "Ainda não achamos uma igreja. Fomos às compras para achar uma igreja."[74]

Numa sociedade comercial onde as identidades estão associadas a carros que as pessoas "vestem" e a igrejas que elas "compram", não é de se estranhar que a identidade possa ser comprada, tomada emprestada ou roubada. O roubo de identidade tornou-se uma preocupação universal entre usuários de cartão de crédito e internet e, conseqüentemente, em bancos e serviços de crédito. Mas já não se pode supor que o termo é simplesmente uma metáfora para abusos com um cartão de plástico roubado. Quando anúncios na televisão que advertem contra o roubo de identidade mostram uma voz de barítono de um criminoso saindo da boca de uma velha senhora simpática, uma identidade comercial roubada pode efetivamente significar a perda de sua própria "voz". Da mesma maneira, quando serviços especializados em coletar dados, como Acxiom, Seisint e LexisNexis, compram e vendem informações individuais sobre hábitos de consumo, classificação de crédito e comportamento nas compras (entre outras coisas) — em geral sem o conhecimento ou o consentimento dos consumidores —, o que está em jogo é mais do que a privacidade.[75]

Bairros urbanos inteiros podem passar por uma mudança de identidade, como aconteceu (na vívida descrição de Adam Gopnik) com Times Square, em Nova York. No distrito de entretenimento que define Manhattan, uma cultura de comércio em massa de "marcas nacionais e ávidos compradores" substituiu "uma cultura 'popular' autêntica, de galerias e indivíduos runyonescos pagos para promover músicas". Gopnik percebe que construir uma marca para Times Square é parte da estratégia de vender para crianças: "Esse declínio [de Times Square] permitiu o surgimento da verdadeira excitação da nova Square, a chegada do que os pais sabem que é o motor do comércio americano: mercadorias com marcas, baseadas na televisão, direcionadas a 'famílias' (ou seja, direcionadas a levar filhos a torturar seus pais até que eles as comprem)."[76]

Colocar valores falsos no centro da identidade tem, porém, um preço. Com o passar do tempo, o parasitismo tira de seus objetos a própria autenticidade e o significado. Se Cheerios quer dizer mamãe, então mamãe quer dizer Cheerios, e mamães que querem dizer Cheerios (ou espuma de sabão, ou Katie Couric) podem acabar deixando de ser mamães "reais" e se tornando tão falsificadas quanto seu uso da marca — e, a essa altura, mamães depreciadas já não podem ser objetos adequados aos quais o Cheerios pode associa-se ao buscar credibilidade para a marca numa falsa associação com os cuidados maternais. De modo que, quando o Tide também decide se associar a mamãe como um sabão em pó que mantém a família saudável, ele pode não querer que o Cheerios esteja invadindo essa propriedade e minando a credibilidade de mamãe, da mesma forma que o Cheerios não quer que mamãe seja comercialmente superexplorada pelo Tide. As duas empresas esperam apoderar-se de (roubar) um pouco da essência autêntica da maternidade que está incorporada nos significados verdadeiros e apropriados da maternidade — amor, lealdade e confiança "total". Mas, ao explorar esses atributos que tomam emprestados, as empresas ajudam a tirar o significado deles. Se faz sentido uma mãe amar totalmente seus filhos e as crianças amarem suas mães da mesma maneira, não faz sentido algum amar totalmente Cheerios, ou Tide, ou Head & Shoulders, ou Coca-Cola. Na verdade, é absolutamente estúpido fazer isso. Infantil. O adulto vai gostar de Cheerios porque ele tem um gosto bom e valor nutricional e vai usar Head & Shoulders para acabar com a caspa, não porque está apaixonado por um rótulo. No fim das contas, os consumidores vão ficar céticos e desprezar tanto os produtos associados a mamãe quanto os doces ideais da maternidade. Mas, destituídos da identidade tradicional e céticos em relação à marca, isto pode significar não que eles vão se libertar, mas apenas que vão perder suas raízes.

É por isso que crianças e adolescentes tomam esses objetos-alvos receptivos como marcadores. Assim, Alissa Quart argumentou que os "adolescentes e jovens talvez sejam mais abertos a alterar ou marcar seus corpos do que os adultos. A idéia de uma mudança permanente do corpo — feita praticamente da noite para o dia — tem apelo entre os adolescentes, pessoas que por definição estão mudando de identidade diariamente... Muitas cirurgias estéticas de adolescentes têm origem numa auto-aversão, camuflada como um símbolo de auto-estima e normalidade. A menina que opta por uma cirurgia estética opta por uma obsessão com o corpo e um controle sobre ele, em vez de optar por uma tentativa de transcendência que significa esquecer o corpo".[77]

Embora os marqueteiros aleguem estar suprindo a emoção e não a razão, e embora certamente estejam tentando evocar a emoção nos consumidores, eles próprios estão, na verdade, agindo racionalmente, usando uma forma poderosa de razão instrumental — ou seja, emoção racionalmente usada em nome do lucro. Sua preocupação com a imagem do corpo das meninas, por exemplo, é racional (para eles, não para nós) para vender bens e manter as corporações às quais eles (e o capitalismo de consumo) servem em boas condições. Os produtores tiram o cliente da racionalidade, de modo que possam vender a ele o que se adequa à racionalidade do produtor: fazer dinheiro. A tarefa deles, como reconhece Kevin Roberts, é causar um impacto no consumidor, que, com efeito, diz: "Você tem três segundos para me impressionar. Três segundos para se conectar comigo, para fazer com que eu me apaixone por seu produto."[78] Faça com que eu me apaixone por seu produto. Até mesmo o comprador sabe que a paixão é responsabilidade do produtor e de seus agentes de marketing, não dele.

Fazer consumidores se apaixonarem depende, porém, do parasitismo, que não só se aproveita do estoque de valores de nossa sociedade, como o reduz — usando-os, trivializando-os e rebaixando-os, sem levar nada de volta ao banco. Na medida em que as famílias estão em declínio, o Cheerios não vai ajudar a erguê-las da maneira que, digamos, uma lei mais dura tanto para se casar quanto para se divorciar poderia fazer. Ou da maneira que um aconselhamento familiar poderia fazer. Ou ter um filho. Ou até mesmo comprar um cocker spaniel. "Amar" Head & Shoulders ou Coca-Cola é bom para as marcas, mas ruim para o amor. Fornecedores de marcas de amor são ladrões de romance, tirando vantagem do amor por todos os motivos errados. Na verdade, eles atuam, em grande parte, como a propaganda e a lavagem cerebral ideológica: transformam emoções apropriadas em objetos impróprios. O "amor do Cheerios", ou o "amor do Tide", é um pouco diferente do "amor do Führer" ou do "amor do Partido". Quando falamos de "amar Deus", queremos dizer alguma coisa como "Deus é amor", mas quando falamos de "amar Head & Shoulders", não queremos dizer realmente que "Head & Shoulders é amor". Queremos dizer que o amor é uma trapaça, o amor é um truque, o amor é uma prostituta, o amor está à venda. Contrate Saatchi & Saatchi ou Doyle Dane Bernbach, e eles comprarão amor para sua marca. Contrate a d/g* worldwide de Marc Gobé, sua imagem e sua empresa de "criação de marcas", e você colocará o "novo paradigma para conectar marcas a pessoas" com o objetivo de trabalhar para a *sua* marca.[79]

Kevin Roberts relata com entusiasmo seu sucesso com um anúncio em vídeo da Lexus, no qual uma mulher grávida a caminho do hospital com seu marido dá à luz no carro (convenientemente estacionado em frente a uma loja autorizada da Lexus) com a ajuda de um vendedor da Lexus. Naturalmente, a empresa empresta um carro ao casal para que este continue a viagem, limpa o automóvel-sala-de-parto e se torna parte da família: sim, a menina que nasce é batizada de Isabelle Alexus.[80] Para Roberts, isto sugere que a Lexus passou de marca a marca de amor, participando agora do milagre da criação. Para observadores mais céticos, isto indica apenas apropriação de sentimento, sentimento falso, emoção deslocada e amor não merecido. Não exatamente uma mentira, mas algo pior: pura besteira — no sentido técnico.[81] Nessa nova política de identidade, é impossível saber se uma "família Lexus" está definindo a Lexus em termos de família ou a família em termos de Lexus. De qualquer modo, ela fala presumivelmente sobre o sucesso da empresa na construção de uma marca que Tom Friedman poderia usar como sinônimo de ocidentalização bem-sucedida e globalização em *O Lexus e a Oliveira*.

O objetivo dessas estratégias de construção de marca é, portanto, precisamente estabelecer a identidade como mais um produto crucial do mercado de consumo. Roberts reprova críticos que se preocupam que "marcas estejam assumindo o controle da vida das pessoas", o que consideram uma "coisa ruim". Ele insiste em que, na verdade, "isso funciona de outra maneira. Talvez a vida esteja assumindo o controle das marcas."[82] O fato de que Roberts pode estar certo mostra o poder do etos infantilista. Desde o inocente uso de camisetas com nomes de celebridades ou símbolos deslocados — (a camiseta não tortuosa com a imagem do quadro tortuoso *O grito*, de Edvard Munch, talvez seja um exemplo clássico)[83] — até os novos "reality shows" em que os participantes fazem dolorosas (e, portanto, impressionantes) demonstrações públicas de inveja da identidade, o mercado se torna um cenário no qual jovens modernos desenraizados procuram raízes.

VELHAS FONTES PARA NOVOS REALITY SHOWS

Lifestyles of the Rich and Famous (Robin Leach)
Password
Hollywood Squares
What's My Line?
The Dating Game
Candid Camera (se torna) *Punk'd* (Ashton Kutcher)

MAIS RECENTEMENTE

Hulk
The Surreal Life (sete celebridades vivendo numa casa)
Família Osbourne
The Anna Nicole [Smith] *Show*
Big Brother 6 (oito estranhos num estúdio que é uma falsa casa são colocados para fora da casa por telespectadores)
I Want to Be a Hilton
Celebrity Fit Club
O Aprendiz (Donald Trump)
Fire Me, Please
Dancing with the Stars
American Idol
Kill Reality (reality-estrelas fazem o filme *The Scorn*)
Extreme Makeover
Made
True Life
Diary
I Want a Famous Face
The Swan
Date My Mom
Room Raiders (namoros)
The Real World (sete estranhos amarrados vivendo juntos, originalmente um programa holandês)
Fear Factor
The Bachelor
The Bachelorette
Survivor
The Amazing Race

A televisão-realidade oferece competições por identidade nas quais todos estão tentando transformar-se em outra pessoa, pelo menos diante daqueles que assistem à televisão. A maioria dos programas permite uma espécie de transformação metafórica, como em *O aprendiz*, no qual, se você consegue vencer as competições de Donald Trump e evitar ser "demitido", acaba não só sendo funcionário de Trump, como sendo uma espécie de Donald Trump júnior, compartilhando as muitas vantagens da celebridade de ser Trump; ou em *The Bachelor* e *The Bachelorete*, nos quais você tem uma chance de se casar, ou pelo menos de ficar "famoso (a)" no caso de ser rejeitado(a). Ou ganhando fama e fortuna (uma verdadeira carreira no mundo do entretenimento) seduzindo o país com sua voz em *American Idol* (um programa que começou no Reino Unido).

Alguns programas chegam a ousar prometer uma verdadeira transformação em alguém famoso — de maneira mais evidente em programas como *I Want a Famous Face* e *I Want to Be a Hilton,* mas também em programas que mudam a aparência das pessoas, como *The Swan* e *Extreme Makeover*, nos quais pessoas que querem mudar sua imagem se submetem a transformações radicais, incluindo procedimentos cirúrgicos invasivos, com o objetivo de parecerem com suas estrelas favoritas, ou pelo menos com alguém (alguém?) que não é o que elas próprias são. Da forma manipuladora detalhada antecipadamente, os participantes que se submetem a esse comércio de imagens são tratados como se estivessem ganhando poder, e não sendo explorados por essas "oportunidades" de remodelar a si próprios e se transformar em outra pessoa. Os resultados seriam cômicos se não representassem tendências tão profundamente desorientadoras para a identidade e tão dolorosas para os indivíduos que estão sendo explorados. Afinal de contas, não são programas sobre aberrações humanas de circo medieval, mas produções elaboradas em que milhares de pessoas disputam uma participação e a que milhões assistem com respeito e inveja. Assim, por exemplo, na busca de uma aparência de celebridade no reality show *I Want a Famous Face*, "uma mulher que usa roupas tamanho extragrande faz lipoaspiração e lifting na esperança de ficar parecida com Kate Winslet. Uma imitadora profissional de Britney Spears busca seios do tamanho dos de Britney. Mais aberrante ainda: gêmeos idênticos querem — ambos — parecer com Brad Pitt".[84] Um outro "concorrente", um homem de Long Island, tem "suas mamas remodeladas para se parecer mais com Arnold Schwarzenegger".[85]

A construção de marcas e a privatização funcionam em conjunto. Quando a identidade se afasta das categorias públicas que têm raízes na religião e na nacionalidade e se aproxima das categorias associadas a marcas e bens de consumo, a própria identidade é privatizada (embora dificilmente individualizada!). Dar uma marca a uma instituição pública é efetivamente privatizá-la. Durante os últimos 20 anos, instituições — desde estádios esportivos até faculdades — receberam novos nomes e marcas e foram efetivamente privatizadas e comercializadas. No capítulo 4, vimos a privatização de instituições de ensino: vale notar aqui que dar novos nomes e novas marcas são coisas que agora se tornaram parte da maneira como "instituições isentas de impostos, sem fins lucrativos, de ensino superior [estão] cada vez mais explorando relações com empresas comerciais como parceiras ou afiliadas".[86] Em sua forma mais extrema, isto pode envolver a iniciativa de rebatizar uma escola em "homenagem" a um doador (a Glassboro State College, em Nova Jersey, renasceu com o nome de Universidade Rowan) ou levar universidades a imitar times esportivos profissionais e suas cidades e vender o direito de usar nomes em seus estádios. As empresas de refrigerante já "têm" exclusividade de produto e propaganda em muitas universidades públicas: até 2005, a Universidade Rutgers servia e anunciava apenas Coca-Cola (em 2005, mudou para Pepsi), e a Universidade de Maryland só servia e anunciava Pepsi. Quando seus times se enfrentaram, já não era uma rivalidade esportiva entre escolas, mas a continuação da guerra dos refrigerantes.

Quando um estádio de esportes como o Brendan Byrne Arena, em Nova Jersey, é rebatizado de Continental Airlines Arena, com seu logotipo de Continental visível de cima, dos vôos da Continental Airlines, sobre a pista de aterrissagem do Aeroporto Internacional Liberty, em Newark, o que acontece é mais do que uma mudança de nome. Uma associação do governo público com um estádio esportivo público é transformada num cartaz de propaganda para uma empresa privada. Isto faz com estádios públicos o que a transformação de praças públicas urbanas em shoppings comerciais privados faz com o espaço cívico. Lojas que antes coexistiam em espaços públicos com instituições civis, religiosas, educacionais e políticas, em saudável harmonia cívica — o velho ideal da ágora — reaparecem agora dentro de espaços comerciais privados cercados de paredes e protegidos contra a presença de manifestantes, estranhos indesejados (jovens urbanos e minorias) e não compradores, e transformam a ágora numa arena comercial unidimensional. Mudar uma marca é mais do que aprofundar um nome: altera a característica do ambiente cívico e permite ao comércio triunfar sobre qualquer outra atividade, seja recreacional ou cívica.

Mesmo quando não carregam o nome de uma figura pública, os estádios esportivos, em sua maioria, carregam nomes de repercussão pública — Memorial Coliseum, Fenway Park, Veterans Stadium. Hoje, corporações como American Airlines, FedEx, Reliant Energy, Philips Electronics, Invesco, Dunkin' Donuts, Bank One e Lincoln Financial Group pagam em média entre US$ 5 milhões e US$ 10 milhões por ano pelo direito de exibir logotipos comerciais num estádio ou arena pública.[87] Mesmo em cidadelas cívicas como São Francisco, que tem fama de proteger o espaço público, negócios envolvendo marcas acabam sendo fechados em nome da sobrevivência fiscal. São Francisco lutou e perdeu uma batalha de quase dez anos para preservar a identidade cívica tradicional de seu estádio de futebol americano de 49 anos como Candlestick Park. Em 1996, rendeu-se a um negócio com a 3Com de muitos milhões de dólares; mas foi a primeira cidade dos EUA a retomar seu nome "de solteira" depois de um "divórcio corporativo". Na época, Tony Hall, supervisor de São Francisco, disse: "Não precisamos nos prostituir aos pés de franquias da NFL... [Candlestick] é o nosso Coliseu... é parte de nosso passado, parte de nossa cultura." São Francisco chegou a considerar a formulação de uma lei para proibir a venda de direitos sobre nomes de "qualquer monumento, prédio ou parque de propriedade pública".[88] Mas, em 2005, em razão de "necessidades" (renda muito baixa e uma aversão pública a impostos públicos alimentados por uma ideologia de privatização neoliberal), a cidade fez um negócio de US$ 6 milhões com a Monster Cable Products, Inc., embora isto significasse passar a chamar o estádio Candlestick de "Monster Park". O contrato vence em 2008, quando a cidade (ela insiste novamente) permitirá realmente (e "permanentemente") que o estádio volte a ser "Candlestick".[89]

Denver tem uma história semelhante: tentou sem sucesso resistir à venda dos direitos de uso do nome do Mile High Stadium, uma estimada instituição cívica. Em 2001, apesar de petições públicas contra isso, os direitos sobre o nome foram vendidos à Invesco por 20 anos pela quantia de US$ 120 milhões. Em compromisso com cidadãos irritados, o novo nome seria Invesco Field at Mile High. A mídia do Colorado continua a chamar o estádio simplesmente de Mile High, embora, considerando que o time de beisebol Colorado Rockies jogue no Coors Field e que o time de basquete Denver Nuggets jogue no Pepsi Center, parece provável que com o tempo o nome comercial prevaleça.[90]

Um escritor de esportes de São Francisco pergunta, queixando-se: "Na verdade, nós, o público, não temos um interesse mútuo e uma propriedade compartilhada sobre esses times e essas instalações?" Para ele, "oferecer contratos sobre nomes ao licitante que paga mais" é errado.[91] Mas com o Arizona Diamondbacks jogando beisebol no Bank One Ballpark (agora Chase Field) e o Philadelphia Eagles jogando futebol americano no Lincoln Financial Field, está claro que a economia domina a política e a vida cívica da sociedade de consumo capitalista, com times universitários seguindo cruelmente a mesma lógica fiscal, pressionados pela falta de verbas públicas da educação pública e do governo público. Em 2004, o Boston College representou a Carolina do Norte num jogo de futebol americano do Continental Tire Bowl no Bank of America Stadium, em Charlotte.

O dinheiro é o que primeiro conduz esses negócios. Mas qual é a diferença fiscal que alguns milhões de dólares pagos para rebatizar o Candlestick podem fazer no orçamento anual de São Francisco, de US$ 5 bilhões? Na verdade, os novos nomes são parte essencial da adoção de novas marcas em nosso bem-estar público — nossos bens públicos (res publica) — para torná-lo uma riqueza privada, uma coleção de interesses especiais econômicos e corporativos que agora definem o que significa ser americano: não o cidadão, mas o consumidor; não o participante cívico, mas o comprador; não o fã leal, mas o cliente leal. A transição é descrita com perfeição pela trajetória da sede do futebol americano na capital do país (de um time com seus próprios problemas de nome, o Washington Redskins): primeiro, RFK Stadium, em Washington, por causa da histórica lenda política Robert F. Kennedy; depois, nas novas instalações no Condado Prince George, no subúrbio, Jack Kent Cooke Stadium, devido ao construtor visionário que morreu antes da realização de seu sonho, em 1997; e então, em 1999, sucumbindo às seduções das marcas comerciais, FedExField, o que transformou o estádio em mais um palácio de logotipos onde a venda de uma marca corporativa a consumidores leais prevalece sobre o compartilhamento dos sucessos de um time de futebol americano com seus fãs leais.

Construção de marcas em estádios públicos é algo relativamente novo. A primeira venda de nome foi feita por Buffalo, em 1972, quando uma empresa local, Rich Foods, pagou a modesta quantia de US$ 1,5 milhão para associar seu nome ao estádio do time de futebol americano Buffalo Bills. Dezesseis anos depois, ainda havia apenas dois outros nomes corporativos em estádios. Mas desde então, como escreve Daniel Kraker, "empresas grandes e pequenas, famosas e obscuras, compraram rapidamente 62 nomes de estádios".[92] Em Boston, o lendário Garden (onde o time de basquete Celtics joga), por exemplo, tornou-se FleetCenter, o que permitiu ao esperto Fleet Bank comprar os direitos de dar nome ao sistema eletrônico de pedágios "*fast lane*" de Boston, de modo que o *fast lane* se tornou — com uma alegre redundância corporativa — o Fleet Fast Lane. Como uma identidade corporativa pode, porém, ser transitória. Agora, uma outra fusão de bancos corporativos fez com que o FleetCenter tenha hoje o nome de TD Banknorth Garden — que, entretanto, ironicamente permite aos fãs que se refiram novamente ao velho (Boston) Garden de tempos atrás.

Nenhum nome é trivial demais, nenhum logotipo é espalhafatoso demais. Providence tem seu Dunkin' Donuts Center, enquanto o que já foi talvez o time de futebol americano mais celebrado do país, o Pittsburgh Steelers, precisa agora tolerar uma garrafa gigante de ketchup Heinz plantada ao lado de seu estádio. Corporações estão interessadas em mais do que dar nome às coisas. Em 2004, os produtores de *Homem-Aranha 2* tentaram fechar um negócio com a principal liga de beisebol que permitiria a impressão de logotipos do Homem-Aranha nas bases e a apresentação de cenas do filme entre as aberturas.[93] O negócio só foi impedido depois de uma reclamação pública liderada por escritores de esportes veteranos, mas as inscrições estão claramente nas bases.

Kraker observa que, "nos últimos anos, o jogo dos nomes espalhou-se rapidamente além da esfera dos esportes e entrou no setor público. Em cidades em todo o país, a nomenclatura de nossa paisagem cívica — de placas de parques até placas de escolas secundárias — está à venda. A revista de negócios *IEG Sponsorship Report* estimou que, só em 1999, 50 cidades fecharam negócios, num total de US$ 100 milhões, com corporações dispostas a patrocinar bens públicos... Em todo o país, hospitais, parques, bibliotecas, centros de artes performáticas, teatros, centros de convenção, parques de diversão, instalações esportivas de escolas secundárias e shopping centers estão disponíveis pela quantia certa.[94] Hoje, cidades como San Diego têm departamentos especiais criados para lidar com vendas de marcas corporativas, enquanto Massachusetts explora a venda de direito de uso de nomes de parques, incluindo o parque onde fica o Lago Walden, de Thoreau.[95] Carros de polícia, carros de bombeiros e parquímetros são tratados atualmente como cartazes potenciais por cidades desesperadas em busca de verbas, que talvez um dia achem prudente colocar à venda seus próprios nomes históricos: Boston seria "Fleet Bank Burg"; Providence, "Dunkin' Donut Demos"; Paris, "Destination Euro Disney"; e Bagdá, "Halliburton Hamlet".

Marca EUA

É absurdo, sim, mas o fetiche da construção de marcas, numa era de infantilismo e privatização, infectou cada área do setor antes público — e não apenas nos Estados Unidos. Um recente perfil de Larry Ross explicando como esse bem-sucedido executivo de marketing fez um "*bungee jump* para Deus" e ajudou a tornar as relações públicas religiosas um grande negócio tinha o título de "Cristianismo, a Marca".[96]

Se religiões precisam de marketing, não é surpresa que hoje as nações tratem regularmente suas imagens públicas como marcas, tanto distorcendo quanto trivializando seu caráter e tornando-as um bem de consumo para "cidadãos" infantilizados. No início de seu primeiro mandato, o primeiro-ministro inglês, Tony Blair, captou o sabor especial da política de seu Novo Trabalhismo falando sobre "Cool Britannia" em vez de "Rule Britannia". Os franceses perderam sua proposta de sediar as Olimpíadas para os ingleses no verão de 2005 em parte porque não conseguiram dar à nação uma marca com a clareza de marketing dos ingleses.

Os Estados Unidos da América têm levado a sério a construção de marcas há muito tempo, tendo indo longe a ponto de criar, dentro do Departamento de Estado, o Departamento de Diplomacia Pública e Assuntos Públicos, que não apenas trata os EUA como uma marca, mas argumenta que o sucesso do país pode depender menos da realidade política ou da identidade e do comportamento tradicionais do que do marketing de marcas feito pela propaganda e por executivos de marketing experientes. A democracia torna-se menos um sistema de governo do que um logotipo de marca atraente destinado a tornar tanto amigos quanto adversários consumidores do *produto* EUA (democracia? Prosperidade? Mamãe e torta de maçã?). Assim como acontece com o marketing de consumo em geral, o produtor da Marca EUA trabalha duro para convencer os consumidores (Iraque, Afeganistão, Europa Central e Oriente Médio) de que "a mensagem é de capacitação, não de dominação americana nem de tutela".[97] Karen P. Hughes é a mais recente promotora da Marca EUA no governo Bush, uma marqueteira que tem mais nuances do que seus predecessores. Ela enfatiza a "audição" antes de estabelecer a marca registrada dos EUA — uma técnica de marketing testada, em que as "necessidades" do comprador são ouvidas, moldadas e decompostas numa mensagem sobre o valor do que está sendo vendido.

A construção de marcas tornou-se um elemento essencial na política eleitoral e de partido. Desde aquela primeira insinuação, em 1966, de que disputar a presidência poderia ser considerado um ramo de marketing (veja *Vende-se um Presidente*, 1968, de Joe McGinniss) até a sugestão do senador John Kerry, em 2005, de que o Partido Democrata precisava livrar-se de sua marca e assumir uma nova marca "mais efetivamente" para reconquistar sua influência sobre os consumidores eleitorais americanos, a política partidária se tornou, entre outras coisas, um exercício de consumismo.[98] Manter a pureza da marca mantendo a mensagem é uma preocupação comum da esquerda e da direita. Justificando seus ataques aos republicanos que não vão mexer em sua estratégia de "chega de impostos", o líder de opinião republicano Grover Norquist se vale da prudência do marketing: "Quando você tem uma marca como Coca-Cola e encontra uma cabeça de rato na garrafa, você cria uma confusão. Republicanos que aumentam os impostos são cabeças de rato em garrafas de Coca-Cola. Eles ameaçam a marca."[99] O vice-presidente Gore estava preocupado com sua marca nas eleições de 2000 — não com cabeças de rato, mas com grupos eleitorais coordenados, que ergueriam a marca Gore entre os blablablás. Em 2006, o congressista pedófilo Mark Foley quase afundou a marca republicana sem sequer deixar seu computador.

A Marca EUA soa como uma metáfora, mas é muito mais que isso. Não é uma versão de jogo político, mas a própria política reconcebida como uma nova especialidade de relações públicas conhecida como diplomacia pública. A diplomacia pública não apenas define um novo escritório do Departamento de Estado, como se tornou uma especialidade acadêmica com seus próprios departamentos universitários. Seu objetivo é estruturar uma estratégia de marketing global para a Marca EUA. O escritório de Diplomacia Pública e Assuntos Públicos do Departamento de Estado tem sido considerado claramente um centro de marketing, e seus funcionários são executivos de marketing e propaganda. Tem seguido assiduamente os conselhos de Kenneth Y. Tomlinson, ex-presidente (ultraconservador) da Public Broadcasting Board of Governors, de Bush. Tomlinson afastou críticas de que o presidente Bush estava dirigindo uma máquina de propaganda nacional obcecado com a imagem e não com a política, afirmando: "Não devemos ter vergonha da defesa pública em nome da liberdade, da democracia e dos Estados Unidos da América."[100] O caráter bipartidário dessa abordagem de marcas na política é evidente no trabalho de construção de marca que está sendo feito por democratas liberais como Keith Reinhard, que, como diretor executivo da gigante da propaganda DDB, foi responsável, entre outros sucessos, pela campanha do McDonald's "Você merece um intervalo hoje", de 1971, reintroduzida 10 anos depois. Reinhard desenvolveu um programa chamado Negócios para Ação Diplomática, em que reconhece que (como o filantropo pop-star Bono também disse ao Fórum Econômico Mundial) a Marca EUA está com problemas, o que se trata claramente de um problema de negócios.

Numa reversão da estratégia tradicional pela qual os negócios se associam ao brilho da Marca EUA, o Negócios para Ação Diplomática quer ajudar a renovar a Marca EUA associando o país ao brilho dos negócios. Como as marcas americanas "continuam a exercer um fascínio entre os jovens de Damasco a Jidda", diz John M. McNeel, membro do Negócios para Ação Diplomática, "as corporações podem usar seu pragmatismo, seu otimismo e sua sabedoria inerentes para dar às pessoas da região [Oriente Médio] exemplos verdadeiros de nosso desejo de ver o Oriente Médio avançar num caminho para um futuro melhor".[101] A ironia da bem-intencionada iniciativa do Negócios para Ação Diplomática é que até mesmo a diplomacia "pública" está sendo submetida à privatização e à terceirização. Ao mesmo tempo, marcas corporativas estão buscando seu próprio brilho "cívico". O ingênuo livro de Marc Gobé chamado *Citizen Brand* (volume complementar de *Emotional Branding*) exorta as empresas a entender "o fato... de que as marcas precisam comunicar quem elas são e, se elas se tornam Marcas do Cidadão, com objetivos de responsabilidade social sendo um elemento central de sua missão corporativa, elas precisam — com bastante tato, é claro — comunicar seu ponto de vista!".[102]

Originalmente, o escritório de Diplomacia Pública e Assuntos Públicos seguia por outro caminho, tentando atrair especialistas do setor privado para o emprego público. Charlotte Beers foi a primeira diretora do escritório. Ganhou o direito de ajudar a dar uma nova marca aos EUA do Tio Sam graças ao seu sucesso na construção de uma marca para o arroz Uncle Ben's anos antes. Diferentemente daqueles que apoiavam a iniciativa do Negócios para Ação Diplomática, Beers compreendeu que um país não é exatamente arroz: "Esta é a mais sofisticada missão de marca que já recebi", disse a ex-chefe das gigantes de publicidade J. Walter Thompson e Ogilvy & Mather. Mas, ao mesmo tempo, construção de marca é construção de marca, de modo que Beers entendeu que a tarefa exigia dela "redefinir o que são os EUA" para estrangeiros que têm sido mal orientados pelo ressentimento com as atuais políticas americanas no mundo e, portanto, estavam "desorientados" em relação à marca.[103]

Beers dedicou-se a vídeos divertidos sobre muçulmanos felizes nos EUA, mas sua abordagem panglossiana foi considerada simplista e acabou fracassando, porque muitas nações árabes se recusaram a exibir seus filmes. Menos de dois anos depois, Beers se demitiu. Foi sucedida por alguém com mais experiência em governo. Margaret Tutwiler, uma ex-porta-voz do Departamento de Estado que fora embaixadora no Marrocos, assumiu o cargo adotando um relatório bipartidário do Congresso, de 2003, chamado "Mudando Mentes, Fazendo a Paz", que concluíra que poucas mentes estavam mudando, que "o prestígio dos EUA havia diminuído, que seus bons trabalhos estavam sendo amplamente ignorados e que faltava direção estratégica em suas mensagens". Tutwiler reconheceu, poucos meses depois de iniciar seu trabalho, que levaria "anos de trabalho duro e focalizado" para remediar o problema.[104] Parece que eram anos demais para Tutwiler, porque poucos meses depois ela se demitiu e assumiu um emprego muito mais agradável na Bolsa de Valores de Nova York, uma marca com seus próprios problemas, mas dificilmente tão formidável quanto a Marca EUA.

A mais recente diretora nomeada para o escritório incumbido de polir a marca é Karen P. Hughes, amiga de longa data do presidente Bush, sua assessora pessoal e gerente de campanha, o que indica uma crescente frustração e um crescente senso da importância da missão, bem como da necessidade de ter um marqueteiro no cargo não apenas amigo do diretor executivo, mas capaz de influenciar o produto. Hughes prestou atenção direitinho, mas a mensagem que ela está ouvindo é de que grande parte do mundo muçulmano vê os Estados Unidos como um daqueles falsos relógios de pulso Gucci vendidos nas ruas de Manhattan, uma imitação barata fornecida por hipócritas e vigaristas que tem o logotipo da marca, mas não tem o caráter definidor do verdadeiro produto. Tratar os EUA como marca é algo que põe a imagem na frente da substância e tenta influenciar os consumidores associando o produto a sentimentos e emoções que não têm necessariamente qualquer conexão com a nação que está sendo tratada. Ao vender os EUA, Karen Hughes arranca uma página do marketing de marcas de Kevin Roberts e do Cheerios: Cheerios quer ser mamãe, não a enjoada e velha aveia; Karen quer que os EUA sejam mamãe, não a desagradável baía de Guantánamo ou Abu Ghraib. Apresentando-se numa viagem de "ouvinte" ao Oriente Médio simplesmente como uma "mãe que trabalha" comum — e não como uma pessoa íntima de Bush ligada às políticas que os muçulmanos deploram —, ela esperava desviar a atenção de ressentimentos adquiridos para sentimentos não adquiridos.[105]

Tão astuto como observador da política americana quanto como cientista político, Sibley Telhami também parece fazer o jogo de Roberts quando defende a diplomacia pública, insistindo em que "a melhor diplomacia pública duradoura não é a propaganda. Tem mais a ver com criar um nível de confiança".[106] Mas quando uma nação aspira a criar confiança através de relações públicas, em vez de política de ação, isto *é* propaganda. Marcas de confiança são planejadas por gurus de marketing, e não obtidas por meio de resultados positivos. As prisões de Guantánamo e Abu Ghraib geram marcas de confiança pobres; enquanto a Fema — não importam os tanques M-1 nem as bombas destruidoras de bunkers — definitivamente não é o que Kevin Roberts tinha em mente quando inventou as "marcas de amor". Não para o que Karen Hughes queria fazer. Hughes tem dito que representa uma abordagem mais "simples" da construção de marca, mas pediu a equipes de "resposta rápida" no Oriente Médio que lidassem com o que a secretária de Estado, Condoleezza Rice, considerava "informações erradas" e "interpretações erradas" das políticas americanas no exterior. Rice citou como exemplo uma reportagem da *Newsweek* sobre um incidente controverso e contestado envolvendo supostamente um exemplar do Alcorão jogado na privada de um banheiro na baía de Guantánamo.[107]

Como sugerem os comentários de Rice, a abordagem da construção de marca preza a comunicação em detrimento do conteúdo e assume que uma imagem ruim é sempre conseqüência de propaganda ruim. Não menos que republicanos e libertários, democratas e liberais também se concentram em "comunicar" de forma apropriada — enquadrar e reenquadrar posições e encontrar as palavras certas para descrever o que, freqüentemente, são, na verdade, posições erradas. Os democratas criticam o governo Bush por ter sua imagem prejudicada por Osama bin Laden. "Como pode um homem numa caverna comunicar-se com a principal sociedade de comunicação do mundo?", pergunta um frustrado Richard Holbrooke.[108] O lingüista George Lakoff, agindo como assessor do Partido Democrata, acredita que ganhar votos tem a ver com *enquadrar* o que você faz, não com *o que* você realmente faz. Os republicanos, adverte ele, têm colocado em sua liderança a marca de uma liderança de "pai severo", deixando que os democratas pareçam ser pais ruins.[109] O que eles precisam fazer é criar uma nova marca para eles próprios de pais cuidadosos (uma versão que tenha menos a ver com gênero sexual e que, portanto, seja uma versão politicamente correta de "eles estão bancando o papai; vamos bancar a mamãe!"). Essa estratégia erra por não observar que tanto a imagem do pai severo quanto a de pai/mãe cuidadoso infantiliza os eleitores, substituindo a política democrática por paternalismo ou maternalismo e deixando de lado a idéia da cidadania ativa, cujos praticantes não são crianças obedientes a seus líderes, mas cidadãos soberanos das comunidades onde vivem. A linguagem da política democrática madura afasta-se necessariamente do jogo de marcas e volta à teoria e à prática política democrática, na qual a construção da marca parece ser o que é: uma deturpação insidiosa dos ideais e das práticas democráticos.

Os Estados Unidos dificilmente estão sozinhos ao abordarem sua imagem global em termos de marketing de marcas. Críticos e inimigos dos EUA divulgam suas próprias imagens de marca na al-Jazeera e na internet. Além do mais, eles entendem tão claramente quanto o Departamento de Diplomacia Pública e Assuntos Públicos o que está em jogo na Marca EUA: eles imploram, pegam emprestada e roubam a imagem dessa marca para seus próprios fins cada vez que podem e a deformam, manipulam e misturam de acordo com seus objetivos sempre que podem. Por exemplo, procurando comprar no valor de mercado o lado atraente da marca americana sem ser prejudicados por seus aspectos negativos, homens de negócio muçulmanos na França se envolveram numa espécie brilhante de hibridização de marcas, tomando emprestados a aparência e o logotipo de marcas americanas como Coca-Cola, mas modificando as marcas por meio de acréscimos e reformulações — a Mecca-Cola, por exemplo, é uma imitação de Coca-Cola nada sutil mas eficiente, vendida na França, no norte da África e em vários outros lugares.[110]

De maneira semelhante, o paraíso da *fast food* dos EUA está sendo saqueado de maneira genial por uma outra cadeia franco-muçulmana que tenta aproveitar-se sem pagar um preço: a Burger King inspira a Beurger King, uma bem-sucedida lanchonete francesa que oferece carne de animais abatidos segundo a lei islâmica e garçonetes com véu islâmico e que brinca com o termo "Beur" (segunda geração de imigrantes vindos de Magreb, região árabe do norte da África), tomando emprestado um pequeno símbolo americano sem sujar seu nome com uma associação completa à Marca EUA. Esse parasitismo parcial toma emprestado sentimentos positivos de marcas americanas ambiguamente situadas, mesmo se distanciando do aspecto americano negativo. Um elogio indireto ao poder da idéia de construção de marca.

Enquanto a reputação da Marca EUA titubeia, até mesmo marcas em vermelho, branco e azul com sede no país, acostumadas a se associar à Marca EUA para reforçar sua imagem comercial no mundo, estão tendo problemas em razão do americanismo que expressam. Sites da Jihad referem-se à

Pepsi como se fosse uma sigla de "Pague cada centavo para salvar Israel".* Não importa que a marca americana Heinz tente hoje em dia vender seu ketchup no Reino Unido como uma marca britânica, enquanto a marca essencialmente americana Spam cultiva sotaques locais e referências culturais em sua propaganda no exterior. Numa manobra de uma empresa não americana, a Nestlé — uma empresa suíça que trabalhou duro e durante muito tempo para ser percebida nos Estados Unidos como americana, vendendo biscoitos Toll House no país como "uma marca na qual os EUA confiam" — tenta agora se distanciar dos Estados Unidos.[111] Com uma pesquisa de opinião da Global Market Insite, de 2003, mostrando que mais da metade dos consumidores da Europa e da Ásia "não confiam" em marcas americanas e que 20% as evitam ativamente,[112] a Marca EUA tornou-se um instrumento de marketing duvidoso.

O McDonald's, intimamente associado à Marca EUA, aprendeu isso a duras penas. Como é alvo freqüente de inimigos dos Estados Unidos, tem feito ajustes. Em Atenas, terroristas lançaram foguetes contra uma franquia local, e na França a organização antiglobalização Attac logo identificou o McDonald's como tudo de errado que existe na globalização de estilo americano. Seu líder moral, um fazendeiro francês chamado Jose Bové (parcialmente educado na América do Norte), literalmente partiu em pedaços um McDonald's em construção em Millau e foi (heroicamente) preso por isso. Em seus recentes esforços de marketing, o McDonald's prudentemente apelou à "glocalização" — seja global localmente — adaptando seu cardápio global e seu serviço de *fast food* a gostos, decoração e preços locais. Servindo vinho e hambúrgueres "McLutèce" (com queijo emental) em suas franquias francesas que têm Asterix na marca, mas "Maharaja Macs", feitos de carne de carneiro, na Índia hindu e hambúrgueres *kimchi*, de repolho fermentado, na Coréia do Sul, onde o repolho é o alimento favorito no país, o McDonald's aspira agora a sujar a própria imagem que antes cultivava assiduamente como um agente dos EUA e do McMundo pop cultural dos EUA. Camuflando-se nas cores locais, o McDonald's agora é apenas um menino local, com suas aspirações globais e sua associação ao expansionismo cultural americano bem escondidas.

---

*Em inglês, "Pay every penny to save Israel". (*N. do T.*)

Na França — atualmente talvez o mais intratável dos 121 países onde atua —, o McDonald's respondeu ao Attac em 2002 tornando-se nativo — e não apenas servindo hambúrgueres McLutèce. Com seu adversário, o senhor Bové, transformado num folclórico herói francês que, com seu bigode acentuado e sua estrutura física forte, lembra estranhamente o simbólico personagem gaulês de história de quadrinhos Asterix, a franquia da cadeia internacional de lanchonetes comprou os direitos de Asterix. Com seu companheiro Obelix, Asterix (uma figura histórica que se opôs à ocupação romana da Gália) assumiu o papel de marketing desempenhado nos EUA pelo palhaço Ronald McDonald. A idéia era pôr uma marca cultural nativa na *malbouffe* (*junk food*) culturalmente alienígena. Essa estratégia ousada — equivalente ao Châteauneuf du Pape comprando o camundongo Mickey para vender seu Beaujolais em Los Angeles — capitalizou em cima da campanha anterior do McDonald's que tinha o slogan: "McDonald's, nascido nos Estados Unidos, criado na França." Para muitos consumidores franceses, parece que "a gigante de *fast food* conquistou a invencível Gália", mas para Grégoire Champetier, diretor de marketing do McDonald's, foi apenas uma questão de ajudar a "integrar o McDonald's à cultura francesa".[113]

Antropólogos têm sugerido que a glocalização é outra forma de "creolização", pela qual culturas locais colonizadas pela economia imperial do McMundo reagem contracolonizando o colonizador. Darei mais atenção a essa alegação nos capítulos 7 e 8, sobre resistência, mas o que parece claro a partir da experiência do McDonald's com Asterix é que a cultura local exige mudanças cosméticas em troca para aceitar e legitimar a cultura alienígena de uma maneira que permite que a cultura alienígena dominante tenha sucesso.

Dessa maneira, a política de identidade do século XXI é parte essencial do etos infantilista. Ela confunde marca com identidade e consumo com caráter, enquanto trata os americanos como consumidores da Marca EUA, e não como cidadãos livres de uma república democrática. Mas, apesar dessas fortes alegações, eu não quero sugerir que os mercados e os negócios que atuam neles têm qualquer interesse hegemônico intrínseco em moldar identidades ou controlar comportamentos. Como tudo o mais que está associado ao etos infantilista, o objetivo não é governar objetos ou transformar cidadãos em objetos, mas apenas criar uma cultura que conduza à compra de bens, tratando os cidadãos como compradores — compradores, porém, que já não querem aquilo que o mercado precisa vender a eles para sobreviver ou dele "naturalmente" já não necessitam. Em vez disso, eles precisam ser impelidos a comprar mercadorias com marcas que refletem estilos de vida desejados. Desencorajar a autonomia adulta acaba sendo apenas uma estratégia de marketing para encorajar atitudes pueris. Mas o marketing se torna tudo quando a própria identidade é moldada às suas necessidades e o mundo inteiro é subordinado às exigências de marketing da sociedade de consumo. Porque o resultado não é meramente uma sociedade que é privatizada, comercializada, infantilizada e que recebe uma marca, mas uma sociedade que está cada vez mais totalizante em seu domínio comercial sobre nossas vidas, sugando o ar de todos os outros setores para sustentar o setor dedicado ao consumo.

6

Homogeneizando a sociedade: O fim da diversidade

> As artes e as ciências, menos despóticas, mas talvez mais poderosas do que o governo, lançam buquês de flores sobre as correntes que pesam sobre [as pessoas]... levando-as a amar sua própria escravidão.
>
> — Jean-Jacques Rousseau[1]

NA PRIMEIRA DÉCADA do novo milênio, os consumidores se encontram presos numa gaiola de infantilização, reforçada pela privatização e por uma política de identidade — chame-a de antipolítica de identidade — de construção de marcas. Não é preciso rotulá-los de vítimas daquilo que críticos esquerdistas antigos chamavam de uma espécie de totalitarismo suave para ver que a liberdade deles pode estar comprometida. Nem precisamos insistir que eles sofrem — nas escolhas de consumo que fazem — daquilo que os marxistas gostavam de chamar de "falsa consciência" para sugerir que eles podem não estar obtendo os resultados sociais que gostariam de obter. A história das realidades brutais que o termo *totalitário* abarcou certamente é um forte argumento contra usá-lo metaforicamente para dramatizar as formas menores de manipulação que caracterizam as relações do mercado hoje em dia. Nem pode a "falsa consciência" — remetendo a imagens de pessoas que literalmente não sabem o que estão pensando, querendo ou fazendo — ser aplicada aos compradores centrados e inteligentes de hoje em dia.

Mas há algo terrivelmente nivelador — não totalitário, mas totalizante e homogeneizador — na sociedade de consumo sob as sutis influências modeladoras do etos infantilista. E há algo defeituoso na escolha do consumidor quando ela leva repetidamente a resultados coletivos que não são nem desejados nem pretendidos pelos indivíduos que escolhem. Consumidores não são cidadãos, e, quando um sistema finge que são, coisas peculiares e até mesmo perversas acontecem com as tomadas de decisão e com a democracia, bem como com o compromisso da democracia com a diversidade.

No período pós-guerra, críticos do capitalismo — especialmente os alemães neomarxistas associados à chamada Escola de Frankfurt — já estavam preocupados — um pouco histericamente, ainda que previdentemente — com as maneiras como os sucessos do capitalismo lhes pareciam estar encobrindo formas novas e sutis de repressão no mercado. Se o mercado — com seus monopólios escondidos e sua coercitividade invisível — era "livre", então talvez a liberdade tivesse (como o filósofo francês Michel Foucault sugeriu) se tornado uma nuvem de fumaça para a repressão.

O Iluminismo criou mundos de liberdade, privacidade e tolerância desconhecidos nas sociedades anteriores. As novas ideologias liberais que ajudaram a emancipar os homens e as mulheres do século XVIII eram oposicionistas (seus alvos eram a monarquia absoluta e a igreja autoritária). Como sua ambição era derrubar formas estabelecidas de tirania política e eclesiástica, sua retórica era negativa — suspeita em relação ao poder e a desconfiança em relação ao governo, mesmo quando este se tornou democrático. Mas embora fosse compreensivelmente aliciador em sua fase oposicionista, o liberalismo ofereceu uma base ambígua para a governança afirmativa. Sua promessa política intrínseca foi atacada por suas contradições, que em parte eram um reflexo das próprias ambivalências do Iluminismo em relação ao poder. A razão governava — afinal de contas, era a Idade da Razão —, mas a razão se tornara predominantemente instrumental. David Hume havia tentado retirá-la de sua nobre posição clássica como a faculdade humana definidora que dava aos homens acesso às leis da natureza e de Deus, e a reconcebeu como uma fiel escrava das paixões — um suplemento, como de fato era, da natureza animal do homem e do poder necessário para satisfazer os interesses animais. Ligada ao impulso e, portanto, ao poder, a razão poderia justificar a manipulação, legitimando e até ocultando as pontas afiadas das novas formas de coerção que ela facilitava.

Na frase irônica de Jean-Jacques Rousseau, as chamadas instituições liberais do etos cultural moderno poderiam, na verdade, fazer pouco mais do que lançar "buquês de flores sobre [nossas] correntes", levando os homens "a amar sua própria escravidão". De maneira semelhante, no famoso comentário em que ao mesmo tempo elogiava e advertia contra o potencial ambíguo da democracia nos EUA, Tocqueville afirmara que, na nova ditadura da opinião pública, "a tirania deixa o corpo livre e dirige seu ataque à alma".[2] Na mesma veia rousseauísta, Foucault argumentaria mais tarde que nos tempos modernos o poder trabalhava "sem recorrer, pelo menos em princípio, ao excesso, à força ou à violência".[3] Citando mecanismos institucionais liberais e libertadores como a prisão "panóptica" proposta pelo filósofo liberal Jeremy Bentham (uma prisão com um chão plano, circular, que permitiria aos prisioneiros ficar sob vigilância permanente de guardas onipresentes posicionados no centro do círculo, sem ter qualquer contato com o espaço do prisioneiro), Foucault diferenciou uma nova forma de coerção liberal que "assegura o funcionamento automático do poder... de modo que a perfeição do poder tenda a tornar seu exercício desnecessário". A idéia era garantir que os prisioneiros fossem "apanhados numa situação de poder da qual eles próprios são o sustentáculo".[4]

A questão levantada aqui por essas suspeitas anteriores sobre a coerção encoberta do liberalismo é se o próprio mercado, condutor das ambições do capitalismo de consumo, pode não abrigar as formas suaves de manipulação que seu caráter liberal esconde; se o apregoado pluralismo do mercado é camuflado por uma uniformidade não coagida em suas verdadeiras ofertas — por exemplo, no que esses críticos anteriores chamaram de "indústria da cultura". A chamada dialética do Iluminismo, que críticos da Escola de Frankfurt acharam que haviam revelado na liberdade privada, era menos do que libertadora em suas manifestações culturais modernas. Porque, em sua encarnação como cultura burguesa, a ideologia liberal que havia derrubado reis parecia ser corrosiva para o público, se não para a liberdade privada; parecia transformar a igualdade numa fonte de mediocridade niveladora (uma crítica associada antes a John Stuart Mill, Nietzsche e, mais tarde, a Walter Lippmann); e parecia tornar a escolha uma serva da limitação — não com falsa consciência, mas com conseqüências não intencionais.

Max Horkheimer e Theodor Adorno (em seu clássico *Dialética do iluminismo*) haviam identificado uma indústria de cultura que já não refletia os padrões da "arte", mas, em vez disso, generalizava um "monopólio" sob o qual "toda cultura de massa é idêntica". Sob essas condições, argumentaram eles,

> as pessoas que estão no topo já não estão interessadas em esconder o monopólio: como sua violência se torna mais aberta, seu poder cresce. O cinema e o rádio já não precisam fingir que são arte. A verdade de que são apenas negócios é convertida numa ideologia para justificar o lixo que deliberadamente eles produzem. Eles chamam a si próprios de indústrias.

A nova indústria de cultura — provendo o mito do que chamei de capacitação do consumidor — alegava

> que os padrões se baseavam em primeiro lugar nas necessidades do consumidor... [um] círculo de manipulação e necessidade retroativa em que a unidade do sistema cresce sempre mais forte.[5]

Em 1964, tendo sua ambivalência esquerdista pós-guerra sobre o Iluminismo como pano de fundo, Herbert Marcuse propôs a controversa tese de que o capitalismo recente estava produzindo "homens unidimensionais". Alimentados por uma sociedade em que "uma falta de liberdade confortável, suave, razoável e democrática prevalece", os homens unidimensionais estavam sendo moldados por um "aparato produtivo [que] tende a se tornar totalitário", especialmente à medida que determina "necessidades e aspirações individuais".[6] Marcuse recorreu à hipérbole do totalitarismo para descrever o que chamou de "uma coordenação econômica-técnica não-terrorista que atua através da manipulação das necessidades por meio de interesses garantidos por lei". Essa nova forma de coerção liberal incentiva o que identifiquei como esquizofrenia cívica definidora da infantilização, na medida em que "oblitera a oposição entre existência privada e pública, entre necessidades individuais e sociais".[7]

Ao produzir um ambiente totalizante para consumidores, o capitalismo de consumo fez com que muito do que era percebido como liberdade se tornasse mera ilusão. A crítica de Marcuse era intencionalmente provocativa, pelos padrões convencionais predominantes, especialmente em nossa era pós-moderna de hoje, depois da queda do comunismo como sistema político de governo. Afinal de contas, a *falsa consciência* havia sido por muito tempo um termo suspeito que a extrema esquerda utilizava para deslegitimar os desejos e as vontades de trabalhadores e cidadãos comuns quando eles não conseguiam desejar e querer as coisas que a extrema esquerda achava que os trabalhadores e cidadãos comuns deveriam querer.[8] Portanto, parecia perfeitamente lógico sugerir que, ao usar o potente conceito "totalitário" para descrever tendências de mercado em direção ao conformismo que eram perversas, mas de alguma maneira menos tóxicas, Marcuse estava confundindo formas moderadamente manipuladoras de persuasão associadas a marketing e propaganda com o tipo de repressão virulenta que definia e diferenciava regimes fascistas e comunistas.[9] Quando grupos extremistas como o Baader-Meinhof e as Brigadas Vermelhas na Alemanha Ocidental classificaram a si próprios (na descrição de Paul Berman) como inimigos não do liberalismo, mas do "verdadeiro nazismo, o nazismo que sobreviveu ao nazismo, o nazismo que foi construído com base na vida ocidental", isto foi um massacre retórico, um golpe lingüístico que traiu tanto o racionalismo quanto o liberalismo e justificou a violência e o não-cumprimento da lei.[10]

Marcuse parecia estar tratando o que na pior das hipóteses era uma transformação de valores em produtos como uma espécie de discreto substituto da opressão na dimensão do Holocausto. Estava tolerando o tipo de excesso que permitia às pessoas rejeitar seu criticismo implícito. Chamar os mercados de totalitários era como chamar o presidente Nixon ou Charles de Gaulle de fascistas — um tipo de uso de slogans que livrou os políticos dos pecados muito mais modestos, mas reais e puníveis, que eles haviam realmente cometido.

Mas, 40 anos depois da publicação de *O homem unidimensional*, há provas consideráveis que sugerem que a ubiqüidade do consumismo, a penetração da propaganda e do marketing e a homogeneização da cultura e dos valores em torno do comércio infantilizante criaram, juntas, um etos cultural que, embora não seja totalitário, rouba da liberdade seu significado cívico e ameaça a vitalidade cívica do pluralismo. Combinada com a privatização e a construção de marcas, essa homogeneização comercial nos tornou menos livres como cidadãos e menos diversos como uma sociedade do que os liberais tradicionais compreendem que somos, ou do que os tradicionais produtores e consumidores capitalistas pensam que somos.

Nos anos 1950, um estivador chamado Eric Hoffer ganhou certa notoriedade por escrever sobre "fiéis verdadeiros" totalitários que ameaçavam o liberalismo do mercado livre.[11] Hoje, marqueteiros liberais do mercado livre escrevem sobre a necessidade de tornar os consumidores verdadeiros crentes. Em seu livro sobre como cultuar marcas, Douglas Atkin preza o marketing que torna "os clientes fiéis verdadeiros". Vale a pena citar com detalhes sua posição de entusiasta, porque ela justifica muito mais chamar o consumismo de totalitário do que qualquer crítico poderia. Atkin escreve:

> Chegamos a uma interseção única na sociedade que favorece os marqueteiros. De um lado, instituições estabelecidas estão provando ser cada vez mais fontes inadequadas de significado e comunidade. Do outro, tem havido um crescimento de um tipo de consumismo muito sofisticado. O marketing está alcançando a maturidade em termos de esperteza e astúcia. Bilhões estão sendo gastos para agradar a um público seletivo com marcas complexas e sutilmente fabricadas. A confluência dessas duas tendências está levando a essas criações comerciais que estão sendo acolhidas por uma população completamente desiludida com organizações menos satisfatórias e freqüentemente menos confiáveis. Juntamente com as religiões alternativas, as marcas disputam agora seriamente a crença e a comunidade.[12]

Atkin não está sozinho. No capítulo anterior, citamos Matthew W. Ragas alardeando o poder do culto à construção de marcas. Outros, como Douglas B. Holt, falam sobre como as marcas têm "se tornado ícones".[13]

Esse novo etos do totalismo do consumidor desenvolveu-se não porque há uma conspiração entre os capitalistas para minar a liberdade ou um partido invisível de persuasores pressionando para que haja conformidade. Ele aconteceu porque — como acontece de maneira geral com a infantilização — o etos de nossos tempos privatiza nossas vidas e nos faz mergulhar num ambiente de marketing total e propaganda onipresente em que os bens são comercializados em toda parte e estão disponíveis em todas as horas, literalmente o tempo todo em nossas faces. A conseqüência intencional do novo totalismo é que os consumidores compram bens de consumo e serviços que eles não necessariamente precisam ou querem mais do que precisariam ou quereriam se estivessem numa praça ou numa ágora tradicionais, onde comprar era apenas uma das muitas atividades humanas. Nesse ambiente, é mais provável que os consumidores pensem que sua cidadania começa e termina na maneira como eles gastam sua renda no mercado, enquanto as corporações acreditam que boas ações (ou vangloriar-se delas) podem torná-las "Marcas Cidadãs, com objetivos de responsabilidade social sendo o elemento central de sua missão corporativa".[14] Essas estratégias privatizam a própria democracia.

Quero argumentar aqui que isto tem acontecido porque o etos infantilista envolve — e penetra em — cada um daqueles que filósofos como Jürgen Habermas chamaram de "mundos de vida", aquelas esferas de atividade, pensamento e objetivo que nos definem como seres livres. As provas estão em toda parte: negociantes de mídia que falam com entusiasmo sobre a "TV onipresente"; jornais, não apenas televisão, cheios de infocomerciais, com a antes sóbria *New York Times Magazine* publicando uma coluna de compras de Rob Walker que, como este livro, tem o título de "Consumido", mas que é ela própria consumida por um modelo de "artigo de revista" no estilo informação misturada a propaganda, que não pode ser claramente identificado nem como notícia nem como propaganda — artigos sobre comportamento de adolescentes, pré-adolescentes, meninas, bebês e bichos de estimação; a mesma revista suplementando agora seu cardápio semanal de itens esquecíveis com uma longa seção chamada "As Páginas Divertidas", que menospreza os leitores sem ser particularmente divertida; e uma crescente cultura global de McMundo que parece irrefreável até mesmo em culturas cívicas ocidentais (como a França) que se contrapõem a ela e até mesmo em culturas religiosas islâmicas (como o Irã) ou em culturas políticas realmente totalitárias e profundamente hostis a ela. Xangai é hoje mais cheia de slogans de propaganda e logotipos corporativos do que era uma geração atrás, com os slogans da propaganda comunista e as faixas de propaganda do Estado de um só partido, embora continue sendo um Estado comunista de um só partido.

O etos infantilista totaliza, permitindo ao comércio acesso universal a cada parte da vida e a cada setor de nosso "mundo de vidas" de maneiras que só podemos vivenciar homogeneizando e nivelando. Se o comércio não estivesse associado, na ideologia neoliberal, à liberdade, e se o conteúdo do comércio fosse definido pela política, ou pela ideologia, ou pela religião, e não por produtos de consumo e marcas de consumo, nós até poderíamos perdoar Marcuse por confundir nossa condição com uma espécie de totalitarismo de mercado suave. Afinal de contas, quando a religião coloniza cada setor do que deveria ser nossas vidas multidimensionais, chamamos o resultado de teocracia; e quando a política coloniza cada setor do que deveria ser nossas vidas multidimensionais, chamamos o resultado de tirania. Então, é preciso perguntar, por que quando o mercado — com sua insistente ideologia de consumo e sua determinada ortodoxia de gastos — coloniza cada setor do que seria nossas vidas multidimensionais nós chamamos o resultado de liberdade?

O mercado conscientemente tem o objetivo de exercer um firme domínio sobre o tempo e o espaço, controlando cada um de nossos momentos e se infiltrando na geografia mais remota e privada de nossa psique. Esta é a condição necessária para o sucesso do capitalismo: um povo absorvente que compra ou pensa em comprar, que concebe ou exercita a vontade de consumir o tempo todo. O consumismo é totalizante, não pluralista, porque o pluralismo oferece espaço para outras coisas além de comprar, e diversidade significa períodos em que as pessoas não estão comprando. Compare um moderno shopping num subúrbio, que é o único espaço comum nessas paisagens suburbanas onde mais da metade dos americanos vive hoje, com uma praça tradicional, ou uma vila. Na praça, misturada entre lojas, armazéns e estabelecimentos comerciais, podíamos encontrar antes uma sala de aula e um tribunal, um posto de correios e uma biblioteca, um teatro e um cemitério, cada um deles refletindo a rica variedade humana que constituía o caráter essencial de uma sociedade democrática. Agora, imagine *Nossa Cidade*, de Thornton Wilder, apresentada numa seção de videogames do multiplex local (*Nosso Shopping?*). O shopping dos EUA tornou-se o shopping que os EUA são; e esse shopping que os EUA são ameaça colonizar cada um dos outros mundos nos quais as pessoas poderiam aspirar a viver.

No estilo da contracultura dos anos 1960, a retórica de Herbert Marcuse transpirava hipérboles. Mas seus instintos eram agudos. Porque, enquanto o etos infantilizador tanto produz quanto é produzido por um espírito de capitalismo que favorece o consumismo intenso, ele parece produzir uma homogeneização do gosto paralela e que o reforça. Ao reduzir a liberdade civil a um queixoso e voluntarioso "eu quero" que vence todos os outros sentimentos humanos, o etos infantilista declarou guerra à variedade. Embora não possa torná-la ilegal, ele se apressou em afastar e dominar cada atitude e comportamento que não conduz às compras. Diferentemente do Estado, que usa seu monopólio sobre a força legítima para garantir a diversidade, o mercado usa sua persuasão para impor um monopólio comercial. E quando "eu quero" se torna "eu quero as marcas e as identidades de marcas que os marqueteiros querem que eu queira de acordo com o que os marqueteiros explicam para nós que é o que eu realmente quero", os consumidores podem de fato ter chegado a um tipo de consciência que, se não é exatamente falsa, é incoerente com seus desejos mais profundos para o bem-estar público ao qual, como cidadãos públicos, eles aspiram a pertencer. Não é bem falsa consciência, mas consciência dividida — aquela esquizofrenia cívica à qual nos referimos antes.

Num livro com o sugestivo título de *Preference Pollution: How Markets Create the Desires We Dislike*, o economista David George explica como o mercado tem usado sua capacidade para satisfazer "desejos de primeira ordem" (como Harry Frankfurt os chama num trecho citado no capítulo 4), mesmo quando ignora os "desejos de segunda ordem" que constituem o que poderíamos entender como sendo nossa vontade genuína. O mercado nos dá o que "queremos" (meu exemplo anterior de carrões poluentes e que consomem muita gasolina), mas não presta atenção alguma ao que *queremos* querer (independência em energia e ar limpo). Ao servir ao desejo, ele se sente livre para empreender uma "persuasão irrestrita" sobre os desejos de primeira ordem, achando que fazendo isso legitima a livre vontade.[15]

No subtítulo de seu livro *The Overspent American*, Juliet Schor propõe-se a nos dizer "por que queremos o que não precisamos".[16] O que precisa ser explicado, porém, é por que muito freqüentemente *não queremos o que queremos*. Afinal, o que queremos não é realmente o que queremos querer (o que nosso *self* social quer). Se, como insiste Harry Frankfurt, "ter uma livre vontade é ser movido por desejos pelos quais queremos ser movidos", então a persuasão do mercado dirigida aos desejos de primeira ordem não é realmente liberdade de maneira alguma.[17] Isto não é uma questão de falsa consciência, mas de uma segunda consciência (o que queremos querer) vencendo a primeira consciência (o que queremos). Eu quero outra vodca... exceto por um segundo pensamento de que eu não quero ser um viciado nem um alcoólatra, e então no fim das contas eu realmente não quero outra vodca. Sim, eu realmente quero um drinque, mas eu realmente não quero querer um drinque. Parte da maneira como o totalismo de mercado funciona é tornando o reino dos primeiros desejos o único reino legítimo de escolha. Na antiquada linguagem moral, o império do impulso tem permissão para vencer o império da vontade, e então é recompensado com uma coroa chamada liberdade. O que falta, porém, tanto na velha linguagem moral quanto na conversa do economista de David George, é que os desejos de primeira ordem geralmente tendem a ser privados, enquanto os desejos de segunda ordem tendem a ser públicos. Primeiro falamos em "eu" e só depois consideramos o "nós".

Neste capítulo, tentarei mostrar, portanto, que o etos infantilista tende a homogeneizar o gosto e restringir a variedade, em vez de ampliá-la. Com o consumismo se infiltrando em cada canto da sociedade e condicionando cada um desses cantos, o mercado assume o controle de nossas vidas. Esse impacto totalizante sobre os consumidores dificilmente é comparável ao impacto do totalitarismo político sobre seus objetos. Privilegiar desejos de primeira ordem não é a mesma coisa que tirania. E resistir ao totalismo de consumo é possível, e possível a um custo muito menor do que o de resistir ao totalitarismo, embora fazer isso (veja capítulo 8) seja difícil da mesma forma. Por quê? Porque as tendências totalizantes do consumismo se revelam fora do alcance da visão, e o consumismo coloniza o tempo e o espaço sob a bandeira da escolha. Porque a homogeneização surge das escolhas do mercado que são vistas como concorrentes e pluralistas. Lembre-se da armadilha do macaco africano: se tudo o que precisamos é "deixar" nossas correntes, qual é a necessidade de rompê-las?

Formas de totalismo do mercado

Existem cinco formas de dominação do mercado que constituem a substância de meu argumento de que a cultura de consumo tem um impacto totalizante, embora não totalitário, em nossas vidas. Argumentarei que o mercado de consumo é *ubíquo* (está em toda parte); é *onipresente* (está "o tempo todo" e aspira a preencher todo o tempo); é *viciante* (cria suas próprias formas de reforço); é *auto-reprodutivo* (espalha-se de maneira viral); e é *onilegítimo* (emprega auto-racionalização e autojustificação, destruindo as bases morais para resistir a ele). Juntas, essas cinco características dão aos mercados um poder sobre nossas vidas e pensamentos, corpos e almas, que rivaliza, mas não equivale, às formas mais tradicionais de totalitarismo. Mas embora sejam menos tóxicas, porque operam sob a suposta legitimidade da liberdade do mercado e dependem da esquizofrenia cívica para ter sucesso, é mais difícil resistir e se submeter a elas. Seus perigos — acima de tudo a perda da diversidade genuína num mercado que, embora pluralista, monopoliza a consciência — tornam-se aparentes quando essas características são elaboradas e documentadas.

UBIQÜIDADE

Na tradicional visão liberal da sociedade, a vida oferece muitas esferas de atividade distintas a seres humanos cujos valores, culturas e objetivos de vida são historicamente plurais e empiricamente diversos (o pluralismo é um fato, não uma aspiração). Ao pesquisar as esferas nas quais a justiça pode exercer um papel, por exemplo, o teórico político Michael Walzer nos deu uma tipologia representativa que considerava não apenas o mercado definido pelo dinheiro e pelas mercadorias, mas outras esferas, cada uma delas com seus próprios valores e bens, definidos por mérito (função), por trabalho (área de trabalho), por lazer (recreação), por educação (escola), por parentesco e amor (família e casa), por graça divina (religião), por respeito e reconhecimento (amizade) e por política (espaço público ou cívico). Como outros pensadores liberais "lockeanos" que sustentavam uma "concepção (fundamentalmente) pluralista de bens", Walzer queria descrever e justificar "uma sociedade em que nenhum bem social serve ou pode servir como meio de dominação".[18] Isto é, Walzer deu à realidade do pluralismo humano uma confiança prescritiva, argumentando que "não existe qualquer grupo de bens primários ou básicos concebível em todos os mundos morais e materiais".[19]

Agora, como teoria, a filosofia do mercado privado compartilha seu comprometimento com o pluralismo e a variedade. Aqueles que apresentam as virtudes do mercado gabam-se de sua abertura ao pluralismo (cortesia da competição), especialmente quando comparada ao monopólio sobre a força e a lei, que define o Estado. Mas o Estado democrático liberal usa seu monopólio sobre a força legítima para assegurar um pluralismo de esferas e a santidade dos direitos individuais e do domínio dos direitos privados, enquanto o mercado de consumo tende a colonizar cada esfera e setor, ainda que mantenha essa fantasia de pluralismo. Embora não faça inicialmente uma alegação moral de sua onipresença, aspirando a ocupar cada espaço e todos os espaços, o mercado efetivamente exclui a possibilidade de esferas de atividade humana coexistentes. O capitalismo comercializante ordena a infiltração e penetração de esferas não comerciais para maximizar a lucratividade. Está literalmente em toda parte, colonizando cada esfera da vida na qual vivemos nossa rotina diária. Em calçadas, muros, ônibus e trens; em salas de aula, quartos de dormir, banheiros e bondes elétricos; em telões, mochilas, TVs e telefones, esculpido em cabelos e gravado na pele; codificado como marca registrada, logomarca e marca de amor — códigos para a identidade humana consumida pelo desejo, um espírito captado com perfeição pelo *New York Times* no título de uma crítica a um estudo filosófico sobre o desejo: "Eu sou; portanto, eu quero."[20]

Ubiqüidade é um termo poderoso, mas, assim como muitas idéias analisadas aqui, não foi cunhado por mim, mas pelos marqueteiros. Um jornalista pesquisando conglomerados de telecomunicações apresenta uma reportagem sobre a rede MTV sob o título: "Quero meu Conglomerado Ubíquo."[21] Seu conglomerado ubíquo — que é uma subsidiária do gigante ainda maior Viacom — inclui MTV, MTV2, Nickelodeon, Comedy Central, TV Land e Spike, nos Estados Unidos, e 111 canais no mundo, incluindo 18 canais novos em folha na Europa, Ásia, América Latina e África. A pergunta apresentada na reportagem do jornalista é: "Uma vez que você está em toda parte, qual é o próximo lugar onde você vai?" Enquanto isso, a *Newsweek* registra a nova competição por televisões de tela pequena (em telefones celulares e iPods) gritando: "Só uma coisa está clara: a corrida é em direção à TV ubíqua."[22]

O slogan de uma recente campanha publicitária do novo telefone celular com televisão da Samsung descreve a TV ubíqua como uma privatização do espaço público: vemos uma série de pessoas transformando — teoricamente "em público" — seus espaços em salas de TV particulares, graças às minitelas portáteis da Samsung, enquanto um slogan nos exorta a "imaginar o mundo como sua sala de estar". A aniquilação do espaço público — uma das muitas características das novas tecnologias, de telefones celulares e BlackBerrys a videogames e mapas de posicionamento global (chega de perguntar "ao público" a direção) — tornou-se uma virtude entre consumidores privatizados para os quais a presença em público de outras pessoas é uma distração em relação ao comportamento privado de consumo. A única coisa quase pública que segue você nos santuários privatizados que os aparelhos criam é o próprio comércio, uma vez que o canal onde você precisa viajar para escapar sempre precisa ser comprado. O que é público — árvores, vento, arquitetura, sons, outras pessoas — é livre: a solidão sustentada comercialmente precisa ser comprada, o que, obviamente, é o que importa.

Aqueles que buscam o santuário de telas eletrônicas e fones de ouvido podem imaginar que estão buscando a diversidade do que é oferecido em jogos, filmes e música e enganando a mesmice do mundo externo; mas o conteúdo eletrônico comprado é muito mais homogêneo e limitador do que o verdadeiro pluralismo de nossos mundos de vidas naturais, ainda que para algumas pessoas pareça mais vívido e "real". Na melhor das hipóteses, os filmes não podem ser mais heterogêneos e variados do que os mundos reais que eles buscam captar. Tudo o que há de melhor em Hollywood não equivale em variedade ou originalidade a uma única caminhada num dia de verão num parque público.

A arte gera seus próprios mundos variados, é claro, e essa discussão sobre diversidade pública não tem a intenção de ser um comentário sobre estética. É com a variedade, no sentido literal, que estou preocupado, com as verdadeiras variações de experiência e a diversidade das esferas da vida. Não o pluralismo dentro, mas o pluralismo entre os muitos setores nos quais pensamos, sentimos, trabalhamos e vivemos. É esse tipo de variedade que o espaço público garante e que o mercado encolhe. Porque todo mundo acaba assistindo à mesma seleção de programas oferecidos pelos mesmos "conglomerados ubíquos" patrocinados pelas mesmas empresas de consumo que têm o objetivo de dominar os mesmos mercados econômicos.

Na França, como os consumidores descobriram, não é o mercado que assegura a variedade cultural da programação de televisão ou que salva a indústria de cinema da praga da TV ubíqua. Na verdade, quem faz isso é o quase-monopólio de telecomunicações estatal sobre a televisão. Embora os americanos obcecados por mercado se apressem a chamar isso de intervenção estatal orwelliana, os franceses reconhecem que um regime patrocinado pelo Estado que proíbe a exibição de filmes na televisão pública nas noites de quarta-feira e sábado (as noites mais movimentadas nos cinemas) é que assegura o equilíbrio entre ir ao cinema e assistir à televisão e que (sim, por meio de coerção) gera uma variedade maior na vida cultural francesa. Da mesma forma, é o Estado francês que submete os filmes americanos a cotas de importação (como se fossem vegetais, reclama Hollywood), não para impedir que o público francês seja exposto à cultura pop americana, mas para reservar um pequeno espaço à cultura francesa — pop ou não — diante do massacre do mercado americano, que — se apenas o mercado prevalecesse — significaria que o público francês seria exposto somente a filmes, TV e cultura pop americanos.

Sozinhos entre seus aliados, à exceção de Israel, os Estados Unidos se opuseram à Convenção sobre Diversidade Cultural da Unesco, em 2005, porque insistiram, e insistem, que o mercado livre é um veículo melhor para a diversidade cultural global do que um regulamento transnacional. Mas o mercado global tem facilitado uma assimetria no poder cultural que os Estados Unidos (Hollywood) dominam. O (então) ministro da cultura da França, Renaud Donnedieu de Vabres, defendeu a convenção observando que "os filmes de Hollywood respondem por 85% dos ingressos de cinema vendidos no mundo. Nos Estados Unidos, apenas 1% dos filmes exibidos vem de fora dos Estados Unidos".[23] Os Estados Unidos defendem o mecanismo do mercado porque ele assegura a diversidade ou porque assegura a dominação cultural americana e a ubiqüidade de seus produtos comerciais?

Ubiqüidade significa em todo lugar. Em todo lugar significa em qualquer lugar, de modo que qualquer espaço ainda não ocupado pelo mercado pode tornar-se um alvo do controle comercial de especialistas para os quais um espaço sem marca é um potencial a ser usado. Não existe algo como um espaço em branco — uma tábula rasa — no mercado ubíquo de hoje em dia. Cada espaço em branco é um convite a um logotipo ou a um slogan publicitário; cada adesivo médico para pele é um convite a uma tatuagem comercial;[24] cada silêncio é um convite a uma mensagem barulhenta. Os marqueteiros descobrem como associar produtos e marcas a filmes e canções; como transformar canais de TV inteiros em cartazes de propaganda (a MTV, assim como a VH1, é uma rede de compras para a indústria da música na qual, conforme temos visto, a música permanente se torna uma loja permanente em 111 canais [e contas] no mundo). Eles tentam usar os cinco sentidos em cada campanha, recentemente introduzindo a idéia de "aromas penetrantes" em suas embalagens, "na esperança de que o caminho para a carteira de dinheiro se dê através do nariz... tendo como alvos tantos dos cinco sentidos quanto possível".[25]

Os lugares menos prováveis foram transformados recentemente em espaços publicitários. Uma produção do musical *Stomp*, no Teatro Orpheum, em Nova York, ofereceu um comercial de três minutos no palco a uma organização de turismo chamada Visit London. Comerciais ao vivo em teatros? Agora eles podem ser encontrados em Dublin e Hamburgo, bem como em Manhattan. Por quê? Porque, de acordo com um anunciante, "eles têm audiência cativa. As pessoas não podem mudar o canal, nem mudar o sistema, deixar o lugar depois que a coisa começa".[26] E, se o teatro funciona para os marqueteiros, por que não carneiros vivos? A Hotels.nl, uma empresa holandesa para reservas online em hotéis, tem comprado espaço em carneiros, pagando um euro por carneiro para espalhar suas mensagens na Holanda. Apesar das multas cobradas por autoridades municipais enfurecidas, a prática — iniciada por uma empresa inglesa chamada Easy Green Productions, que faz anúncios sobre cobertores de lã de carneiro — está se disseminando.[27]

Enquanto negociam, fazem fusões, parcerias e permutas, as empresas tentam criar monopólios de conteúdo sobre as inúmeras telas que hoje em dia nós assistimos do amanhecer à meia-noite. Aparentemente tão plurais, as telas de telefone celular Samsung são canais de conteúdo comum, e as empresas que controlam ou patrocinam o conteúdo buscam um monopólio sobre essa informação comum. A Disney Company (e sua subsidiária na mídia, a ABC) tem uma parceria com a Apple Computer, de Steve Jobs, para pôr conteúdo da Disney nos novos iPods com vídeo. Seus concorrentes, tais como a Google Video (que comprou o YouTube no fim de 2006 por US$1,6 bilhão) e a RealNetworks, competem pelos mesmos globos oculares, cada canal digital procurando seu próprio monopólio de conteúdo —

no mundo. E assim se dá a "corrida em direção à TV ubíqua" citada pela *Newsweek*, em que a audiência virtual conduzida por anúncios nunca impede a multiplicação de tecnologias de mídia — relógio de pulso, telefone, iPod, tela de computador, conexão sem fio, aparelhos de televisão grandes e pequenos e antiquadas telas de cinema. A propaganda do mundo real está em todo lugar e aparentemente para sempre, é claro: em cima de mictórios públicos, em faixas exibidas no céu por dirigíveis e aviões biplanos, em tetos de ônibus escolares e postes de parquímetros, em escolas e centros de estudantes universitários, em placares de estádios esportivos, em todos os transportes "públicos" e ainda em todos os lugares onde instalam aqueles antiquados outdoors.

Existem cada vez mais circuitos, mais fios, mais "canais" para distribuir conteúdo virtual, mas cada vez menos pluralismo no conteúdo. A internet já nos capturou numa rede mundial que se tornou uma substituta da realidade. Futurólogos nos moldes de George Gilder deram um passo à frente na investigação da ubiqüidade, imaginando uma rede eletrônica construída dentro e nos limites da atmosfera, uma "éter-esfera" na qual todo mundo pode se plugar: pronto! Internet sem fio, universal, absolutamente em qualquer lugar. Usando a quase infinita área de freqüência além do nível no qual ela é comercializada hoje, ninguém precisará ficar desconectado novamente; podemos todos ficar ligados juntos numa rede de comunicação virtual "telecósmica", através da qual, porém, nossas verdadeiras conexões com o que é verdadeiramente público serão impedidas.[28]

Jogos na internet têm como alvo os jovens, mas são muitos os jogadores de todas as gerações — milhões de jogadores *kidults* participando de jogos online "persistentes" (acontecendo permanentemente e disponíveis a jogadores que se conectam). Um jogador online de Star Wars Galaxies, de 54 anos, reclamou, quando o fabricante mudou o formato e as regras, que aquilo arruinara "a maravilhosa segunda vida" que ele e seus companheiros de jogo haviam desenvolvido — destruindo, nas palavras do repórter que registrou a história, "uma camaradagem e amizade com outros jogadores que eram muito mais importantes do que propriamente jogar — relações que podem ser difíceis de multiplicar na 'vida real'". Outros jogadores inconsoláveis reclamaram de se sentirem "violentados" pelas mudanças de formato. Um deles disse: "Simplesmente vindo e destruindo nossa comunidade, eles causaram um grande sofrimento do tipo morte-em-família."[29] Quando a vida virtual de um jogador ganha mais importância do que a verdadeira vida de um adulto, é difícil achar que nossas comunidades civis e sociais estão sendo beneficiadas.

A visão de Gilder de um telecosmo ubíquo não é fantasia de futurólogo. Em outubro de 2005, a Filadélfia escolheu a EarthLink para "construir e gerenciar uma rede de comunicação sem fio englobando toda a cidade". Chicago, Miami Beach, Milwaukee e Portland, no Oregon, também estão explorando redes de comunicação sem fio municipais, e recentemente a Google se ofereceu para "conectar toda São Francisco sem fio, de graça" (bem, não exatamente de graça, mas com pagamentos feitos por meio de propaganda direcionada aos usuários).[30] No mundo, onde muitos países — incluindo Coréia do Sul, Israel e Japão — já têm um percentual de população com acesso a banda larga maior do que os Estados Unidos (que hoje estão em 16º lugar em acesso a banda larga), redes sem fio públicas tendem a se tornar ainda mais sedutoras. Os consumidores vão apreciar esse progresso, uma vez que aparentemente ele aumentará a capacidade deles de se comunicar, de comprar e vender e de acessar entretenimento. Mas também os marqueteiros, que vão entender que o telecosmo lhes oferece acesso ubíquo a clientes e possibilidades de marketing infinitas. Aqui e lá, um artista ou um dissidente usará o acesso universal com o propósito de convocar multidões às ruas para fazer uma festa ou fomentar uma manifestação, mas o uso e o objetivo econômico principais por trás do telecosmo são necessariamente comerciais. O objetivo daqueles que o financiam e o estabelecem é usar os clientes que pensam que o estão usando. A nova mídia anuncia um aumento da capacidade dos clientes — diga-nos o que você quer, estamos aqui para capacitá-lo —, mas a viabilidade da nova mídia depende de aumentar sua própria capacidade, seu sucesso na venda de produtos, serviços, entretenimento, conhecimento e outras coisas.

Nascidos da competição e com raízes no senso de empreendimento, os mercados de consumo se tornaram hoje monstros de monomania. Com "tudo à venda" (título de um livro de Robert Kuttner sobre mercados), esferas rivais se vêem sob ataque, e "o governo permanece impedido e empobrecido, assim como sua própria política democrática".[31] Só existe um paradigma — "mercados irrestritos são considerados tanto a essência da liberdade humana quanto o caminho mais adequado para a prosperidade" — e, portanto, um só valor (lucro), uma atividade (comprar), uma identidade (o consumidor), um paradigma de comportamento (intercâmbio de mercados) e um mundo para viver (comércio) qualificados como legítimos.[32]

Assinantes insuspeitos daquela que provavelmente é a revista americana de maior prestígio, *The New Yorker*, devem ter lido sua edição de 22 de agosto de 2005 com espanto crescente, porque havia centenas de desenhos de alvos vermelhos-e-brancos em toda parte: na capa, nas páginas de leitura, entre os anúncios e aplicados sobre o projeto gráfico até a contracapa. A *New Yorker* havia descoberto a parceria de marcas: a rica e sofisticada empresa Target (cujo nome é alegremente pronunciado com sotaque francês) havia comprado a edição da também sofisticada *New Yorker* de cabo a rabo (por US$ 1,1 milhão), um monopólio singular sobre a publicidade que penetrou no projeto gráfico da revista e obscureceu o tradicional limite entre propaganda e conteúdo editorial. Ilustradores conhecidos como Milton Glaser, Ruben Toledo e Robert Risko apresentaram desenhos como parte do que a *New Yorker* chamou de seu "projeto".[33] Pelo menos naquela semana, a Target foi a *New Yorker* e a *New Yorker* foi a Target, suas marcas fundidas, seus logotipos combinados, seu conteúdo misturado. Por um momento, sob o disfarce da ingenuidade do design e da propaganda criativa, pelo menos numa única revista, uma empresa do varejo havia conquistado a ubiqüidade na propaganda. Só o *Pravda* — jornal oficial do Partido Comunista no apogeu soviético — poderia ostentar essa penetração total — exceto pelo fato de que sua relação com o partido sempre foi completamente conhecida.[34]

ONIPRESENÇA

O mercado de consumo aspira a estar em toda parte, mas também deseja estar sempre presente, ocupando o tempo com a mesma agressividade com que conquista o espaço. Nas sociedades de consumo modernas, a loja nunca está fechada, o vendedor nunca está em silêncio e a oportunidade de intercâmbio de mercado nunca é descartada. É uma espécie de Sharia invertida, em que as regras de cada setor social em competição — sejam religiosas ou políticas — são substituídas pelas regras que governam as compras.

A Sharia islâmica — assim como o puritanismo, com sua proibição do comércio aos domingos — pode decretar "a proibição de compras no Sabá" ou "a proibição de bebidas alcoólicas e da dança, sempre!". A "Sharia" do mercado decreta: "Não é permitido nenhum dia de proibição de comércio, lojas abertas permanentemente!" e "Bebidas, dança e tudo o mais que pode ser comprado são permitidos, incentivados, ordenados, em todos os lugares e sempre!". Lojas e shoppings que antes ficavam abertos cinco ou seis dias por semana agora ficam abertos sete dias por semana, com horas extras em determinadas noites e feriados, e aberturas antecipadas (às cinco ou seis horas da manhã, e até mesmo um minuto depois da meia-noite) naqueles dias especiais de compras, como a Black Friday, logo depois do Dia de Ação de Graças, um dia que responde por 10% de todas as compras de feriado feitas nos Estados Unidos, muitas delas em liquidações antes do amanhecer. (A Electronics Monday — peguem seus aparelhos eletrônicos em liquidação! — recentemente seguiu os passos da Black Friday, tornando-se o segundo maior dia de compras compensadoras.) Feriados "religiosos", desde o Natal e a Páscoa até a Páscoa judaica e o Ramadã, juntaram-se a outros feriados, como o Halloween, o Kwanza e o Dia dos Namorados, como ocasiões para o comércio se espalhar além dos limites étnicos e nacionais. A "santidade" dessas datas é apenas uma desculpa para parar de trabalhar (produzir) e aumentar o consumo.

Numa notícia de primeira página pós-Dia de Ação de Graças, com uma linguagem que imitava a histeria que caracterizou as reportagens sobre o furacão Katrina, o *New York Times* relatou recentemente: "Em todo o país, milhões de americanos formaram multidões em lojas, correram para shopping centers nos subúrbios e invadiram distritos de compras num ritual de varejo que parecia marcar um recorde de privação de sono." Como se previsse um verdadeiro colapso da civilização em meio à confusão de clientes alvoroçados para apanhar mercadorias, um solitário vendedor de loja, no início da manhã da Black Friday, retratado na reportagem, tentava controlar uma multidão de clientes que se agarrava a computadores baratos e gritava repetidamente: "Vamos ser civilizados! Vamos ser civilizados!" Enquanto isso, os clientes "empurravam uns aos outros" na disputa por uma parte do butim.[35] O objetivo dessa frenética "invasão" ao mercado que dura toda a noite é a onipresença comercial, um ambiente de compra total.

Medir a onipresença contemporânea do comercialismo é calcular os minutos e horas a cada dia durante os quais americanos, alemães ou japoneses são expostos às mensagens comerciais da mídia e convidados a identificar-se pelo que compram, comem, bebem e vestem. Quando se referem aos jovens, os números são particularmente assustadores. Medidos pelo tempo que lhes é dedicado, os adversários pedagógicos do comercialismo — educação, pais, socialização por igreja ou grupo cívico — ficam com o menor espaço. Professores lutam pela atenção de seus alunos no máximo 20 ou 30 horas por semana, durante talvez 30 semanas por ano, em ambientes que não controlam completamente e em instituições freqüentemente ridicularizadas na mídia popular. (*Clube dos Cafajestes* tornou-se um símbolo da universidade moderna mais popular do que a torre de mármore.) Pastores, rabinos, imãs e padres conseguem uma ou duas horas por semana de atenção da parcela cada vez menor de suas congregações que participa de cultos. Os pais são, na melhor das hipóteses, "guardiões" preparados para a batalha, que ano após ano vêem seu controle sobre os filhos ser atingido, corroído e posto de lado até por fim ser totalmente perdido para seus concorrentes no mercado, que freqüentemente os atacam, considerando-os impedimentos ao acesso às crianças, ou tentam explorá-los como canais de acesso às crianças. Os verdadeiros tutores da sociedade capitalista de consumo recente, medidos em termos de tempo, são aqueles que controlam os monopólios da mídia, os agressivos fornecedores de conteúdo, os desavergonhados senhores das imagens onipresentes, que tomam 60 ou 70 horas por semana do tempo e da atenção das crianças, durante 52 semanas por ano.

Uma pesquisa da Fundação Família Kaiser de 2005, com crianças e jovens americanos de 8 a 18 anos, descobriu que "a quantidade total de conteúdo de mídia à qual crianças e jovens são expostos todos os dias aumentou para oito horas e meia".[36] Numa sociedade moderna com déficit de atenção, este é um totalismo temporal tão opressivo quanto se pode imaginar, no qual especialistas em criar marcas e propagandistas de marcas de amor controlam o etos comercial de nossa civilização controlando o próprio tempo. Com "os gastos diretos e indiretos de jovens de 18 anos ou menos chegando a cerca de US$ 1 trilhão por ano nos EUA", os marqueteiros necessariamente se tornam adversários subversivos da maturidade que inculcam puerilidade nos jovens, desde bebês até adolescentes e adultos estupidificados, em nome da manutenção da viabilidade do mercado.[37] A cultura da puerilidade legitima isso tudo, em parte simplesmente por possuir o relógio.

Possuir o relógio nem sempre significa exibi-lo. Os shopping centers são obstinados em seu desprezo por relógios e conseguem ser donos do tempo agindo fora de sua disciplina. Se os compradores não sabem que horas são, nunca acontecerá de eles passarem tempo demais nas compras. Um shopping com um relógio público é algo tão raro quanto uma estação de trem sem um relógio. O hoje conhecido ciclo de notícias 24 horas por dia/sete dias por semana que põe "todas as notícias o tempo todo" em dezenas de canais a cabo, sites na internet e transmissões via satélite de rádio e televisão anuncia que a hora da notícia é o tempo todo. "O tempo todo" é uma outra maneira de chegar a tempo nenhum. O significado original de "notícia" era um sentido de que de tempos em tempos acontece algo novo que merece um relato. Todas as notícias o tempo todo já não é notícia, mas uma mistura comercial de informação e entretenimento voltada para o comércio, não para a informação. A então vice-presidente executiva de programação da CBS reconheceu o óbvio: "Numa sociedade hiperativa, com tantas escolhas, os telespectadores estão acostumados a ser entretidos a cada minuto."[38] Para maximizar o conteúdo, enquanto usam cada vez mais o tempo diário e a atenção de crianças com déficit de atenção, os fornecedores de conteúdo precisam estupidificar, acelerar e fazer cortes rápidos — priorizando a velocidade (veja o capítulo 3) e uma preferência pela repetição. Para esses objetivos, o ciclo de 24 horas por dia/sete dias por semana é inadequado. Não há literalmente horas suficientes no dia para uma cultura de consumo totalizante que precisa preencher cada segundo disponível do tempo psicológico para aumentar sua capacidade.

Ao responder às múltiplas tecnologias, os jovens estão desenvolvendo mentes multifuncionais, que acomodam a mídia multifuncional, adicionando horas ao relógio. Uma estratégia de marketing bem-sucedida precisa pensar mais do que 24 horas por dia. Um estudo da OMD Worldwide patrocinado pela Yahoo! descobriu que explorando as típicas multitarefas dos jovens acelerados é possível levar "membros da geração Minha Mídia [a] se adequar a mais de 44 horas de atividade em apenas um dia".[39] Numa cultura infantilista, o tempo é elástico, porque aparelhos eletrônicos como TiVo e iPod permitem aos consumidores "alterar o tempo" de seu consumo de conteúdo. Assim, jovens podem responder a anúncios sobre roupas em suas telas de televisão (Home Shopping Network) mesmo enquanto fazem pesquisa de preço em outro canal (Google) e "marketing *buzz*" com os amigos em mais um canal (com mensagens instantâneas) — uma multitarefa três-em-um que lhes permite cumprir uma hora de trabalho de consumidor em 20 minutos. Não se trata de algum tipo de truque da teoria da relatividade de Einstein: no ciclotron do marketing, os desejos podem ser propagados em velocidades que excedem a velocidade da luz, além da qual tudo é possível.

Quanto mais jovem o consumidor-alvo, mais eficiente o ataque ao tempo. Enquanto os adultos podem diminuir o som, filtrar, enganar ou ignorar a propaganda, "a primeira pesquisa sobre crianças americanas feita pela Mediamark Research Inc. descobriu que, crianças diferem dos adultos de uma maneira que deve interessar aos anunciantes: a maioria delas não pula os anúncios na TV". Elas não diminuem o som da TV durante os anúncios e não mudam de canal como fazem os adultos. Quase 60% de um total de 5.400 crianças de 6 a 11 anos disseram que assistiam aos anúncios da mesma maneira que assistiam aos programas.[40] Os comerciais têm uma característica atemporal, misturando-se ao conteúdo de televisão, internet e videogame, para alcançar cada vez mais a programação diária de uma criança típica. Hoje em dia, os anúncios da televisão americana "consomem oito minutos de um seriado cômico e 16 minutos de um drama".[41] Executivos estão eliminando aberturas com música e créditos para dar ainda mais tempo aos comerciais. Como o público mais jovem não consegue sequer reconhecer a diferença entre comerciais e conteúdo, as duas coisas podem misturar-se na programação das crianças — algo, como já observamos, que a campanha da Target na *New Yorker* conseguiu fazer com adultos.

Um conteúdo específico, como um logotipo da Nike, pode aparecer na roupa de um corredor de maratona, numa corrida acompanhada por um menino de boné com o logotipo da Nike, enquanto ele baixa um comercial esperto da Nike em seu iPod. O contínuo tempo-espaço comercial é expansível. Seus olhos são aqueles diodos brilhantes que nos fitam dia e noite, olhos verdes ou vermelhos à espreita que estão sempre ligados, mesmo quando os aparelhos que sinalizam estão desligados, como lembretes de que o contínuo tempo-espaço comercial nunca está "desligado", apenas hibernando, ou em pausa, ou, se você tentar desligar, assim como acontece com seu computador, reciclando para voltar a um modo de "recomeçar", de espera, sempre pronto para você entrar no sistema novamente e dar continuidade à vida virtual dos consumidores. Como todos os outros sistemas da economia de mercado, o modo de ausência do sistema de vendas está permanentemente aberto a entradas. Não há como mudar esse modo, a não ser que você opte por sair. Como também não há opção para sair; você está sempre dentro. Este é um tipo de "consumo passivo", um modo de sistema que, assim como o airbag e outros sistemas de segurança de carros, funciona independentemente da vontade ou do estímulo do usuário. A economia de mercado está no modo de uso o tempo todo e distribui mercadorias e marketing sem que o consumidor tenha que fazer qualquer coisa. Uma máquina de vendas perfeita.

Quando novas tecnologias são introduzidas, elas são introduzidas para reproduzir na nova mídia as mesmas velhas mensagens comerciais e os mesmos velhos monopólios de mensagem. "A cada nova mídia", escreve o especialista em finanças familiares Nathan Dungan, "existe mais um canal para que anunciantes alcancem as pessoas — principalmente os jovens impressionáveis."[42] Uma ilusão de diversidade baseada na variedade tecnológica esconde a verdadeira homogeneidade do conteúdo, seja ele comercial ou simplesmente patrocinado comercialmente. Em 1996, uma nova Lei Federal de Comunicações desreguladora foi aprovada, suplantando a lei de 1934. Foi precisamente a lógica da "abundância de espectro" técnico que motivou a desregulamentação e justificou a ênfase na atividade do mercado, embora, na realidade, o controle sobre o conteúdo estivesse se estreitando num mundo de integração vertical e de monopólios de mídia globais. Cada vez mais tempo e cada vez mais espaço para um conteúdo cada vez menos variado.

Inicialmente, a banda larga prometia uma variedade maior. Cada canal de televisão criado aumentou sua capacidade de tempo de transmissão em seis vezes. Mas digitalizar o espectro da transmissão, de modo que um antigo canal analógico possa oferecer seis canais digitais, serviu pouco para aumentar a variedade ou a diversidade cultural do conteúdo. Mudar o formato da reprodução mecânica e eletrônica da música de cilindros rotativos para piano automático para gravações em vinil de 78, 45 rotações e LPs, e depois para as fitas cassetes, CDs e iPods, serviu pouco para aumentar a variedade da música consumida (pode ser que haja mais variedade, mas não foi a mudança de formato o estímulo). Da mesma forma, a digitalização serviu pouco para diversificar o conteúdo. A televisão a cabo e o rádio por satélite oferecem dezenas de variedades de música, mas a economia das gravações e o monopólio das empresas de telecomunicações continuam a reduzir o gosto musical. O que pode ser ouvido (uma variedade extraordinária) tem pouco impacto sobre o que as pessoas realmente ouvem (um espectro estreito), de modo que o potencial pluralismo da arquitetura tecnológica não está representado nos hábitos de audição do público. Da mesma forma, exibir filmes no telefone celular ou em telas de iPod não livra os expectadores da tendência de Hollywood a *blockbusters* baseados em histórias em quadrinho, mas a reforça 24 horas por dia/sete dias por semana. Considerando que, de acordo com a crítica de mídia Jodi Kantor, a tradicional tela grande da televisão "tem o objetivo de abrir um buraco em nosso dia" durante o tempo em que você assiste a um filme ou a um jogo ou a um noticiário no fim do dia, "uma tela de televisão pequena preenche os buracos que já existem em nossa rotina: os 37 minutos no trem a caminho do trabalho, os seis minutos de intervalo na Starbucks... os intervalos no banheiro."[43] O que ela não observa é que os períodos de tempo ocupados por esses buracos representam o que até agora eram momentos que driblavam a onipresença da mídia comercial. Preencher os buracos assegura o monopólio da mídia sobre o tempo. Já não há lugar algum para se esconder: o iPod e o telefone celular, a internet sem fio e o telecosmo estão em toda parte com você. Já não há momento algum para encontrar um refúgio; o tempo pertence ao mercado.

VÍCIO

Outro indicador do caráter totalizante e homogeneizador da cultura de consumo é sua aparente capacidade de viciar. O comportamento viciante coloca o objeto viciante à frente tanto da consciência quanto da subconsciência de uma maneira que pode impedir os verdadeiros interesses. Em primeira instância, esta é uma questão médica e psicológica. Porém, numa sociedade de hiperconsumo, ganha uma dimensão cultural e econômica, como fica claro no comentário de um especialista em tecnologia sobre uma criança de quatro anos jogando videogame, "que estava tão animada para encontrar palavras no labirinto que ficou viciada" no jogo.[44] Meu uso do termo *vício* não é metafórico: o vício é a psicologia central da ubiqüidade e, portanto, um meio ideal de assegurar a onipresença do mercado. Como o vício leva a um comportamento repetitivo, no qual o objeto viciado volta à mesma obsessão repetidamente, ele engloba o tempo também. A sociedade de consumo prospera com o comportamento viciante — vendendo cigarros, bebidas alcoólicas, medicamentos (drogas legais) e, é claro, com jogos de apostas patrocinados pelo Estado e por cassinos, bem como as versões online (estima-se que seja um negócio de US$ 10 bilhões por ano) — teoricamente, porque os consumidores "querem" esses bens, mas, na verdade, porque isso dá lucro.

A mesma coisa vale para a venda a crianças de refrigerantes saturados de açúcar, balas e *fast food* cheia de gordura. Por ajudar a criar desejos e hábitos que — se não são viciantes — transformam o desejo do consumidor numa ânsia reforçada pela propaganda, o capitalismo de consumo estimula os consumidores a querer aquelas coisas e se tornar viciados naquelas coisas, que precisa vender. Bebês de 11 meses "precisam" de brinquedos eletrônicos instrutivos como o console de videogame V.Smile ou o sistema de jogo portátil Leapster? Bebês "querem" os vídeos "Baby Einstein" e "Brainy Baby"? Ou querem a programação da BabyFirstTV para se distrair quando têm seis meses de idade? O que está claro é que as empresas que fabricam esses "brinquedos instrutivos" e programas "educacionais" precisam vendê-los e querem que os pais acreditem que, se não comprarem os cartuchos educacionais que os marqueteiros dizem que tornam as crianças inteligentes e "transformam o tempo de brincadeira em tempo de cérebro", seus filhos vão fracassar na vida. O V.Simile foi escolhido o Melhor Brinquedo do Ano pelo salão de indústria e comércio de brinquedos de 2005 e é vendido com um material publicitário que diz: "Você nunca chegará à faculdade se não jogar seus videogames!"[45]

O mundo dos negócios gasta mais de US$ 11 bilhões por ano em "ataques de propaganda" a "crianças, adolescentes e adultos jovens". Parte disso é para vender cerca de US$ 20 bilhões por ano em brinquedos, e, o que é preocupante, os marqueteiros estão lançando agora aparelhos de som digitais e câmeras digitais para crianças de três anos — "Mamãe, me ajude a baixar Atirei o Pau no Gato no meu aparelho de MP3", proclama o título de uma "notícia" do *New York Times*.[46] A maior parte do dinheiro continua a ser gasta pela indústria de comida, bebidas, balas e restaurantes, cujo objetivo, se não é bem o vício, não é apenas a lealdade à marca, mas a dependência de açúcar, sal e gordura. Cadeias de *fast food* competem pelo recorde de superburguer: o Monster Thick-burger de 1.400 calorias da Hardee's e o cheeseburguer triplo de mil calorias da Wendy's são derrotados pelo Ultimate Colossal Burger de 1.780 calorias da Ruby Tuesday's. Enquanto isso, a Pizza Hut se vangloria da pizza Full House XL, com 2.240 calorias.[47] Escolas são equipadas com máquinas automáticas que vendem refrigerantes cheios de açúcar, cujos fabricantes oferecem um percentual dos lucros como uma propina aos sistemas de ensino para vencer a resistência baseada na saúde das crianças. Não é exatamente o vício que está em jogo, mas "a Associação Americana de Bebidas sabe que tem levado os EUA a afogar o sal e a gordura em açúcar".[48] As indústrias de alimentos e bebidas continuam a lançar novos produtos destinados às crianças. Em 1994, foram desenvolvidos apenas 50 novos produtos alimentares para crianças; dez anos depois, em 2004, foram lançados 470 novos produtos, "um índice bem maior do que o de aumento de novos produtos no mercado em geral".[49]

O álcool, naturalmente viciante, também é intensamente vendido aos jovens. As bebedeiras tornaram-se um perigo nos campi universitários de todo o mundo, e nos Estados Unidos encontram patrocínio comercial em abundantes anúncios de cerveja na televisão produzidos para agradar adolescentes (meninas, piadas e rapazes misturados a tartarugas falantes), bem como na nova moda de jogos universitários com bebidas, como o Beer Pong, em que os participantes tentam acertar bolas de pingue-pongue em canecas de cerveja e os "perdedores" são "forçados" a virar copos de cerveja. Em 2005, a Anheuser-Busch lançou o jogo "Bud Pong", "promovendo torneios de Bud Pong e fornecendo mesas, bolas e copos de Bud Pong a distribuidores em 47 mercados, incluindo cidades universitárias como Oswego, no estado de Nova York, e Clemson, na Carolina do Sul."[50] Sites ultrajantes (mas não patrocinados por empresas de cerveja) com nomes como www.collegedrunkfest.com "mostram regras, promoções e fotos de festas loucas, com alguns estudantes nus e outros abraçando o vaso sanitário".[51] O site é uma espécie de local de encontro virtual nas férias de primavera, com partes iguais de pornografia e tolices, tudo ligado à bebedeira. Os fabricantes e distribuidores de cerveja são mais prudentes, oferecendo um texto sobre "beber de maneira responsável" em seu marketing, mas o subtexto irresponsável é consumo de adolescentes, bebedeiras, esportes acompanhados passivamente e sexo induzido pelo álcool (mostrado em dezenas de sites pornográficos que retratam mulheres supostamente bêbadas envolvidas em sexo "forçado" e estupro simulado).

Vício é um termo médico, e muitos observadores o usam para falar de comportamento de consumidores. Contudo, mesmo sem evocá-lo, podemos atribuir ao mercado de consumo uma ambição de associar cada necessidade humana natural a um produto comercial artificial, de modo que, para a necessidade ser satisfeita, o produto precisa ser comprado. O objetivo é um vício baseado no produto, dia e noite (onipresença é sinônimo de vício): não existe sono sem Ambien e não se fica acordado sem No-Doz; não se tem uma noite tranqüila de espectador sem televisão e não se fazem proezas atléticas durante o dia sem roupas e acessórios adequados; não se enfrenta uma gripe à noite sem NyQuil nem um resfriado de dia sem DayQuil. Todo estado mental e emocional exige um facilitador comercial, de preferência que possa alimentar a dependência. Pense numa típica noite de um jovem num bar do shopping local: não é *legal* sem Ralph Lauren, ele não fica conectado sem um Nokia, não há diversão sem Bud, não há agitação sem nicotina, não há caminhonete sem Heineken, não há conversa sem tela de TV no bar, não há escapada sem Miata, não há Muzak sem Bose, não há lençol de fios de algodão penteados sem Martha Stewart, não há sexo sem Viagra e não há "vamos nos falar" sem um telefonema inventado de um companheiro pela Verizon. Até mesmo itens caros no Terceiro Mundo pedem facilitadores comerciais caros: não há guerra sem Blackwater, não há democratização sem Halliburton, não há reconstrução sem Bechtel. No fim das contas, o que é genérico torna-se indistinguível da marca, de modo que se torna redundante mencionar ambos: Pepsi significa juventude, Kodak significa lembranças, Hummer significa macho, Sony significa jogos, iPod significa música, Microsoft significa computadores, Google significa conhecimento e Nike significa esportes.

Antes, disse Simon, as crianças pulavam corda, brincavam de casinha, subiam em árvores, brincavam de pique e se divertiam de outras maneiras mais ou menos com qualquer coisa que o ambiente condicionado por sua imaginação pudesse oferecer. Hoje, brincar é algo facilitado por produtos e patrocinado pelo consumidor, uma questão ligada a aparelhos caros, videogames e internet — todos os equipamentos certos refabricados regularmente em novas e aprimoradas versões que exigem novas compras constantemente e que têm potencial de induzir vício. Consumidores jovens ficam presos aos aparelhos e seus acessórios, se não aos jogos.

O próprio vício tem como base produtos: não há tratamento para vício sem sites de saúde, livros de auto-ajuda e novos medicamentos para depressão, transtorno bipolar ou anorexia, ou para a mais nova doença da semana que pode ser associada a vício. Precisar e comprar se tornam sinônimos: "Eu compro; portanto, eu sou", lamenta April Lane Benson, editora da paródia conscientemente cartesiana que tem o subtítulo "Consumo compulsivo e a busca do self".[52] Assim, computadores Apple estão sendo vendidos com o slogan "Que G4 você é?" E até a Porsche está apagando os limites entre a escolha do consumidor e o que parece ser vício: "De repente, a linha que divide o que você quer do que você precisa parece tão arbitrária", diz a mensagem de texto do novo Cayman S da Porsche (um carro mostrado na série de televisão *Família Soprano*), seguida por esta reflexão: "Prioridades dão lugar ao puro desejo."

O significado disto é que, para cada vontade arbitrária convertida em necessidade de puro desejo, um dólar é ganho em algum lugar; e, para cada necessidade convertida num vício identificado, dois dólares são ganhos repetidamente — um pela compra viciada e o segundo pelo tratamento para o vício. A idéia é uma economia de mercado que domina cada setor humano, tornando outros setores dependentes do consumo para se satisfazerem: recreação, trabalho, arte, educação e até religião definem um mercado que engloba tudo. Um iPod custa o mesmo que um violão barato, mas o violão é uma despesa isolada que pode proporcionar uma vida de composições musicais, enquanto o iPod é um gasto isolado que pode resultar em uma vida de compras: aprimoramentos no iPod, adição de músicas, melhorias no fone de ouvido e por aí em diante. Como o consumismo aspira a um mundo em que as pessoas são consumidores o tempo todo, o vício é amigo do comércio. O vício em produtos de consumo, em roupas e acessórios e em jogos e mercadorias é bom, mas o vício em consumismo — em comprar — é melhor.

Hoje, comprar compulsivamente é por certo mais do que uma frase retórica ou uma piada de vendedor cansado. Um estudo da Universidade de Stanford relata que "mais de 8% dos americanos, 23,6 milhões de pessoas, sofrem de um distúrbio de comprar compulsivamente", um mal associado a "gastos fora de controle" que "rompe relações e mergulha consumidores em dívidas devastadoras e falência".[53] Termos como *vício em compras* e *consumismo* aparecem em centenas de sites de ajuda, dezenas de livros (a maioria de auto-ajuda) e numa próspera literatura médica que se estende até a Rússia e a China.[54] O cálculo de 24 milhões de compradores compulsivos nos EUA sugere algo próximo de uma pandemia. Exceto que, no vocabulário médico do consumismo, o viciado não é uma aberração, mas um produto da indústria de marketing. O vício não é uma patologia que precisa ser tratada, mas uma ambição industrial pedindo reforço. O etos infantilista é ele próprio, pelo menos em parte, um etos de vício, e a vanguarda dos 24 milhões de americanos que compram compulsivamente sugere que a ambição é bem-sucedida não apenas metaforicamente, mas clinicamente.

O Hospital Procter, em Illinois, tem um programa de recuperação de viciados (o Instituto Illinois para Recuperação de Viciados, IIAR) que, entre as variedades mais tradicionais de vícios, também trata de compulsão para comprar. Em seu site na internet, o IIAR afirma que "compras ou gastos compulsivos podem resultar de problemas interpessoais, de ocupação, familiares e financeiros na vida de alguém. De muitas maneiras, as conseqüências desse comportamento são semelhantes às de qualquer outro vício. Problemas de relacionamento podem ocorrer como resultado de gastos excessivos e esforços para pagar dívidas ou compras. Pessoas que compram ou gastam compulsivamente podem ficar preocupadas com esse comportamento e passar cada vez menos tempo com pessoas importantes em suas vidas. Elas podem ter ansiedade ou depressão como resultado de gastar ou comprar, o que pode interferir em seu desempenho no trabalho ou na escola".[55] Esta é uma definição lúcida de como uma economia de consumo totalizadora pode vir a dominar a consciência.

Naturalmente, a maioria dos programas de tratamento considera o vício em comprar um distúrbio psicológico. O IIAR é incomum ao reconhecer que há "fatores sociais e culturais" que atuam e "tendem a aumentar o potencial viciante de comprar e gastar" e que incluem "disponibilidade fácil de crédito e o foco material da sociedade em geral". Esses fatores "incentivam as pessoas a acumular possessões agora e se preocupar com a responsabilidade financeira depois". Destacando o tema da identidade de marca abordado em capítulos anteriores deste livro, o IIAR também observa que "a sociedade dá uma forte ênfase à aparência externa e muitas personalidades da mídia promovem o gasto de dinheiro para chegar a uma certa aparência que produziria felicidade". O site do IIAR também cita as compras *online* e os programas na TV a cabo que permitem que itens sejam "comprados e pedidos pelo correio para chegar rapidamente, sem que o comprador tenha que sair de casa ou interagir pessoalmente com qualquer outra pessoa".

Outros grupos de tratamento com base na internet (Prioryhealthcare.com, WebMD.com, da Medscape, e HypnosisDownloads.com, por exemplo) também consideram o vício em compras psicológico. Assim, o site Yahoo! Health, para vício em compras, oferece um grupo de apoio tipicamente de auto-ajuda, baseado num *chat* que evita qualquer discussão sobre a cultura do comércio. Uma indicação do terrível desafio de distinguir o vício do comportamento de consumo normal — até mesmo para grupos de saúde bem-intencionados como o do Yahoo! — é a "nota" do site lembrando aos visitantes que "esse grupo NÃO é para pessoas que gostam de comprar e querem conversar sobre compras, mas para pessoas que têm um problema".[56] Talvez a diferença não seja tão óbvia. Robert D. Manning, um crítico acadêmico sério do papel do crédito nos Estados Unidos, chegou a sugerir que a dependência do crédito se tornou ela própria viciante, como fica evidente no subtítulo de seu livro *Credit Card Nation: The Consequences of America's Addiction to Credit*.[57]

Se a internet é uma fonte de tratamento, ela também cria sua própria patologia viciante. Em Redmond, Washington, lar da Microsoft, uma empresa chamada Internet/Computer Addiction Services "é pioneira num nicho crescente de cuidados com a saúde mental e de recuperação de viciados".[58] Os céticos podem acreditar que "o uso obsessivo de internet não causa o mesmo mal à saúde ou à vida familiar que os vícios convencionalmente reconhecidos". Entretanto, existem profissionais de saúde mental que "apóiam o diagnóstico de vício em internet" e que argumentam que "uma maioria de usuários obsessivos está online para outros vícios, como jogo ou pornografia, ou se tornou muito mais dependente desses vícios devido à sua preponderância na internet".[59]

O vício não é apenas um fenômeno americano, um subproduto da hipérbole e da tendência americana a tratar como doenças problemas culturais e a lidar com eles por meio de programas de auto-ajuda. No Reino Unido, o site www.addictions.co.uk cita um estudo de marketing feito em 1998 pela Mintel segundo o qual "quase um em cada quatro britânicos admite ser viciado em compras" e que "o dobro de mulheres em relação a homens" diz que "freqüentemente vai às compras mesmo que não tenha nada específico em mente para comprar".[60] Esse site de ajuda diz que o vício em compras é mais do que apenas uma espécie de "terapia de varejo", em que as pessoas tratam outros distúrbios e "realidades desagradáveis" com a satisfação que as compras podem trazer. O verdadeiro vício em compras resulta num "sentimento devastador de vergonha, remorso e culpa acompanhado de sentimentos de desesperança e impotência" e leva não apenas "ao desespero", mas freqüentemente a "comportamentos ainda mais viciantes, que resultam em mais sentimentos autodestrutivos". Estes, por sua vez, geram "níveis elevados de dívida, medo de descoberta e de retaliação, provocando mais atos de negação e desespero para esconder o comportamento. Para aqueles que estão intimamente ligados à pessoa que sofre, a vida se torna assustadora e imprevisível, com um sentimento crescente de inutilidade e a crença de que o sofredor está deliberadamente causando o caos, e um sentimento de desespero se instala."[61]

Na Rússia, que está tiritando com um banho frio de capitalismo de consumo há 15 anos (todo o consumismo o tempo todo), e que fez pouco para imitar a democracia, o vício em compras tornou-se também um problema conhecido. Um ensaio na revista russa online *Pravda* relata que o vício em compras é uma "desordem mental e espiritual" que agora é comum "principalmente em mulheres" e que recentemente "tem sido considerado uma epidemia". O artigo cita "pesquisadores", entre eles a psicóloga Nadezhda Yugrina, que "descobriu que cerca de 20% das mulheres alemãs reconhecem seu desejo insaciável de comprar alguma coisa o tempo todo". O artigo apresenta alegações não documentadas de que "o vício atinge 40% das mulheres americanas, enquanto 52% das britânicas disseram considerar fazer compras muito mais agradável do que sexo". O autor é mais prudente em relação à Rússia, escrevendo que "não há dados estatísticos sobre mulheres russas, embora a paixão pelas compras venha aumentando continuamente na Rússia".[62]

Não é surpresa, portanto, que o vício em comprar pareça ser tão global quanto o próprio hábito de comprar. Porque, embora seja amplamente reconhecido como uma patologia da sociedade de mercado avançada, pode ser que, na verdade, simplesmente a própria sociedade de mercado esteja mais evidente: a imagem perfeita de seu etos definidor, escondida atrás de uma frágil tela de autodepreciação (a ponto de o "vício" ainda ser considerado algo pejorativo). Os aspectos infantilizantes do vício em comprar parecem suficientemente claros. Terapeutas relatam que estão "vendo um número crescente de adolescentes e adultos jovens como pacientes que cresceram passando horas diante do computador, jogando jogos e enviando mensagens instantâneas. Esses pacientes parecem ter problemas de desenvolvimento significativos, incluindo distúrbio de déficit de atenção e falta de habilidades sociais".[63]

O vício em videogames e em jogos online jogados por várias pessoas não está apenas crescendo, como é um objetivo implícito de fabricantes de jogos. Anteriormente eu me referi ao jogo online Star Wars Galaxies, da Sony e da LucasArts, citando relatos de que mudanças no formato e nas regras haviam culminado em uma espécie de "desespero virtual" entre jogadores virtuais afetados. A outra parte da história é que as mudanças controversas foram feitas com o objetivo expresso de estupidificar um jogo que achavam que era complexo demais e excessivamente baseado em texto para jogadores mais novos. Nancy MacIntyre, na época diretora sênior de jogos da LucasArts, reclamou que no jogo original "havia muita leitura, demasiada, no jogo. Havia muitas voltas sem rumo para adquirir diferentes capacidades... Queríamos uma gratificação mais instantânea: matar, pegar o tesouro, repetir".[64] Uma receita perfeita para estupidificar os consumidores e garantir o vício: matar, pegar o tesouro, repetir. Matar, pegar o tesouro, repetir. Gratificação instantânea que é sempre menos gratificante e que impõe uma repetição que é tanto interminável quanto sem graça, além de homicida e viciante.

Estudiosos de vícios concordam que viciados podem freqüentemente ficar "multiviciados", por exemplo, em álcool ou drogas e também em comprar. Assim, viciados em comprar freqüentemente são viciados não apenas em comprar genericamente, mas na mídia que facilita ou manifesta os frutos de suas compras e que é o principal cenário do etos de infantilização comercial — videogames, redes de TV para compras e a própria internet (bem como a pornografia na internet). A repórter do *New York Times* Sarah Kershaw atribuiu a especialistas não identificados a "estimativa de que 6% a 10% de aproximadamente 189 milhões de usuários da internet neste país têm uma dependência que pode ser tão destrutiva quanto o alcoolismo e o vício em drogas". O problema aparentemente criou "um nicho crescente de assistência à saúde mental e à recuperação do vício" sob a rubrica diagnóstica de "distúrbio de vício em internet".[65]

Terapeutas investigam 15 ou mais sintomas discretos desse distúrbio, enquanto empresas que divulgam terapias oferecem programas de 12 passos destinados especificamente a tratá-los. Em lugares como o hospital psiquiátrico Sierra Tucson, no Arizona, o Centro para Vícios Online, em Bradford, Pensilvânia, e o Instituto de Illinois para Recuperação de Viciados, no Hospital Procter, em Peoria, Illinois, viciados em computador se misturam a populações mais tradicionais de dependentes de cocaína e álcool. O Hospital McLean, em Belmont, Massachusetts, um dos mais antigos e renomados centros de tratamento de doenças mentais com internação, tem agora um Centro de Estudo de Vício em Computador, ligado à clínica fundada ali em 1996.[66]

Videogames online que são jogados com outras pessoas no mundo (EverQuest, Doom 3 e World of Warcraft, bem como o Star Wars Galaxies descrito anteriormente, por exemplo) aparentemente são em particular viciantes — talvez porque num jogo como o World of Warcraft pode-se demorar mais de 600 horas apenas para superar os primeiros níveis se tornar capaz de matar os demônios e monstros mais perigosos, cujos legados os jogadores ambicionam. Estimadas cem milhões de pessoas no mundo entram a cada mês nos jogos de computador interativos, gerando rendas com assinaturas de US$ 3,6 bilhões por ano.[67] O tempo gasto online, principalmente pelos jovens, está aumentando rapidamente graças à disponibilidade "permanente" dos jogos de atender os jogadores. O Projeto Pew de Internet e Vida Americana, de 2005, "descobriu que adolescentes passam uma quantidade de tempo cada vez maior online: 51% dos adolescentes usuários de internet estão online diariamente, contra 42% em 2000", embora o estudo do Pew acrescente que a maioria dos adolescentes "mantém consideráveis redes de amigos".[68] O vício em internet converge potencialmente para o vício em pornografia, uma vez que a pornografia tradicionalmente sempre foi viciante em potencial, qualquer que seja a mídia, e na internet ela é persuasiva. Conjugada com uma mídia que oferece sua própria solidão viciante, a pornografia é especialmente nociva. Algumas pessoas estimam que mais de um terço de todo o tráfico na internet está em torno de pornografia, e o vício aqui tem sido associado ao colapso de casamentos, à perda de empregos e a comportamentos autodestrutivos, incluindo suicidas.

No tratamento de vícios, são oferecidas terapias não apenas para o vício em si, mas para pessoas cujos vícios levaram a dívidas terríveis, e às quais grupos como o Debtors Anonymous oferecem programas corretivos de 12 passos para "cura e saúde".[69] A terapia pode funcionar, contanto que "'as compras e os gastos compulsivos sejam definidos como inapropriados, excessivos e fora de controle', diz o doutor em medicina Donald Black, professor da Faculdade de Medicina da Universidade de Iowa. 'Assim como outros vícios, este basicamente tem a ver com impulsividade e falta de controle sobre os próprios impulsos'".[70] Em outras palavras, a abordagem médica parece argumentar que, se enfrentamos uma patologia do indivíduo, os gastos viciantes podem ser tratados. Mas e se enfrentamos uma patologia da própria cultura? E se a cultura de consumo que gera uma resposta a distúrbios compulsivos patológicos, bem como as conseqüências desses distúrbios (dívidas e falência), é, ela própria, organizada em torno das mesmas patologias a que suas terapias se destinam e até mesmo definida por elas?

Nessas circunstâncias, o vício não sustenta o consumo em vez de ser uma patologia do comprador? Na medida em que, nas palavras do próprio doutor Blak, "comprar é algo inserido em nossa cultura", dificilmente a cultura será capaz de tratar disso. Porque a cultura é diretamente cúmplice da procriação dessas patologias que supostamente a ameaçam. Ela *constitui* suas patologias, que não podem, portanto, ser consideradas realmente aberrações no que diz respeito às suas finalidades. É a própria cultura que se torna uma aberração.

Carolyn Wesson quer ajudar mulheres que compram demais a resolver a "compulsão de causar boa impressão". E em seu livro de auto-ajuda para compradores compulsivos, Olivia Mellan espera oferecer "um plano vitorioso a pessoas que gastam muito e a seus parceiros".[71] Mas se comprar compulsivamente é realmente apenas o reflexo no espelho das vendas compulsivas do capitalismo de consumo, e se a dívida é menos uma doença do que uma condição desejável numa economia de consumo lucrativa, então escritores como Wesson e Mellan e instituições como o Debtors Anonymous e o Instituto de Illinois para Recuperação de Viciados dificilmente terão muito sucesso — não até que o próprio etos infantilista seja investigado. O artigo da *Pravda* citado anteriormente diz que "não é segredo que o vício de comprar é comum em países com economias estáveis", uma vez que "economias estáveis geram mais compradores". Por trás desse segredo revelado está o pequeno segredo sujo, e não muito escondido, de que o etos cultural do consumismo ordena que se compre compulsivamente para satisfazer sua necessidade de vender compulsivamente.

AUTO-REPRODUÇÃO

O vício é um instrumento eficiente do comercialismo totalizante; assim como também o é a auto-reprodução, aquela capacidade das entidades de mercado de se reproduzir, tanto viroticamente quanto de outras maneiras, na ausência de uma supervisão e de uma regulamentação públicas. Corporações globais que dependem de franquias (cadeias de *fast food* e de cafés) visam primeiramente estabelecer uma cabeça-de-ponte, para depois dominar, com o tempo se expandir, para finalmente monopolizar o mercado no qual competem. Um

Starbucks onde quer que o café seja consumido, sem concorrentes; um Café Einstein (antes uma única loja em Berlim) reproduzido tão freqüentemente quanto possível, em Berlim e depois na Alemanha; McDonald's onde quer que hambúrgueres (de carne de vaca, carneiro, tofu, não importa) sejam ingeridos rapidamente. Quando havia uma única lanchonete McDonald's em Pequim, havia variedade: uma alternativa à cozinha chinesa havia estabelecido uma cabeça-de-ponte diversificada e empreendedora. Com dez McDonald's na cidade, bairros diferentes puderam compartilhar essa nova variedade. Mas com cem lanchonetes — hoje quase 350 na China e ainda proliferando —, a diversidade é reduzida e o monopólio da franquia, à custa do pluralismo, torna-se um perigo crescente. Pode ser que haja limites de mercado naturais para as franquias (algumas cadeias de *fast food*, pelo menos até o momento, chegaram a um limite), mas não há limites naturais para a ambição de franquias até que cada sanduíche consumido em qualquer lugar de Pequim, da China, da Ásia ou do mundo seja um Big Mac que se come rapidamente.

As franquias não apenas aspiram ao monopólio do mercado (a Coca-Cola não deixa espaço para a Pepsi; na verdade, nem para um chá)[72] como produzem homogeneização e conformidade. A *fast food* não apenas se reproduz por meio de franquias, como incentiva os adversários nos negócios de alimentos a buscar a *fast food*, deixando cada vez menos espaço para serviços de "*slow food*" concorrentes. No mundo inteiro, shopping centers também oferecem todo tipo de lanchonete, como Pizza Hut, Wendy's, Burger King, McDonald's, Domino's Pizza, KFC, Taco Bell e Sbarro, além de cadeias de comida chinesa e tailandesa, mas encontrar uma alternativa à *fast food* (alimentos comidos com as mãos, servidos na correria a clientes que ficam em fila para comprar e que depois ficam de pé ou sentados em cadeiras para comer rapidamente) em geral é difícil. São raros os restaurantes tradicionais — exceto alguns bares — nos shoppings, uma vez que se espera que comer nesses lugares seja algo suplementar às compras (uma parada para se abastecer) e não algo que tome muito tempo das compras. Afinal de contas, a questão da *fast food* é sua velocidade, não suas receitas culinárias. O mesmo é válido para o setor de calçados esportivos, onde há competição entre marcas, mas pouca competição por modelos alternativos de sapatos.

Quase dois terços dos sapatos vendidos no mundo hoje em dia são tênis, de modo que nunca houve tão pouca variedade. Camisetas e bonés de beisebol, assim como calça jeans e tênis, são vendidos por uma série de empresas mundiais concorrentes (em busca de monopólio), mas o resultado geral é o surgimento de um "uniforme jovem" global, que limita o gosto para se vestir tão eficientemente quanto a MTV e a VH1 restringem o gosto musical.

A transformação em mercadoria é o modo como a sociedade de consumo se reproduz, trabalhando além do horário para criar monopólios uniformes de gosto e comportamento. Transformar um objeto em mercadoria é transformar múltiplos significados num significado único de mercado, ou seja, o potencial de um bem ou serviço ser comprado e vendido. Portanto, é colonizar, impor significados únicos a bens multidimensionais: "Coisas nunca antes consideradas mercadorias — coisas que eram gratuitas, ilimitadas ou além do território do comércio humano — tornaram-se mercadorias hoje", escreve James Ridgeway. "Os oceanos estão sendo transformados em mercadoria [extração de petróleo]... o direito de pescar em alto-mar está sendo leiloado... O céu — a atmosfera da Terra e fora dela — está rapidamente se transformando numa mercadoria e sendo vendido em pedaços."[73] O processo de transformação em mercadoria é progressivo e aos poucos corrompe a heterogeneidade e a autonomia de outros setores. "Empresas podem participar de programas federais para comprar e vender direitos sobre a poluição do ar — na verdade, comprar espaço na atmosfera... Agora, partes de corpos humanos também são mercadoria, desde sangue até olhos, rins e cabelo... Há esforços para transformar em mercadoria não apenas coisas vivas, mas... a própria vida, com empresas de biotecnologia alegando propriedade sobre formas de vida geneticamente modificadas."[74]

As novas tecnologias eletrônicas e digitais permitem a continuação da transformação em mercadoria da comunicação e do próprio conhecimento. Os veículos que conduzem conhecimento e entretenimento e os canais através dos quais a comunicação precisa passar são eles próprios bens transformados em mercadorias. A imagem é livre, mas os pixels com os quais ela é reconstruída e transmitida são mercadorias que precisam ser compradas. Pensamentos são autônomos — "*Die Gedanken sind frei*" proclamava a velha canção alemã entoada por estudantes quando eles bebiam (liberdade) — mas, quando são empacotados, reproduzidos e comercializados, são mais um tipo de mercadoria. A internet é um reprodutor de consumismo particularmente poderoso, dada a sua capacidade técnica de reproduzir informações digitais e tanto espalhar quanto preservar essas informações permanentemente. Tente "apagar" um e-mail e suas muitas sombras fantasmas ou erradicar todos os traços de uma visita a um site em seu computador, e fica claro que a reversão da transformação em mercadoria e a descolonização são muito mais difíceis do que o processo de colonização ao qual eles respondem.

O vírus de computador é uma metáfora útil de pelo menos uma característica poderosa da transformação em mercadoria: a maneira como ele não apenas põe sua marca no centro, mas remove as características e identidades que existiam antes da contaminação. Assim como aqueles múltiplos anúncios *pop-up* que se sobrepõem às imagens em sua tela de computador, os bens transformados em mercadorias dominam nossa paisagem. Assim como um vírus que pode reproduzir uma mensagem inocente repetidamente até apagar todo o conteúdo de mensagem e se tornar algo nada inocente, a transformação em mercadoria trabalha para transformar muitos tipos de bens e serviços em mercadorias vendáveis cujo significado central é sua capacidade de serem consumidas — elas podem ser compradas por um preço. Marcuse tentou captar o significado das mercadorias do setor cultural da seguinte maneira: "Se as comunicações em massa combinam harmoniosamente — amiúde sem que se perceba — arte, política, religião e filosofia com comércio, elas trazem esses reinos da cultura a seu dominador comum — a forma de mercadoria." Como um câncer, a transformação em mercadoria não mata tanto quanto expulsa outros significados e valores, de modo que o "valor de troca, e não o verdadeiro valor [ou qualquer outro tipo], é o que conta".[75] O que é o tumor além de uma célula mutante enlouquecida, reproduzindo-se repetidamente, inconsciente do que pode estar destruindo no caminho para uma reprodução bem-sucedida? A televisão comanda o setor de entretenimento, expulsando o teatro e o cinema. A internet e a banda larga expulsam a televisão. O uso "normal" torna-se anormal, depois obsessivo finalmente, viciante. O tempo todo, o capitalismo de consumo triunfa, aparentemente como um propulsor benigno do setor do mercado. Mas sua interminável capacidade de auto-reprodução acaba por destruir setores alternativos e, portanto, corrói a variedade.[76]

ONILEGITIMIDADE[77]

Tenho brigado com os temos *totalitário* e *totalizante* porque eles são fretados com a bagagem mais pesada da história. Mas os termos mais diretos que usei para descrever o totalismo do consumo — *ubiqüidade*, *onipresença*, *vício* e *auto-reprodução viral* — sugerem uma realidade que é suficientemente perigosa. O que o etos infantilista faz com sucesso é racionalizar e justificar esses termos, tornando-os condições aceitáveis para o florescimento do capitalismo de consumo. Em toda parte e o tempo todo, o comércio aumenta nossa liberdade! O vício é simplesmente um sinal de como queremos ardentemente uma coisa à qual, afinal de contas, temos direito! Franquias e auto-reprodução expressam e provam o sucesso de um produto.

Agora, o verdadeiro objetivo de um etos torna-se aparente: legitimar as características estruturais e os comportamentos dos quais o capitalismo depende. Do contrário, ele estaria ameaçado ou seria rejeitado, se outros sistemas de valores fossem procurados (religiosos, políticos, civis, artísticos). Para ser convincente, uma sociedade de mercado que ostenta uma teoria de pluralismo precisa, na prática, obscurecer suas formas de coerção de baixo para cima ou tentar legitimar a verdadeira ausência de diversidade. A legitimação — apoiando-me novamente na formulação mais abstrata de Horkheimer e Adorno — freqüentemente assume a forma de um "círculo de manipulação e necessidade retroativa no qual a unidade do sistema cresce sempre mais forte".[78]

A ubiqüidade do comércio precisa parecer uma coisa boa, uma ampliação de nosso reino de discrição. O vício precisa ser rebatizado, autorizado e parecer benigno — associado à "satisfação de necessidade", por exemplo. A homogeneidade precisa ser reformulada — como consenso de valor saudável, por exemplo. O etos cultural que põe com sucesso o consumismo em seu cerne e afasta esferas rivais precisa parecer que tem justificativa para fazer isso — e não apenas em termos puramente econômicos ou instrumentais. Precisa ser "OK", como explica o título tolo de uma racionalização anterior de um certo tipo de etos comercial: "Eu estou OK, você está OK."[79]

É claro que é precisamente este o objetivo do marketing: impor uma onilegitimidade de sensação boa e de sentimento apropriado não apenas aos produtos e às marcas aos quais atende, mas ao processo de marketing pelo qual ele alcança seu objetivo. O marketing em si precisa de legitimidade com marca — a legitimidade da construção da marca — para ter sucesso. A lógica descrita no capítulo 5, em que lealdade e amor são atribuídos a bens e serviços para dotar meros produtos materiais das virtudes de um estado de ânimo mais elevado, torna-se uma lógica legitimadora quando aplicada ao próprio marketing e à cultura de consumo que o marketing racionaliza.

Quando Marcuse escreveu sobre o homem unidimensional, ele estava se referindo ao caráter de uma sociedade que restringiu a liberdade por meio da "submissão voluntária", em que uma ordem econômica poderia prevalecer na "ausência do terror" graças a uma "harmonia preestabelecida entre necessidades individuais e desejos, objetivos e aspirações socialmente exigidos".[80] E, quando ele identificou "a nova característica de hoje" como "o nivelamento do antagonismo entre cultura e realidade social pela obliteração dos elementos de oposição, estranhos e transcendentes da cultura mais elevada", ele estava descrevendo o funcionamento de um etos cultural que não rejeita muito valores opostos, mas trabalha para "a incorporação total deles a uma ordem estabelecida por meio de sua reprodução e exibição numa escala maciça".[81] A análise de Marcuse, preocupada com a libido, explicava as jaquetas Mao, que, no auge da revolução cultural antiocidental na China, se tornaram peças de moda entre costureiros de Paris e Roma; faziam sentido da mesma forma que o estilo radical chique Che Guevara e Pantera Negra fascinou senhoras sofisticadas de Beverly Hills e East Side, em Manhattan, cujas fortunas obviamente desapareceriam no caso de uma revolução bem-sucedida.[82]

Trinta e quatro anos depois, o etos cultural lida com valores oposicionistas (sejam estéticos, religiosos, morais ou cívicos), transformando-os em brincadeira — e transformando adultos em crianças ávidas com gostos agressivamente trivializados. Manter a cultura de mercado coesa mediante vontades associadas a marcas e desejos fabricados permite ao marketing de consumo separar-nos uns dos outros por meio da privatização, ainda que ele forje uma falsa associação e um consenso através de marcas comuns. As crianças passivas, meio viciadas, que surgem como consumidores arquetípicos são menos unidimensionais do que não-dimensionais, porque a identidade, quando elas a possuem, é inteiramente heterônoma, um produto do que é comprado, comido, vestido e bebido. Isto realmente não é identidade de maneira alguma, mas simplesmente um casaco vestido para cobrir a nudez. Eu sou minha Mercedes. Eu sou meu Apple. Eu sou meu Big Mac. Eu sou meu Nike. Eu sou minha MTV. Somos nossos carros, somos nossos computadores, somos o que comemos, vestimos e assistimos. O efeito final do etos é a erradicação de diferenças significativas entre consumidores, pessoas que, na medida em que são consumidores, são clones.

Diversidade? Com certeza, diz o mercado, "qualquer coisa". Quando a influência do consumismo aumenta, o que Horkheimer e Adorno costumavam chamar de "cultura de massa" torna-se ainda menos diverso. "Sob monopólio, toda cultura de massa é idêntica", escreveram eles muito tempo atrás, "e os contornos de sua moldura artificial começam a ficar transparentes. As pessoas que estão no topo já não estão interessadas em esconder o monopólio: quando sua violência se torna mais aberta, seu poder aumenta. O cinema e o rádio já não precisam fingir que são arte. A verdade de que são apenas negócios é transformada numa ideologia para justificar o lixo que eles produzem deliberadamente. Eles chamam a si próprios de indústrias."[83] Faz muito tempo que o marxismo afundou como sistema socioeconômico e (para a maioria das pessoas) até mesmo como perspectiva crítica. Mas Horkheimer e Adorno eram menos marxistas do que astutos sociólogos retratando a cultura de massa. Não-marxistas e antimarxistas chegaram às suas conclusões por caminhos diferentes.

O crítico cultural Neil Postman contrasta George Orwell com Aldous Huxley na maneira como eles tentam descrever o verdadeiro perigo do tipo de conformidade de massa fabricado pelas indústrias culturais: "Nenhum Big Brother é necessário para privar as pessoas de autonomia, maturidade e história. Como dizia [Aldous Huxley], as pessoas vão passar a adorar as tecnologias que desfazem sua capacidade de pensar. O que Orwell temia eram aqueles que proibiriam livros. O que Huxley temia era que não houvesse motivo algum para proibir um livro, porque não haveria ninguém que quisesse ler um livro."[84] O etos infantilista gera pesadelos mais sintonizados com Huxley do que com Orwell: "Orwell temia aqueles que nos privariam de informação. Huxley temia aqueles que nos dariam tanto que ficaríamos reduzidos à passividade e ao egoísmo. Orwell temia que a verdade fosse escondida de nós. Huxley temia que a verdade fosse afogada num mar de irrelevância."[85]

Felizmente, ainda não fomos completamente lançados ao pesadelo de Huxley. Outras formas poderosas de identidade continuam a rivalizar com a identidade de consumidor. Infelizmente, muitas dessas identidades surgem de identidades antimodernas afogadas pelo fundamentalismo religioso e pelo extremismo étnico, as identidades jihádicas do tipo que foram objeto de meu livro *Jihad X McMundo*. A totalização gera seus próprios opostos, assim como a conformidade gera rebelião. Entretanto, o capitalismo de consumo, de posse do marketing, continua a se arriscar rumo à totalização e à homogeneidade. A questão é se é possível impedir o etos infantilista de obter sucesso, impedir seu percurso em direção a mais totalismo e privatização, reduzir o controle do marketing e da construção de marcas sobre a identidade, superar a esquizofrenia cívica que dificulta tanto aos cidadãos produtivos trabalhar juntos para superar os impulsos destrutivos dos consumidores quando agem sozinhos.

Para aqueles que buscam resistência ao totalismo, à conformidade e à privatização e que tentam estimular a oposição ao próprio etos infantilista, não ajuda o fato de aquelas que eram as mais importantes alternativas sistêmicas ao capitalismo de consumo terem se autodestruído. Como sociedades do mundo real e como paradigmas sociais, o socialismo, a democracia social, o comunismo e o anarquismo têm tido pouca tração histórica. Embora esses paradigmas — porque teoricamente eram casados com a igualdade e a justiça — sejam primos do liberalismo, as práticas que eles encontraram em revoluções, movimentos e verdadeiros regimes foram, na maioria, desastrosas. As revoluções terminaram em fracassos ou tirania, os movimentos e partidos, em hipocrisia e ditadura, e os regimes, em ditaduras totalitárias de um só partido. Esses fracassos — sobretudo o colapso do comunismo soviético —, embora tenham sido bons para quem tinha de viver sob aqueles regimes e melhores ainda para a história da liberdade, foram ruins para o capitalismo num sentido crucial: na ausência de alternativas, os sucessos do capitalismo alimentaram o triunfalismo e corroeram a importante autocrítica. Cegaram igualmente neoliberais e liberais para os perigos sutis inerentes aos mercados e os levaram a tentar remediar os vícios do governo incompetente atacando as virtudes do público democrático. O fracasso do comunismo foi confundido com prova de mérito do capitalismo e até de sua invencibilidade.

É possível uma resistência ao etos infantilista? Já existem formas significativas de rebelião e oposição, apesar do etos infantilista? É possível torná-las efetivas? Existe uma terapia cívica que possa tratar a esquizofrenia cívica que ataca a liberdade nas sociedades de mercado? O poder da dialética — opostos surgindo das próprias contradições contra as quais se rebelam — sugere que pode ser que exista.

PARTE 3

O DESTINO DOS CIDADÃOS

7

Resistindo ao consumismo: O capitalismo pode curar-se?

> Em certas circunstâncias [o mercado] manteve uma visão de transcendência, embora passageira.[1]
>
> — Jackson Lears

É POSSÍVEL RECUPERAR um equilíbrio entre marketing e vida? Existe alguma maneira de o capitalismo sobreviver e ainda assim se reconciliar com uma cultura de adultos que fazem outras coisas além de comprar? Atender às verdadeiras necessidades das pessoas sem recursos para participar do intercâmbio de mercados? Derrubar o capitalismo nunca foi uma opção viável nem desejável — em nenhuma fase de sua longa história dialética (como os comunistas e marxistas aprenderam com sua experiência longa e amarga). Portanto, hoje, o desafio não é o capitalismo em si, mas restaurar o equilíbrio entre o capitalismo e os muitos outros mundos de vida independente que ele já ajudou a estabelecer, mas que agora, dependente do hiperconsumismo, ameaça destruir.

Embora tenham uma história considerável, as estratégias de retirada ascéticas não parecem ser muito eficientes. Críticas tradicionais à cultura corrupta freqüentemente apelavam a essas estratégias: nos anos 1960, alguns hippies que abandonaram os estudos e "*downshifters*"* imitaram os

---

*Como são chamadas as pessoas que acreditam que o tempo é mais importante que o dinheiro e que é melhor trabalhar menos e ser feliz do que ganhar muito dinheiro e ter uma vida estressante. (*N. do T.*)

Quakers e Shakers do século XIX, defendendo o estabelecimento de comunidades utópicas isoladas da sociedade (alguns fundamentalistas que estudam em casa aspiram a algo parecido hoje em dia). Há 150 anos, Henry David Thoreau buscou o santuário do Lago Walden para se refugiar do duro materialismo de seu tempo. Um século antes, Jean-Jacques Rousseau estabelecera um precedente para todos os críticos da corrupção moderna instruindo os leitores de seu romance educacional *Emílio* a "construir um muro em torno da alma de seu filho", enquanto se perdia em devaneios intelectuais voluptuosos, acessíveis apenas ao caminhante solitário (*Os devaneios do caminhante solitário*). Ele era o asceta moderno original buscando uma fórmula simples: se a alegria resulta da redução do fosso entre nossos desejos e o poder que temos de realizá-los, faz mais sentido reduzir o desejo do que aumentar o poder — uma raciocínio que, talvez, tenha tornado o budismo tão atraente aos ocidentais cansados do consumismo competitivo.[2]

Porém, num etos cultural tão totalizante e insistente quanto o do capitalismo de consumo de hoje, a retirada física real dificilmente é uma opção. Retirada para onde? O coração da família já não é um refúgio num mundo de comércio virtual onde os tentáculos do polvo digital se estendem até os guardiões da família e entram no quarto da criança, nas telas do computador e da televisão. Também não existem mais aqueles "*loci vacuii*", ou lugares vazios, aos quais o teórico político do século XVII John Locke sugeriu que aqueles que desejassem sair de uma determinada sociedade ou contrato social deveriam recorrer. As sociedades antes "exóticas" (para os ocidentais) exploradas por Marco Polo agora trilham o caminho ocidental, ainda que com aproximadamente uma década de atraso. A China e a Índia recentemente assinaram contratos com a AOL, a Google e a Microsoft, e (conforme especialistas como Thomas Friedman nos lembram constantemente) são os novos candidatos a monstros capitalistas. Até mesmo as áreas menos desenvolvidas do mundo não podem se salvar do consumismo global que bate às suas portas, esperando apenas o fim da violenta pobreza que os isola de seu toque de Midas no mercado.[3] Nem a ascese será uma opção bem-sucedida para mais do que uma minoria da sociedade cujo etos está em toda parte em guerra contra a austeridade e o autocontrole.

Pode então parecer que o etos retratado aqui engloba forças tão poderosas, tão inevitáveis, tão necessárias à sobrevivência do capitalismo em sua recente fase consumista que não podem ser evitadas ou transformadas de modo algum. E que nem a resistência nem a retirada, nem uma rebelião nem uma subversão, nem a ascese nem o pluralismo são possíveis; que podemos fazer pouco além de reconhecer a incapacidade de escapar da infantilização e ficar contentes em atirar buquês de flores em nossas correntes suaves e confortantes. Em resumo, pode parecer aqui que não há alternativa à racionalização de nossa nova condição de servidão ao consumo, como se fôssemos uma espécie mais delicada de liberdade "privada", enquanto a democracia, o bem-estar comum e a liberdade que é o pluralismo desaparecem no horizonte histórico que se afasta. Isto significaria que não há alternativas viáveis aos únicos adversários realmente "bem-sucedidos" do capitalismo moderno, aqueles reacionários jihadistas que aniquilariam o mercado, e com ele a própria a democracia.

Um dos maiores perigos de não conseguir resistir ao hiperconsumismo de maneira moderada e democrática pode ser, na verdade, a forma como esse fracasso privilegiaria os tipos de resistência mais violentos, jihádicos e antimodernos, que são profundamente antidemocráticos. É fácil responder à crítica radical feita pelo aliado da al-Qaeda Abu Musab al-Zarqawi (durante as eleições iraquianas de 2005). Ele declarou "uma guerra amarga contra o princípio da democracia e todos aqueles que buscam aplicá-lo" e considerou "inféis" aqueles "que votam".[4] Mesmo dentro dos Estados Unidos, existem aqueles que usam a rejeição ao materialismo secular agressivo para atacar o pluralismo e o funcionamento moderno da constituição. Embora o filósofo e polemista católico Richard John Neuhaus fale em nome da democracia contra o esvaziamento da praça pública por forças seculares e contra a "tirania" do judiciário sobre as opiniões de uma maioria americana religiosa, a notória falta de temperança de seu famoso simpósio na revista *First Things*, chamado "O Fim da Democracia?", representou uma impressionante rejeição ao pluralismo americano, supostamente em nome da democracia americana. Ele indicou o que Damon Linker, ele próprio ex-editor da *First Things*, descreveu como uma campanha em que "absolutistas morais e teológicos demonizam as instituições políticas do país e fazem exigências públicas não negociáveis sob a ameaça de violência revolucionária sacralizada" e "em que cidadãos fogem das obrigações internas com a liberdade e desejam subordinar-se à autoridade eclesiástica".[5]

Mas, na ausência de críticas democráticas e pluralistas ao materialismo consumista que é tão corrosivo para a diversidade democrática, críticas religiosas absolutistas e dogmáticas parecerão, a muitas pessoas, oferecer o único caminho da resistência. Relatei em outro momento o preço da luta entre aquelas duas formas igualmente antidemocráticas de modernidade — o McMundo e a violenta luta da Jihad para acabar com ele — e não vou voltar a esse tema aqui.[6] Mas é crucial lembrar a principal lição desse estudo: que, a não ser que o consumismo capitalista e o McMundo homogeneizan-te que ele produz possam ser democraticamente contidos e modificados, seus adversários provavelmente serão fanáticos ou niilistas com muito menos simpatia pela liberdade e pela democracia do que os materialistas agressivos da sociedade de consumo que estão infantilizando nosso mercado global.

A dialética de autocorreção da história pode, porém, oferecer caminhos para responder à infantilização, à privatização e à esquizofrenia cívica — caminhos que surgem dos próprios contornos que definem sua lógica. Como as forças que antes criaram o etos protestante, aquelas que hoje criam o etos infantilista têm algum potencial para produzir suas próprias estratégias corretivas. O consumismo pode ter uma função auto-imune que produz seus próprios tratamentos. Afinal de contas, até mesmo a Jihad é, num grau significativo, produto das forças comerciais modernizadoras que desafia. Para personificar essa lição, tenho menos chances de encontrar um caminho para reclamar do consumismo do que minha filha adolescente — que é uma consumidora muito mais habilidosa e ávida e, portanto, potencialmente alguém que resiste com muito mais sabedoria e eficiência. Isto é para sugerir que se um mártir da Jihad — mesmo que tenha sucesso em explodir um shopping center hoje — provavelmente não conseguir conter o consumismo amanhã, seu filho viciado em marcas poderá realmente conseguir, se puder entender e aceitar seu vício. Se dialética significa alguma coisa, significa que os próprios consumidores guardam os segredos que podem libertá-los do consumismo.

Se aqueles que são consumidos forem, porém, instrumentos de resistência ao consumo, a longo prazo eles ainda vão precisar de reforço social em larga escala para terem sucesso. As mudanças virão de dentro para fora, mas também de fora para dentro, em grande parte como acontece com uma terapia bem-sucedida. Exigirão ação de cidadãos reengajados, bem como de consumidores resistentes. A restauração de um pluralismo saudável em que os valores humanos são múltiplos e o consumo material é apenas um entre uma série de comportamentos humanos exigirá, de fato, precisamente uma terapia social que trate de nossa esquizofrenia cívica definidora — uma terapia cívica que restaure o equilíbrio entre o privado e o público, dando às nossas identidades cívicas públicas uma soberania renovada sobre nossas identidades de consumo privado e pondo nosso destino de cidadãos à frente do destino dos mercados. Isto envolve tanto a restauração do capitalismo em seu papel principal de caminho eficiente e produtivo para suprir as verdadeiras necessidades econômicas, do suprimento à demanda, quanto a restauração do público democrático como regulador soberano de nossos mundos de vidas plurais — dos quais o mercado é apenas um entre iguais. Antes de chegar a essa estratégia social mais ampla, porém, há importantes formas de resistência, subversão e rebelião, bem como de ceticismo de mercado e consciência de consumidor, que vale a pena explorar. Porque o marketing corporativo e o hiperconsumismo já geraram reações significativas no mundo real que, se forem esclarecidas, talvez possam ser reforçadas. Seu impacto coletivo cria uma base para um trabalho político e cívico sério que também será necessário.

Essas reações dialéticas incluem três respostas bem especificamente culturais ao consumismo que surgem do próprio consumismo. Eu as discutirei sob as rubricas de *creolização cultural*, *carnavalização cultural* e *perturbação cultural*. Elas também incluem duas respostas relativas ao mercado que buscam bens públicos em mercados privados, a saber: as estratégias gêmeas *cidadania corporativa* e *consumismo cívico*, discutidas no capítulo final. Estas são formas significativas de resistência e subversão, até porque surgem das patologias contra as quais se dirigem e podem ser produtos da imaginação dos consumidores (em geral consumidores jovens) e produtores (geralmente produtores influentes) que achamos que estão "envolvidos" com a lógica cultural de consumismo que, na verdade, eles podem ser capazes de subvertê-la. George Soros, Bono, Bill e Melinda Gates, Jeff Skoll, George Clooney, Anita Roddick e muitos outros como eles são os produtores primordiais — e ao mesmo tempo críticos potencialmente educados e subversores criativos — da cultura comercial e do capitalismo de consumo.

Creolização cultural

O consumismo tem uma fase agressiva, até mesmo totalizante. Efetivamente, coloniza os setores plurais que definem a diversidade cultural, substituindo-os por um ambiente homogeneizado de marketing, propaganda e compras — sensações falsas e sentimentos simulados —, bem como por mercadorias pop-culturais comuns que comprimem o pluralismo cultural. Entretanto, antropólogos argumentam há algum tempo que culturas colonizadas geralmente reagem à colonização moldando as forças que ajudam a moldá-las de maneira a alterar o agressor cultural e modificar sua face cultural supostamente "dominante". Essa lógica de contracolonização pode ser aplicada dentro de uma cultura que está tentando dar uma marca ao gosto e homogeneizá-lo. O processo tem sido chamado de creolização ou, às vezes, de hibridização e é evidente na própria interação cultural dos EUA com o mundo pós-guerra além de sua fronteiras.

Depois da Segunda Guerra Mundial, mesmo enquanto os Estados Unidos "ocidentalizavam" e democratizavam o Império Japonês derrotado, a cultura japonesa infiltrava-se em seus ocupantes. Na comédia da Broadway delicadamente zombeteira *Casa de chá ao luar de agosto*, sucesso de uma era anterior (e posteriormente um filme de sucesso), um criado japonês inteligente e aparentemente servil, ligado a um oficial de comando para reeducação no Japão ocupado, usa seu cargo para se ligar a subversivos japoneses e, no fim das contas, desviar-se da alegre ideologia americana que estava sendo inculcada. Mesmo com a derrota, o Japão condicionou a cultura americana que lhe estava sendo imposta. Nos anos 1989, historiadores como Paul Kennedy argumentavam que o Japão estava, na verdade, reconquistando seu status de poder dominante e ameaçando afastar a hegemonia americana,[7] embora na época o Japão estivesse sendo creolizado pelos EUA, do qual estava se tornando o principal fornecedor de tecnologia e automóveis.

Num filme mais recente, *Os deuses devem estar loucos*, uma garrafa de Coca-Cola cai de um avião que está passando e atinge um indígena da tribo Kung, adquirindo novos significados indígenas por meio das maneiras como o indígena a recebe, interpreta e usa. O antropólogo David Howes sugere que esse processo de hibridização freqüentemente é invisível quando "visto através das janelas da sala da diretoria situada no 20º andar de alguma torre de vidro de escritórios", de cuja perspectiva o mundo "pode parecer 'um lugar único' e o que é diferente [o outro] apenas mais uma oportunidade de mercado".[8] Porém, compreendendo pela perspectiva do antropólogo que age como uma espécie de "nativo marginal" e observando-se de uma "posição na borda (olhando para os dois lados) e não na sala de reuniões (olhando para cima e para baixo)", pode ficar claro que a maneira como a cultura é recebida pode ser tão importante quanto a produção da cultura em termos de como ela é vista e do que no fim das contas significa. Mercadorias que visam secularizar a cultura podem, em vez disso, ser sacralizadas por aqueles que as recebem — como acontece com os chamados *cargo cults**[9] e como aconteceu com a garrafa de Coca-Cola que caiu do céu em *Os deuses devem estar loucos*. Até mesmo slogans de marketing podem voltar-se contra si próprios. Quando a Pepsi traduziu seu slogan "universal" "Fique cheio de vida! Você está na Geração Pepsi" para a língua taiwanesa, ele se tornou "Pepsi trará de volta seus ancestrais mortos", o que não era exatamente aquilo que a Pepsi estava querendo que acontecesse.

Como Tyler Cowen observou em seu vigoroso relato sobre o consumo de cultura, a cultura em si é um alvo que se move e a aparente homogeneização pode camuflar o que na verdade é pura mutabilidade. Para Cowen, toda cultura é cultura de fusão e nenhuma cultura é puramente nativa, o que certamente se aplica à cultura de consumo. Cowen mostra, portanto, que a música "nativa" do Zaire — que supostamente está sendo atacada pelo mercado musical global totalizante — é, na realidade, ela própria um produto de (entre outras coisas) guitarra elétrica, saxofone, trompete, clarineta e flauta, "nenhum deles instrumentos nativos da África", mas que chegaram em décadas anteriores juntamente com influências de Cuba e outros países.[10] Da mesma

---

*Movimentos religiosos baseados na iminência da chegada de uma nova era. (*N. do T.*)

forma, as bandas de aço de Trinidad — que estão entre as maiores atrações turísticas "nativas" mais vulneráveis, de acordo com defensores nativos, à invasão do marketing global da MTV — eram, na verdade, um subproduto, no século XX, do mercado de petróleo colonial que, o fim dos anos 1930, levou à substituição dos instrumentos realmente nativos, feitos de bambu, por tambores de aço — uma nova "tradição" — feitos com barris de petróleo. De maneira semelhante, os famosos padrões e cores dos tecidos navajos — sobretudo os padrões em vermelho forte com linhas em ziguezague, que diferem os cobertores navajos "nativos" de todos os outros — refletiam, na verdade, desenhos tomados emprestados de "ponchos e outras roupas de pastores espanhóis do México, que, por sua vez, eram influenciados pelos mouros na Espanha".[11] Em suma, conforme antropólogos como David Howes, juntamente com Constance Classen e Jean Comaroff, observaram, a cultura é "construída pelo consumo", bem como pela produção. Conseqüentemente, por meio da "criatividade do consumo", a homogeneização da cultura dominante pode ser contracolonizada e voltar a uma particularidade cultural. Constance Classen cita uma brincadeira irônica e charmosa da artista surrealista Leonora Carrington sobre como "no México do futuro, vamos encontrar latas de enchiladas feitas no Japão e garrafas de uma 'bebida indiana antiga e rara chamada Coca-Cola'".[12]

Embora o mercado de consumo possa tender à construção de marcas e à homogeneização, sua interação com os territórios onde ele impõe as marcas e onde ele domina pode produzir também novas formas de diversidade. Culturas locais aparentemente reduzidas podem, na verdade, reaparecer dentro da cultura dominante de maneiras que as pluralizam. A cultura que recebeu uma nova marca pode, em troca, impor uma nova marca à marca original. Ao invadir cada setor, o comércio se vê pelo menos parcialmente descomercializado pelos setores que invade. A religião como televangelismo é transformada em mercadoria, mas a transformação em mercadoria é forçada a servir a finalidades aparentemente espirituais, e sua ligação radical com o secularismo materialista é comprometedora. Hollywood havia estupidificado o público que diverte, mas o público levou Hollywood a ficar mais sábia ao apoiar os esforços de produções independentes que transgridem as próprias convenções que Hollywood ajudou a criar (veja "Troca de Fita", no capítulo 8).

O que começa como uma homogeneização de mão única freqüentemente se torna a rua de mão dupla da hibridização, de maneiras que podem beneficiar a diversidade. Se, conforme observado anteriormente, o logotipo ubíquo da Nike está sendo colado nos solidéus de meninos em Nova York, os roqueiros de solidéu em Jerusalém estão usando sua própria música que recebeu uma nova marca para conseguir conversões religiosas. Pegue, por exemplo, o popular cantor judeu ultra-ortodoxo Gad Elbaz, um autoproclamado "roqueiro chassídico" sefardita de 20 e poucos anos, que é um "*gato* da classe operária" e "o primeiro ídolo *haredi* de Israel", vindo de um ambiente chassídico. Elbaz estuda Torá quatro horas por dia, é casado e usa sua "voz de cantor de baladas, sua barba de dois dias e suas letras religiosas como uma maneira de preservar tradições do mundo antigo na era de Britney Spears".[13] "Ele me deu o poder de fazer você dançar", canta Elbaz em "Tonight Is the Night", "Abra seu coração, desligue-se de tudo. Acredite em você mesmo, acredite que você é forte." O estilo de Elbaz é um bom exemplo de creolização, misturando "ritmos árabes, batidas de hip-hop, harmonias dos Backstreet Boys e baladas de Whitney Houston e Celine Dion", mas é vendido com todos os apelos de um produto pop para adolescentes.[14]

Mais conhecido e disseminado do que o rock chassídico é o rock cristão, que desenvolve uma ampla e lucrativa contracultura cristã por meio de um híbrido de rock *hardcore* (propagandeado como "Christcore") e *gospel* cristão de enorme sucesso. As bandas de rock cristão — com nomes como Stryper, Bride, Petra e Guardian — oferecem uma diversidade de música, "qualquer coisa, desde *metal*, *punk* e *hardcore* (Christcore) até rock alternativo", de acordo com www.Christianrocklyrics.com. Combinando *pop stars* idolatrados com estilos pop-culturais que incluem (conforme se vangloria a banda de rock cristão Visual Cliff) "um mix sonoro de rock, *metal* & *heavy fusion*"[15] e letras cristãs, quase sempre tiradas diretamente das escrituras, essas bandas atraem crianças *legais* do mercado *legal* ao que a mídia secular freqüentemente retrata como uma contracultura religiosa conservadora, mas que é, na verdade, uma subcultura cristã. De revistas como *Contemporary Christian Music (CCM)*, *7 Ball Magazine* e *Heaven's Metal* até sites como www.Christianmusic.com e www.Christianrock.net, jovens à procura de uma espécie de conforto religioso animado, que não lhes pede para abrir mão completamente do mercado *legal*, podem encontrar canções como "The Wait Is Over" (canção cristã de maior sucesso em 2005), do grupo Disciple, compartilhando a boa nova (tirada de 2 Pedro 3:2—12) de que "Este é o nosso tempo, a espera acabou".

Assim como a religião de oposição, a política de oposição que faz uso da cultura dominante também tem evocado o poder do rock. Na eleição queniana de 2002, a oposição apresentou um *rap* que misturava inglês e luo (uma das muitas línguas locais), no qual o termo em luo *bwogo* ("assustar") era cantado por uma dupla de 20 e poucos anos empenhada em provar que era inabalável ("unbwogable")* em seu compromisso com a democracia — com um novo regime em substituição ao regime corrupto de Daniel Arap Moi.[16] O compositor de óperas superstar Sir Andrew Lloyd Webber é conhecido por sua habilidade para escrever canções para o Partido Conservador, na Inglaterra. E também na Inglaterra, uma apropriação mais virulenta, porém igualmente eficiente, do rock para objetivos políticos de recrutar jovens tem sido uma tática de *skinheads* e neonazistas. A relação entre os *skinheads* britânicos e os neonazistas alemães foi forjada na música nos anos 1970 e 1980 por Stuart Donaldson (Ian Stuart) e outros extremistas de direita britânicos conhecedores do mercado. Bandas como Skrewdriver e Skullhead, na Inglaterra, e Böhse Onkelz (Tios Diabólicos) e Endstufe (Passos Finais), na Alemanha, juntamente com grupos marginais que explicitamente tiraram seus nomes do Wehrmacht alemão — tais como Stuka (bombardeiro de mergulho da Segunda Guerra Mundial) e Sturmwehr (tropa de assalto) —, atraíram jovens para movimentos de extrema direita na Inglaterra e na Alemanha sem tirá-los da cultura pop, numa tática esperta com objetivos políticos maliciosos.

Como prova do poder de contracultura (e neste caso antidemocrático) do rock, o historiador alemão Klaus Farin lembra que uma "banda de rock amadora de terceira categoria" com tendências neonazistas chamada Storkraft chamou a atenção do público nos anos 1980 porque "praticamente todo adolescente de 14 anos no país tinha que comprar um disco dessa banda 'radical' se não quisesse ficar totalmente por fora".[17] Este foi um tipo de antimarketing dialético que levou práticas bem-sucedidas de marketing a

*Jogo de palavras com *unshakable* (inabalável). (*N. do T.*)

transferir o abstrato "*legal*" associado ao rock predominante intensamente comercializado para uma mercadoria política específica que não era nada além de *legal*. Se o marketing conseguiu aquecer mercadorias frias ao associá-las a sentimentos falsos, sentimentos falsos conseguiram tornar boa a política perversa. O primeiro disco da Böhse Onkelz tinha uma música chamada "Stolz" ("Orgulho") que misturava a cultura *skinhead* inglesa com o ultranacionalismo alemão: "Um entre muitos com a cabeça raspada,/Você não vacila porque não tem medo nenhum/ Shermans, faixas nos braços, botas e jeans, / bandeira alemã, porque você se orgulha."[18] Uma outra música chamada "Türken raus!" ("Fora turcos!", copiando o slogan nazista "Juden raus!" [Fora judeus!] dos anos 1930), da mesma banda, misturava neonazismo a preconceitos contra estrangeiros de um tipo que se fortaleceu bastante recentemente na Europa — como ficou evidente no voto contra a nova constituição européia na França e na Holanda em 2005, por exemplo. Esse tipo de creolização bruta, apesar de todas as suas intenções odiosas, indica as possibilidades de uso da cultura pop como contracultura dentro do materialismo secular ocidental.

Do lado de fora, os resistentes também utilizam estratégias de creolização. Até mesmo as marcas mais agressivas, como Coca-Cola e McDonald's, passam por uma hibridização no mercado global, como resultado da expectativa dos radicais antiocidentais de usar marcas ocidentais para desfazer a hegemonia ocidental. A Mecca-Cola, uma cópia barata, franco-islâmica, da Coca-Cola, conseguiu um feito importante no mercado de bebidas, principalmente na França e no Norte da África islâmico, enquanto as casas de *fast-tandoori* em Londres rivalizam com o McDonald's nas comunidades indiana e paquistanesa da capital britânica.[19] "Podemos competir com o Ocidente e fazer refrigerantes e *fast food* sem comprar marcas americanas" é como parecem se gabar aqueles que fabricam híbridos como a nova boneca Barbie islâmica ("Razanne", que significa "modesta" em árabe).

Mas esses exemplos também sugerem os limites da hibridização como uma tática de contra-*branding*. Na Ásia, defensores da creolização verão no superstar "K-pop" (pop coreano) "Rain" (Ji-Hoon Jung) um exemplo de talento local que se associa à cultura musical global, mas que simultaneamente a torna nativa. Mas no momento em que esse "Justin Timberkake coreano" e "Usher coreano" concluiu sua adaptação ao que ele chamou de "mercado de música dominante" dos Estados Unidos e se apresentou no Hollywood Bowl e no Madison Square Garden 2005/2006, a verdadeira questão é se Rain era realmente uma figura coreana nativa ou mais um roqueiro global (leia ocidental) vestindo roupas locais.[20] Os coreanos insistem em que ele é parte da — a personificação da — "hallyu", uma campanha coreana para dar uma marca regional alternativa aos produtos pop-culturais mundiais. Entretanto, sua colaboração com o produtor de *rap* americano P. Diddy levanta dúvidas sobre se ele consegue preservar seu caráter asiático ou se simplesmente vai tornar-se outro dos muitos astros asiáticos que fracassaram na tentativa de conquistar o mercado americano. A mesma pergunta pode ser feita a *Indian Idol*, a versão da televisão asiática para *American Idol*, que pode ser considerada uma creolização, mas que parece mais uma pura cópia barata.

Perguntas semelhantes podem ser levantadas em relação às muitas tentativas que têm sido feitas de glocalizar e indigenizar empresas de *fast food*, refrigerantes e cafés e, portanto, de creolizar os produtos que definem o McMundo. Os argumentos a favor da creolização têm confundido freqüentemente produtos específicos, como hambúrgueres e batatas fritas, que podem ser personificados e localizados, com a essência que define os produtos, que não pode. A marca *fast food* não quer dizer hambúrgueres e batatas fritas, mas sim velocidade e atomização consumista do que antes eram culturas de *slow food*. O impacto cultural tóxico da *fast food* vem de sua velocidade — o fato de que é ingerida na correria, corrompendo as refeições em família e os demorados almoços e jantares em restaurantes. A *fast food* transforma o intervalo social para comer em pouco mais do que uma parada para se abastecer, feita por compradores capitalistas ocupados, seja para consumir um hambúrguer, uns tacos, um *tandoori* de frango ou um *sushi* para viagem. O *fast-tandoori* evita o rótulo McDonald's, mas absorve e espalha a cultura do McDonald's. A Mecca-Cola pode creolizar a Coca-Cola, mas as aspirações da Coca-Cola Company são imperiais e globais e sua intenção é minar qualquer cultura nativa que fique no caminho da disseminação de seu produto, e provavelmente a Mecca-Cola ganha espaço nessa agenda. Assim, em seu relatório corporativo de 1992, a Coca-Cola Company observou que a cultura de chá indiana é um obstáculo à disseminação da Coca-Cola na Índia e precisa ser tratada como tal.[21] Falsas Coca-colas presumivelmente minam a cultura de chá tão efetivamente quanto a "verdadeira".

Um exemplo impressionante de como uma marca creolizada pode realmente contribuir para os danos culturais causados por uma marca original dominante à qual está tentando resistir pode ser visto na cadeia indiana Barista Coffee, no estilo Starbucks. No fim de 2004, a Starbucks havia aberto oito mil cafés no mundo, sendo mais de cem deles na China. A empresa vislumbra um potencial de 30 mil cafés no mundo, sendo mais de cinco mil somente na Índia durante os próximos cinco anos. A cadeia Barista, já com mais de 130 cafés funcionando na Índia (até novembro de 2004) pode, por um lado, ser considerada presumivelmente um adversário local, capaz de dificultar a invasão da Starbucks. Por outro lado, os cafés da Barista claramente imitam a ambientação e a filosofia de funcionamento da Starbucks. Eles têm como alvo os indianos jovens e endinheirados e lhes oferecem — no espírito da Starbucks — "uma casa longe de casa".[22] Quer a Barista dificulte ou não a Starbucks, a cultura de chá indiana e a peculiaridade de seus rituais culturais provavelmente não serão reforçadas com a disseminação de cafés ao estilo Starbucks, apesar de sua procedência nacional. Seja com Starbucks ou Barista, Mumbai vai ficar mais parecida com São Francisco ou Berlim (onde a cadeia Café Einstein é a adversária local da Starbucks).

É essa lógica que explica por que o *pop star* coreano Rain pode creolizar a música pop americana sem impedir que P. Diddy americanize o "hallyu" coreano. Veja o caso (citado no capítulo 5) do McDonald's comprando o personagem gaulês de histórias em quadrinhos Asterix, o que não serviu exatamente para tornar o Big Mac mais francês, mas sim o escondeu dentro de um cavalo gaulês da mitologia nativa nos quadrinhos. Há também um projeto de shopping center idealizado como um portal para os terraços cavados em pedra do templo budista Borobudur, no centro de Java — o maior templo desse tipo do mundo e patrimônio histórico da Unesco. Ali, o governador local propôs um shopping a ser batizado de "Mundo Java" — uma espécie de Disney World budista que costura uma pele comercial sobre um corpo religioso. Opositores ignoraram alegações de que o projeto seria uma honra religiosa, considerando-o uma maneira de disfarçar o comércio de estilo ocidental, e não um exemplo charmoso de hibridização.[23]

Esses exemplos apontam para a maior deficiência do argumento da creolização: simplesmente ignoram o *poder* relativo das culturas em choque. Antropólogos e apologistas do marketing capitalista que defendem a diversidade fazem a velha suposição *laissez-faire* sobre a "troca livre" dentro da idéia mítica da perfeita competição de mercado, em que dois agentes igualmente livres e potentes, em interação, se sentam e negociam. Vendemos a você nossas mercadorias do mercado global e marcas universais, você as assimila, transforma-as e as creoliza, gerando assim novas culturas de diversidade que continuam a refletir identidades nativas ou em fusão. Fechado. Você fica mais parecido com a gente, a gente fica mais parecido com você, e no final todos nós ficamos parecidos com alguma outra coisa. Fechado. Você nos comercializa e nós descomercializamos você. Fechado. Mas quando o poder econômico e cultural relativo das civilizações que se cruzam, ou das subculturas dentro de um mesmo país, é contabilizado, a oportuna reciprocidade da hibridização cultural é vencida pela inoportuna superioridade da cultura dominante. No México, na Índia e em Hong Kong, as indústrias de filmes locais podem estar florescendo, e filmes aclamados pela crítica como "independentes" (mesmo quando são produzidos por estúdios) podem estar atraindo atenção, mas o percentual de telas no mundo dedicadas ao produto americano, e o percentual da bilheteria americana arrecadada com *blockbusters* baseados em histórias em quadrinhos que ofuscam filmes de qualidade, continua a aumentar de tal maneira que fica difícil acreditar que a força global de Hollywood faça realmente algum bem à diversidade cultural dentro dos EUA ou no exterior.

Mesmo aqueles que vêem no materialismo consumista ocidental uma séria afronta aos seus valores e à sua cultura falharam no teste de resistência, seja por causa da creolização ou de outros métodos. O analista malaio Farish Noor escreve que "a juventude muçulmana da Malásia, assim como a juventude em todo o mundo, está tanto completamente hipnotizada pelo charme do consumismo global quanto lamentavelmente despreparada para impor qualquer resistência a isso". Noor observa que, "enquanto a elite e os intelectuais islâmicos refletem sobre questões importantes para as finanças islâmicas e a educação islâmica..., eles parecem ter abandonado o discurso cultural popular sem fornecer qualquer paradigma cultural alternativo", o que torna mais difícil para os jovens "sair de seu estado de dependência em relação à cultura consumista ocidental... por si próprios". Noor descreve as tentativas locais de preservar a cultura malaia da invasão ocidental como "cosméticas", o que inclui coisas como decorar um arranha-céu global com uma fachada tradicional malaia, com "o domo mouro obrigatório e traços da pintura verde 'islâmica'". Mas de acordo com a visão de Noor sobre a realidade: "Contra o grande poder da MTV e do McDonald's, a elite islâmica só tem sido capaz de produzir diatribes contra os males da cultura e do estilo de vida ocidentais sem oferecer nada em troca."[24]

As opiniões de Noor sugerem que, quando antropólogos e apologistas da cultura dominante começam a falar de hibridização do mercado, podem-se considerar os tipos de "trocas livres" negociadas por jibóias e lebres. "Ah, sim", exclamam os presunçosos parentes da lebre, "pode parecer que nosso primo foi engolido, mas, considerando o tamanho e o formato da barriga, a cobra ficou muito muito mais parecida com uma lebre do que com uma jibóia!" Mas espere passar uma ou duas semanas, como verão os parentes da jibóia, e a lebre vai desaparecer, enquanto a serpente, defendendo alegremente as virtudes da hibridização, estará se arrastando em busca de uma nova presa.

A troca cultural pode ser uma versão da "destruição criativa" de Schumpeter, mas com o tempo a dialética é vencida pela força, e a destruição simplesmente destrói, deixando para trás um mercado ainda mais homogeneizado e monocultural. A creolização não cria muito: às vezes, torna mais lento o passo da homogeneização, mas não pode impedi-la completamente. Porque para cada roqueiro cristão que acha que está usando a música pop para substituir o secularismo da cultura pop por conversões religiosas há um cético cristão que se preocupa (com motivos consideráveis) que ficar *legal* sempre vai significar também ser "impertinente, irreverente e rápido para fazer observações espertas que exaltam a si próprio e constrangem outras pessoas"; e que, longe de ser produzido por cristãos modernos dispostos a fortalecer a fé espiritual, o "rock cristão foi uma invenção de gravadoras grandes motivadas por lucros, que estavam à procura de uma maneira de vender mais rock. Ao oferecer um rock em formato cristão, elas o venderam a crianças cujos pais se oporiam a isso, se fosse de outro jeito".[25] Esta pode ser uma maneira estranha de encontrar reforço para os argumentos sobre o verdadeiro caráter da liberdade apresentados anteriormente, mas a idéia do site *The Moorings* de que o demônio "e seu porta-voz na mídia prometem a você liberdade, mas, na verdade, querem lhe escravizá-lo" soa verdadeira; assim como a alegação de que "a indústria de entretenimento quer tornar você um consumidor inconseqüente, incorrigível e viciado em seus produtos". Alguns resistentes cristãos, céticos em relação à cultura de consumo, parecem saber que a creolização pode envolver aquilo que, na linguagem deles, é uma barganha do demônio na melhor das hipóteses. Esta é uma idéia que os resistentes seculares deveriam levar a sério.

Carnavalização Cultural

E se o progresso do consumismo infantilizante é um processo que traz benefícios, não destrutivo, e uma libertação dos consumidores em relação à gaiola de Weber em vez de um aprisionamento nela? E se, mesmo que domine o espaço público, o shopping center é um lugar alegre, até mesmo cívico, e comprar é um divertimento benigno, até mesmo estimulante? E se as indústrias, o marketing e a propaganda que definem o consumismo são menos um reduto do sistema do que um contínuo teatro de rebelião e mudanças? E se a própria puerilidade com a qual críticas como a minha questionam o etos moderno é, na verdade, sua virtude salvadora — uma ligação com a criança brincalhona que amacia as duras artérias do capitalismo e torna a jovialidade uma virtude genuína? Talvez o consumismo possa resistir à sua própria petrificação evocando seu caráter inerentemente brincalhão e fazendo uso dos sentimentos de seu coração inerentemente carnavalesco. Neste caso, a questão seria reconhecer e celebrar a natureza verdadeiramente libertadora do consumismo.

A resposta surpreendentemente ampla que sustenta essa visão entre críticos culturais modernos — incluindo vários arquitetos e designers proeminentes — pode ser resumida sob o termo *carnavalização* cultural. A palavra é tomada emprestada de celebrações pagãs da Idade Média associadas a festivais em vilarejos que se achava que tinham um papel libertador, e até mesmo transgressivo, em relação às hierarquias de valores cristãos estabelecidos e à autoridade política feudal arraigada. Na retórica de filósofos como

Mikhail Bakhtin, a carnavalização é tomada emprestada para identificar formas modernas de inversão, resistência e transgressão no discurso e na ação.[26] Celebrando "a libertação temporária em relação à verdade prevalescente da ordem estabelecida, a carnavalização marca a suspensão de categorias, privilégios, normas e proibições hierárquicos".[27] Para o historiador cultural Jackson Lears, as trocas de mercado há muito tempo são "associadas à atmosfera do carnaval, com experiências fantásticas e sensuais, talvez até com a possibilidade de uma autotransformação quase mágica por meio da compra de artefatos exóticos num ambiente social fluido, anônimo... Em certas circunstâncias, [o mercado] manteve uma visão de transcendência, embora passageira".[28]

A trajetória da carnavalização segue o curso do etos do capitalismo em evolução. O protestantismo agiu como um etos que restringia, reprimindo a brincadeira medieval em nome do trabalho duro e abnegado exigido pelo capitalismo produtivista. No século XIX , o capitalismo (e principalmente, de acordo com Lears, a propaganda) mais uma vez incentivou essa brincadeira e esse erotismo, que correspondiam às exigências de uma nova cultura consumista.[29] Embora o capitalismo, em sua mais recente encarnação, também se preocupe com o controle e a disciplina, a carnavalização persiste como um subtexto, reaparecendo na alegria dos parques temáticos e shopping centers, nas mudanças nocivas da arquitetura urbana (pense em Gehry), no radicalismo da propaganda criativa e na obsessão com a espontaneidade e a rebeldia da juventude — tudo isso servindo ao novo consumismo e dando a ele uma virada supostamente radical. O etos infantilista contém o cerne de sua própria transgressão, embora a transgressão esteja tão assimilada que sirva a interesses comerciais, ainda que alcance uma certa libertação psíquica. O crítico cultural John Fiske vê na opressão exploradora da cultura produzida em massa "práticas culturais de oposição" que tornam possível uma "rebelião" — concessões que ele acha que o consumo da cultura em massa faz ao "carnavalesco", ao "escape" e à "alegria" como ferramentas com as quais aqueles que a cultura tenta dominar podem de fato se libertar.[30]

O palhaço Ronald McDonald é tanto um símbolo adequado quanto um discreto subversor da imagem corporativa da McDonald's. Uma recente campanha na televisão o usou numa propaganda que tinha a clara intenção de ser irônica, brincando com sua imagem juvenil. O consumismo moderno é uma espécie de carnaval, sobretudo para os jovens que são tanto seus alvos quanto seus agentes. Vende a si próprio zombando de si próprio, fazendo piada de produtos para consumidores que já não se levam a sério ou que já não levam a sério seus gostos. Certa vez John Kenneth Galbraith escreveu de maneira impertinente: "Nós literalmente fazemos propaganda de nosso compromisso com a imaturidade, a falsidade e uma profunda credulidade."[31] Mas James Twitchell, que cita Galbraith, insiste em que o espírito carnavalesco do consumismo não é involuntário nem forçado: "Não temos sido levados a esse mundo de proximidade material por uma decisão impensada. Para muitos de nós, principalmente quando jovens, o consumismo *é* nossa melhor decisão."[32] Para Twitchell, é uma "verdade clara sobre a natureza humana" o fato de "gostarmos de ter coisas", de modo que "obter e gastar" se tornaram "o esforço mais apaixonado — e freqüentemente mais criativo — da vida moderna".[33] Críticos — presumivelmente críticos como eu — vão achar isso "triste e depressivo" (eu acho), mas "para muitos outros é libertador e democrático".[34] Embora Thomas Frank dificilmente seja um amigo da cultura de consumo em massa, ele se esforça em seu *The Conquest of Cool* para mostrar que o espírito de carnaval e rebelião que nos anos 1960 contagiou a revolta "hippie" da contracultura oposta aos negócios contagiou, na verdade, um elemento importante da própria comunidade de negócios, incluindo o setor de propaganda, tão crucial para o marketing. "Assim como os jovens insurgentes", argumenta Frank,

> pessoas das mais altas camadas do mundo corporativo condenaram a conformidade, desconfiaram da rotina e incentivaram a resistência ao poder estabelecido. Elas saudaram a revolução cultural liderada pelos jovens não porque estavam planejando secretamente subvertê-la ou mesmo porque acreditassem que ela permitiria a eles alcançar um gigantesco mercado jovem, mas porque perceberam nela uma companheira em sua própria luta para revitalizar os negócios americanos... se é possível dizer que o capitalismo americano passou os anos 1950 lidando com conformidade e falsos consumidores, na década que se seguiu ele ofereceria ao público autenticidade, individualidade, diferença e rebelião.[35]

Mais do que apenas libertador, o espírito carnavalesco do capitalismo é considerado também democratizante. Porque o próprio desejo havia sido democratizado na fundação da era da sociedade capitalista moderna através da filosofia do empirismo (todo o nosso conhecimento deriva exclusivamente da experiência sensorial) e de uma psicologia de associação correlacionada (nossas mentes são quadros-negros vazios nos quais a experiência escreve sua história). Essa filosofia e essa psicologia, associadas a teorias de contrato social anteriores, determinaram que mulheres e homens eram criaturas mutáveis sujeitas a desejo e aversão, interesse e sentimento, de uma maneira que os tornava mais ou menos idênticos — comparáveis uns aos outros — e, portanto, iguais. Poder-se-ia dizer que as pessoas se diferenciavam pelo que pensavam, imaginavam e criavam. Hierarquias como as de Platão ou Nietzsche começaram com a premissa da desigualdade. Mas na nova filosofia empírica, todos os desejos eram comparáveis. Quando o mercado surgiu como principal mundo na vida das mulheres e dos homens modernos, foi fácil, como escreveu William Leach, ver como "a democratização do desejo surgiu juntamente com o culto ao novo e a descoberta do paraíso de consumo".[36]

A arquitetura e o design têm sido cenários apropriados para a tese da carnavalização. Arquitetos como Robert Venturi e Rem Koolhaas olham de um ângulo novo os ambientes de consumo e evocam um espírito de libertação democrática ao celebrarem o que outros poderiam considerar pouco mais do que uma vulgaridade de parque temático e um comércio espalhafatoso de shopping center. Relaxe, divirta-se um pouco! Observando a Times Square em Nova York ou Las Vegas, ou mesmo "a tradicional cidade européia (que) já tentou resistir ao shopping, mas que agora é um veículo para o consumismo ao estilo americano",[37] pode-se notar como o palácio de diversão dos compradores pode, de fato, ser parecido com o carnaval medieval. Embora eu tenha insistido que comprar é uma atividade *privada* arquetípica, em seu Projeto Harvard sobre a Cidade, Rem Koolhaas alega que comprar é, "de forma argumentável, o último remanescente da atividade pública". Porque tem sido capaz

> de colonizar — e até mesmo substituir — quase todos os aspectos da vida urbana. Centros históricos de cidades, subúrbios, ruas e novas estações de trem, museus, hospitais, escolas. A internet, e até as forças armadas, são cada vez mais moldadas pelos mecanismos e espaços das compras. Igrejas estão imitando shopping centers para atrair seguidores. Aeroportos tornaram-se bastante lucrativos transformando viajantes em consumidores. Museus estão se voltando para lojas com o propósito de sobreviver... Cidades com problemas são revitalizadas sendo planejadas para ficar parecidas com shopping centers.[38]

É claro que Koolhaas é menos um observador desinteressado do que um ativista saudando uma tendência que ajudou a definir seus projetos de arquitetura e design. Sua perspectiva reflete uma alegria com o consumismo e com suas culturas de gosto — sejam de natureza suburbana ou de parque temático — que tem sido amplamente reconhecida, até mesmo por críticos como Gary Cross. Embora Cross não seja fã dos shopping centers, ele entende como o Mall of America (em Minnesota) tem sido eficiente com seu apelo ao consumo expresso em clubes "temáticos" e em sua tendência a misturar diversão com compras. "O Mall of América combinou compras, divertimento e uma experiência prazerosa e amigável do público", observa ele, de modo que "comprar se tornou um lazer, até mesmo férias."[39]

Até mesmo Los Angeles, a cidade de anjos sonhando sonhos maus — depreciada por Adorno e Horkheimer (que escreveram *Dialética do esclarecimento* ali, durante a Segunda Guerra Mundial) como uma "anticidade" que era uma desanimadora "bola de cristal do futuro do capitalismo" — continua sendo uma cidade de "prazeres e encantamentos".[40] Embora tenha sido rejeitada por muitos dos críticos culturais alemães que passaram ali os anos da guerra, a cidade seduziu outros como Herbert Marcuse, que encontrou no sul da Califórnia (onde chegou nos anos 1960, depois de deixar seu cargo na Universidade de Brandeis, em Boston) um reduto de subversão política e transgressão cultural. Ele tinha alguma expectativa de encontrar na Costa Oeste *soul music* e jazz ou de encontrar na política de subversivos como Angela Davis e os Panteras Negras uma resposta para a cultura homogeneizante de *O Homem Unidimensional*. Da mesma forma, Jean Baudrillard, crítico ferrenho do materialismo, teria encontrado uma "alegria perversa" no inferno Hieronymous Bosch, em Hollywood.[41] Certamente, Los Angeles sabia como fazer de si um mito, como um carnaval em celulóide, imitando um circo da vida real que, se de fato previa o futuro do capitalismo, sugeria que o futuro envolveria uma contracultura de consumo "que rejeitaria os valores da sociedade dominante" e, em lugar disso, estaria sintonizada com "os mais importantes indicadores da juventude moderna... os diversos ciclistas, heavy metal, hip-hop, grunges, punks, góticos e *ravers*".[42] Porque, de acordo com Laura Langman e Katie Cangemi, estudiosas de Bakhtin, "embora esses grupos sejam diferentes uns dos outros, eles compartilham certas características cruciais, eles incorporam e celebram a carnavalização do dia-a-dia. Essas antiestruturas liminares privilegiam a indulgência hedonista privatizada para fornecer a seus membros identidades e interações significativas e gratificantes".[43]

Ninguém aprovou mais a interpretação carnavalesca do que James B. Twitchell, cujo *Carnival Culture: The Trashing of Taste in America* (1992) estabeleceu sua posição de ironicamente zombar de si próprio. Numa publicação mais recente, ele vai ao cerne da questão: "O crítico acadêmico habitual", escreve com desdém, "vê o consumidor como um boi tolo. O produtor é o fazendeiro que obriga o boi a arar a terra e depois a consumir a medíocre colheita de seu trabalho... Eu, por outro lado, vejo o consumidor como a raposa astuta que leva o fazendeiro frouxo a uma perseguição após outra."[44] Adotando o discurso do marketing sobre capacitação do consumidor, Twitchell associa sua celebração do consumismo a uma rejeição de argumentos sobre necessidades fabricadas ou manufaturadas ou sobre materialismo forçado. "Não há falsas necessidades", assegura ele. "Uma vez que estamos alimentados, vestidos e sexualmente ativos, as necessidades são culturais... no mínimo, não somos suficientemente materialistas."[45]

Eu já citei Gary Cross como um opositor do "século do consumo", que ele critica criteriosamente, e como um crítico político que acredita que o consumismo mina fundamentalmente a democracia. Entretanto, ele reconhece que "ninguém encontrou uma maneira mais eficiente do que o consumismo para ajudar indivíduos a enfrentar mudanças e incertezas".[46] Ele aceita não apenas que "o consumo freqüentemente relaxava, em vez de piorar, as tensões sociais",[47] mas diz que a introdução dos cartões de crédito "tanto facilitou quanto democratizou o crédito do consumidor".[48] Até mesmo marcas famosas, sugere ele, "fizeram mais do que criar empresas dominantes. Elas serviram também para democratizar a vida americana numa época em que as diferenças sociais eram extremas".[49] Cross observa que em 1939 a Federação de Propaganda dos EUA chamou a propaganda de "a porta-voz da empresa livre" e acusou seus opositores de quererem o coletivismo e a tirania.

Porém a propaganda tem sido mais do que uma porta-voz dos EUA. Tem sido também um exemplo da subversão. Seu pretenso papel de menina má carnavalesca do capitalismo de consumo americano, ainda que estimule um apetite pelo controle capitalista sobre o consumo, foi descrito de maneira convincente pelo historiador cultural Jackson Lears.[50] Para Lears, "a propaganda preservou aquela promessa ocasional [do carnavalesco] até o século XX". Porque "os próprios anúncios se tornaram um carnaval de imagens exóticas", muito embora o prazer também estivesse sendo "subordinado a uma agenda mais ampla de eficiência pessoal".[51] No estranho retrato de Lears, "palavras como magia e carnaval adquirem um significado quase de talismã... como contrapontos recorrentes aos valores de controle". Como "a estimulação da fantasia era crucial para a expansão do mercado de consumo", a propaganda entregou-se a um tipo de sensacionalismo que "democratizou o culto à sensibilidade e ajudou a reorganizar os padrões de consumo, direcionando a atenção das satisfações com a verdadeira posse para a excitação das compras antecipadas". Com uma "celebração da carne" indireta,[52] a propaganda cedeu ao "desejo de uma transfiguração mágica do self... um elemento-chave para a contínua vitalidade da tradição carnavalesca da propaganda".[53] Essa potente tradição levou proprietários de lojas de departamentos "a cercar suas mercadorias de uma aura de exotismo oriental: alguns bens mantinham a magia das primeiras feiras modernas. P. T. Barnum foi o empresário desse mundo, e a propaganda empresarial, sua língua franca. De várias maneiras, esse mundo se parecia com o reino rabelaisiano de carnaval descrito e imaginado por Bakhtin", no qual podemos imaginar que o lado saudável da infância — brincadeiras, espontaneidade e inocência — é preservado.[54]

Existem, assim, coisas boas a serem ditas sobre a capacidade dialética do consumismo de gerar culturas transgressivas de prazer, erotismo e pura diversão que, se usadas com o espírito de libertação, podem transformar a puerilidade num instrumento de diversidade e libertação. Uma sociedade dedicada a brincar pode de fato cultivar a jovialidade. Reconhecer isso não nos obriga a reduzir a moderna celebração do consumismo a uma coisa boa na proporção da autoparódia do panfleto panglossiano de Steven Johnson *Everything Bad Is Good for You*. Ao incentivar a infantilização com a paixão de um seguidor, Johnson insiste que a cultura de massa é "uma espécie de lavagem cerebral positiva" e que deveríamos levar a sério a piada de Woody Allen em sua antiga sátira de ficção científica *O dorminhoco*, "em que uma equipe de cientistas de 2173 está espantada com o fato de a sociedade do século XX não ter compreendido o valor nutricional das tortas de creme e das coberturas de chocolate quente". Embora Johnson não chegue a reconhecer o valor nutricional das tortas de creme, ele deve alegrar-se com estudos recentes que indicam que o chocolate nos faz bem (apesar de tudo) e obviamente ele entende o que Howard Stern ensina tão bem: que mercadoria inferior só vende se for percebida como subversiva; logo, progressista. Johnson se entusiasma: "Onde a maioria dos analistas supõe que há uma corrida para o fundo e uma estupidificação — 'uma sociedade cada vez mais infantilizada', nas palavras de George Will — eu vejo uma história de progresso: a cultura de massa se tornando mais sofisticada, exigindo mais envolvimento cognitivo a cada ano."[55] Johnson coloca-se diretamente contra o tipo de crítica cultural decorrente da idéia de um etos "infantilista" que supostamente despreza nuances e complexidade. A "corrida cultural" do consumismo "para baixo é um mito; não vivemos num estado arruinado de prazeres baratos e inferiores às riquezas intelectuais de ontem. E não somos preguiçosos inatos, atraídos inexoravelmente pela menor ofensiva e pela diversão menos complicada disponível. Ao nosso redor, o mundo do entretenimento em massa cresce mais exigente e mais sofisticado, e nosso cérebro gravita alegremente nessa complexidade recém-descoberta... A estupidificação não é o estado natural da cultura popular ao longo do tempo, é exatamente o oposto".[56]

Essas passagens — assim como o equivocado entusiasmo de George Gilder pelas virtudes do protestantismo já não necessárias ou desejadas pelo capitalismo de consumo — indicam o principal perigo que os mais inteligentes e interessantes proponentes da tese da carnavalização enfrentam: chame de favelização. A romantização e a glamourização da cultura de consumo podem ser uma opção para se desviar da crítica cultural e captam um aspecto da jovialidade cultural do capitalismo. Porém, para a maioria das pessoas, o consumismo é permanente, inevitável e em grande parte um "estilo de vida" não escolhido. As feiras em vilarejos podem ter representado um momento de escape para os camponeses feudais engaiolados pelas autoridades feudais, mas a vida não era nenhum carnaval para ninguém que fosse apanhado na rede de hierarquia que definia a vida medieval, mesmo quando estivesse participando de um carnaval. Os sofisticados de Nova York que comem em restaurantes luxuosos de Chelsea com garçons de smoking, ao som de um piano retrô, com cardápios que oferecem coquetéis de camarão, têm pouco em comum com o caminhoneiro que interrompe longas viagens entre estados para tomar uma xícara de café amargo ou com o trabalhador informal que come fora porque não tem cozinha em casa e não tem condições financeiras de ir a verdadeiros restaurantes do tipo que os críticos freqüentam. O jornalista sofisticado vai apreciar o ambiente carnavalesco de um restaurante informal tarde da noite e o lazer no playground do shopping center enquanto escreve um artigo para a *Architectural Digest*, mas, para aqueles que têm poucas oportunidades, é provável que haja apenas obesidade, diabete, dívidas no cartão de crédito e formas variadas de vício em comprar, além de uma casa cheia de mercadorias e máquinas que, por serem desnecessárias, raramente valem o preço que têm. O shopping pode ser uma libertação para o crítico, mas pode ser uma gaiola de sábado à noite para um adolescente (já não se cruza a Main Street) e um pátio de passeio de uma prisão para um casal idoso, num subúrbio sem calçadas, na terra onde a praça pública desapareceu.[57]

O shopping, assim como o carnaval, pode ser visto como uma forma de liberdade controlada. Tem objetivos semelhantes aos do parque temático ou aos da Disneylândia. Para o arquiteto Michael Sorkin, a Disneylândia é um outro tipo de circo, em que Disney é "o P. T. Barnum... e a Disneylândia, a tenda do circo". Não exatamente um carnaval, uma vez que "o divertimento tanto do circo quanto da Disney é anticarnavalesco", mais parecido com "banquetes animados, celebrações da ordem existente das coisas disfarçadas de escape dessa ordem, diversões fordistas".[58] A pergunta que Sorkin e outros precisam fazer, porém, é a quem esse carnaval se destina e quem o organiza. Assim como o parque temático ou a Disneylândia, o shopping funciona para consumidores pagantes e é organizado por produtores e comerciantes. Os arquitetos e os críticos culturais são independentes, mas estão sempre correndo o risco de favelização intelectual. Favelizando ambientes do contexto de seu poder e interpretando como voluntário o que para outros pode parecer coercivo (a posição de Twitchell), porque o favelizador — um usuário arbitrário — é autônomo, se é que não é realmente poderoso, e portanto se sente livre. Assim como acontece com a cultura creolizante, a cultura carnavalizante é interpretada como se o poder não significassse nada. Leia o manifesto de Koolhaas novamente com um olho no poder, e ficará claro que o que ele descreve é o próprio processo de totalização do mercado retratado e condenado anteriormente, no capítulo 6.

Jackson Lears é um dos poucos que usa o imaginário do carnaval para abordar o consumismo que vê claramente que, no fim das contas, a questão é o controle e, portanto, o poder. E o teórico social James C. Scott, que entende perfeitamente o poder, deixa claro que o problema com aqueles que, como Bakhtin, celebram o carnaval é que eles não entendem que "a extensão do discurso característico de um reino de poder é, em parte, um produto do discurso que é bloqueado e suprimido em outro reino de poder. Assim, o grotesco, o profano, o ridículo, a agressão e a difamação do carnaval fazem sentido apenas no contexto do efeito das relações de poder no resto do ano".[59] Portanto, depois do Mardi Gras, lembra-nos Scott, vem a Quarta-Feira de Cinzas. O etos infantilista pode ser, então, uma convocação para o carnaval, um pouco subversivo com seu apelo para libertar a criança reprimida e deixá-la sair e brincar, mas no fim das contas incapaz de subverter o poder que produziu isso como um instrumento de controle, como uma indução a comprar e como um convite ao vício.

Além do mais, há uma diferença entre a idéia original do carnaval e o carnaval evocado pelo consumismo moderno. O antigo carnaval oferecia momentos ocasionais de liberdade a quem passava a vida exercendo um trabalho árduo e disciplinado. Oferecia o que o rei medieval oferecia aos tolos: insubordinação sem conseqüências em troca de lealdade permanente. Mas o shopping center moderno, ainda que discipline a diversão tornando a recreação um trabalho e o lazer uma determinação, promete, na verdade — e talvez até mesmo obrigue —, diversão interminável e liberdade permanente. Seus idealizadores precisam que os clientes mantenham o espírito carnavalesco o ano inteiro, como a empresa de cruzeiros que tem o carnaval no nome. Então eles pressionam menos pela liberdade do que pelo vício. Repouso e austeridade nunca chegam à Disneylândia, que, impiedosamente, não pára nunca em seu objetivo de diversão permanente do tipo pague-enquanto-brinca. Mais do que uma folga momentânea em relação à disciplina, a liberação é a disciplina. A escatologia adolescente e a sexualidade regressiva de Howard Stern estão no rádio 20 horas por dia sete dias por semana, em duas estações. Em vez de representarem tentativas momentâneas de afastar a vida adulta responsável, as escapadas de Peter Pan acontecem agora para sempre.

De maneira semelhante, embora os jovens executivos de propaganda de Thomas Frank nos anos 1960 fossem rebeldes, eles eram rebeldes *com* causa, e a causa era precisamente a causa do sistema da propaganda que eles pretendiam derrubar: assegurar o consumismo como uma base para a sobrevivência de um capitalismo. Como estava produzindo cada vez mais o que seus clientes já não precisavam, o capitalismo precisava desesperadamente de novas técnicas de marketing, mesmo que isso significasse uma modesta rebelião corporativa interna. Aumentando as possibilidades e incorporando a rebeldia, foi criada uma cultura em que o violento, o viciante e o pornográfico podiam ser incorporados pela mídia controladora. Alguma revolução. Hoje, videogames interativos com violência virtual e pornografia digital são analisados e elogiados nas páginas do *New York Times*.[60]

Parece claro, portanto, que a imoralidade e a puerilidade são o que o etos busca e pretende, não um feriado para se libertar do etos. É muito mais fácil para os guardiões quando sua tarefa é deixar Peter Pan voar livremente e manter Wendy fazendo piruetas sob o olhar descuidado de Peter do que conter o narcisismo e ajudar as crianças a crescer. Porque os guardiões sabem o risco que é deixar as crianças crescerem: não necessariamente elas crescem e se tornam consumidores. Às vezes elas se tornam cidadãos.

Perturbação cultural

A hibridização cultural e os carnavais culturais oferecem alguma esperança de resistência dialética, mas são limitados por se esquecerem do poder e dos objetivos da cultura de consumo e do etos que a sustenta. Por outro lado, os "perturbadores da cultura" resistem conscientemente, conhecendo o poder de seus adversários e tentando, ao estilo do jiu-jitsu, alavancar o poder em nome de subvertê-lo. Eles também gostam de se divertir, ainda que com reversões dialéticas e atitudes subversivas. Assim como os *yippies* da contracultura que atiravam dinheiro no chão da Bolsa de Valores e escreviam livros com títulos como *Steal This Book*,[61] eles entendem que iconoclastas sem um firme poder material precisam fazer da imaginação sua fortaleza, bagunçando a sinalização e travando uma batalha de significados com aqueles que comandam os sinais e os símbolos. Eles têm um pouco da desobediência do capitalismo inicial. São trapaceiros como Wild Bill Rockefeller, mas trapaceiros que tentam desfazer o capitalismo usando as próprias ferramentas de marketing modernas do capitalismo. Os perturbadores lembram 1968, mas preferem o *soixante-huit* da imaginação parisiense interpretado por Guy Debord. O enigmático mas claramente oposicionista Debord, que fundou a chamada Internacional Situacionista, em 1957, em Paris, e cuja influência culminou com a pretensa revolução estudantil de 1968 em Nanterre e Sorbonne, escreveu: "Só a verdadeira negação da cultura pode herdar o significado de cultura", que, "embora já não permaneça cultural... permanece, de alguma maneira, no nível da cultura — mas num sentido bastante diferente."[62]

Em palavras um pouco mais simples, Kalle Lasn — cujo livro *Culture Jam* é a bíblia desse exercício atraente de resistência semiótica — define perturbação da cultura como tentar "derrubar estruturas de poder existentes e fazer grandes ajustes no modo como vivemos nos século XXI" não pela força ou pela insurgência, mas mudando "a maneira como interagimos com a mídia de massa e a maneira como os significados são produzidos em nossa sociedade".[63] Travando a "guerra meme" (uma luta de significados simbólicos), Lasn quer dar significado prático ao memorável slogan de 1968 que proclamava: "*L'imagination au pouvoir*!" ("Todo poder à imaginação!") Embora Lasn apele a uma "crítica implacável a tudo que existe", seus escritos estão associados a uma irônica autodepreciação, observada em paródias suaves de slogans de 1968, tais como "É proibido proibir", "O tédio é contra-revolucionário" e "Sou marxista... de tendência Grouxo". Groucho Marx é um certo exagero, mas Lasn define sua tribo como

> uma frouxa rede global de artistas, ativistas, ambientalistas, empreendedores ecológicos, professores de mídia e literatura, *downshifters*, esquerdistas renascidos, estudantes baderneiros, oradores exagerados de campus universitários, aqueles que abandonaram os estudos, incorrigíveis, poetas, filósofos e ecofeministas. Cobrimos um espectro que vai desde o intelectual médio até o lunático violento, desde os Raging Grannies, que cantam versos sem rima em protestos, até guerrilhas urbanas que fazem grandes festas nas ruas.[64]

O que os perturbadores fazem, relata Lasn, é pintar suas "próprias ciclovias, reivindicar as ruas, 'ferrar' com anúncios de Calvin Klein e colar cartazes em mesas e bandejas de lanchonetes McDonald's. Organizamos mercados ambulantes, rearrumamos itens em prateleiras de supermercados, tornamos nosso software disponível de graça na internet". Em termos gerais, eles tentam fazer a cultura de consumo "morder o próprio rabo". Assim como os "idealistas, anarquistas, estrategistas de guerrilha, impostores, brincalhões, neoludistas, descontentes e punks" que dizem que são, eles se apresentam como "a ralé remanescente da cultura de oposição".[65]

As atividades de perturbação cultural representam "uma campanha de *demarketing*", objetivando uma "intereferência na situação — uma virada irritante na perspectiva" do dia-a-dia. Os perturbadores de Lasn concordam com os céticos cristãos que negam que a conquista do *legal* pode ser a vitória da rebelião sobre o consumo, uma vez que *legal* é simplesmente o "ópio de nossa época", enquanto perturbar a cultura exige um "movimento contra A Máquina do *Legal* Corporativo", que vai "atacar para conter a marca registrada EUA".[66]

Quando Kalle Lasn começou a escrever sobre como praticar a resistência, exibiu certa ingenuidade, propondo táticas do tipo "não vou agüentar mais isso", ao estilo de Hollywood, como "a próxima vez que eu me vir numa longa fila no banco, vou gritar alegremente 'ei, que tal abrir mais um caixa'". Ou lançar campanhas bem-humoradas para fazer os freqüentadores do McDonald's se sentirem "um pouco culpados, um pouco mal, um pouco estúpidos".[67] Outras estratégias preferidas incluíam enviar faxes com páginas pretas que consumiriam toda a tinta das máquinas e pedir às operadoras de telemarketing seus números de telefone em casa para ligar para elas à noite.

Na prática, as propostas de Lasn dificilmente significaram alguma resistência, que dirá uma crítica implacável a tudo que existe. Mas acontece que os perturbadores são exatamente o que Debord e seus situacionistas não eram. No caso do metafísico Guy Debord, a teoria era boa, mas a prática, insatisfatória. Ao contrário, a perturbação da cultura é interpretada como suave, mas produziu uma prática que é intrigante, astuta e pelo menos moderadamente eficaz, apoiando-se em propostas aleatórias do livro de Lasn, mas empregando as melhores práticas do próprio marketing — retórica emocionante, imagens fortes e intervenções criativas no convencional — para subverter anunciantes, marqueteiros e as empresas que os empregam.

De seu posto de comando em Vancouver, Canadá, Lasn e seus colegas, entre eles Nicholas Klassen, lançaram uma vistosa revista mensal chamada *Adbusters* ("Uma Revista do Ambiente Mental") e uma série de campanhas baseadas na revista e na internet para subverter as características mais sedutoras do consumismo. Para lidar com aqueles dias de compras pós-feriados anunciados histericamente, os perturbardores instituíram um "Dia de Comprar Nada": a segunda-feira seguinte ao Dia de Ação de Graças, todo ano ("participe não participando"). Para enfrentar a televisão, o irresistível King Kong do marketing, eles lançaram a semana da "TV Desligada", em abril, anualmente. E, para atingir a mídia comercial (que em algumas ocasiões se recusou a exibir anticomerciais dos Adbusters), eles promulgaram a "Carta à Mídia", uma declaração dos direitos do consumidor, que incluem o direito de acesso à mídia. Também se aproximaram de possíveis aliados, apoiando o movimento "Slow" (iniciado anos atrás na Itália como uma resposta "*slow food*" à fast food) com uma "Semana Mais Devagar" a cada janeiro e promovendo livros como *Slow Food* e *In Praise of Slow*.[68] Promoveram ainda a criação de um logotipo anticonsumismo, que inclui uma bandeira dos EUA com logotipos corporativos no lugar das estrelas (veja www.unbrandamerica.org) e um adesivo que é uma mancha de poluição cinza, uma espécie de "mancha negra" inventada por eles que pode ser colada sobre anúncios convencionais e usada por ativistas nas ruas para encobrir logotipos de empresas.

Como constituem um movimento eclético (Lasn diz que inclui anarquistas, agitadores, esquerdistas e radicais políticos de vários tipos), os perturbadores inevitavelmente adotaram uma política eclética. Isto, porém, tem levado a desvios em relação ao foco no consumismo: condenações radicais da política externa americana em lugares como Iraque e Palestina, por exemplo, sob o frágil argumento de que a Marca EUA também significa propagar idéias ruins como sendo boas. Mas chamar o presidente Bush e o ex-primeiro-ministro israelense Sharon de terroristas provavelmente não ajuda os críticos do consumismo a se concentrar na principal questão dos perturbadores.[69]

Ainda assim, Lasn embarcou recentemente no que talvez seja o projeto mais ousado e controverso dos perturbadores, diretamente relacionado com seu tema central de antimarketing: o lançamento de uma empresa de tênis que tem como alvo a gigante Nike e a logomarca da Nike, que se tornou uma substituta da identidade em todo o mundo. Tendo Lasn como seu fundador "antiempreendedor" e seu diretor executivo, essa nova "anticorporação", com a antimarca registrada "Blackspot" (um incentivo à mancha que encobre logotipos), está fabricando e vendendo botinas Blackspot e tênis Blackspot "clássicos". Os perturbadores seguem com seu plano para comercializar o *demarketing* com mercadorias antimercadorias. Os calçados são vendidos em aproximadamente doze países e foram apresentados no *Le Salon de la mode éthique* 2005, a resposta dos anticonsumidores de Paris aos desfiles de moda e mais um exemplo de anticonsumismo baseado em consumo. Como era de se esperar, a capital mundial do consumo, a Califórnia —

e de maneira mais geral os Estados Unidos — tem a maioria das lojas que oferecem Blackspot.[70]

Lasn e seus perturbadores estão explorando outras mercadorias antimercadorias e pretendem criar bicicletas ecológicas, biodiesel, lojas especializadas em cultura local, cooperativas de alimentos e um leitor de códigos de barras portátil que permitiria aos consumidores checar produtos numa lista baseada em padrões ambientais e de exploração de mão-de-obra infantil. E, sim, há um debate sobre cafés anti-Starbucks e uma vodca perturbadora para competir com todas aquelas marcas comerciais intensamente anunciadas. A idéia dos ativistas é "controlar o espírito empreendedor". Enquanto "corporações gigantes tentam controlar nossas vidas, nós reclamamos, protestamos e boicotamos. Mas a única coisa que nunca fizemos foi lutar de frente contra as corporações", diz o site Adbusters.org. "Durante muito tempo ignoramos o mercado, considerado um território inimigo. Mas o que mais temem as megacorporações como Wal-Mart e Coca-Cola? A competição. Estamos falando de um novo tipo de empresa de baixo para cima, que faz as coisas de maneira diferente: promove a ética em detrimento do lucro, valores em detrimento da imagem e idealismo em detrimento de anúncios exagerados. Uma marca de capitalismo popular que negocia produtos que realmente precisamos — e nos quais acreditamos. Nada de condições ruins de trabalho. Nada de anúncios que fodem com a mente. Apenas empresas sustentáveis e responsáveis. Junte-se a nós."

Abordar a perturbação cultural como uma resistência significativa é perigoso. A iniciativa mistura seu criativo marketing antimarketing com uma postura antiamericana e uma crítica de esquerda ingênua à política externa. Prega a criatividade individual em benefício da ação em grupo, mas pode parecer que subverte o cenário da propaganda sem realmente mudá-lo. Qualquer um pode ser um perturbador, o que é uma virtude. Exemplo? Sistemas de busca na internet estão programados para permitir pop-ups, "anúncios de busca" que aparecem na tela quando certas palavras-chave são digitadas. Uma busca de "viagem para Miami" pode gerar um anúncio de empresa aérea que oferece vôos para a Flórida. Aqui está o ângulo perturbador: as empresas de busca na internet, como Yahoo! e Google, ganham dinheiro cobrando dos anunciantes mais de US$ 10 pelo pop-up cada vez que alguém clica no anúncio. Agora, se uma multidão de perturbadores clica em cada pop-up, os anunciantes se verão diante de custos altíssimos relacionados a pessoas que não têm interesse algum em suas mercadorias. Eles pagarão a taxa sem obter os clientes aos quais suas mercadorias se destinam, e todo o esquema de anúncios pop-up irá por água abaixo — talvez juntamente com os mecanismos de busca (embora este possa não ser um resultado desejável), que dependem da renda com a propaganda para sobreviver, de acordo com um artigo na revista *Wired*.[71] Perturbação em ação. Se pudessem ser encontrados milhares de perturbadores para jogar esse jogo.

Mas a questão fundamental continua sendo: os ativistas anticonsumismo podem realmente dominar o espírito empreendedor (aqui o movimento claramente não consegue usar seu alter-meme "antiempreendedor" rebelde!) sem jogar o mesmo jogo cujas regras querem subverter? Controlar o capitalismo com "boas mercadorias" não é a mesma coisa que subverter a transformação em mercadoria — na verdade, isso pode parecer uma versão do modelo "responsabilidade corporativa" descrito adiante. Afinal de contas, o tênis Blackspot pode fingir ser uma antimercadoria, mas uma antimercadoria é apenas mais uma mercadoria — pelo menos quando se trata de um tênis. A Blackspot persegue alguns objetivos valiosos, como assegurar a fabricação de um produto esportivo de acordo com padrões de segurança, ambientais e de trabalho. Mas tem-se recusado a revelar seus ganhos e outros dados sobre seus calçados.[72] Além do mais, como observou o crítico Rob Walker (num comentário apresentado de maneira louvável pelos próprios Adbusters em seu site), "aquele ponto preto pode simbolizar um logotipo destruído, mas também é, inevitavelmente, um logotipo". Embora os Adbusters estejam realmente "tentando vender um antilogotipo que por acaso tem um sapato associado a ele... O ponto e seu suposto significado não são um subproduto da campanha — são a coisa toda. Mas uma das críticas mais legítimas à lealdade cega ao logotipo é que ela trivializa o item que tem o logotipo: Não se preocupe com o que estamos vendendo, simplesmente compre o símbolo que estampamos nele".[73] Naomi Klein também tem sido crítica, argumentando que jogar o jogo do marketing em nome do antimarketing expande o espaço abarrotado e homogeneizador que o marketing ocupa. "As publicações que analisam a comercialização de nossas vidas", diz Klein, "têm a responsabilidade de trabalhar para proteger os espaços onde não somos constantemente arremessados. Isto pode ser questionado se elas são vistas simplesmente como se estivessem apostando numa marca 'anticorporações' diferente."[74]

Certamente, Lasn está consciente dos perigos da falsa resistência. Ele observa o *Culture Jam* como "muita gente que acha está se rebelando não está" e zomba dos ativistas de esquerda que "foram reduzidos ao nível de crianças pequenas jogando bolas de neve em carros que passam". Diz coisas desagradáveis sobre reformistas como Ralph Nader e a rede Public Interest Research Groups (Pirg), que ele ajudou a criar, bem como sobre o ex-editor da *Harper's Magazine* Lewis Lapham.[75] Mas jogar uma marca "*legal*" de tênis Blackspot contra a Nike, a marca *bad-boy* que é líder mundial, não parece muito diferente de jogar bolas de neve em carros que estão passando. De fato, se é que a Blackspot já teve uma improvável vitória, seria a vitória do marketing superior que a indústria de marketing sem dúvida imitaria e roubaria para usar em seus próprios objetivos. Foi exatamente isso que, segundo relatos de Thomas Frank, a indústria de propaganda fez nos anos 1960 com a crítica da contracultura. A Blackspot seria a nova Nike, e atletas bacanas adotariam sua mensagem de contracultura da mesma maneira que adotam hoje a Nike. E o que teria mudado? De fato, foi um criador de anúncios da Nike que exclamou em 1996: "Por que fazer esse tipo de anúncio se não para incitar as pessoas a se rebelar?" Conforme Thomas Frank respondeu às perguntas em *The Conquest of Cool:* "Desde seus primórdios até o presente, os negócios derrotaram a contracultura com uma falsa contracultura, uma réplica comercial que parecia imitar seus movimentos para estimular milhões de telespectadores e os patrocinadores corporativos do país".[76] Num best-seller mais recente, que tenta descobrir por que antigos democratas do Kansas votam hoje em republicanos, Frank descreve como "o mundo corporativo... envolve a nação com um estilo cultural destinado a ofender e a fingir que subverte: adolescentes ousados que calçam Sketchers zombam do Homem... moderninhos com camisetas nas quais se lê 'FCUK' riem dos mauricinhos, que simplesmente não entendem."[77]

O problema com o contramarketing não é que ele não funciona, mas que é uma tática inventada pelo próprio sistema de marketing. Foram os marqueteiros e anunciantes que descobriram como zombar deles próprios para vender suas mercadorias e que aprenderam a assimilar e esterilizar críticos que quebram tabus e adversários como hippies, *yippies* e maoístas adotando suas transgressões. A Volkswagen tem uma história longa e bem-sucedida de propagandas autodepreciativas e irônicas.

A indústria do marketing é mestra em perturbações e emprega menos uma "falsa subversão" do que uma subversão instrumental — subversão e transgressão como sentimentos bons e ideais bacanas a serem associados a mercadorias com as quais não têm qualquer relação — como aconteceu com amor, mamãe e confiança no marketing tradicional. Subversão e perturbação produzem lucros, porém. Se a Blackspot pode associar um tênis a um logotipo anticonsumismo, a Cingular pode associar um slogan e um logotipo anticonsumistas (zombando 'do Homem') a um telefone celular e colher os benefícios de ser *legal*, mesmo que esteja vendendo um produto.[78]

Ainda não houve um símbolo de resistência e transgressão que não tenha sido efetivamente assimilado e readaptado como slogan de marketing ou logotipo. Em 1970, o Buick apropriou-se de um jargão da contracultura para prometer que iria "acender seu fogo", enquanto a divisão Oldsmobile da GM vendia "Youngmobiles". As jaquetas Mao Tsé-tung tornaram-se favoritas da indústria de moda nos anos 1970, e retratos de Che Guevara (vivo e morto) — bem como agora a imagem incansavelmente reproduzida de *O grito*, de Edvard Munch — foram estampados (e continuam a ser estampados) em camisetas usadas por jovens de todo o mundo, que não têm a menor idéia de seu significado, a não ser que é "*legal*". A Benetton ganhou fama como roupa ao se associar a imagens radicais, surpreendentes, mas conscientemente sem críticas: retratos de crianças como soldados, de crianças com Aids, de crianças em situações extremas. Por quê? Para protestar contra a injustiça? Ou para fazer merchandising com a morte? Ou simplesmente para ganhar dinheiro? Não ficava claro se o significado tinha alguma importância: as imagens eram cruéis, modernas, radicais e *legais*. E qualquer outra coisa que acontecesse, a Benetton transformava em lucro.

Esses exemplos levantam uma pergunta sobre se é possível vencer uma guerra "meme" contra aqueles que se dispõem a aceitar os *seus* significados contanto que sejam associados aos produtos *deles*. Quando Michael Jackson comprou os direitos de publicação das letras das canções dos Beatles e depois vendeu uma canção de sucesso de John Lennon, "Revolution" (do *Álbum Branco* de 1968) à Nike, o significado subversivo da canção (se é que já houve algum) desapareceu. Phil Knight, ex-diretor executivo da Nike, lembra que "a Nike 'ganhou um tom de crítica' por usar a canção dos Beatles Revolution... como hino de um anúncio [do tênis Air Max]", mas com ele a empresa encontrou sua voz e recuperou a posição de marca número um, que estava com a Reebok. "Quando começamos, não conseguíamos decidir que tipo de anúncio queríamos. Tínhamos mensagens diferentes para grupos diferentes, mas não havia nenhum tema dominante. 'Revolution' captou tudo o que queríamos."[79] Paul McCartney entendeu que "a canção era sobre revolução, não sobre esse diabo de tênis",[80] mas é difícil ser dono de um significado, mesmo quando se é o autor dele. Este é o segredo do sucesso do marketing.

Nenhuma personalidade encarna melhor o espírito do marketing moderno com sua capacidade infinita de assimilar transgressões e torná-las vendáveis do que Howard Stern, o ex-polêmico apresentador de rádio que em 2004 assinou um contrato de meio bilhão de dólares com a rádio Sirius Satellite, com um bônus de várias centenas de milhares de dólares se conseguisse atrair milhões de ouvintes (ele conseguiu quando iniciou transmissões via satélite em 2005). Gigante do marketing (seu programa, seus livros, seu filme), Stern mostrou como é possível integrar ao sistema dominante a escatologia adolescente, bem como o uso infantil — se não bastante inocente — da pornografia e dos desvios sexuais. Ele tornou sua violação de tabus um símbolo de sua honestidade e, assim, ganhou mais credibilidade como fustigador de produtos (incluindo a rádio por satélite). Seu sucesso fica evidente numa impressionante coluna do *New York Times* sobre o fenômeno Stern, na qual a repórter/crítica Virginia Heffernan o retrata primeiramente, com aparente desdém, como "uma figura suja, da qual é melhor manter distância — um masturbador magrelo e um misantropo mórbido que precisa sair com homens estranhos e desesperados porque dificilmente consegue lidar com mulheres... um sujeito esquisito, viciado em pornografia, que se livra de sua auto-aversão apenas em explosões de narcisismo igualmente grotescas, como quando ele abre sua capa de chuva suja para os ouvintes, revelando segredos nojentos sobre si mesmo". Mas logo fica claro que Heffernan não está condenando, mas elogiando Stern, ao criticar sua substituição na rádio por David Lee Roth, ex-vocalista do Van Halen. Roth "é quadrado demais" para a programação matinal do rádio, "surpreendentemente irritante e banal quando fala". Os ouvintes, conclui Heffernan, "vão sentir saudade da voz baixa, segura e com sotaque nova-iorquino do senhor Stern — e da profundidade das esquisitices que ela infalivelmente transmite".[81]

Os perturbadores de cultura enfrentam, portanto, um desafio. Precisam dividir o palco da transgressão com aqueles que dizem combater. Empresas ícones, como a Nike e a Coca-Cola, são elas próprias perturbadoras de cultura — e impressionantemente eficientes nisso: para elas, é uma questão de sobreviver à concorrência. Com todo o seu brilho subversivo, os perturbadores não apenas correm o risco de ser perturbados por aqueles que perturbam, como têm boas chances, mesmo que tenham sucesso, de dar mais brilho à imagem do marketing, em vez de minar sua cultura. Se de alguma forma a Blackspot invadir o espaço da Nike, haverá algum recuo no marketing dos tênis caros para um mercado global de não-atletas? Ou um avanço? O perigo para os perturbadores é eles perderem mesmo se ganharem.

Existem, portanto, oportunidades significativas de resistência dentro da cultura do consumismo. Produtos de consumo podem ser creolizados, o consumo pode ser carnavalizado e as corporações de consumo e seus ocupados marqueteiros podem ficar excitados e perturbados. O gosto monolítico homogeneizado do consumidor pode ser pluralizado; mercados de consumo opressivos podem tornar-se mais divertidos e adquirir usos expressivos; e as armas dos marqueteiros podem voltar-se para os objetivos do antimarketing de ajudar a espalhar mensagens antimarketing e induzir comportamentos antimarketing. Mas o obstáculo maior é o atual desafio do capitalismo: mergulhado numa campanha para sobreviver, ele exige o consumismo obsessivo e o materialismo viciante para permanecer viável. Como conseqüência, o tipo de resistência que vai curar suas doenças de hiperconsumismo e esquizofrenia cívica precisa ajudar o capitalismo mais uma vez a corresponder às verdadeiras necessidades de metade do mundo da qual ele abusa, em vez de servir a ela. Isto exigirá uma transformação do capitalismo para que ele volte a ser uma máquina econômica que satisfaz necessidades e uma transformação da democracia para que ela volte a ser a responsável soberana por todos os domínios privados, incluindo o mercado. Como isso poderia ser alcançado é o assunto do capítulo final.

8

Superando a esquizofrenia cívica: Restaurando a cidadania num mundo de interdependência

Iluminismo é o Homem emergir de sua imaturidade auto-incorrida.

— Immanuel Kant, "O que é Iluminismo?"[1]

O maior e mais importante princípio, para o qual cada argumento desenvolvido nessas páginas converge diretamente, é a importância absoluta e essencial do desenvolvimento humano em sua mais rica diversidade.

— Wilhelm von Humboldt[2]

APESAR DE TODO O PODER do marketing, os consumidores muito freqüentemente são objetos de manipulação voluntários. É menos a eficiência da propaganda do que a fragilidade dos compradores que representa uma resistência tão problemática. Porque na ausência de vontades verdadeiras e necessidades genuínas, os consumidores freqüentemente parecem convidar o produtor de bens e serviços a lhes dizer o que eles precisam. O slogan cínico por trás do qual ávidos marqueteiros se escondem quando se vêem diante do barato, do nocivo e do vulgar proclama: "Não nos culpem, nós só damos às pessoas o que elas querem!" Mas quando os céticos reagem: "São vocês, porém, que dizem às pessoas o que elas querem!", os marqueteiros dão uma resposta ingênua, que contém uma semente de verdade: "Sim, com certeza, mas as pessoas *querem* que digamos o que elas querem! Elas *precisam* que mostrem a elas o que precisam!"

Assim, 80 anos atrás, num anúncio notável (da organização National Advertiser) publicado na revista *Life* em 1926, um sujeito pequeno chamado Andy Consumer faz um apelo patético aos grandões da empresa: VÁ EM FRENTE E NOS FAÇA QUERER, diz o cabeçalho, seguido de um texto inteligente que — num lamento que funciona como um elogio — reclama que "às vezes eu fico louco com os anúncios me tentando o tempo todo. Gostaria que me deixassem em paz. Se não fosse pelos anúncios, eu não saberia o que estou perdendo". De início, parece que Andy Consumer está consciente dos anunciantes e reconhece um truque quando o vê. Mas sua mensagem continua e ele confessa: "Começo a ver que é a propaganda que move os EUA. Ela dá a tipos como eu um objetivo. Nos faz querer alguma coisa." Em outras palavras, a propaganda não vai me deixar em paz, mas é uma coisa boa, porque se me deixarem sozinho, não saberei realmente o que quero. Como é melhor para tipos como eu que nos digam! "E o mundo está muito melhor" também, conclui Andy. "Acho que um dos motivos pelos quais há tanto sucesso nos EUA é porque há muita propaganda — de coisas para querer — coisas para as quais trabalhar."[3] Quase se podem ouvir os gritos da torcida ecoando ao longo do século — "Urra! e "ya-hoo!" — até o exercício de Thomas L. Friedman em seu entusiasmado estímulo à tecnologia de consumo chamado *O mundo é plano*.

Mas Andy Consumer tem um propósito. Pesquisas mostram que muitas pessoas vão às compras sem uma lista ou uma compra específica em mente. Friedman inicia seu canto de louvor às novas tecnologias digitais que supostamente "achataram o mundo" (nivelaram o campo do jogo internacional) reconhecendo que tudo aconteceu (no título de seu primeiro capítulo) "Enquanto Eu Estava Dormindo". Com muito poucas necessidades dos tipos causados por fome, ou falta de moradia, ou água não potável, mas docemente viciados nos prazeres de comprar e precisando muito de necessitar, os consumidores poderão aprovar a fabricação de vontades — comprando idéias que vêm de algum outro lugar: os truques da Home Shopping Network, os pop-ups de anúncios que interrompem nossas buscas na internet, os catálogos que chegam a sua caixa de correios semana sim semana não, as seções de consumo nos jornais e semanários, as novas tecnologias que vão "revolucionar" nossa vida, celebradas na revista *Wired* e promovidas por especialistas.

O desafio é demonstrar que, como consumidores, podemos saber o que queremos e querer apenas o que precisamos; e que pelo resto de nossa vida queremos viver como amantes, ou artistas, ou estudantes, ou cidadãos, numa pletora de mundos de vidas em que o consumo não precisa desempenhar nenhum papel. Se resumirmos nossa vida como seres humanos complexos com vontades diversas — podendo apenas alguma delas ser satisfeitas com consumo material —, o capitalismo será compelido a resumir seu papel a um eficiente correspondente das verdadeiras necessidades humanas, mesmo que (como acontecia freqüentemente no início da história dos mercados) os lucros venham apenas depois, em razão do fato de muitos daqueles que têm necessidades genuínas não terem condições de pagar integralmente por suas satisfações. Esse tipo de mudança fundamental vai acontecer provavelmente apenas quando os cidadãos reafirmarem sua soberania democrática sobre a economia, exigindo uma revolução que é mais uma restauração da situação em que o capitalismo tem sido historicamente mais bem-sucedido. Mas inicialmente podemos reconhecer mudanças dentro do mercado que sugerem um saudável ponto de partida para os tratamentos mais radicais necessários.

Consumismo cívico e cidadania corporativa

A perturbação cultural tenta usar táticas do mercado para desafiar o mercado. Mas para aqueles que levam a sério o lado cívico, mesmo quando o mercado parece ser o único jogo disponível, há maneiras de civilizar mercados tanto do lado da demanda quanto do lado do suprimento. As reformas que eles defendem não renunciam ao suprimento e à demanda em favor do comando dos bens públicos da economia, mas usam as trocas de mercado para produzir resultados cívicos e benefícios públicos. Esses reformadores do lado do mercado vêem em consumidores como Andy Consumer, da National Advertiser, um instrumento de poder no lado da demanda — por exemplo, boicotes — e em corporações um instrumento do lado do suprimento, de uma cidadania organizacional responsável que pode "fazer o bem fazendo bem". Eles jogam com o mercado para mudar o modo como o mercado faz seus negócios. No lado da demanda, o "consumismo cívico" espera "capacitar" os consumidores genuinamente, tornando-os compradores cuidadosos e responsáveis que usam o poder do consumo coletivo para moldar o que é vendido e como é vendido. Eles querem transformar a agressiva economia "impulsionada pelo marketing" que fabrica e vende necessidades falsas, fazendo-a voltar a ser uma economia impulsionada pela satisfação, com produtos e serviços verdadeiros que atendam às verdadeiras necessidades humanas, ou pelo menos a vontades humanas razoáveis. No lado do suprimento, a mesma lógica considera os ideais de "responsabilidade corporativa" uma estratégia na qual os produtores tomam atitudes cívicas enquanto comandam seus navios corporativos, conduzindo suas empresas para longe dos abusos óbvios e do egoísmo lucrativo, do tipo Enron, e em direção a decisões responsáveis que beneficiam a sociedade, bem como os acionistas.

Ambas as tendências são bem-vindas, embora nenhuma das duas provavelmente seja definitiva para reverter os efeitos do etos infantilista, porque até mesmo estratégias de mercado com objetivos cívicos acabam tendo os defeitos do mercado que desejam transformar. Os mercados não são cívicos por uma razão: sua virtude, que é a de rejeitar soluções estatistas impostas e rejeitar um rígido planejamento coletivo, é também seu vício — os mercados rejeitam a supervisão democrática e as decisões coletivas e, portanto, dificultam que os atores dos mercados percebam os bens públicos. Entretanto, talvez porque os americanos sempre tenham querido ter sua torta de maçã — e também comê-la — a desconfortável combinação de público e privado que acontece com o nome do consumismo cívico tem uma longa história nos Estados Unidos, se não na Europa ou na América Latina, onde o Estado, em geral, tem-se incumbido de quase todas as obrigações públicas. Desde o início, nos Estados Unidos, o mercado tem flutuado numa retórica de capacitação cívica, freqüentemente vista como um alegre sinônimo do que a propaganda deveria alcançar. Um editorial da revista *Collier* publicado nos anos 1930 lembrava aos leitores que "os velhos reis e aristocratas partiram.

Na nova ordem, as massas comandam. Não algumas, mas milhões e centenas de milhões de pessoas precisam ser convencidas. Na paz e na guerra, para todos os tipos de propósitos, a propaganda leva a mensagem desse novo rei — o povo. A propaganda é o mensageiro do rei nesses dias de democracia econômica".[4]

Tem sido um ponto crucial do argumento aqui, bem como um constante refrão de críticos culturais como Christopher Lasch e Michael Sandel, que cidadãos e consumidores não devem e não podem ser confundidos. Entretanto, eles têm sido claramente confundidos. A historiadora Lizabeth Cohen narra a história do que ela chama de "República dos Consumidores" de maneira a sugerir que nossa realidade é "uma tendência secular a entrelaçar cidadania e consumo". Para ela, isso significa que temos poucas escolhas além de aceitar e talvez explorar essa tendência, uma vez que "não é realista supor que podemos revertê-la".[5] Cohen lembra que na época do New Deal havia um movimento de consumidores que Kenneth Dameron retratou em 1939 como uma "série de esforços que tinham em comum o sentimento de insatisfação com os bens e serviços e com as práticas de marketing envolvidas em sua distribuição, misturado com... uma demanda por informações e por proteção no mercado".[6] Entretanto, esse "movimento" tinha menos a ver com capacitar consumidores para protegê-los do que com estimular o governo a intervir em benefício deles. O objetivo era controle de preços (uma obrigação em tempo de guerra), confiança na propaganda e regulação da segurança do produto de consumo, todas essas políticas que exigiam uma ação legislativa.

Mais tarde, numa onda de ação social americana que aconteceu nos anos 1960, o movimento dos consumidores ressurgiu como parte dos movimentos pelos direitos, ainda direcionado principalmente a induzir o governo a agir. Depois de revelações escandalosas como as de *Os persuasores ocultos*, de Vance Packard, em 1957, e ainda de seu *Estratégia do desperdício*, de 1960, John F. Kennedy enviou ao Congresso uma mensagem declarando um "Projeto de Lei dos Direitos do Consumidor". Menos de uma década depois, após a aprovação de uma ampliação da legislação de proteção ao consumidor durante o governo de Grande Sociedade de Lyndon Johnson, Richard Nixon fez seu próprio "Projeto de

Lei dos Direitos dos Compradores".[7] Embora nenhum desses projetos de lei de direitos do consumidor tenha sido promulgado como legislação, de 1960 até 1977 foram aprovados nada menos que 33 projetos de lei para proteger os direitos do consumidor que envolviam de tudo, desde ar e água limpos até carne saudável, tecidos à prova de fogo, segurança em tubulações de gás, proteção ao crédito, embalagens à prova de envenenamento e confiança em empréstimos.[8]

O que é impressionante na história do movimento dos consumidores, conforme relata Cohen, é que se trata menos de uma história de consumidores conquistando espaço no mercado do que uma história de cidadãos agindo por intermédio de seus legisladores para proteger seus interesses como consumidores e cidadãos. Muito do que ela descreve como pertencente à República dos Consumidores pertence, na verdade, à República pura e simples: a República (cidadãos) agindo em benefício de consumidores preocupados com seus interesses cívicos. O consumismo cívico, definido por seu principal objetivo, é, na verdade, um exemplo (e um exemplo positivo) de recuperação da cidadania dos cidadãos sobre o consumo. Por isso — a começar pelos governos de Reagan e Thatcher nos anos 1980 e continuando até o segundo governo Bush e os governos orientados pelo mercado no Canadá, na Europa e na Ásia —, o principal projeto dos neoliberais que querem privatizar tem sido desfazer o trabalho cívico regulador dos movimentos cívicos de consumidores nos anos 1930 e 1960. Se os democratas lutam para devolver aos cidadãos a soberania que lhes é de direito, os neoliberais lutam para tirá-los do caminho e deixar o mercado com os consumidores puros e simples, cuja agenda pode ser estabelecida por anunciantes e marqueteiros.

Existe, porém, um segundo elemento no consumismo cívico que não se esforça para engajar o governo, mas que está contente em usar a capacitação do consumidor para alcançar seus objetivos sociais limitados. Esse elemento da República dos Consumidores se envolve em ações diretas no consumo, marcadas por manifestações e boicotes de consumidores. O movimento de Direitos Civis fez um eficiente boicote à Woolworth's para forçar a integração de suas lanchonetes, enquanto a Organização Nacional do Direito ao Bem-Estar organizou um boicote à Sears, Roebuck para assegurar um crédito justo aos clientes. O objetivo não era envolver o governo ou depender de uma legislação que nem sempre era cumprida, mas induzir os produtores a mudar as políticas não relacionadas a seus produtos ameaçando-os de perder clientes. A idéia não era substituir o mercado, mas utilizá-lo.

O sindicato de fazendeiros de Cesar Chavez obteve um sucesso significativo ao organizar um boicote nacional a uvas cultivadas em vinhedos não sindicalizados. A pura pressão sobre o mercado também funcionou na arena internacional, em que boicotes de consumidores a bens ou ações de empresas envolvidas em regimes considerados ilegítimos ou injustos tiveram um papel na derrubada do apartheid sul-africano. Teve também um papel — bem mais controverso — na tentativa árabe de isolar e destruir o estado de Israel, e mais recentemente no esforço islâmico de isolar e punir a Dinamarca, por meio de boicotes a produtos dinamarqueses, em resposta à publicação, num jornal dinamarquês, de charges que ofendiam o profeta Maomé. Na verdade, os boicotes estão disponíveis a qualquer minoria forte que queira defender um argumento político usando o bolso, seja seu objetivo legitimado ou não numa eleição democrática ou aprovado pela comunidade. Em 2005, uma organização inglesa de acadêmicos dispôs-se a punir acadêmicos israelenses por supostos pecados cometidos não por eles, mas pelo governo do Likud (um boicote semelhante foi proposto por um sindicato profissional do setor de educação um ano depois). O primeiro boicote teve vida curta, mas mostrou que os boicotes não são subordinados a ideologias particulares e podem ser usados para perseguir ideais liberais ou iliberais.[9]

As corporações têm respondido aos boicotes de consumidores de várias maneiras, dependendo de eles serem meras representantes simbólicas de uma nação ou de uma política (como no caso dos boicotes aos acadêmicos israelenses e às empresas dinamarquesas que nada haviam feito de errado) ou de serem realmente responsáveis por políticas rejeitadas que os boicotes tentam mudar (como os boicotes aos proprietários de vinhedos e à indústria de cigarros).

De maneira geral, quando estão sob pressão de consumidores, as empresas preferem a auto-regulação à intervenção do Estado. Em 1999, antes das eleições de 2000, um intenso debate sobre o projeto de lei de McCain e Lieberman que exigiria rótulos de advertência — como os das embalagens de cigarros — em produtos de entretenimento (música, filmes, videogames) evidenciou a diferença entre códigos "voluntários" endossados pelo mercado e os regulamentos estritos do governo previstos por legisladores. Na indústria de entretenimento, por exemplo, a autorregulação de má-fé é disseminada. De acordo com um relatório da Comissão Federal de Comércio, "embora as [três indústrias relacionadas] tenham tomado medidas para identificar conteúdos que podem não ser apropriados para crianças... essas indústrias rotineiramente buscam menores de 17 anos como público de seus filmes, suas músicas e seus jogos que suas próprias classificações e sistemas de rótulos dizem que são inapropriados para crianças ou que justificam uma advertência aos pais, dado seu conteúdo violento". Como resultado, "a prática do marketing predominante e agressivo de filmes, música e jogos eletrônicos violentos para crianças mina a credibilidade das classificações e dos rótulos das indústrias. Esse marketing também frustra tentativas de pais de tomar decisões sobre a exposição de seus filhos a conteúdos violentos com base em informações."[10]

Em 2004, os gigantes de telecomunicações Hewlett-Packard, Dell e IBM concordaram em promover um Código de Conduta da Indústria Eletrônica que tenta proibir subornos, trabalho infantil, materiais inseguros e poluentes. Porém, assim como o Código para Roupas, adotado por muitos fabricantes de roupas, o cumprimento continua sendo uma questão crucial. A diferença entre Estado e mercado é precisamente que o Estado tem um monopólio legítimo sobre a força e é capaz de impor suas leis, enquanto os códigos voluntários são tinta no papel e bons (ou ruins) dependendo da disposição das indústrias signatárias e dos clientes de obedecer a eles. Estudantes americanos em protesto contra o trabalho infantil e mal remunerado, bem como contra a insegurança ou os perigos ambientais no trabalho de fabricação de roupas esportivas por empresas americanas no exterior, enfrentaram esses dilemas dos códigos voluntários.

Um desses códigos tem tido relativo sucesso num setor em que o governo tem sido incapaz de agir com eficiência. No fim dos anos 1990, estudantes de vários campi (com a Universidade de Duke à frente) criaram a Estudantes Unidos contra a Exploração no Trabalho, uma organização que atua hoje em centenas de campi nos Estados Unidos e que tem como alvos grandes marcas, como Nike, Reebok, Champion e Russell, que terceirizam sua produção de roupas vendidas em campi americanos. Rejeitando códigos voluntários imperfeitos, a Estudantes Unidos Contra a Exploração do Trabalho exerce uma função de vigilância, organizando boicotes em universidades contra fabricantes que não obedecem ao código. A organização também tem feito lobby contra os monopólios de refrigerantes em campi universitários (aquela troca de direitos de monopólio de mercado e acesso exclusivo ao uso de marketing em logotipos das universidades por grandes doações de dinheiro), também fazendo uso do poder do consumidor de boicotar.

Embora as campanhas para adoção de rótulos venham tendo resultados confusos, duas campanhas do tipo "Selo de Aprovação do Consumidor" permanecem: o Dolphin-safe Tuna, movimento com o objetivo de obrigar pescadores de atum a usar redes que ofereçam segurança aos golfinhos, de modo que esse tipo de pesca não leve à captura inadvertida desses mamíferos ameaçados; e a Rugmark, uma organização que monitora o uso de mão-de-obra infantil ou envolvendo algum tipo de exploração na fabricação de tapetes em todo o mundo, principalmente no subcontinente indiano, e cujo selo de aprovação tem garantido a fabricação de tapetes em padrões aceitáveis, o que tem influenciado políticas em nações onde essas peças são fabricadas.

O Dolphin-safe Tuna envolveu-se numa longa batalha contra a indústria de pesca, que, no leste do Pacífico e em outros lugares, tem usado redes que capturam golfinhos juntamente com atuns. A campanha culminou com a aprovação de vários acordos, incluindo o Acordo La Jolla para preservação de golfinhos, em 1992 (abrangendo México e Estados Unidos), a Declaração do Panamá de 1995 e a Lei Internacional de Preservação dos Golfinhos, aprovada pelo Congresso dos Estados Unidos em 1997, durante o governo Clinton, marcado por ações ambientais. A campanha não atingiu seu objetivo de mortalidade zero para os golfinhos, mas estimulou esforços efetivos de preservação.[11] De acordo com a Fundação Rugmark, essa organização mundial sem fins lucrativos trabalha "para pôr fim ao trabalho infantil ilegal e oferecer oportunidades de educação a crianças na Índia, no Nepal e no Paquistão". O rótulo Rugmark é, portanto, "sua melhor garantia de que não foi empregada qualquer mão-de-obra infantil ilegal" na fabricação de um tapete.[12]

Boicotes também têm sido usados com eficiência em níveis locais. Ao longo dos anos 1960, donas de casa organizaram boicotes a mercearias com preços excessivamente altos em virtude, segundo elas, pelo menos em parte, de jogos promocionais pelos quais os consumidores eram, na verdade, cobrados. Os boicotes continuam sendo um instrumento de pressão contra mercados locais. A intrigante idéia de Kalle Lasn de um aparelho portátil programado para ler códigos de barra, de maneira a dar aos compradores um registro sobre o impacto social do produto, pertence à categoria de consumismo cívico, bem como a série de truques dos perturbadores de cultura. Qualquer que seja seu papel perturbador, os tênis Blackspot (descritos no capítulo 7) também são um exemplo de consumismo cívico afirmativo.

Em geral, boicotes de consumidores funcionam melhor quando realizados em conjunto com ações do governo. Quando os produtos de uma empresa e a maneira como eles são produzidos representam uma preocupação central, como no caso da Dolphin-safe Tuna e dos selos de advertência nas embalagens de cigarro, os consumidores, como cidadãos, podem falar de maneira enérgica com os legisladores ("Queremos novas leis!"), e os cidadãos, como consumidores, podem falar de maneira enérgica com os produtores dos bens que eles compram ("Produza *o que* nós queremos, *da maneira* que queremos; do contrário, não vamos comprar!"). Porém, é um mérito e um defeito das táticas de boicote o fato de elas não precisarem preocupar-se apenas com os produtos ou serviços sob suspeita. Um boicote pode ser direcionado ao modo como um serviço é fornecido e ao lugar onde é fornecido. Boicotes a lanchonetes que discriminam clientes reforçam leis federais anti-segregação e não representam um protesto contra o que há no cardápio. Boicotes a fabricantes de roupas visam forçar o governo a agir para regulamentar as importações de roupas de acordo com a maneira como esses produtos são fabricados, não a mudar a característica das roupas. Assim, mesmo sem a cooperação dos governos, as estratégias de boicote freqüentemente obtêm um sucesso modesto, se não decisivo.

Para Lizabeth Cohen, a República dos Consumidores avançou substancialmente pelo menos em alguns objetivos progressivos, sobretudo na inclusão social. Em seu sedutor apoio à idéia de que a igualdade pode aumentar por meio da prosperidade, ela tem "representado uma inspiração sincera para muitos americanos", incluindo ativistas de direito ao bem-estar e críticos de créditos, e tem conseguido "casas e escolas decentes".[13] Porque "a dependência da República dos Consumidores de mercados privados não regulamentados costurou desigualdades no tecido da prosperidade, permitindo, portanto, intencionalmente ou não, que a busca de lucros e as exigências do mercado prevalecessem sobre ideais mais elevados... [de modo que] o resultado foi completamente diferente do objetivo inicial de usar os mercados de massa para criar uma sociedade americana mais igualitária e democrática".[14] No fim das contas, o mercado é um mecanismo de bens privados, que necessariamente ofusca os bens públicos. Se a demanda de bens públicos e privados pode ser acomodada, uma mistura é possível, mas se eles estão em oposição, como freqüentemente acontece, o privado precisa vencer o público, efetivamente negando a soberania ao transferir o poder para o domínio privado e para os produtores e consumidores individuais que atuam nesse domínio.

Nos últimos anos, as vitórias neoliberais do capitalismo privaram o mercado da supervisão da democracia e de ajuda na regulamentação. Na arena internacional, instituições financeiras como a Organização Mundial do Comércio (OMC) e o Fundo Monetário Internacional (FMI) usaram, na verdade, o ideal do comércio livre para fazer guerra contra o consumismo cívico. Boicotes de consumidores de baixo para cima freqüentemente são considerados "boicotes nacionais" de cima para baixo que objetivam o protecionismo oficial dos burocratas globais que dirigem essas organizações e, na verdade, são considerados ilegais de acordo com a maioria dos regulamentos internacionais de comércio e finanças apoiados por instituições internacionais de comércio e finanças como a OMC e o FMI. Isso efetivamente priva os cidadãos (e nações inteiras) de qualquer recurso contra as depredações do anárquico capitalismo de mercado global. Governos estaduais americanos que têm tentado impor restrições fundamentadas em segurança e outras considerações cívicas a importações de nações que violam esses padrões têm sido processados com base nessas regras de mercado livre e forçados a abandonar sua agenda cívica.[15]

O consumismo cívico tem obtido resultados significativos tanto para consumidores cívicos quanto para cidadãos contrariados. Mas os problemas enfrentados por aqueles que precisam atuar exclusivamente em mercados desregulados têm levado consumidores frustrados a buscar táticas que sustentam e não que penalizam empresas cujas práticas eles visam influenciar. Por que boicotar se você também pode recompensar? Em vez de penalizar empresas cujas políticas ou cujos produtos são considerados insidiosos, é possível apoiar empresas cujas políticas e cujos produtos são considerados dignos de elogios. Essas políticas reforçam o outro lado do consumismo cívico baseado no mercado: o corporativismo cívico ou a responsabilidade corporativa. Quando empresas que prestam atenção às preocupações cívicas dos consumidores são recompensadas, fazer o bem fazendo bem é algo que reflete nos balanços gerais trimestrais e nos perfis de seus títulos e ações. A consolidação de um mercado positivo tem gerado vários novos negócios — entre os quais, empresas de "investimento social" que se especializam em ajudar consumidores do mercado de ações a encontrar firmas com perfis socialmente responsáveis e a investir nelas. São típicos os participantes do mercado da Pax World Funds, cujo slogan, conforme anunciado em seu site, é "Princípios & Desempenho". Originalmente fundada por ministros que visavam investir em empresas que fabricavam napalm na guerra do Vietnã, a Pax World desenvolve uma estratégia de investimento que apela, com uma retórica política direta, seu público-alvo: "Nós nos recusamos a investir em gigantes do varejo porque eles venderam tapetes feitos por crianças. Desistimos de participar de uma empresa do Vale do Silício por causa do aumento no volume de seus negócios com o Departamento de Defesa." Essas firmas de investimento socialmente responsáveis proliferaram nos últimos anos, como evidencia o grande número de participantes do Fórum de Investimento Social, uma associação comercial de empresas de investimento social nos Estados Unidos. E o investimento social tornou-se internacional: o Reino Unido tem seu próprio Fórum de Investimento Social.

O setor tem suas próprias revistas (*Business Ethics* e *GreenMoney Journal*, por exemplo) e é povoado por empresas como a Domini Social Investments, que promete "seleção, ativismo de acionistas e investimento comunitário". Grandes fundos de pensão, como o TIAA-CREF, que oferece aos seus participantes um amplo leque de opções de carteiras de investimentos (alto risco, baixo risco, domésticos e externos), incluem agora uma carteira medida por critérios sociais e cívicos em que a promessa não é uma renda extraordinária, mas um investimento socialmente responsável. Jeff Skoll, cujas atividades progressivas em produção de filmes por meio de sua empresa, a Participant Productions, são discutidas adiante, também criou uma fundação que investe em empreendimentos sociais através de três programas de premiação: Skoll Awards for Social Entrepreneurship, Awards for Innovation in Silicon Valley e Skoll Social Sector Program Grants, ajudando a construir infra-estrutura para ONGs socialmente responsáveis. Grande parte do trabalho de fundações mais novas, como a Fundação Família Gates (agora também controlando a fortuna da Fundação Warren Buffett) e a Fundação Clinton (do ex-presidente), aspira não apenas a fazer bons trabalhos, mas a incentivar outros a fazer o mesmo, investindo em organizações e instituições socialmente responsáveis.

Finalmente, há vária empresas de produtos de consumo que tentam associar seus produtos a bons trabalhos, às vezes fazendo referência ao próprio produto, porém mais amiúde (à maneira típica do marketing) simplesmente fabricando uma associação entre a marca e as boas ações que um proprietário ou uma equipe corporativa decide realizar. A Benetton produz roupas comuns (ainda que coloridas), mas gera um marketing extraordinário sugerindo, pelo uso inteligente de propaganda enfaticamente política, que de alguma maneira está profundamente associada à mudança política do mundo — ainda que seja apenas porque exibe imagens cruas chocantes que têm pouco a ver com roupas, mas muito a ver com violência, pobreza e abusos sexuais e de drogas. A Starbucks não está exatamente fazendo bem ao mundo enquanto afasta da competição cafés de esquinas e lanchonetes. Mas, em 2006, lançou duas campanhas: a primeira delas para "desenvolver uma xícara que usa 10% de fibras recicladas após o consumo... a primeira xícara a conter fibras pós-consumo produzidas num processo que passou por uma análise de segurança favorável da Food and Drug Administration". Com orgulho, a Starbucks declara que, usando a xícara, vai "preservar 2.267.961 quilos de novas fibras de árvores até o ano que vem". Isto, acrescenta a Starbucks, é apenas o início da promessa de "trabalhar com seus parceiros, clientes e colegas da indústria para integrar mais práticas ambientais sustentáveis aos nossos negócios". Na segunda campanha, a Starbucks promete destinar um níquel de cada garrafa de água mineral Ethos vendida (ela comprou a empresa em 2005) a projetos de recursos hídricos no sedento Terceiro Mundo. Mas a campanha de água da Starbucks, embora prometa mais de US$ 10 milhões ao Terceiro Mundo em desenvolvimento nos próximos cinco anos, depende da venda de uma água engarrafada no Primeiro Mundo — uma maneira peculiar de lidar com a crise de água, especialmente considerando que o descarte de todas essas garrafas plásticas cria uma ameaça ambiental.

Cadeias de *fast food*, com negócios que envolvem gordura, amido, açúcar e sal, agora também estão motivadas a oferecer alguns produtos "saudáveis" para que possam participar da guerra contra a obesidade, na qual os consumidores finalmente ficaram interessados, enquanto vêem seus filhos crescer gordos e diabéticos. Empresas de refrigerante oferecem produtos sem açúcar ainda que trabalhem para expandir sua presença nas cantinas das escolas. Essas bebidas são agora proibidas em escolas francesas e estão sendo mais investigadas nos Estados Unidos. Isto representa o que algumas pessoas chamam de abordagem de portfólio ao consumismo, na qual é oferecida ao cliente uma ampla variedade de bens e serviços, alguns deles associados a objetivos cívicos que eles poderiam apoiar.

A associação com bens públicos nem sempre é muito clara e talvez, como resultado, esteja sempre vulnerável a acusações de hipocrisia. A Body Shop, de Anita Roddick, sempre declarou sua preferência por políticas ecológicas. Empresas como o sorvete Ben & Jerry's, a (Paul) Newman's Own, o iogurte Stonyfield Farm, a Whole Foods Market (cadeia de mercearias comprometida em usar energia do vento), a Interface, Inc. (o maior fabricante de tapetes do mundo, comprometido em usar apenas materiais reciclados e reaproveitáveis) e a Starbucks se apegaram a possibilidades cívicas de marketing juntamente com as possibilidades de marketing de ações de caridade.

As corporações entendem que a boa cidadania dá dinheiro e que modificar seus produtos e práticas para atrair clientes — que de outra maneira poderiam evitá-las ou buscar adversários — é não apenas uma prática cívica prudente, mas também um bom negócio. Seu motivo pode ser a ambição, mas esta é a questão: a ambição é uma coisa boa em seu território não porque os ambiciosos são narcisistas como o personagem de Michael Douglas em *Os puxa-sacos*, mas porque a ambição pode tornar-se uma máquina de serviço social responsável, permitindo que os produtores lucrem quando respondem às exigências dos consumidores. Comprar água engarrafada pode impedir que crianças africanas morram de sede. Usar seu cartão de crédito pode ajudá-lo a poupar com responsabilidade (centavos em sua conta para cada dólar que você gasta). As políticas funcionam, ainda que de maneiras peculiares e contraditórias.

Assim como acontece com o consumismo cívico, há limites de mercado nesses tipos de responsabilidade corporativa. Quando ajudam a lucrar, é fácil. Quando não representam lucros, tendem a resultar em marketing colateral e valem a pena. Mas quando impedem os lucros, desviando recursos demais para o objetivo de benefício público, tornam-se problemáticos. Fazer negócio de maneira socialmente prudente ou é algo que tem que ser somado ao preço que o consumidor paga ou é algo que reduz a margem de lucro. Alguém paga — acionistas ou consumidores. Estima-se que um consumidor socialmente motivado paga um prêmio de talvez 5% ou 6% por atributos socialmente desejáveis de um produto, mas não muito mais que isso. De maneira semelhante, um investimento social pode pagar um pouco menos do que um investimento feito apenas para obter retorno, mas tem de pagar alguma coisa. As pessoas fazem doações de caridade, mas ninguém *investe* em trustes sociais para perder dinheiro ou compra uma garrafa de Ethos só porque um percentual do lucro é revertido para sudaneses sedentos. Nas duras palavras que a propaganda da Calvert Investiments (um instrumento de investimentos com "alto potencial de desempenho e padrões éticos elevados") põe na boca de uma jovem bonita: "Pode me chamar de ambiciosa, mas eu espero que meus recursos sejam tão sólidos quanto meus valores."[16] Não chega a ser como a afirmação quixotesca de Grouxo Marx — "Eu tenho princípios! E, se você não gosta deles, eu tenho outros!" —, mas chega perto. De fato, não há exemplo mais provocativo dos dilemas, da força e da fraqueza do consumismo cívico e da responsabilidade corporativa do que a maneira como Hollywood se tem digladiado com o dilema moral de seus princípios — auto-impostos pelo autonomeado inventor-em-celulóide dos EUA e suposto conservador de suas virtudes — e seus lucros, em nome dos quais tem o hábito de corromper e minar grande parte daquilo em que os EUA realmente acreditam.[17]

Mudando a fita

Na interseção entre consumismo cívico e cidadania corporativa, há esforços intrigantes sendo feitos para funcionar dentro do mercado em benefício de objetivos culturais e cívicos que o mercado em geral corrompe. Destaca-se entre eles um movimento na indústria de entretenimento, com o foco no cinema, mas incluindo também videogames e televisão, que podemos chamar de "mudança de fita". A mudança de fita tem a ver com a capacidade de Hollywood — tão antiga quanto a própria indústria — de responder a demandas por filmes mais desafiadores e mais socialmente ou moralmente engajados, sejam eles lucrativos ou populares ou não (embora em alguns casos sejam as duas coisas).

É claro que é fácil acusar Hollywood de muitos dos piores pecados do capitalismo corporativo: marketing sujo, estupidificação do gosto, uso de adolescentes como fabricantes de gostos, fingir "capacitar" seus clientes, glamourizar a violência e fazer pornografia chique. Afinal de contas, os críticos sempre reclamaram — e com estrondoso ardor, há pelo menos um quarto de século — sobre o que David Ansen, da *Newsweek*, chamou de "infantilização disseminada da cultura pop e tendência cada vez maior de Hollywood a canibalizar-se".[18] Leon Wieseltier, crítico de cultura da *New Republic*, afirmou que "Hollywood é significativamente responsável pela infantilização dos EUA. Quase todos os filmes que não são adequados para crianças são irremediavelmente infantis".[19] E Maureen Dowd perguntou zombeteiramente se o diretor Steven Spielberg algum dia "será capaz de crescer e superar a adolescência forçada de suas atuais produções em Hollywood".[20] Já observamos que os filmes de maior bilheteria entre 2001 e 2005 foram *blockbusters* baseados em histórias em quadrinhos.

Assim como a mídia em geral, Hollywood está sujeita à hierarquia de conglomerados, que constantemente restringe o controle do mundo das imagens aos Golias das telecomunicações cada vez menos numerosos. Estúdios realmente independentes raramente sobrevivem. O Miramax Studio, dos irmãos Weinstein, pertence agora à Disney, enquanto os Weinstein partiram para criar uma nova empresa; a própria Disney se uniu à Pixar de Steve Jobs, antes orgulhosamente independente, e depois comprou diretamente a Pixar, em 2006 (até este momento — as coisas mudam rapidamente!). A General Electric é dona tanto da NBC quanto da Universal Studios; a Time Warner/AOL controla não apenas a Warner Bros. Entertainment, mas também a antes independente New Line Cinema (que fez os filmes da série *O senhor dos anéis*), bem como o canal a cabo HBO (que exibe *Família Soprano*) e as redes de TV a cabo CNN e TNT, de Ted Turner. A Viacom controla a Paramount e a CBS (embora recentemente as tenha tornado divisões operacionais autônomas), além da Nickelodeon, da MTV e da Black Entertainment Network; a News Corporation, de Rupert Murdoch, controla a Fox Television, o estúdio de cinema 20th Century Fox, a Fox Searchlight Pictures e uma recém-anunciada divisão de gêneros (com o objetivo de oferecer ao mercado jovem videogames, telefones celulares capazes de abrigar novos conteúdos e outras plataformas inovadoras), além da Sky Television na Europa, da STAR na China e de inúmeros jornais e revistas. Em resumo, entre todos os novos "indies" (independentes) do Sundance do ano passado, resta apenas um realmente independente em Hollywood em 2006: a Lions Gate Films, de John Feltheimer. E para ficar no ramo dos filmes de qualidade independentes como *A última ceia*, *O homem urso* e *Crash* (que ganhou o óscar de melhor filme em 2006), a Lions Gate tem sido obrigada pela economia das produtoras de cinema globais a desenvolver suas próprias versões de filmes *trash* de grande estúdio, que incluem *Jogos mortais I*, *II* e *III* e *Cabana do inferno*, por exemplo.

Mas, ao longo de sua história, até mesmo a Hollywood corporativa dominada por estúdios tem encontrado maneiras de resistir ao que a Hollywood corporativa dominada por estúdios supostamente representa. Muito tempo atrás, nos anos 1930, os internos se rebelaram e tomaram conta do hospício, e Charles Chaplin, Douglas Fairbanks, Mary Pickford e o diretor D. W. Griffith criaram a United Artists em 1919.[21] Em seus primeiros 50 anos, esse estúdio fez filmes celebrados, como *O morro dos ventos uivantes*, *No tempo das diligências*, *Quando fala o coração*, *Se meu apartamento falasse*, *Os desajustados*, de Arthur Miller, *Um estranho no ninho*, *Network*, *Apocalypse Now* e — muito antes de *O segredo de Brokeback Mountain* — *Perdidos na noite*, um filme sobre um michê de Nova York. Todos esses foram filmes que ajudaram a definir a produção de Hollywood como a melhor em termos de excelência e entretenimento, mas também em termos de quebrar tabus e adotar uma agenda social. Outros estúdios fizeram filmes políticos de risco, como o pesadelo de inverno nuclear *A hora final* (cinco sobreviventes observam os resultados de uma guerra nuclear), e comédias de humor negro apocalípticas, como *Doutor Fantástico*, com Peter Sellers (dirigida por Stanley Kubrick). Algumas estrelas lucrativas, incluindo Robert Redford e Warren Beatty, usaram a fama e a fortuna que adquiriram atuando para desenvolver projetos de filmes que pressionaram Hollywood a tolerar filmes política e culturalmente transgressores — notadamente *Reds*, de Warren Beatty (uma história com narrativa de semidocumentário sobre o início do comunismo), e sua mais recente sátira da hipocrisia no Congresso chamada *Politicamente incorreto*. A escrachada paródia de Paul Weitz sobre terrorismo, *American Idol*, e a presidência americana (com o título *Tudo pela fama* e estrelada por Hugh Grant) pertencem a essa categoria.

Na economia recente das produções de cinema, em que os orçamentos de marketing representam mais de um terço do custo total dos filmes de grandes orçamentos (os produtores também parecem acreditar que é preciso dizer aos consumidores o que eles querem para que eles queiram) e em que os *blockbusters* freqüentemente são desenhos animados infantis destinados ao público mundial de expectadores infantilizados, correr riscos é algo mais raro do que nunca. Mas o sistema de Hollywood continua a realizar filmes que testam os limites da indústria (embora modestamente) para indicar que a Hollywood corporativa ainda tem capacidade de abordar — se não de superar completamente — suas próprias corrupções culturais. Alguns desses filmes são excentricidades, resultando da iniciativa de uma grande estrela de gastar seu próprio dinheiro para fazer um filme sério. Este foi o caso do impressionante (e que fez um sucesso impressionante) *A Paixão de Cristo*, de Mel Gibson. Mesmo aqueles não simpáticos ao retrato de Cristo feito por Gibson, repleto de violência e autoflagelos — e no qual algumas pessoas viram tons anti-semitas —, devem reconhecer que se trata de um filme profundamente contrário aos crassos secularismo e materialismo habituais que levam Hollywood a produzir filmes *trash* em busca de lucro e perseguindo adolescentes.

Mas, à exceção de excentricidades como *A Paixão de Cristo* e o radicalismo com humor de Michael Moore, Hollywood começou, nos últimos anos, a oferecer uma agenda social bastante explícita e mais notável porque acontece num período em que as bilheterias estão diminuindo (queda durante três anos consecutivos a partir de 2003) e em que os estúdios independentes estão desaparecendo. As novas ofertas chegam não apenas do setor de filmes independentes — filmes de arte e dos tipos que passavam aos quilos nos primeiros dias do Sundance Film Festival, de Robert Redford, e que hoje participam de festivais internacionais de cinema. Em vez disso, são filmes feitos por superestrelas como Spielberg — incluindo *A lista de Schindler*, *O resgate do soldado Ryan* e *Munique* — e produções apoiadas por grandes estúdios ou distribuídas por eles, como *O jardineiro fiel* e *Syriana*, que sugerem uma vontade de honrar os padrões de que Hollywood se vangloria, mas que raramente consegue atingir. Este é um ponto crucial, porque nenhuma tendência tem muito significado se não envolve os grandes conglomerados de entretenimento que são exemplos da mentalidade lucro-em-primeiro-lugar dos *blockbusters*.

O que continua sendo mais intrigante em Hollywood é essa indústria ter demonstrado sua própria capacidade dialética de gerar rebelião e subversão em seus setores mais corporativos e orientados pelo mercado. Embora estúdios antes independentes como United Artists (hoje subordinado à MGM na Sony), DreamWorks (hoje da Viacom/Paramount), Miramax (hoje da Disney) e New Line (adquirido pela Time Warner) venham respondendo por grande parte do crédito pela incendiária rebelião em pequena escala de Hollywood contra ela própria, o verdadeiro ataque — considerando esses padrões de propriedade — vem, na verdade, das entranhas do monstro. Os grandes estúdios que criam os filmes populares pueris que os críticos corretamente condenam também se têm envolvido no financiamento, na produção e na distribuição de alguns dos filmes mais interessantes de Hollywood no novo milênio. Dois dos filmes mais políticos e originais (ainda que também previsíveis e formais) de 2005, *O jardineiro fiel* (sobre corrupção apoiada por corporações e políticos da indústria farmacêutica na África) e *O segredo de Brokeback Mountain* (o chamado filme de caubói gay bem realizado e sensível), ambos feitos pela Focus Features, de James Schamus e David Linde, com os soberbos diretores Ang Lee (ganhador do Oscar em 2006) e Fernando Meirelles, foram financiados e distribuídos pela Universal, por trás da qual está a General Electric, um monumento corporativo global.

Enquanto isso, dois filmes provocativamente políticos — *Boa noite e boa sorte* (de Edward R. Murrow) e *Syriana* (um thriller político sobre petróleo e CIA no Oriente Médio) — embora feitos na Section Eight (onde artistas de cinema como Steven Soderbergh e George Clooney foram sócios até decidirem dissolver a sociedade, no fim de 2006) e financiados em parte pela Participant Productions (uma nova organização na qual o bilionário sócio da eBay Jeff Skoll tem um papel crucial no financiamento), foram, na verdade, produzidos e distribuídos pelo veterano estúdio Warner Bros., que pertence, por sua vez, ao conglomerado Time Warner/AOL. De maneira semelhante, a News Corporation, do conservador oligarca da mídia Rupert Murdoch, esteve por trás de *Sideways — Entre umas e outras*, um filme pequeno e peculiar de 2004, bem como de *Huckabees — A vida é uma comédia* e *Kinsey — Vamos falar de sexo*, enquanto a MGM, grande estúdio da Sony, fez *Capote* (que rendeu a Philip Seymour Hoffmann o Oscar por seu retrato do autor de *A sangue frio*) realizado pelo seu estúdio especializado (usando a marca United Artists, que fez também *Hotel Ruanda*). Os céticos terão de enfrentar a realidade de que essa categoria de filmes pequenos, politicamente engajados e controversos ganhou grande parte dos prêmios do Globo de Ouro e do Oscar em 2005 e 2006, desbancando filmes populares como *King Kong* e *Memórias de uma gueixa* e sugerindo que o mercado respondeu favoravelmente a riscos de um tipo que os investidores poderiam evitar.[22]

Esses filmes vão continuar a gerar reações críticas variadas de públicos sérios, e até mesmo os mais originais deles estão comprometidos com tramas formais, dependência de estrelas e exigências de marketing para espectadores jovens no mundo (que é onde os filmes acabam lucrando ou fracassando). E os cínicos corretamente vão observar que, assim como grandes empresas como a Kellogg's, Hollywood pode estar fazendo pouca coisa além de um marketing perfeito, que combina produtos *trash* nocivos à saúde e que dão muito dinheiro com produtos saudáveis alternativos em menor volume, para legitimar mais seu acesso padrão ao consumidor. Assim, a Pepsi e o McDonald's vão oferecer opções de produtos com pouco açúcar e pouca gordura para justificar um cardápio de doces cheios de açúcar e gordura, exatamente como a Nickelodeon vai oferecer alguns programas educativos responsáveis para compensar o lixo que geralmente vende às crianças. A oferta geral de produtos fica parecendo melhor do que as mercadorias *trash* que na verdade a define.

Entretanto, parece claro que Hollywood, em suas piores iniciativas corporativas, às vezes consegue gerar trabalhos que refletem sua melhor criatividade, trabalhos que desafiam, ainda que modestamente, rígidas visões convencionais dos EUA e a estupidificação do público. Se é verdade que o pior precisa do melhor para justificá-lo, talvez também seja verdade que o melhor precisa do pior para financiá-lo. Não há George Clooney em *Boa noite e boa sorte* sem George Clooney em *Doze homens e um segredo*; não há Mel Gibson em *A Paixão de Cristo* sem Mel Gibson na série *Máquina mortífera*; não há Felicity Huffman indicada ao Oscar por seu papel de transexual em *Transamérica* sem seu retrato pop-cult de uma das quatro donas de casas desesperadas da série de TV barata *Desperate Housewifes*. O sistema de estúdios tolera, e às vezes até apóia, diretores inovadores como Steven Soderbergh, os irmãos Coen ou Paul Weitz (diretor e roteirista da sátira "terrorista" *Tudo pela fama*) em parte porque também usa e explora seus talentos para ofertas populares mais compensadoras comercialmente (sim, o inovador Soderbergh também fez *Batman II*, enquanto Weitz ganhou experiência com o charmoso *Um grande garoto*).[23] Um improvável sucesso nas telas em 2006 foi o lamento do ex-vice-presidente Al Gore sobre o aquecimento global chamado *Uma verdade inconveniente*. Era motivo de pouca expectativa para algumas fontes improváveis.

A mudança de fita também é evidente no ambiente mais sórdido e comercialmente previsível dos videogames, um território dominado por uma violência estúpida concebida para crianças e pela destruição de civilizações extraídas de cada era da história. Seja em jogos populares como Grand Theft Auto (que ficou famoso recentemente por atos sexuais secretos dentro do programa), em jogos online nos quais os jogadores assumem a identidade de personagens e que podem ser jogados simultaneamente por muitas pessoas (MMORPG — Massive Multiplayer Online Role-Playing Game), como World of Warcraft e Ever Quest, que envolvem milhões de jogadores no mundo, em imitações de filmes como *King Kong* e *O senhor dos anéis*, em jogos de guerra ambientados em eras que vão desde a Idade Média até a Segunda Guerra Mundial e o Oriente Médio contemporâneo, além de um futuro imaginado, os videogames se tornaram o vício recreativo favorito dos jovens no mundo, bem como um foco de atenção de educadores e moralistas agoniados com a grosseria da mídia — apesar de os jogos terem um sistema de classificação voluntário. Esse gênero de jogos envolve estratégias de comércio que passam pelo lugar onde os produtos são colocados e por associações com filmes e outras mercadorias. Recentemente, cruzaram a linha entre as economias virtual e real: os jogos MMORPG geraram (como observado antes) compras e vendas (no eBay, por exemplo), em moedas reais, dos recursos virtuais necessários para avançar e finalmente vencer jogos online como World of Warcraft. Diferentemente do cinema, tem havido pouca ação no caminho para a racionalização de seu território: são jogos radicais para homens-meninos interessados numa representação de violência, em passar o tempo, em usar a mente e em competição acirrada, freqüentemente sanguinária.

Mas, mesmo numa esfera de consumismo tão grosseiro e voltado para os jovens, tem havido interessantes tentativas de usar esse gênero de jogos para combater seu próprio efeito pernicioso e para alcançar finalidades mais dignas. Defensores da paz podem jogar Food Force, um jogo em que os jogadores pilotam um avião cargueiro C-130 Hercules que joga sacos de arroz, em vez de um bombardeiro B-1 que joga bombas. E aparentemente muitos fazem isso: depois de America's Army (o videogame de recrutamento do Exército americano), Food Force é o segundo jogo mais baixado gratuitamente na internet entre os que estão no mercado.[24] Existem vários desses jogos da paz, não muito diferentes do exemplo anterior (e, como o título sugere, de alguma forma ambivalente) do Pax Warrior, que simulava uma missão de paz da ONU em Ruanda, durante o genocídio de 1994 (um jogo no qual os jogadores dificilmente não conseguiam melhorar o verdadeiro desempenho das Nações Unidas). Outros jogos desafiam os participantes a criar soluções para o conflito entre israelenses e palestinos ou — acomodando adversários radicais no Ocidente — oferecem soluções de confronto baseadas em jogos de guerra islamitas como Ummah Defense I e Maze of Destiny, nos quais o objetivo dos jogadores é "perseguir e destruir os infiéis", de acordo com o *Wall Street Journal*. Na verdade, esses jogos são bastante rudimentares e genéricos, com as tradicionais naves espaciais e robôs batizados com nomes baseados na terminologia jihadista islâmica; alguns, porém, envolvem formas violentas de jogar, permitindo aos jogadores atirar em soldados israelenses virtuais, por exemplo (como Special Force e Under Siege).[25]

Existe ainda uma série de vida longa e muito procurada baseada no jogo SimCity, que permite aos participantes se envolver em projetos de civilizações e cidades simuladas, de natureza bastante criativa e pacífica. Esses jogos são conhecidos como "sem-fim", porque visam menos vencer do que intensificar a criatividade e a imaginação ao longo do caminho. O SimCity original, de autoria do designer Will Wright, nasceu de uma simulação de cartografia. Deu origem a The Sims, um jogo em que os participantes simulam uma família conquistando seu destino de acordo com as regras frouxas de um programa. The Sims tornou-se um dos maiores sucessos entre os jogos de um só jogador, gerando tanto paródias (como o SimBrick, em que uma formiga vaga sem objetivo até ser esmagada por um tijolo que cai) quanto críticas políticas da direita e da esquerda, sugerindo que vai além dos limites de um jogo. Por um lado, os jogos Sim são radicalmente consumistas: comprar coisas é a atividade-chave e os seres humanos do jogo são concebidos como compradores, em grande parte sem raça e sem classe social. Por outro lado, a simulação não é programada de acordo com um discurso neoliberal contra o governo e, portanto, não se opõe à intervenção do Estado para melhorar uma sociedade simulada.

O significado social dos jogos é atestado pela entrada do design de videogames no circuito universitário, em boa parte pela influência de empresas líderes em design de jogos, como a Electronic Arts. A Universidade do Sul da Califórnia, a Universidade do Centro da Flórida, a Georgia Tech e a Parsons School of Design, da New School University (entre outras), têm oferecido cursos de design técnico (e em alguns casos programas na área de ciências humanas) que dão atenção aos videogames. A internet, onde os MMORPG são jogados, tem sido cada vez mais usada como local de contestação e transgressão relacionadas tanto ao governo quanto à hegemonia do mercado. Os web logs (blogs), por exemplo, dão aos indivíduos um megafone digital, transformando pessoas privadas em críticos e denunciantes. Como muitas outras denúncias políticas recentes, a revelação das mentiras de James Frey em seu livro *Million Little Pieces* foi trabalho de um blogueiro. Juntamente com o e-mail e o i-messaging, os blogs permitem uma comunicação "horizontal" ponto a ponto com o mundo. Se o entretenimento, a mídia eletrônica e os serviços de informação tradicionais são hierarquicamente organizados em estruturas verticais, onde poucos falam *para* muitos, a nova organização lateral da internet e a "democratização da informação" obtida pelos mecanismos de busca da rede, como o Google, permitem uma comunicação direta das massas e facilitam a potencial resistência à hierarquia e à autoridade de cima para baixo.

Há pouca dúvida de que as novas tecnologias podem desempenhar um papel transgressivo limitado diante do totalismo do consumo privatizante do tipo descrito no capítulo 6. Mais de 20 anos atrás, eu sugeri em *Strong Democracy* que a televisão a cabo nos EUA e inovações como o serviço a cabo interativo (a pioneira experiência "Qube", da Warner-Amex) poderiam incentivar a democracia, por permitir uma "participação cívica num forte programa democrático que... [ligaria] comunidades vizinhas... [bem como] indivíduos".[26] Desde então, o potencial democrático e nivelador das novas tecnologias digitais tem sido amplamente observado e celebrado, com revistas incentivadoras como a *Wired* se referindo a "net-cidadãos" globais interligados por uma rede que vai além do controle das nações e corporações. Entusiastas que vão desde John Perry Barlow a Steve Jobs têm feito carreiras rotuladas de rebeldes baseadas no potencial democrático (e até mesmo anarquista) das novas tecnologias. Como argumenta Neal Gabler em sua contínua análise do mundo de Walt Disney, quando Steve Jobs (a figura-chave da Apple Computer e depois da Pixar Animation Studios) chegou à Disney, durante a fusão Disney/Pixar, levou com ele uma democrática "bravata e desdém pelas práticas de negócios tradicionais".[27] Essa bravata é típica de muitas pessoas que trabalham na internet como novos políticos digitais, sejam eles blogueiros, criadores de programas ou, a exemplo de Joe Trippi, gerente da campanha de Howard Dean e entusiasta da internet. Afinal de contas, a arquitetura da internet é horizontal, e muitas de suas outras características garantem tanto nivelamento quanto resistência à autoridade. Será que as novas tecnologias são uma prova da força que Joseph Schumpeter chamou de destruição criativa: a capacidade do capitalismo de curar seus próprios males através de desenvolvimentos tumultuados que ele próprio produziu? Talvez.

Mas é importante reconhecer que, democráticas e apropriadamente anárquicas — como deve ser sua arquitetura —, as novas tecnologias eletrônicas (como todas as tecnologias) acabam tendendo a refletir as culturas que as geram. Na cultura guerreira da Europa renascentista, um pó chinês explosivo tornou-se pólvora de canhão, usado com o objetivo de massacrar. O motor de combustão interna tinha o potencial de mover meios de transporte tanto públicos quanto privados; seu uso em automóveis (e o papel que os automóveis tiveram na geração de uma cultura móvel, suburbana) não foi o determinante, mas a conseqüência de adaptação a fatores culturais preexistentes, como o individualismo americano e uma atração por ser proprietário de casa e se espalhar pelo continente, bem como de adaptação a um compromisso do governo dos EUA pós-guerra com as auto-estradas (e com as indústrias de automóveis, petróleo, aço e borracha que as auto-estradas beneficiam), e não com as ferrovias. Quaisquer que sejam a arquitetura lateral e o potencial democrático das novas tecnologias de telecomunicação, elas realmente têm sido aplicadas a usos comerciais e consumistas que refletem a estrutura corporativa e as tendências de consumo da sociedade que facilitou seu surgimento, uma sociedade dominada pelo etos infantilista.

Seja qual for a sua promessa, a internet surge antes de tudo como um shopping center eletrônico. A primeira forma de transgressão que ela facilita é pornográfica, em vez de política ou cívica — porque a pornografia dá dinheiro, enquanto a vida cívica reduz o lucro. Mesmo adaptada aos usos políticos para os quais parece naturalmente apropriada (como na campanha presidencial de Howard Dean), pelo menos inicialmente a internet tem feito pouco mais do que reproduzir e melhorar funções políticas tradicionais, como captação de fundos e pesquisas de opinião.[28]

A tecnologia aplicada acaba sendo definida por seu uso, não por sua arquitetura. Se produtores de mercadorias excedentes querem que os novos hardwares e softwares "democráticos" que desenvolvem se tornem um novo espaço para o consumo não democrático, se querem enfatizar seu potencial de marketing como uma mídia "de impulso" que pode identificar e explorar o gosto do consumidor (conforme sites como o Amazon fazem efetivamente), então eles terão de adaptar o hardware e o software a esses objetivos. Se censores de pornografia infantil em sociedades democráticas ou censores de democracia em sociedades tirânicas desejam bloquear, filtrar ou de alguma outra maneira controlar o conteúdo, então eles encontrarão ou criarão programas que permitem fazer isso, mesmo que esses programas se oponham ao "espírito" e à arquitetura da tecnologia. O Google não apenas atendeu à exigência da China de que assegurasse que seu mecanismo de busca não seria usado por opositores políticos do regime ou mesmo por pensadores independentes, como forneceu os mecanismos com os quais o governo poderia bloquear o acesso a informações proibidas. O acesso a grupos infinitos de conhecimento (do qual deriva o nome *Google*) é a virtude mais apreciada da internet, mas essa virtude não é obstáculo algum a programadores que querem filtrar ou bloquear qualquer coisa que o governo possa querer proibir. A arquitetura aberta e democrática da internet não pode garantir e não garante acesso a subversivos e rebeldes. Digite palavras-chaves ameaçadoras como "Praça da Paz Celestial", ou "democracia" ou "direitos" no link de acesso ao Google na China, e o mundo infinito de informações livres adquire abruptamente impedimentos, sendo fechado por mecanismos artificiais — algo que o Google justifica alegando respeito às regras locais e às autoridades locais que as impõem.[29]

Existem, portanto, limites claros à responsabilidade corporativa e ao consumismo cívico. Até mesmo as empresas com mais consciência cíviva têm condições de pagar apenas 5% a 6% para servir aos objetivos cívicos, bem como aos lucros dos acionistas. Já citamos estudos que indicam que os consumidores são, de maneira semelhante, constrangidos pela quantidade de sobretaxa cívica que pagarão por mercadorias produzidas com objetivos cívicos (com um olho no meio ambiente, ou na segurança, ou no trabalho infantil). O lucro é uma realidade para cada corporação que compete num mercado global que torna uma corrida para o fundo mais fácil do que uma corrida para o topo. O negócio do negócio é, no fim das contas, negócio, enquanto o negócio do civismo é negócio de governo democrático — para o qual o negócio não pode ser um substituto adequado. Lee Drutman e

Charlie Cray são poderosos defensores de práticas de negócio responsáveis, mas acabam reconhecendo que uma reforma depende da necessidade de "fortalecer uma democracia em que o cidadão é soberano", o que é uma questão de governo eficiente, não de empresas que se auto-regulam. Todas as sete propostas deles para impedir a corrupção, dominar a influência política dos negócios, enfrentar monopólios e lidar com crimes corporativos apontam para uma renovação da soberania popular em vez de para soluções de mercado baseadas na inovação ou na destruição da criatividade.[30] O defensor dos consumidores Ralph Nader também recorre ao governo para impor os padrões de consumo que continua a promover. Romper o círculo vicioso a partir de dentro continua sendo uma tarefa difícil. Embora sejam formidáveis adversários potenciais das práticas de mercado monopolizadoras, os programas de estudos de mídia e cultura, bem como de artes, têm sido em grande parte subordinados às mesmas forças de mercado, tornando difícil uma autonomia verdadeira.

A religião talvez seja o setor com maior potencial de resistência externa ao etos infantilista e sua cultura consumista. Apesar do profundo compromisso dos EUA com o consumismo e do etos materialista que isso envolve, os americanos continuam sendo o povo mais religioso do mundo desenvolvido. Apesar do etos infantilista, um etos protestante residual continua a ocupar a consciência americana. Como escreveu Harold Bloom: "A religião americana é penetrante e dominadora, embora camuflada... Somos uma cultura religiosamente louca... uma nação obcecada por religião."[31] Numa pesquisa de opinião de 1989, 88% das pessoas consultadas disseram acreditar que "Deus as ama". Os dados gerais mostram que 40% dos americanos freqüentam cultos religiosos uma vez por semana, enquanto 60% dizem ser membros de uma congregação religiosa, percentuais muito maiores do que os da Europa. Embora haja fortes elementos de individualismo e evangelismo em suas práticas religiosas — "Eu próprio sou uma seita", disse Thomas Jefferson, enquanto Tom Paine preferiu acreditar que "minha mente é minha própria igreja" —, os americanos também insistem em que "a religião tem um papel importante a desempenhar no território público".[32]

Mas a religião também tem sido corrompida pelo consumismo e pelo etos infantilista, com o televangelismo e a salvação para o lucro fazendo incursões nos territórios da religião extra-institucional e individualista que são arquetipicamente americanos. Alguns podem até afirmar que o paternalismo religioso é compatível com o paternalismo do marketing ao tratar os "clientes" como crianças necessitadas. Além do mais, quando se concentra nos males do consumismo, a religião americana — assim como outras críticas fundamentalistas ao materialismo secular — arrisca-se a se tornar antimoderna e antidemocrática, bem como anticonsumista. Isso ficou aparente no ataque ao pluralismo feito por conservadores religiosos liderados por Richard John Neuhaus e descrito no capítulo 7. Empurrada para uma encruzilhada pelo materialismo secular agressivo, a religião pode rapidamente se tornar reacionária e extremamente perigosa. Jihads anticonsumismo podem conter o materialismo, mas, mesmo quando são americanas, não melhoram a democracia. Portanto, embora certamente haja espaço para uma exploração da resistência religiosa ao etos infantilista, há muitos obstáculos e, a longo prazo, as soluções precisam adequar-se aos dilemas do capitalismo moderno que produziram o etos infantilista em vez de virar as costas para a própria modernidade.

Restaurando o capitalismo

O poder do capitalismo consumista sobre nós pode ser amenizado no lado da demanda pela resistência do "consumidor cívico" e reduzido um pouco no lado do suprimento pela boa vontade corporativa. Mas o mercado acaba ficando inflexível em decorrência das intransigentes necessidades de sobrevivência do capitalismo. A não ser que sejam encontradas maneiras de ajudar o capitalismo a sobreviver e prosperar servindo a necessidades reais e não a necessidades falsas, por meio do fornecimento de serviços àqueles que ainda não são consumidores em vez de àqueles que estão viciados em consumo, provavelmente nenhuma resistência a partir de dentro do mercado terá sucesso.

Desde o início, o paradoxo do capitalismo de consumo tem sido o fato de que aqueles com necessidades verdadeiras não têm meios de entrar no mercado, o que deixa os produtores sem alternativa alguma a não ser fabricar necessidades para aqueles cujas vontades já estão excessivamente satisfeitas. As desigualdades radicais que dividem as sociedades desenvolvidas a partir de dentro e que continuam a corroer o planeta latitudinalmente, separando-o em hemisférios que existem como se fossem planetas diferentes, alimentam-se do moderno "triunfo" do capitalismo como consumismo. Mas onde existem necessidades verdadeiras, o capitalismo — eternamente em busca de lucros — não está. Isto coloca o próprio capitalismo global em perigo não apenas porque representa um risco de uma "guerra de classes global", nas dramáticas de palavras Jeff Faux, mas também porque, na ausência de uma liderença democrática eficiente, até mesmo o sucesso do capitalismo global em sua ação de estimular a produtividade e a prosperidade estará ameaçado.[33] Como, então, o mercado pode ser estimulado a responder?

Existem mercadorias suficientes para responder e satisfazer com eficiência às necessidades especiais e verdadeiras do mundo em desenvolvimento. Para todas as vontades desse vasto mundo de potenciais consumidores, existem produtos em abundância que podem garantir a saúde e a segurança das crianças, promover o potencial econômico das mulheres e sustentar a longo prazo a viabilidade dos mercados de sociedades inteiras. Bem recentemente, foi aprovada uma vacina oral contra diarréia chamada Rota Teq que poderia salvar meio milhão de crianças por ano em países do Terceiro Mundo. Problema? Uma série de três doses orais custa US$ 187,50, o que a mantém completamente fora do mercado para aqueles que mais precisam dela em lugares como a África. O mesmo pode ser dito sobre uma classe inteira de mercadorias impulsionadas por defensores da ajuda ao Terceiro Mundo como Jeffrey Sachs, o que inclui plantas fixadoras de nitrogênio (para melhorar o solo), aparelhos de reciclar água (para sistemas de água com sal em excesso), vacinas contra doenças infantis e suplementos alimentares destinados a milhões de crianças para as quais a fome é um ameaça permanente e mortal.[34] Todas essas mercadorias poderiam ajudar cidadãos do Terceiro Mundo a melhorar caminhando com seus próprios pés. Mas, para a estratégia funcionar, eles precisam ter sapatos para calçar. No mercado de consumo, isto significa ser capaz de pagar o preço de mercadorias das quais eles necessitam desesperadamente.

Recentemente, uma mercadoria promissora criada especificamente para atender crianças subnutridas foi introduzida no mercado africano. Como a subnutrição é o fator que mais contribui para doenças que atingem e matam jovens, combater a fome é também uma maneira de tratar doenças. O Níger tem mais de 150 mil crianças seriamente subnutridas com menos de cinco anos e 650 mil moderadamente subnutridas. Um quarto das crianças nunca chega aos cinco anos. Trabalhadores de assistência humanitária da Médicos Sem Fronteiras recentemente começaram a distribuir uma barra de pasta de amendoim conhecida como "Plumpy'nut", de 500 calorias, desenvolvida pelo cientista francês André Briend, que pode ser embalada em folha de alumínio, não estraga facilmente e pode ser injetada com uma mistura de vitaminas e sais minerais para salvar vidas. Dois pacotes por dia representam uma cura milagrosa para quem está morrendo de fome (condições aproximadamente normais podem ser alcançadas em uma ou duas semanas) e uma base barata para a nutrição de uma criança (e um adulto) a longo prazo.[35] Eis um produto de consumo criado para salvar crianças da morte.

Mais simples ainda é a rede contra mosquitos, uma remédio antigo recém-defendido por Jeffrey Sachs, antes um ardente partidário da privatização e das estratégias de mercado, cujo trabalho recente seguiu uma direção muito diferente.[36] Sachs tem concentrado sua atenção em produtos simples, como exemplos de mercadorias que o capitalismo pode produzir para satisfazer necessidades genuínas do mundo. Seu exemplo predileto é a rede contra mosquitos. A malária e muitas outras doenças contagiosas que continuam a devastar a África e outras regiões pobres do mundo são disseminadas principalmente pelos mosquitos. Proteger populações expostas a essas doenças com redes contra mosquito nas camas é uma profilaxia eficiente e barata contra tais doenças, bem como contra infecções ainda mais perigosas (como HIV/AIDS), que atacam pessoas cujos sistemas imunológicos já estão enfraquecidos pelas pragas transmitidas pelos mosquitos, como a malária. Mas mesmo um item simples como a rede contra mosquito está além das possibilidades daqueles que mais precisam dela. A rede poderia representar um nicho de mercado potencialmente lucrativo para uma empresa aventureira, mas os riscos são consideráveis e os lucros, muito aquém dos cronogramas num mercado que em geral já não aceita uma gratificação posterior. Para sua campanha pela rede contra mosquito, Sachs precisa depender, portanto, de organizações internacionais de ajuda humanitária e filantropia disponíveis, como as fundações Gates e Clinton, enquanto os mercanismos de mercado eficientes do capitalismo estão mais ou menos fechados.

A questão crucial para todos os produtos desse tipo — desde vacinas até redes contra mosquitos — é como torná-los uma fonte de lucro de modo que o grande motor do capitalismo possa ser acionado para fornecê-los aos mercados onde eles são necessários. Atualmente, o apelo de atenção a esses produtos depende das implicações éticas do que os psicólogos T. Berry Brazelton e Stanley I. Greenspan chamam de "necessidades irredutíveis das crianças", que criam efetivamente "direitos centrais" que exigem uma resposta. Mas a realidade é que as alegações morais não são suficientes para animar o mercado privado, que se move de acordo com a potencial capacidade dos clientes de pagar e não de acordo com a legitimidade de suas necessidades. O capitalismo "precisa" ser capaz de atender ao vasto e inexplorado mercado de bilhões de pessoas no mundo que ainda têm necessidades verdadeiras e "precisa" afastar-se da necessidade de fabricar falsas necessidades para aqueles cujas vontades têm sido amplamente satisfeitas. Além do mais, essa necessidade do capitalismo corresponde perfeitamente às necessidade dos pobres do mundo de ter suas verdadeiras necessidades satisfeitas. Mas o próprio mecanismo do mercado proíbe que esses dois grupos se sobreponham.

Ao discutir a doação da maior parte de sua fortuna para a Fundação Bill e Melissa Gates, o bilionário Warren Buffett reconheceu que, embora "acredite muito no sistema do mercado, 95% do tempo... ele tem feito muito bem a mim e ao mundo... existem problemas que o sistema do mercado não vai resolver".[37] Assim, embora apenas algumas das necessidades centrais ou irredutíveis enumeradas por Brazelton e Greenspan ou pelo psicólogo Abraham Maslow sejam de caráter material — relacionadas à nutrição, moradia, saúde e segurança[38] —, as poucas necessidades cruciais restantes continuam, na maior parte, sem impacto no mercado e no comércio mundial, que continua a se concentrar no mercado real, mas frágil, definido por falsas necessidades de pessoas prósperas, induzidas artificialmente. Brazelton e Greenspan estão certos ao argumentar que "nossa sociedade está fracassando com muitas de suas famílias e crianças pequenas atualmente", mas só se puder ser encontrada uma maneira de o capitalismo se voltar para necessidades irredutíveis essa injustiça poderá ser corrigida.[39]

É possível o capitalismo reavaliar sua missão dentro dos limites do mercado de consumo moderno? Pessoas envolvidas em experiências parecem duvidar. Jeffrey Sachs já não parece ter muita fé na eficiência do mercado que antes defendia e se volta mais para iniciativas significativas de governos e ONGs a fim de estimular o mercado a dar uma contribuição. Ele apela as filantropias privadas, mas também ao Banco Mundial, ao Fundo Monetário Internacional, à Organização Mundial de Saúde e a outras instituições internacionais para que participem mais de sua campanha contra as doenças, a pobreza e a subnutrição na África. Baseia-se muito da submissão aos inalcançados Objetivos de Desenvolvimento no Milênio das Nações Unidas, que pedem às nações desenvolvidas que aumentem suas contribuições destinadas a ajuda externa para 0,7% de seus PIBs — um objetivo modesto, que, entretanto, exigiria que as "generosas" nações européias dobrassem seus gastos (a partir de um índice atual de aproximadamente 0,4%) e que os Estados Unidos quase quadrupliquem sua ajuda (a partir de um índice atual de menos de 0,2%).[40] Na ausência desses aumentos significativos na ajuda dos governos, ele teme que uma mudança verdadeira não seja possível.

Entretanto, há experiências em curso que dependem do próprio mercado e que visam redirecionar o capitalismo, utilizando seu potencial flexível de mudança. Estas incluem experiências propostas por três criativos pioneiros da economia: a estratégia de C. K. Prahalad de minar "a fortuna na base da pirâmide [de consumo]", tornando os pobres do mundo consumidores pagantes; a idéia de Muhammad Yunus de retirar mulheres e suas famílias da pobreza por meio de microcrédito, um programa de empréstimos pequenos aos pobres para ativar o desenvolvimento do mercado em comunidades impedidas pela pobreza de participar do mercado; e a criativa idéia de Hernando de Soto de combater a pobreza legalizando elementos da economia privada informais e de mercado negro, que representam uma riqueza real, mas em grande parte não percebida em populações que são pobres mais por referência do que por substância — se sua riqueza invisível pudesse ser revelada. Cada uma dessas propostas — às quais vou apenas me referir aqui — tem a virtude de depender do próprio mercado para curar o que parece ser uma incapacidade do mercado de combater desigualdades globais e usar seu potencial capitalista para tratar a pobreza do mundo e superar a desigualdade global. Embora cada uma delas, conforme mostrarei, dependa, no fim das contas — assim como cada reforma que examinamos aqui —, de alguma forma de intervenção do governo, elas nos lembram o dinamismo do capitalismo quando ele está livre de um etos cultural dominante ao qual ficou preso e quando lhe é permitido servir a um sistema que, voltado para necessidades reais, pode favorecer a justiça, bem como a prosperidade.

Em seu texto popular com o título auto-explicativo de *The Fortune at the Bottom of the Pyramid*, C. K. Prahalad, economista da Universidade de Michigan, tenta reconectar a carga pesada da redução da pobreza ao motor do que ele chama de "capitalismo inclusivo", tratando os pobres como uma "oportunidade de crescimento" capitalista, para a qual a contribuição deles próprios é crucial. Embora reconheça que até hoje "o setor privado de larga escala se envolveu apenas perifericamente com os problemas de 80% da humanidade", Prahalad rejeita a noção paternalista dos pobres como uma "repartição do Estado". Em vez disso, ele pergunta como se podem mobilizar "recursos, tempo e espaço de grandes empresas para co-criar soluções de problemas na base da pirâmide (PBP), ou seja, para aquelas quatro bilhões de pessoas que vivem com menos de US$ 2 por dia".[41]

A virtude da abordagem de Prahalad é que ela começa não com uma nova definição de capitalismo, mas com a definição clássica — que considera a erradicação da pobreza precisamente quando considera cada necessidade do mercado: imaginando como responder efetivamente às necessidades manifestadas como demanda de mercado de uma maneira que renda lucros a investidores e produtores. Ele transforma em virtude o desafio de fazer o capitalismo funcionar em cenários empobrecidos na base da pirâmide — poucos estão tentando atender às necessidades desesperadas encontradas ali. Afinal de contas, não existe uma oportunidade de mercado atraente a ser encontrada na base da pirâmide, onde ainda é possível capturar o maior número de consumidores insatisfeitos no planeta hoje e que representam mais da metade da população do mundo? Embora eles não tenham os recursos necessários para pagar pelo que precisam, Prahalad espera contar com os pobres como participantes na criação do novo mercado que atenderá a suas necessidades. Ele compreende que esse mercado não existe e que, portanto, poucas empresas se dispõem a investir. O desafio é criar um novo mercado por meio do que é "essencialmente uma atividade de desenvolvimento", transformando os pobres em potenciais consumidores. Isto significa converter "a pobreza numa oportunidade para todos os envolvidos" e pede por uma estratégia de cooperação em que governos, ONGs, corporações e os próprios pobres estejam empenhados numa atividade de colaboração. Prahalad concentra-se em como os pobres vêem a si próprios e acredita que mudanças no discurso e na auto-imagem podem contribuir para mudanças no comportamento. Um discurso centralizado nos "pobres" e em "aliviar a pobreza" não pode atrair investidores e produtores a novos mercados de baixo lucro. O "necessitado" causa pena, não investimentos; por outro lado, os "colaboradores" são potenciais clientes.

A estratégia de Prahalad pode ser criticada por supor de antemão as mudanças que ela precisa produzir para ter sucesso: se os pobres soubessem como se livrar por si próprios de sua situação de vítimas e se tornar empreendedores, eles não seriam pobres. Mas também é verdade que o etos cultural tem a ver com a maneira como nos vemos e nos identificamos. Portanto, incentivar uma linguagem de demanda de consumidor em substituição à linguagem de necessidade desesperada pode fazer uma diferença. Prahalad também tem sido criticado por restringir sua pesquisa em grande parte à Índia e à América Latina (Peru, México, Brasil e Nicarágua), onde as atitudes em relação à pobreza já estão mudando e o desenvolvimento já está acontecendo e, portanto, os desafios da pobreza são menores do que, por exemplo, na África ou no Oriente Médio. Prahalad também cita o trabalho da Hindustan Lever Limited, subsidiária indiana da Unilever, mas, apesar da desigualdade persistente, a Índia está bem no processo de estimular seu setor de consumo e superar rivais no mercado mundial. De fato, hoje em dia a Índia freqüentemente é citada como um exemplo da nova competição que antigas nações industriais preguiçosas, como os Estados Unidos, terão de enfrentar (este foi um tema do discurso do Estado da União do presidente Bush em 2006 e é um tema permanente do estudioso Thomas Friedman), e não um exemplo do tipo de pobreza tradicional ao qual os mercados ainda não começaram a responder. A África é o verdadeiro teste para qualquer teoria de revisionismo do mercado.

O Grameen Bank, de Muhammad Yunus, criado em 1976 em Bangladesh (na época um dos principais lugares com subdesenvolvimento extremo), é um segundo exemplo da capacidade de auto-revisão do capitalismo.[42] Yunus rapidamente entendeu que para minar o que Prahalad chama de base da pirâmide era preciso impulsionar o envolvimento dos pobres em sua própria operação de levá-los a ter iniciativa própria. Ou seja, fazer o que Prahalad não conseguiu fazer: dar aos pobres a chance de ter iniciativa própria. A mudança de atitude não era suficiente. Empréstimos muito baixos — freqüentemente US$ 50 ou menos — poderiam dar às pessoas pelo menos um capital suficiente para fazer alguma coisa. Essas mudanças marginais poderiam ser cruciais. No mundo desenvolvido, sabia-se bem que a diferença entre um chefe de família trabalhador e um sem-terra errante poderia representar um déficit de um mês ou o pagamento de uma prestação. Yunus percebeu que no mundo em desenvolvimento a diferença entre uma mãe pobre incapaz de atender às necessidades de seus filhos e um dínamo ajudando toda a comunidade a sair da pobreza poderia ser um micro-empréstimo de alguns dólares, que permitisse a ela iniciar (por exemplo) um pequeno negócio familiar de cestas. O microcrédito pode transformar pobres em produtores independentes e transformar necessitados em consumidores viáveis no mercado global.

Assim como Prahalad, Yunus também entendeu que o discurso e o etos estavam em jogo. Sua inovação mais radical foi, portanto, tratar o crédito como um direito, exortando os bancos a depender da confiança e do envolvimento do próprio banco na orientação do investimento do cliente como garantia para assegurar o empréstimo. Como os empréstimos eram um trabalho intensivo (os bancos permaneceram por perto para ajudar a tornar seus investimentos produtivos), eles incluíram taxas de juros elevadas, freqüentemente mais de 50% ou 60% do empréstimo original. Mas um empréstimo de US$ 50 reembolsado como US$ 80 um ano depois de estabelecido o negócio que tirara a família da pobreza era um bom negócio tanto para quem emprestara quanto para quem fizera o empréstimo.[43] E embora Yunus tenha insistido em que o crédito era um direito, ele também entendeu que instituições de empréstimo tinham de ser sustentáveis, ou seja, pelo menos ligeiramente rentáveis.[44] Isto não era filantropia, mas um investimento de mercado prudente que ajudou a criar o mercado no qual se investira.

Uma década depois do trabalho pioneiro de Yunus, o microcrédito tornou-se um instrumento importante da comunidade internacional de ajuda e desenvolvimento e tornou o Grameen Bank um exemplo de como o capitalismo financeiro pode contribuir para o desenvolvimento sem desprezar o lucro. O ano de 2005 foi o Ano Internacional do Microcrédito, amplamente apoiado pelo FMI, pelo Banco Mundial e pelas Nações Unidas. A estratégia de microcrédito vem sendo usada no Terceiro Mundo e tem sido objeto de alguns trabalhos experimentais em enclaves de Terceiro Mundo no Primeiro Mundo — em Los Angeles, por exemplo. Essa estratégia depende de uma lógica de mercado, mas concebe o mercado como parte de um mundo mais amplo de valores e normas pelo qual os ricos não são menos responsáveis do que os pobres.

Num terceiro exemplo do que pode ser chamado de capitalismo de mercado auto-reformulador, Hernando de Soto, economista peruano e chefe do Instituto para Liberdade e Democracia, tem atraído bastante atenção por sua proposta de enfrentar a aparente pobreza encontrando caminhos para captar riquezas escondidas no mundo dos pobres. Fanáticos pelo mercado, como Margaret Thatcher e Milton Friedman, bem como igualitários em busca de justiça, como a ex-secretária de Estado Madeleine Albright e o ex-secretário-geral das Nações Unidas Javier Pérez de Cuéllar, também saudaram o esforço De Soto para colocar "capital morto" dentro da economia real, dando títulos a bens sem títulos e, assim, capacitando os pobres — aos quais os bens pertencem — como participantes dessa economia.

A idéia de De Soto era reconhecer que se a ilegalidade de grande parte do sistema de propriedade global pudesse ser superada, de modo que aqueles que a possuíssem pudessem usá-la, investir nela e fazer empréstimos para ela — "tê-la" no sentido legal —, muito do que era entendido como pobreza poderia deixar de existir em vários lugares do mundo. Como um crítico simpático à idéia explicou: "O problema dos países pobres não é a falta de poupança, mas a falta de um sistema de propriedade que identifique a posse legal, o que impede os empréstimos."[45] O que De Soto conseguiu fazer não foi apenas "resolver o mistério do capital", mas, muito mais importante, ajudar a "resolver o mistério da pobreza". A energia potencial e o valor econômico estão "trancados numa casa", pertencendo a uma família à qual falta um título legal. Mas se forem destrancados, "podem ser exibidos e transformados em capital ativo". Porque "o capital nasce ao representar por escrito — num título, num seguro, num contrato e em outros registros — as qualidades econômico e socialmente mais úteis de um bem".[46] Transformar uma casa em capital significa que ela pode ser usada como garantia para um empréstimo ou para a abertura de um negócio; significa que o crédito não precisa ser fornecido externamente por um banco, mas que pode ser autogerado convertendo o valor de capital escondido que já está nas mãos de um potencial jogador econômico.

Embora De Soto indique em seu subtítulo que o capitalismo teve sucesso no Ocidente e fracassou em todos os outros lugares, sua análise tende a provar a tese contrária, uma tese que tem sido defendida neste livro: a de que o capitalismo está a ponto de fracassar no Ocidente — onde produz bens para pessoas com poucas necessidades reais —, mas está preparado, pelo menos potencialmente, para ter sucesso em todos os outros lugares e, portanto, para ajudar o capitalismo do Primeiro Mundo a se auto-sustentar. O desafio é se ele pode dar títulos a bens do Terceiro Mundo que não têm título e dar aos pobres recursos para recompensar o capitalismo do Primeiro Mundo quando este responder às necessidades genuínas dos pobres.

Entretanto — assim como acontece com cada exemplo de capitalismo responsável e consumismo cívico descrito aqui —, destrancar o capital escondido é uma tarefa política e legal, e, não uma tarefa estritamente econômica. É uma função da política e da legislação democrática. De fato, na ausência de uma estratégia política que proteja um capital recém-demonstrado da exploração e do abuso, o perigo da idéia criativa de De Soto é que, quando a economia revelar, legitimar, e portanto, capturar o que ele estima que possa chegar a mais de US$ 8 trilhões em bens antes ilegais, esses bens agora legalizados correrão o risco de serem retirados de seus novos proprietário — e proprietários por direito de uso há muito tempo — e serem efetivamente confiscados pelos jogadores dominantes que já estavam no mercado — por exemplo, monopólios de corporações e funcionários de governo corruptos que estão montados sobre a economia de mercado "legal" e, portanto, numa posição que os permite usurpar a riqueza recém-encontrada.

Como acredita nos mercados, De Soto comete o erro de imaginar uma economia "legal" neutra. Portanto, deixa de observar que a "legalização" também expõe bens de capital recém-reconhecidos a arranjos de poder que podem definir tanto o mercado quanto o sistema legal. Como descobriram colonos fazendeiros dos Estados Unidos no século XIX, formalizar a posse da terra em que trabalhavam certamente lhes permitia assegurar a propriedade desta, mas também permitia que bancos e corporações expropriassem essa propriedade quando os fazendeiros não conseguiam pagar juros elevados ou quando fossem apanhados por uma temporada de colheita ruim. O que não pertence a você (mesmo que você esteja usando há gerações ilegalmente) não pode ser retirado de você (portanto, você pode continuar usando durante gerações!) Dar título a um bem e possuí-lo é ficar vulnerável a cada alegação sobre propriedade que atores da política e do mercado corruptos e deformados pelo poder possam fazer. Embargo, falência, reintegração de posse e outras estratégias com as quais o sistema engole os pobres funcionam com mais eficiência quando o capital escondido é revelado e recebe um título legal. Provavelmente este é um motivo pelo qual os próprios pobres às vezes preferem esconder seus bens atrás da ilegalidade, mesmo que isto signifique não poder tirar vantagem dos benefícios da legitimidade. Trabalhadores sem documentos, por exemplo, permanecem sem documentos em parte porque se beneficiam de não ter que reconhecer rendas e pagar impostos sobre elas ou se arriscar a uma repatriação forçada para seus países de origem se alguma coisa der errado — como pode acontecer se a situação deles for revelada.

Isto não é argumentar a favor da ilegalidade ou a favor de que os bens sejam mantidos sem títulos. É um argumento para insistir que a legitimação de bens não declarados ou sem títulos só faz sentido quando o sistema legal em questão não está favorecendo os ricos, quando o sistema político não é dominado por estes, quando o mercado é definido por uma igualdade verdadeira e por relações de poder não dominadas. Os pobres só podem ter condições de possuir publicamente seus bens escondidos quando possuírem publicamente seus governos. A pesquisa de De Soto sugere que no Haiti, o país mais pobre da América Latina, o total de bens escondidos dos pobres vale 150 vezes mais que o total de investimentos externos feitos naquele país desde 1804, quando se tornou independente da França. No Egito, bens sem títulos representam mais de 55 vezes o total de investimentos externos diretos durante toda a sua história registrada. Porém, sem grandes reformas políticas e sem o fim da corrupção, parece provável que uma contabilização desses bens maciços beneficiaria menos aqueles que já os controlam ilegalmente do que aqueles que sempre os exploraram e que tentariam apropriar-se deles. As pessoas precisam confiar no sistema legal — melhor ainda, controlar esse sistema — para se beneficiar da legalização de seus bens potenciais na economia invisível.

De Soto é um economista explêndido e inovador, mas, ao tornar o capital visível, ele também se rendeu ao poder invisível. Para seu plano funcionar, o capital e o poder precisam ser legitimados e capturados no mesmo momento, o que funcionaria apenas numa sociedade genuinamente democrática e igualitária. Como acontece com quase todas as experiências de inovação no mercado analisadas nos dois últimos capítulos, a experiência de De Soto depende da qualidade da democracia, algo que o próprio mercado nunca é capaz de garantir e que, em sua fase consumista, tem sistematicamente minado.

Superando a esquizofrenia cívica por meio da democratização da globalização

Poder é a constante que falta em quase todas as propostas de auto-reforma do capitalismo analisadas aqui. Houve um tempo em que a democratização — que capacita genuinamente os cidadãos de uma nação — tornava o poder privado tanto público quanto responsável. Hoje, a globalização freqüentemente coloca tanto o poder real quanto seus muitos abusos bem além do alcance dos governos nacionais. Os problemas são globais, mas a democracia continua sendo local. Códigos voluntários precisam de vigilância, e determinar padrões aos quais esses códigos devem obedecer é uma função da deliberação democrática, mas não pode haver qualquer solução efetiva somente dentro da estrutura de soberania nacional porque a interdependência — o que Thomas Friedman chama de mundo plano — comprometeu a soberania de forma fatal. Proteger as crianças da exploração comercial exige regulamentos e supervisão do governo, mas não se consegue isso em nações solitárias sem incentivar uma corrida para o fundo na qual o mercado busca implacavelmente mercados nacionais que desejam deixar as crianças desprotegidas. Monopólios de consumo do tipo que a Microsoft e a Google tendem a ser só podem ser impedidos por meio de uma vigorosa legislação antitruste e de intervenção do governo em nome da competição privada genuína e da confiança pública, mas não há nenhum público global para se encarregar disso e nenhuma legislatura global para estabelecer regulamentos.

Em outras palavras, a esquizofrenia cívica tem de ser tratada tanto global quanto localmente, mas só existem cidadãos locais limitados por suas lealdades nacionais, e eles não podem controlar os desejos desenfreados de consumidores globais livres. De que maneira substâncias tóxicas e drogas — incluindo cigarro e bebidas — podem ser efetivamente reguladas se escapam tão facilmente do controle nacional? Críticos do "vício em petróleo" dos americanos — incluindo o próprio presidente Bush, bemo como críticos do presidente Bush que protestam contra sua terceirização da segurança de portos americanos para empresas ligadas a governos "externos", como os Emirados Árabes Unidos — compartilham uma ilusão em comum: a de que o controle sobre a produção e a distribuição de petróleo, ou o controle efetivo sobre a segurança dos portos nacionais em qualquer lugar, pode realmente ser exercido por nações soberanas isoladamente, mesmo que elas sejam hegemônicas e democráticas, e até mesmo quando elas expressamente escolhem exercê-lo.

Essa lição talvez seja mais óbvia quando leva a questões de desigualdade, direitos e justiça globais. Seja usando as inovações de Yunus, Prahalad e De Soto descritas antes seja negociando emissões de poluição no mercado global ou perdoando a dívida do Terceiro Mundo conforme previsto nos Objetivos de Desenvolvimento do Milênio 2000 ou salvando pessoas do genocídio em lugares como Uganda, Sarajevo ou Sudão, as reformas do mercado exigem hoje cooperação cívica e política transnacional, bem como uma vigilância internacional de um tipo que viole a soberania tanto das nações transgressoras quanto das nações que as aplicariam.

Num mundo de interdependência, a soberania que tentamos recapturar já não é um instrumento efetivo da vontade democrática nacional. Cidadãos continuam sendo criaturas de nações, enquanto consumidores são itinerantes no planeta. A democracia é paroquial; os mercados são cosmopolitas. O remédio já não é proporcional ao desafio. Com os mercados globalizados, os consumidores são os novos cosmopolitas que não respondem nem ao sinal de alarme da nacionalidade nem ao apelo terapêutico da democracia. Um capitalismo dependente das compras nos torna não apenas crianças, mas crianças globais. Porque, nas sábias palavras do psicólogo

Allen D. Kanner, "com o surgimento da globalização econômica, a comercialização da infância se tornou um fenômeno mundial", levando "campanhas de marketing sofisticadas, incluindo aquelas voltadas para crianças, a cada canto do planeta".[47]

Nós, "*kidults*", temos muitos companheiros no mundo. A China tem quase 300 milhões de crianças com menos de 14 anos, enquanto a Índia tem quase 350 milhões de crianças — um subcontinente de "Zippies" potenciais esperando para serem lançados ao consumismo permanente. Em muitos lugares do mundo — incluindo grande parte do Oriente Médio e da África —, mais da metade da população tem menos de 16 anos. Essas crianças enfrentam três destinos possíveis, e apenas um deles pode lhes prometer liberdade ou felicidade: uma vida dura em que são exploradas como crianças soldados, objetos sexuais e vítimas, em lugares onde a pobreza escraviza, causa fome ou as destrói de alguma outra maneira;[48] uma vida bem melhor, mas no fim das contas unidimensional, sem realização plena e sem liberdade, como consumidoras no mundo cada vez maior de compradores infantilizados;[49] ou uma vida de autonomia e dignidade como cidadãs capacitadas de uma sociedade civil e uma democracia globais. Vítimas, compradores ou cidadãos globais — sendo a terceira opção remota, porque a democracia continua trancada dentro de Estados soberanos com poder cada vez menor.

A anarquia e o poder legítimo dos mercados globais só podem ser controlados pela legitimidade e pelo poder da democracia global. Na era dos Estados-nações, Thomas Jefferson (e depois dele John Dewey) afirmou certa vez que "o remédio para todos os males da democracia é mais democracia". Hoje, o remédio para todos os males da democracia *dentro* das nações é mais democracia *entre* as nações. O paradoxo é que nações democráticas, com a intenção de preservar os vestígios de uma soberania que já lhes foi tirada pelos fatos brutais da interdependência, tornaram-se os mais ferozes opositores da democracia *entre* nações — exatamente como, certa vez, defensores da soberania dos Estados, na época da fundação dos EUA, eram inimigos da busca Federalista para estabelecer uma união nacional mais efetiva. Esse paradoxo leva democracias acostumadas a exercer sua vontade por meio da soberania a continuar impedindo diretamente a combinação de esforços de poder transoberana que poderia oferecer a seus cidadãos uma chance, funcionando além das fronteiras, de controlar seus destinos comuns. Os poderes da cidadania só podem valer além das fronteiras se as nações liberarem *seus* cidadãos. Assim como Trótski certa vez advertiu os social-democratas de que não poderia haver socialismo em apenas um país, os realistas de hoje precisam advertir os partidários nacionais da democracia de que não pode haver democracia em apenas um país. Nem mesmo — imagine o sonho utópico dos neoconservadores se tornando realidade — num mundo onde cada nação milagrosamente se torna uma democracia que funciona, mas onde as relações entre elas continua desregulada.

Na ausência de democracia entre nações, democracias soberanas vão hostilizar-se, lutar, descobrir e redescobrir no mercado global apenas uma arena para cultivar vantagens nacionais (como fazem hoje). Nem a segurança dos portos, a política energética, o capital escondido, a pornografia infantil, trabalhadores sem documentos, a saúde pública em qualquer nação podem ou vão algum dia voltar a ser controlados e regulados apenas pelo arbítrio da cidadania soberana da nação. O mundo está interdependente não porque nações soberanas têm desejado isso, mas porque, apesar de seus desejos, forças invasoras de ecologia e tecnologia, capital e mobilidade no trabalho, crimes, doenças, terrorismo e guerra estão simplesmente além do controle das nações. A interdependência não é uma aspiração: é realidade.

Individualmente, as nações continuam sendo, porém, jogadores cruciais, tanto pelo que podem obstruir quanto pelo que ainda podem realizar. Elas ainda podem frustrar internacionalistas e impedir o desenvolvimento de instituições democráticas transnacionais, como têm feito os Estados Unidos em sua recusa a assinar o Protocolo de Kyoto sobre aquecimento global, fato que tem atrapalhado a promissora idéia de um mercado para o "comércio de emissões de dióxido de carbono", promovida nos anos 1990 (para permitir às nações comprar e vender "direitos de poluição" dentro de uma cota, determinada internacionalmente no mercado global), embora esse comércio venha sendo parcialmente realizado regionalmente na Europa hoje. Ou como a Índia fez recentemente ao se recusar a cumprir o tratado de não-proliferação nuclear, com a cumplicidade dos Estados Unidos. Mas até mesmo um protocolo ambiental assinado por todas as nações não pode funcionar efetivamente sem determinação, uma vez que ele permanece suscetível à decisão de qualquer nação de se retirar ou de se recusar a impô-lo em seu território (o dilema não apenas do tratado de não-proliferação nuclear, mas também do novo Tribunal Penal Internacional e do Tratado de Proibição de Minas Terrestres). Como escreveu Thomas Hobbes muito tempo atrás, tratados não têm utilidade alguma para assegurar a segurança de um povo sem uma espada. Os não-cumpridores, os trabalhadores que fogem das regras do sistema e outros fora-da-lei vão sempre assinar alegremente os acordos que querem que os outros cumpram contanto que eles próprios — na ausência de uma imposição rigorosa — possam fazer o que quiserem.

O mercado funciona apenas por interesse, e os contratos do mercado são cumpridos apenas quando precisam ser cumpridos. A imposição do cumprimento depende do interesse dos contratantes de cumprir, considerando os custos do não-cumprimento. Isto é viável apenas quando existe uma imposição efetiva. Num mundo globalmente interdependente, onde os mercados e o poder ilegítimo exercido por monopólios de mercado são transnacionais, mas onde a democracia continua sendo nacional, não pode haver remédio nem para a esquizofrenia cívica nem para a injustiça social. A pobreza, por exemplo, em última análise é política, e sua redução não pode acontecer sem uma mobilização do poder democrático. Mas hoje em dia as calamidades de fome e saúde cruzam as fronteiras, assim como furacões e tsunamis, e, para serem eficazes, os remédios democráticos têm de acompanhá-las além das fronteiras da soberania de uma ou outra nação individual.

Existem, como Amartya Sen sugere, "extensas interconexões entre as liberdades políticas e a compreensão e satisfação das necessidades econômicas".[50] As evidências mostram não apenas que "pessoas pobres... se preocupam com os direitos civis e políticos", mas que a conquista desses direitos é um fator crucial para um desenvolvimento bem-sucedido.[51] Como prova, Sen lembra aos céticos que "nenhuma crise de fome significativa jamais aconteceu em qualquer país independente com uma forma de governo democrática e uma imprensa relativamente livre".[52] Mas como aplicar essa fórmula a um ambiente global na ausência de uma governança global? A democracia precisa vir primeiro — justiça e concretização de direitos em seguida; mas, no fim das contas, apenas a democracia global vai satisfazer. Da mesma forma, a infantilização vai ceder apenas à democracia, mas só poderá ser superada como etos cultural global por uma democracia global que possa vencer fronteiras, bem como consumidores.

Muito tempo atrás, Jean-Jacques Rousseau observou que "o que nos deixa infelizes como seres humanos é a contradição entre nossa situação e nossos desejos, entre nossos deveres e nossas inclinações, entre nossa natureza e as instituições sociais, entre o homem e o cidadão; faça do homem um só e você o tornará tão feliz quanto ele consegue ser. Dê esse homem inteiramente ao Estado ou deixe-o totalmente por conta dele próprio; mas, se você divide seu coração, você o parte em pedaços".[53] Hoje, entretanto, as pessoas não podem pertencer exclusivamente nem ao Estado paroquial nem ao mercado local, porque a arena que define suas atividades é global. A felicidade, assim como a totalidade, almeja uma identidade mais expansiva do que aquela permitida por nações ou marcas. O etos infantilista nos fragmenta — consumidores versus cidadãos, essa nação contra aquela nação — enquanto o contexto real no qual a identidade precisa ser desenvolvida é um mercado global sem normas democráticas ou integradoras para orientar.

Com a riqueza e o bem-estar comum em tensão no planeta, a prosperidade econômica e a capacidade empreendedora do mercado não têm sido capazes de atender à diversidade social ou às finalidades humanas. Perturbadores de cultura podem ser bons rebeldes, mas não podem ser cidadãos, de modo que a única imagem de poder antes associada à soberania significativa fica não com o Estado, mas com quem quer que vença a luta dentro do mercado por dominação: não os russos, mas a Gaspol; não os britânicos, mas a News Corporation, de Robert Murdoch; não os indianos, mas a Infosys Technologies Ltd.; não os americanos, mas a Mobil, a Microsoft e a ABC/Disney. Rousseau propôs que nos vejamos inteiramente como indivíduos ou cidadãos naturais, uma coisa ou outra. Mas, na verdade, nem mesmo pessoas reclusas como Robinson Crusoé ou o próprio Rousseau poderiam viver sozinhas no mundo social já complexo e interdependente que era a realidade do século XVIII, que dirá no mundo moderno interdependente de hoje; a cidadania não pode ser um refúgio para a identidade quando se requer uma comunidade cívica planetária que ainda não existe.

Sem dúvida, identidades de marcas enraizadas no consumismo cercam o mundo, tornando os consumidores — sobretudo os consumidores crianças — os primeiros e únicos itinerantes globais: anarquistas solitários livres para comprar em qualquer lugar. Mas eles não são capazes de se enraizar civicamente em lugar nenhum. Os Nikes correm o mundo e dominam os Jogos Olímpicos; alemães, finlandeses, russos e japoneses "ganham" medalhas que apenas provam seu atávico isolamento em relação a realidades globais inerentes ao logotipo da Nike que hoje em dia enfeita quase todos os atletas.[54] A identidade religiosa também se expande, cruzando fronteiras entre nações, ainda que divida nações em tribos teológicas guerreiras. A religião é grande demais e pequena demais para unir o Iraque, vencendo a religião civil e a identidade cívica a cada passo.

Mas, se a identidade de mercado é cosmopolita e as identidades religiosas aspiram a uma expansão global, a identidade cívica permanece pequena e paroquial. É completamente impossível comparar a cidadania — mesmo quando se pode considerar seu poder soberano sobre mercados privados — com essas realidades da globalização. De modo que o desafio dos democratas hoje é encontrar uma maneira de globalizar a democracia não dentro das nações, mas entre elas; o que significa democratizar a globalização — o maior desafio.

As perspectivas não são nada promissoras. Embora tenham potencial para serem usadas, as instituições atualmente disponíveis, sejam ONGs ou organismos internacionais como o FMI, a OMC e o sistema das Nações Unidas, são em primeiro lugar criações do sistema de Estados-nações soberanos — e não organismos transnacionais genuínos — ou criações de elites com interesses não muito cívicos e democráticos.[55] A sociedade civil global é ampla e entusiasticamente discutida, mas geralmente definida em termos de "arranjos de divisão de poder não violentos e sancionados legalmente" — relativamente fracos — "entre muitas formas diferentes e interconectadas de vida socioeconômica, que *se diferem de instituições governamentais*".[56] Mas essa separação em relação ao poder garante que a sociedade civil global seja incapaz de empregar violência legítima para conter violência ilegítima (por exemplo, em guerras com genocídio como a que acontece atualmente no Sudão) ou de usar o poder de alguma forma de soberania coligada, global, para lidar com mercados anárquicos. Por outro lado, a governança global envolvendo soberania coligada e poder político transnacional legal continua a ser vista, na melhor das hipóteses, como um ideal romântico de ingênuos que abraçam árvores e acreditam em um mundo único (como Rush Libaugh diria) e, na pior da hipóteses, como uma conspiração radical de cosmopolitas traidores tentando subverter a orgulhosa soberania nacional dos EUA (ou do Irã, ou da China, ou da França).

O escritório do secretário-geral das Nações Unidas pode aspirar a uma influência global autônoma, mas o secretário-geral se reporta a uma ONU que foi fundada como — e continua a ser — um organismo constituído de Estados soberanos. Seu órgão de controle, a Assembléia Geral, é um congresso de nações e não uma legislatura mundial, enquanto seu Conselho de Segurança apenas reforça e aumenta o poder das superpotências existentes. De maneira semelhante, instituições que fazem parte da infra-estrutura financeira internacional, como o FMI e a OMC, também representam nações, não um interesse global comum. Aliás, representam de maneira desproporcional nações poderosas com economias de mercado e, portanto, às vezes parecem ampliar, em vez de conter, a influência de empresas do mercado privado sobre governos. Corporações e bancos efetivamente agem dos dois lados: usam sua influência *dentro* dos Estados onde a privatização assegura seu poder sobre a política para reduzir a vigilância democrática; *e* usam seu papel *globalmente*, como os únicos jogadores internacionais na cena mundial capazes de usar investimentos de capital financeiro globais exclusivamente de acordo com seus próprios interesses. Globalmente, eles podem funcionar de instituições financeiras internacionais como o FMI e a OMC (que eles controlam através dos governos do G-8 que influenciam) para desviar outras nações mais pobres, desesperadas por investimentos, de um foco em seu próprio bem-estar. O capital de investimento oferecido em nome do desenvolvimento é "condicionado" a cortes nos gastos e a investimentos sociais promovidos pelos governos a que se destinam. A economia de mercado reforça a governança do capital privado direcionado ao consumismo interminável, internamente e no exterior.

O que falta é uma cidadania transnacional que possa agir contra as tendências do mercado global. O que falta são entidades cívicas genuinamente transnacionais que possam criar essa cidadania. Essa deficiência torna-se mais desanimadora com o paradoxo de solidariedade que qualquer pessoa disposta a construir instituições civis democráticas enfrenta. As identidades religiosas e culturais já têm mais peso do que a identidade cívica local, garantindo mais afeto, proximidade e solidariedade, mesmo que às vezes à custa de uma exclusividade maior. Quando a cidadania se torna global, ela é obviamente diluída, e sua contribuição para a identidade se torna ainda menor. Compare um suposto "cidadão global" com um zeloso guerreiro wahabita jihádico: qual dos dois teria ligações mais fortes? Um defensor da Causa Comum consegue rivalizar com o ardor de um protestante da Irlanda do Norte? Quando a identidade cívica é local, inserida numa longa tradição cívica e com aspectos de uma religião civil (tais como a Declaração de Independência, a Constituição, o Discurso de Gettysburg, a Proclamação de Emancipação e o discurso "Eu Tenho um Sonho" de Martin Luther King), ela pode pelo menos começar a garantir algo parecido com uma cola social que mantém os cidadãos unidos. Conseguirá fazer o mesmo se estiver numa forma global diluída? Alguns filósofos sociais e praticantes cívicos globais tentam promover a idéia de um chamado cívico de alcance global: uma perspectiva que representa algo além de meros interesses conscientes, mas o que a filósofa Virginia Held chama de ética global de assistência.[57] A cobertura da mídia global nos abre uma simpatia global, e hoje é mais fácil do que nunca estender a compaixão cívica além das fronteiras nacionais, até as vítimas do genocídio em Darfur ou até as crianças soldados da Libéria ou até desastres como um tsunami na Indonésia.

Enquanto o tipo de capital social que surge da identidade cultural e do patriotismo tradicional geralmente é (recorrendo a uma distinção feita por Robert Putnam) um capital *que amarra*, que mantém as pessoas unidas excluindo outras, o tipo de capital social gerado pelo trabalho cívico comum e pela atividade cívica voluntária além das fronteiras é um capital *que faz uma ponte* — uma ligação entre as pessoas.[58] Com as telecomunicações globais e uma ética global de assistência, é mais fácil criar o capital que faz a ponte. Mas, para ser eficiente, a cidadania global precisa imitar o que Anthony Appiah chamou apelativamente de "cosmopolitismo parcial", uma ligação com a comunidade humana com raízes na "preferência por familiares e pela comunidade".[59] Numa linguagem cívica, muitos têm usado o neologismo "cidadania *glocal*", uma identidade que começa na vizinhança, mas segue em espiral para abarcar círculos cada vez maiores de diversidade cívica e diferenças culturais, até finalmente fazer uma ponte também entre Estados-nações. A cidadania glocal insiste na prioridade da identidade cívica em relação a outras identidades precisamente porque a identidade cívica incentiva e protege outras identidades, enquanto outras identidades de maior peso desincentivam a diversidade e reprimem identidades concorrentes.

Como argumentei anteriormente, a autoridade pública democrática — o direito do público a um monopólio sobre a coerção — é, na verdade, o que permite que uma ordem de mercado multivalente e pluralista seja estabelecida e reforçada. O monopólio público é, assim, a condição necessária para que o pluralismo privado floresça. Embora teoricamente defina a diversidade, a autoridade privada do tipo supostamente encontrado em mercados livres e competitivos tende, na prática, a restringir a verdadeira diversidade. A "religião cívica" americana oferece uma identidade cívica singular, enraizada num chamado cívico singular, e permite que os EUA sejam o lar de muitos povos, culturas, nações e religiões diferentes. Por outro lado, um mundo monocultural (monorreligioso e monoético) não permite qualquer diferença cultural, religiosa ou ética significativa.

Este talvez seja um dos motivos pelos quais o multiculturalismo americano — sob a proteção de uma religião cívica americana — tem sido tão bem-sucedido, enquanto as formas de multiculturalismo francesa, holandesa ou alemã — apesar da boa-fé, mas na ausência de uma religião civil convincente que atraia imigrantes e nativos a um único chamado cívico — têm sido tão problemáticas. A ironia é que o "mercado livre" (livre do controle democrático) estrangula a liberdade civil e minimiza a cidadania e o chamado cívico de maneira a minar a democracia e a liberdade completamente, permitindo que monopólios naturais — tanto comerciais quanto étnico-religiosos — e trustes desregulados dominem, enquanto o monopólio público do Estado democrático soberano sobre o poder é que realmente garante a liberdade e a diversidade. Por isso, John Stuart Mill pôs na capa de seu inigualável ensaio "Sobre Liberdade" a apaixonada declaração de Wilhelm von Humboldt de que "o grande e mais importante princípio, para o qual converge diretamente cada argumento apresentado nessas páginas, é a importância absoluta e essencial do desenvolvimento humano em sua diversidade mais rica".[60] Da maneira como Mill compreendeu, o liberalismo envolve um tipo de liberdade que não está relacionado a escolhas triviais intermináveis, mas ao pluralismo da condição humana e à abertura do desenvolvimento humano. Esta é a liberdade para a qual a democracia é a condição — e o etos infantilista, o obstáculo.

Neste momento, porém, em que os mercados são globais, mas a democracia ainda é nacional, forças democráticas dentro de sociedades nacionais têm dificuldade para cooperar além das fronteiras nacionais. A diversidade liberal permanece invisível no cenário global porque nem a liberdade pública nem o pluralismo cívico existem de forma alguma. Os cidadãos podem querer, teoricamente, colaborar, mas se encontram constrangidos pela limitação de suas instituições eleitorais. Os produtores globais e os consumidores globais são amigos e aliados, crianças de Davos que investiram pesadamente em mercado livre, acesso irrestrito, fluxo livre de capital e no direito de impor seus padrões a nações onde elas investem por meio da chamada condicionalidade. Investidores, produtores, comerciantes e compradores compartilham um compromisso com a privatização e as marcas, bem como com o etos de infantilização que lhes permite colaborar além das fronteiras nacionais.

Por outro lado, cidadãos enfrentam uns aos outros além dessas mesmas fronteiras como rivais e inimigos, representando economias nacionais concorrentes que não compartilham nem um mercado global nem um bem-estar comum global. Eles ainda imaginam que muros podem protegê-los das forças malévolas da interdependência e dos efeitos predatórios dos mercados desregulados. Apenas 15 anos depois de o Muro de Berlim cair, levando com ele a Cortina de Ferro, muitos dos povos democráticos que comemoraram sua queda estão ocupados construindo novas barreiras, fortalezas com o objetivo de impedir o progresso da anarquia global e da injustiça do mercado e de proteger a soberania, mas isto será igualmente inútil a longo prazo. Não apenas os verdadeiros muros para impedir a entrada de imigrantes ilegais ou terroristas insurgentes, mas as barreiras comerciais subsidiadas por governos e os muros de preconceito erguidos pela mídia. Através dessas barreiras protecionistas, fazendeiros franceses enfrentam fazendeiros nigerianos como adversários, subsídios agrícolas franceses minando a capacidade da agricultura nigeriana de competir — mesmo dentro de suas próprias fronteiras — com produtos estrangeiros. Através desses muros, americanos tomados pelo medo do terrorismo se submetem ao trabalho de imigrantes, que a indústria americana silenciosamente convoca. Através dessas fronteiras fortalecidas, metalúrgicos alemães enfrentam metalúrgicos indianos como inimigos — qualquer vitória no mercado de um dos lados representa uma derrota no mercado do outro lado —, e turcos recebem trabalhadores apanhados no meio do caminho. Através desses muros, israelenses temerosos enfrentam palestinos desesperados, num impasse que não pode levar a qualquer segurança a longo prazo.

Mas as alternativas são incertas num mundo de soberanias persistentes. Os povos não confiam nos instintos globais uns dos outros. Bens que nações desenvolvidas tornaram "comuns" — tais como padrões de segurança global, restrições ao trabalho infantil ou proteção ambiental — são aplicados em favor dos interesses das nações desenvolvidas (onde os padrões já estão consolidados). São defendidos de maneiras que prejudicam os interesses das nações em desenvolvimento, que não podem "arcar com" novos padrões sem relaxar em sua competição com países desenvolvidos. O Ocidente hipocritamente exige que renunciem a políticas egoístas, nocivas ao meio ambiente e negligentes com as crianças com as quais as atuais nações desenvolvidas um dia alcançaram seu rápido desenvolvimento. Como se as nações em desenvolvimento de hoje tivessem de pagar todo o preço pelos maus hábitos anteriores do mundo desenvolvido. Não pode haver nenhum bem-estar comum fácil entre essas forças desconfiadas, nenhum denominador comum para democracias paroquiais sem interesses globais comuns, que temem umas às outras tanto quanto temem os mercados livres que tornam seus trabalhadores e fazendeiros tão vulneráveis.[61]

A globalização democratizante pode fazer o círculo completo. Ao superar a esquizofreniza cívica, ela revitaliza o capitalismo e restaura o equilíbrio entre cidadãos e consumidores. Coloca a carta trunfo de volta nas mãos do público, que agora se expande pelo mundo, e volta a dar voz aos adultos para que se manifestem contra a influência internacional da infantilização cultural. No romance de John Updike *O golpe*, um personagem africano chamado Ellellou observa: "Eu percebi que um homem, nos Estados Unidos, é um menino fracassado." Em todo lugar os consumidores são homens fracassados, que se tornaram juvenis e são tomados por uma cultura de infantilismo que se recusa a deixá-los crescer. O chamado cívico atrai meninos e meninas ao amadurecimento e depois à cidadania. Reflete a cultura do Iluminismo que, na concepção de Immanuel Kant, foi definida pelo "emersão do homem de sua imaturidade auto-incorrida". Aponta para normas de colaboração e uma "ética de assistência" em que "o principal foco são as relações entre as pessoas, não os direitos individuais ou as preferências individuais", sugerindo que essas relações podem tanto ampliar os mercados quanto pôr um limite neles e informar e fortalecer a sociedade civil global.[62] A idéia do chamado cívico depende de formas inovadoras dos bens comuns tradicionais, incluindo um novo bem comum de informação com raízes nas novas tecnologias. Refletindo algumas da próprias tecnologias que contribuem para a infantilização, os novos bens comuns podem incluir versões de "*bens comuns de software, bens comuns de licenças, revistas acadêmicas de acesso livre, depósitos digitais, bens comuns institucionais e bens comuns de temas*, em áreas que vão do tricô à música, da agricultura às disputas na Suprema Corte" — embora a construção desses bens comuns "não seja nem fácil nem sem custos".[63]

Tenho argumentado aqui que o cultivo de bens comuns é o trabalho dos adultos. A imaturidade sobre a qual Kant escreveu 200 anos atrás é hoje, porém, mais do que simplesmente algo auto-incorrido. É incentivada e reforçada por forças culturais externas que impedem o amadurecimento e impedem o bem-estar comum. A resistência a essas forças pode surgir de uma renovação do chamado cívico. O chamado cívico conclama uma sociedade capaz de atender generosamente às "necessidades irredutíveis" das crianças no mundo sem transformar adultos em crianças ou seduzir crianças ao consumismo em nome de uma capacitação vazia. O chamado cívico assume o papel de Wendy na antiga luta entre Wendy e Peter Pan, recorrente em cada geração. Reconhece os verdadeiros prazeres da infância e ajuda as crianças a serem crianças novamente, preservando-as do fardo de um mundo adulto explorador e violento. Recusa-se a "capacitá-las", retirando delas as bonecas e os carrinhos e substituindo-os por telefones celulares, videogames e cartões de crédito. Recusa-se a libertá-las dos pais e de outros guardiões a fim de atraí-las para o flautista de Hamelin do mercado-louco, que as leva ao precipício comercial do shopping center. As crianças devem brincar, não pagar; agir, não assistir; aprender, não comprar. Até onde pode, o capitalismo deveria ajudar a proteger as fronteiras da infância e preservar a guarda de pais e cidadãos; do contrário, deveria sair do caminho. Nem tudo precisa ter um lucro, nem todo mundo precisa ser um comprador — não o tempo todo.

SEM DÚVIDA, vivemos numa era de capitalismo triunfante, mas, para a democracia e a variedade sobreviverem, o capitalismo terá de moderar seu triunfo e os cidadãos terão de renovar seu chamado tanto global quanto nacionalmente. Precisamos da soberania democrática para moderar a anarquia e o monopólio do mercado. Mas a soberania já não é viável de modo isolado dentro das nações. Paradoxalmente, como seus defensores mais entusiasmados reconhecem, o próprio capitalismo requer essa moderação para ele próprio florescer. Mas, considerando a realidade do etos cultural aqui retratado, moderar o capitalismo e renovar o chamado cívico são tarefas enormes, principalmente porque terão de ser realizadas tanto global quanto domesticamente. Tarefas enormes, mas factíveis. A democracia é sempre uma aspiração, não um negócio fechado. É mais uma viagem contínua do que um destino encontrado. Com certeza, a cidadania também parecia um destino improvável para as pessoas sob o regime monárquico da Inglaterra em 1650 ou para as vítimas da Europa totalitária em 1940. Mas em 1689 foi assegurado um regime parlamentar na Inglaterra; e, nos anos 1950, nações européias rivais que estavam em guerra havia 300 anos tinham aprendido a conciliar suas soberanias e a criar o início da cidadania européia.

Hoje, nas condições de hiperconsumismo que examinamos aqui, o chamado cívico parecerá a muitas pessoas palavras vazias; e a cidadania global, um sonho utópico. Não tenho uma fórmula para concretizá-los. Mas a realidade brutal da interdependência os torna tanto necessários quanto, a longo prazo (se tivermos um longo prazo), inevitáveis. A única questão é se descobrimos ou inventamos e depois adotamos novas formas de governança cívica global que os custos do etos infantilista pedem gritando e que as crises do capitalismo de consumo autorizam; ou se primeiro pagamos um preço terrível pela puerilidade, pelo caos no mercado e pela liberdade privada insatisfatória. Esse preço já está sendo pago, mas pago por aqueles que menos têm condições de pagar: as mesmas crianças que achamos que imitamos e capacitamos com nosso tolo vício na cultura do infantilismo. Este é um ponto crítico ao qual nos trouxe a história do capitalismo e de seu etos justificador engenhoso e sempre em mutação. Mas, como sempre, esta é uma história que fazemos para nós mesmos. De forma que, como sempre, mesmo sob a dominação dura mas sedutora do capitalismo triunfante, o destino dos cidadãos continua em nossas próprias mãos.

NOTAS

1 O capitalismo triunfante e o etos infantilista

1. O *New American Dictionary*, de *Webster*, considerou *adultescente* a "palavra do ano" em 2004.
2. David Ansen, "Cliffhanger Classic", *Newsweek*, 15 de junho de 1981.
3. Citado por Maureen Dowd, "Leave It to Hollywood", *New York Times*, 16 de agosto de 1997.
4. Philip Hensher, "Harry Potter — Give Me a Break", *Independent*, 25 de janeiro de 2000.
5. Robert J. Samuelson, "Adventures in Agelessness", *Newsweek*, 3 de novembro de 2003.
6. Joseph Epstein, "The Perpetual Adolescent", *Weekly Standard*, 15 de março de 2003.
7. George F. Will, "Validation by Defeat", *Newsweek*, 15 de dezembro de 2004. Montando o cenário para o que certamente estará sujeito a críticas em seu livro, Will argumenta que "a crença no infantilismo do público americano tem sido uma faceta em expansão de alguns pensamentos 'progressistas' há 50 anos — desde o crescimento explosivo da propaganda".
8. Lev Grossman, "They Just Won't Grow Up", *Time*, 24 de janeiro de 2005; Adam Sternbergh, "Youngish: Why Nobody Wants to Be an Adult Anymore", *New York Magazine*, 3 de abril de 2006. O ensaio de Sternbergh começa da seguinte maneira: "Ele tem onze pares de tênis, não veste nada além de jeans há um ano e não ficará de boca fechada em relação ao último CD do Death Cab for a Cutie. Mas não é nenhum menino. É um representante da geração ascendente de adultos que estão redefinindo a maturidade conforme a conhecíamos e que acabou com o fosso entre gerações." (p. 24).
9. "A polícia do Aeroporto Internacional de Harrisburg, na Pensilvânia, está adoçando as inspeções ao oferecer pirulitos a motoristas que são alvos de inspeção.

'Assim não intimidamos', disse Alfred Testa Jr., diretor de aviação do aeroporto. 'Os policiais são muito educados. Eles terão um sorriso no rosto.'" "The Infantilization of America", postado em 19 de fevereiro de 2004 no site AFFBRAINWASH.com, citando Eugene Volokh.

10. William Norwich, "The Children's Department", *New York Times Magazine*, 28 de julho de 2002, p. 41. Este ensaio notável, no respeitado jornal americano, foi elaborado como um ensaio de moda, sob o título "Babes in Coutureland".
11. Em 2002, os americanos gastaram US$ 7,7 bilhões em 6,9 milhões de procedimentos cosméticos, de acordo com a Sociedade Americana de Cirurgia Plástica Estética. Isto incluiu 1,7 milhão de injeções de Botox, 495 mil *peelings* faciais, 125 *liftings* de rosto e 83 mil cirurgias para retirada de gordura do abdômen — 88% desses procedimentos foram feitos em mulheres (Samuelson, "Adventures in Agelessness").
12. Um dos videogames mais populares do mundo, Civilization (agora em quatro versões, da Firaxis) oferece aos jogadores a oportunidade de "dominar o mundo" através de 16 culturas clássicas, de 4000 a.C. a 2050 d.C.
13. Susan Linn, *Consuming Kids: The Hostile Takeover of Childhood* (Nova York: New Press, 2004), p. 8.
14. Ibid.
15. O cálculo de US$ 169 bilhões está em "TRU Projects Teens Will Spend $169 Billion in 2004", Teenage Research Unlimited, 1º de dezembro de 2004. Resgatado em 30 de março de 2005, www.teenresearch.com/PRview.cfm?edit_id=287. Um estudo da Harris Interactive oferece estatísticas ainda mais convincentes: 54 milhões de pessoas com idades entre 8 e 21 anos gastando US$ 172 bilhões e com uma "renda" de US$ 211 bilhões (veja link: www.harrisinteractive.com/news/allnewsbydate.asp?NewsID = 667). De acordo com outro estudo da Harris Interactive, estudantes universitários "representam US$ 122 bilhões em poder de compra" (veja link: www.harrisinteractive.com/news/allnewsbydate.asp?-NewsID=835).
16. "The Kids Are All Right", *The Economist*, 21 de dezembro de 2000.
17. John Tierney, "Adultescent", *New York Times*, 26 de dezembro de 2004.
18. Manohla Dargis, "One Word for What's Happening to Actor's Faces Today: Plastics", *New York Times*, 23 de janeiro de 2005.
19. "More British men holding on to parental nest", *Times of India*, 22 de fevereiro de 2006, disponível em http://timesofindia.indiatimes.com/articleshow/1423683.cms.
20. "The Top Trends of 2004", *New York Times*, 23 de dezembro de 2004. A mesma tendência é visível na Índia, onde é vista como uma vantagem para o consumismo, uma vez que adultos jovens que vivem em casa têm grandes rendas disponíveis.

21. "The Kids Are All Right", *The Economist*, 21 de dezembro de 2000. Essas idades seriam ainda mais avançadas nos Estados Unidos não fosse a imigração, que reduz a idade média geral.
22. T. Berry Brazelton e Stanley I. Greenspan, *The Irreducible Needs of Children: What Every Child Must Have to Grow, Learn, and Flourish* (Cambridge, Massachusetts: Perseus, 2000).
23. Os dados são do resumo de Worldwatch Institute em seu relatório *State of the World 2004*, Tabela 1-1, "Consumer Spending and Population, by Region, 2000", 7 de janeiro de 2004. Recuperado em 6 de abril de 2005, em www.worldwatch.org/press/news/2004/01/07/.
24. Projeções de gastos em propaganda de Robert Coen, Insider's Report on Advertising Expenditures, de Universal McCann, dezembro de 2000. Embora os dados brutos sobre ajuda ponham os Estados Unidos no topo, quando calculada como um percentual do PIB, sua ajuda externa fica em último lugar entre 22 países ocidentais, e (em aproximadamente 0,14% do PIB) bem abaixo da média européia, de mais de 0,2%, e bem abaixo do Objetivo de Desenvolvimento no Milênio das Nações Unidas, de 0,7% do PIB para nações desenvolvidas. Em 2005, a ajuda americana aumentou ligeiramente para 0,22%.
25. Guy Debord, *The Society of the Spectacle* (1967; reedição, Nova York: Zone Books, 1994), p. 33. Tradução de Donald Nicholson-Smith.
26. A lista de Brazelton e Greenspan das sete necessidades irredutíveis depende até certo ponto indiretamente de fatores econômicos (pais que passam fome provavelmente não são capazes de proteger ou mesmo de amar seus filhos), mas exceto proteção física e segurança, é relacional, e não baseada em mercadorias. Veja Brazelton e Greenspan, *The Irreducible Needs of Children.*
27. Victoria de Grazia, *Irresistable Empire: America's Advance through Twentieth-Century Europe* (Cambridge, Massachusetts.: Belknap Press, 2005), p. 131.
28. Gene Del Vecchio, *Creating Ever-Cool: A Marketer's Guide to a Kid's Heart* (Gretna, Louisiana: Pelican Publishing, 1997), p. 19.
29. Norma Odom Pecora, *The Business of Children's Entertainment* (Nova York: Guilford Press, 1988), p. 154.
30. Del Vecchio, *Creating Ever-Cool*, pp. 19, 24.
31. Do site do Center for a New American Dream (www.newdream.org), citando relatórios da empresa de propaganda McCann-Erikson e estimativas de "Just the Facts about Advertising and Marketing to Children". Estimativas aproximadas de gastos com propaganda variam muito: dependendo da fonte, variam de US$ 174 bilhões a US$ 264 bilhões por ano. O que está claro é que estão aumentando rapidamente tanto nos Estados Unidos quanto no mundo.
32. Dados sobre propaganda no mundo de Tobi Elkin, "Just an Online Minute . . . Look East", *MediaPost*, 26 de dezembro de 2004.

33. Andy Zhang, "Kids' Buying Power in China", Eguo China Retail Group, 8 de setembro de 2003. Resgatado em 6 de abril de 2005, em www.eguo.com/chinaretail/research_more.asp.
34. Juliet B. Schor, *Born to Buy: The Commercialized Child and the New Consumer Culture* (Nova York: Scribner, 2004), p. 9. Na lista muito mais extensa de celebrações sem crítica do marketing para crianças estão David L. Siegel, Timothy J. Coffey e Gregory Livingston, *The Great Tween Buying Machine: Capturing Your Share of the Multi-Billion-Dollar Tween Market* (Chicago: Dearborn Trade Publishing, 2004), e David A. Morrison, *Marketing to the Campus Crowd: Everything You Need to Know to Capture the $200 Billion College Market* (Chicago: Dearborn Trade Publishing, 2004).
35. Veja Jenn Shreve, "Let the Games Begin", com o subtítulo "Video games, once confiscated in class, are now a key teaching tool", *Edutopia*, abril de 2005. Shreve relata que em 2004 videogames educativos respondiam por US$ 140 milhões, ou 2% dos US$ 7, 3 bilhões por ano do mercado americano de videogames.
36. Ibid., complemento, "Shut It Off " (Shreve cita Prensky e depois termina o raciocínio).
37. O Channel One Network, fundado originalmente por Chris Whittle (comprado pela 3M Corporation e pertencente hoje [2006] à Primedia), cede equipamentos de telecomunicações a mais de 12 mil escolas secundárias nos Estados Unidos. Em troca, ganha o direito de exibir sua programação de notícias leves (nove minutos de notícias "educativas" leves para adolescentes e três minutos de propaganda), sendo os estudantes obrigados a assistir a essa programação durante o tempo normal das aulas. Veja www.channelone.com.
38. Thorstein Veblen, *The Higher Learning in America* (1918; reedição, com uma nova introdução de Ivar Berg, New Brunswick, Nova Jersey: Transaction Books, 1993); Clark Kerr, *The Uses of the University* (Cambridge, Massachusetts: Harvard University Press, 1963); Allan Bloom, *The Closing of the American Mind: How Higher Education Has Failed Democracy and Impoverished the Souls of Today's Students* (Nova York: Simon & Schuster, 1987); Stanley Aronowitz, *The Knowledge Factory: Dismantling the Corporate University and Creating True Higher Learning* (Boston: Beacon Press, 2000). A comercialização passou a prevalecer tanto que hoje em dia é menos freqüentemente atacada (em livros como *University, Inc.: The Corporate Corruption of American Higher Education*, de Jennifer Washburn [Nova York: Basic Books, 2005]) do que justificada — em nome do treinamento profissional e da competição de mercado entre nações. Poucos realmente celebram uma universidade corporativa, mas muitos aprovaram a educação corporativa e o que significa um desenvolvimento de vocação de educação superior como treinamento profissional. Veja, por exemplo, Jeanne Meister, "Ten Steps to Creating a Corporate University", *T&D Magazine*, vol. 52, nº. 11 (1998), pp.

38-43. Títulos semelhantes incluem *Corporate Universities: Lessons in Building a World-Class Work Force*, de Meister (Nova York: McGraw-Hill, 1998); Mark Allen, editor, *The Corporate University Handbook: Designing, Managing, and Growing a Successful Program* (Nova York: AMACOM, 2002); e Kevin Wheeler em colaboração com Eileen Clegg, *The Corporate University Workbook: Launching the 21st Century Learning Organization* (São Francisco: John Wiley & Sons, 2005).

39. Morrison, *Marketing to the Campus Crowd*, p. 225. Morrison cita dados de *American Demographics* que situam as vendas em campus no início de 2000 em US$ 9 bilhões em telecomunicações, US$ 8,5 bilhões em livros, US$ 5 bilhões em viagens, US$ 5 bilhões em móveis para dormitórios, US$ 4,4 bilhões em água de garrafa e bebidas não alcoólicas e US$ 2,7 bilhões em CDs (p. xvii).

40. Richard B. Woodward, "Have Yourself a Merry Little Festivus", *New York Times Book Review*, 26 de dezembro de 2004, p. 23. O livro ao qual o ensaio de Woodward se refere é Maud Lavin, ed., *The Business of Holidays* (Nova York: Monacelli Press, 2004).

41. Morrison, *Marketing to the Campus Crowd*, p. 225.

42. Em *Civilization and Its Discontents*, "O mal-estar na civilização", Freud associa religião à "figura de um pai enormemente exaltado" e sugere que "a coisa toda é tão patentemente infantil, tão alheia à realidade, que para qualquer pessoa com uma atitude amigável em relação à humanidade é doloroso pensar que a maioria dos mortais nunca será capaz de se erguer além dessa visão de vida" (editado e traduzido por J. Strachey; Nova York: W. W. Norton, 1961, p. 21). A visão é mais desenvolvida em O Futuro de uma Ilusão, de Freud. A instrumentalização da religião de Freud é simplista; tenho argumentado em outros lugares que é apenas o fundamentalismo, e não a "religião normal", que tem tendências regressivas e infantilizantes.

43. Epstein, "The Perpetual Adolescent".

44. Schor, *Born to Buy*, p. 13.

45. Pecora, *The Business of Children's Entertainment*, p. 154.

46. Samuelson, "Adventures in Agelessness".

47. O Cryonics Institute of Clinton Township, Michigan, "oferece serviços de suspensão criônica e informações. Logo que possível, após a morte, um paciente-membro é resfriado a uma temperatura na qual a deterioração física é interrompida, de modo que ele é mantido indefinidamente congelado. Quando e se a tecnologia médica permitir, nossos pacientes-membros serão curados e voltarão a viver, sendo acordados para uma vida mais longa com boa saúde jovial" (do site www.cryonics.org).

48. Chip Walker, "Can TV Save the Planet?" *American Demographics*, maio de 1996, citado em Naomi Klein, *No Logo: Taking Aim at the Brand Bullies* (Nova York: Picador, 2000), p. 119.

49. Klein, *No Logo*, p. 115.
50. Uma sinopse de Helen Boehm, vice-presidente da Fox Children's Network, na contracapa de *Kids as Consumers: A Handbook of Marketing to Children*, de McNeal (Nova York: Simon & Schuster, 1992).
51. McNeal, *Kids as Consumers*, p. 250.
52. "*Grosso modo*, está sendo investido capital em novas fábricas para fazer mais coisas quando o mercado já está lutando com uma carência cada vez maior de compradores" (William Greider, *One World, Ready or Not: The Manic Logic of Global Capitalism* [Nova York: Simon & Schuster, 1997], p. 49).
53. Pecora, *The Business of Children's Entertainment*, p. 7.
54. Arundhati Parmar, "Global Youth United: Homogenous Group Prime Target for U.S. Marketers", *Marketing News*, 28 de outubro de 2002.
55. David Jones e Doris Klein, *Man-Child: A Study of the Infantilization of Man* (Nova York: McGraw Hill, 1970), p. 341. Os autores acreditavam já em 1970 que "parece que vemos um aumento exponencial da força do processo de infantilização nos últimos tempos" (p. 343).
56. Thomas Frank escreveu brilhantemente sobre as maneiras como a propaganda e as indústrias de roupas para homens ajudaram os hippies a forjar uma retórica de rebelião e inovação que era uma autêntica "conquista do *legal*". Veja Frank, *The Conquest of Cool: Business Culture, Counterculture, and the Rise of Hip Consumerism* (Chicago: University of Chicago Press, 1997).
57. Del Vecchio, *Creating Ever-Cool*, p. 24. "*Cool*" continua sendo a palavra mais potente no vocabulário do marketing para jovens, mais *cool* ainda do que as rivais "hot", "edgy" e "passionate" — termos associados que têm também o objetivo de captar o que se espera que os adolescentes sejam e tenham e que os adultos não sejam e não possam ter.
58. Mike Davis, "Fortress Los Angeles: The Militarization of Urban Space", em Michael Sorkin, ed., *Variations on a Theme Park: The New American City and the End of Public Space* (Nova York: Hill and Wang, 1992), pp. 169, 176.
59. McNeal, *Kids as Consumers*, p. 249.
60. Ginia Bellafante, "Dressing Up: The Power of Adult Clothes in a Youth-Obsessed Culture", *New York Times*, 28 de março de 2004. Bellafante explica que, "Dos movimentos de contracultura dos anos 1960 até a maciça adoção do lugar de trabalho relaxado nos anos 1990, os americanos de uma certa idade têm demonstrado sistematicamente um gosto por se vestir como se não tivessem chegado ainda à vida adulta. De fato, desde o fim dos anos 1950 os adultos não têm uma aparência identificadora diferente dos meninos e das meninas."
61. Louis Menand descrevendo a perspectiva de Peter Biskind em "Gross Points: Is the blockbuster the end of cinema?", de Menand, *The New Yorker*, 7 de fevereiro de 2005, p. 83. Maureen Dowd é ainda mais dura: a tendência de "Spielberg,

Lucas, 'Os Flintstones', Brady Bunches ao longo de gerações, contos de fadas de Kevin Costner, Stallone e Schwarzenegger: para maiores de 13 anos, proibido para menores de 17 anos ou qualquer outra coisa", exclama ela, "é tratar seus públicos como crianças" (Dowd, "Leave It to Hollywood").

62. Conforme relatado no *New York Times*, Sharon Waxman, "Big Films", 20 de dezembro de 2004, p. E1. Dados de Exhibitor Relations Co.: Box Office Mojo, até 19 de dezembro de 2004. Filmes com um asterisco ainda em exibição na época do relato, de modo que os números do ano não estavam completos.
63. Dados de Nielsen Entertainment, citados em Lorne Manley, "Doing the Hollywood Math: What Slump?" *New York Times*, 11 de dezembro de 2005.
64. Ainda resta alguma aventura no teatro de escritores-diretores-designers como Robert Wilson, Peter Brook, Simon McBirney e Josh Fox, entre outros, mas o caminho deles não é o convencional. Veja Barber, "The Price of Irony", *Salmagundi*, outono de 2005.
65. Lynn Hirschberg, "Us & Them: What Is an American Movie Now?" *New York Times,* 14 de novembro de 2004. Um executivo de Hollywood não identificado disse a Hirschberg: "Nossos filmes já não refletem nossa cultura. Eles se tornaram exageros grosseiros, distorcidos. E acho que os EUA estão crescendo em direção a essas imagens exageradas." É interessante que *Fahrenheit 11 de Setembro*, de Michael Moore, ganhou o grande prêmio do Festival — principalmente por motivos políticos, mas talvez também como um incentivo aos produtores dos EUA que tentam fazer filmes sérios.
66. Menand, "Gross Points", p. 85. Menand observa que em seu primeiro filme da série *Exterminador do Futuro*, Arnold Schwarzenegger tinha exatamente 17 falas. Isso dificilmente poderia ser uma surpresa, escreve Menand, uma vez que os *blockbusters* globais geralmente mostram "magos; mulheres insinuantes de poucas palavras; homens de poucas palavras que podem dirigir com esperteza qualquer veículo, destruir espetacularmente qualquer coisa e saltar ilesos do alto de qualquer coisa; personagens de histórias em quadrinhos, livros escolares do sexto ano sobre a história do mundo, ou "Mitologia de Bulfinch"; explosões; um fenômeno da ciência desconhecido; um *fera* em computador com atitude; refrigerante, tênis ou uma barra de doce [concessões responsáveis por 35% da renda dos teatros e que os teatros mantêm!]; uma encarnação do mal; mais explosões; e a voz de Robin Williams".
67. Jones e Klein, *Man-Child*, p. 177. Jones e Klein escreveram um livro estranho combinando uma análise neofreudiana da infantilização com uma racionalização do regressivo como útil para a inteligência e a civilização. Embora tenham observado há 35 anos muitas das tendências à infantilização que eu discuto aqui — "parece que vemos um aumento exponencial da força do processo de infantilização nos últimos (e especialmente em nossos próprios) tempos",

escreveram eles — na maior parte do livro eles consideram isso benigno ou até mesmo positivo. Isto talvez tenha a ver com a abordagem dialética da infância que eu defendo abaixo.

68. Ibid., p. 340.
69. George Lakoff, *Don't Think of an Elephant! Know Your Values and Frame the Debate* (White River Junction, Vermont: Chelsea Green Publishing, 2004).
70. Essa citação e as seguintes são de Lisa Belkin, "Your Kids Are Their Problem", *New York Times Magazine*, 23 de junho de 2000. Veja o livro de Elinor Burkett chamado *The Baby Boom: How Family-Friendly America Cheats the Childless* (Nova York: Free Press, 2000).
71. Para exemplos da fala descontrolada descrita, típica desse grupo de "adultos" (que na verdade soa como um grupo de garotos recriminando o diretor da escola), veja "Your Kids Are Their Problem", de Belkin.
72. Como observou Dan Cook, "praticamente já não se distingue a cultura das *crianças* da cultura do *consumidor* ao longo do último século" (Dan Cook, "Lunchbox Hegemony? Kids and the Marketplace, Then and Now", 20 de agosto de 2001, www.lipmagazine.org).
73. Pecora, *The Business of Children's Entertainment*, p. 20.
74. Citado em Media Awareness Network, "How Marketers Target Kids", 24 de janeiro de 2005, em www.media-awareness.ca.
75. McNeal, *Kids As Consumers*, p. 18.
76. Ibid., p. 20. Dificilmente é uma surpresa que uma pesquisa mundial sobre marketing para crianças em 2001 afirme que "a propaganda passou a se infiltrar no dia-a-dia e continua a expandir para novos territórios". Cada vez mais, anunciantes estão fazendo marketing para crianças de modo a moldar a preferência de consumo cedo e tirar vantagem da crescente quantia de dinheiro que as pessoas estão gastando com crianças, que chegou a US$ 405 bilhões no mundo em 2000 ("Marketing to Children: A World Survey, 2001", Euromonitor International, citado em *Vital Signs 2003*, do Worldwatch Institute [Nova York: W. W. Norton, 2003]).
77. Peter Zollo, *Wise Up to Teens: Insights into Marketing and Advertising to Teenagers* (Ithaca, N.Y.: New Strategist Publications, 2d ed., 1999), pp. 24, 336.
78. Dan S. Acuff, Ph.D., *What Kids Buy and Why: The Psychology of Marketing to Kids* (Nova York: Free Press, 1997), p. 17.
79. Um grupo de marketing ofereceu tanto uma conferência Youth Power 2005, sobre marketing para jovens de 15 a 24 anos, e uma conferência Kid Power 2006, para crianças de 2 a 12 anos, esta última no Disney Yacht & Beach Club, em Lake Buena Vista, Flórida.
80. Alessandra Stanley, "'American Idol' Dresses Up for Its Big Season Finale", *New York Times*, 24 de maio de 2006.

81. Pecora, *The Business of Children's Entertainment*, p. 20.
82. Acuff, *What Kids Buy and Why*. A busca do capitalismo por consumidores dificilmente é nova, e o marketing para jovens tem uma história (veja, por exemplo, o livro de 1983 *Reaching Juvenile Markets*, de E. E. Grumbine [Nova York: McGraw-Hill]), bem retratado por Norma Pecora em seu *The Business of Children's Entertainment*.
83. Citado por Dave Itzkoff, que faz um comentário sobre o guia em "TV Moves a Step Closer to the Womb", *New York Times*, 21 de maio de 2006.
84. "New Study Finds Children Age Zero to Six Spend as Much Time with TV, Computers and Video Games as Playing Outside", Kaiser Family Foundation, 28 de outubro de 2003, resgatado em 30 de março de 2005, em www.kff.org/entmedia/entmedia102803nr.cfm. O relato da Kaiser é descrito em Michel Marriott, "Weaned on Video Games", *New York Times*, 28 de outubro de 2004, bem como em Benedict Carey, "Babes in a Grown-up Toyland", *New York Times*, 28 de novembro de 2004.
85. Veja Steven Johnson, *Everything Bad Is Good for You: How Today's Popular Culture Is Actually Making Us Smarter* (Nova York: Riverhead Books, 2005). Eu abordo Johnson diretamente no capítulo 7.
86. Acuff, *What Kids Buy and Why*, pp. 18-19.
87. Freud, *Civilization and Its Discontents*, p. 91. Freud nunca embarcou nessa viagem. Eu estou fazendo isso aqui.
88. J. M. Barrie, *Peter Pan* (Nova York: HarperCollins, 2000), pp. 216-217.
89. Freud, *Civilization and Its Discontents*, pp. 13-14.
90. Não apenas em psicologia, mas também em direito, reconhece-se amplamente que os jovens são menos responsáveis e menos livres. Os marqueteiros sabem muito bem que estão explorando, e não capacitando, jovens quando brincam com sua juventude ou tentam incentivar uma regressão em adultos. O marqueteiro vê o jovem como o consumidor ideal precisamente porque a indústria de merchandising compartilha a compreensão sobre os jovens favorecida pela maioria da Suprema Corte dos EUA em sua decisão de 2005 de proibir a pena de morte para jovens. Em *Roper v. Simmons* (março de 2005), uma maioria de 5-4 determinou que os jovens não devem ser submetidos à pena de morte porque "observa-se uma falta de maturidade e um senso de responsabilidade não desenvolvido nos jovens mais freqüentemente do que em adultos, e isto é mais compreensível entre os jovens". Se, conforme o tribunal determinou, essas "qualidades freqüentemente resultam em ações e decisões impetuosas e imprudentes", e se isso diminui a culpabilidade dos jovens em casos de crime capital, então certamente diminui a responsabilidade e liberdade dos jovens em decisões de consumo. A sentença também observou que "os jovens são mais vulneráveis ou suscetíveis a influências negativas e pressões externas, incluindo pressões de colegas", e que "o caráter de um jovem não

é tão bem formado quanto o de um adulto. Os traços da personalidade dos jovens são mais transitórios, menos fixados". (Um resumo do caso pode ser encontrado em www.oyez.org/oyez/resource/case/1724.)

O tribunal conhece crianças quando as vê. O capitalismo de mercado finge que não conhece. O etos infantilista insiste que elas não são crianças. Se poupamos os jovens da pena de morte quando eles cometem crimes capitais, não deveríamos parar de insistir que eles estão liberados e capacitados quando brincamos com sua "falta de maturidade" e seu "senso de responsabilidade não desenvolvido" para levá-los a comprar coisas que eles não precisam e explorar suas tendências a serem "impetuosos" e a "ações e decisões imprudentes" para condicioná-los às compras obrigatórias que o capitalismo de consumo precisa para sobreviver?

91. Os próprios marqueteiros dividem a população em categorias de consumidores-alvos e desenvolvem estratégias de merchandising de acordo com elas. Uma empresa de marketing chamada Claritas segmentou os EUA em dezenas de setores de consumo próximos, definidos pelas mercadorias consumidas, tais como "Piscinas e Pátios", "Armas e Picapes", "Bohemia Mix" e "Ouro Urbano".

2 Do protestantismo à infantilidade

1. Max Weber, *The Protestant Ethic and the Spirit of Capitalism* (A Ética Protestante e o Espírito do Capitalismo), com introdução de Anthony Giddens, traduzido por Talcott Parsons (Londres: Routledge, 1992; publicado primeiramente na Alemanha, em 1904-1905), p. 68.
2. Ibid., p. 27. Weber publicou outros estudos anos depois, analisando o etos econômico de outras religiões.
3. Ibid., p. 172.
4. Elizabeth Kolbert cita essa frase num ensaio sobre Max Weber no qual ela observa que "no século que se seguiu, dificilmente há uma alegação feita em 'A Ética Protestante', seja sobre história das religiões ou sobre história da economia, que não tenha sido contrariada" (Elizabeth Kolbert, "Why Work: A Hundred Years of 'The Protestant Ethic'", *The New Yorker*, 29 de novembro de 2004).
5. Veja o ensaio de Max Weber "The Social Psychology of the World Religions", em H. H. Gerth e C. Wright Mills, eds., *From Max Weber: Essays in Sociology* (Nova York: A Galaxy Book, Oxford University Press, 1946), retirado de "Die Wirtschaftsethik der Weltreligionen", de Weber, 1922-1923. Weber escreve aqui sobre uma "ética econômica" que "indica o impulso prático para a ação que [é] encontrado nos contextos psicológico e pragmático das religiões" (Gerth and Mills, p. 267). Ele recorre às éticas religiosas confuciana, hindu, budista, cristã, islâmica e judaica. Esses argumentos de certa forma escolásticos são importantes porque indicam que Weber não considerava o etos protestante que inspirava o capitalismo

um caso especial, mas um exemplo importante de uma interação entre religião e economia que podia ser encontrada em todas as sociedades.

6. Daniel Bell, *The Cultural Contradictions of Capitalism* (1976; edição de 20º aniversário, Nova York: Basic Books, 1996), p. 71.
7. Thomas L. Friedman, *The World Is Flat: A Brief History of the Twenty-first Century* (Nova York: Farrar, Straus and Giroux, 2005), p. 252.
8. Bell, *The Cultural Contradiction of Capitalism*, p. 71.
9. Andrew Carnegie, *The Gospel of Wealth* (Bedford, Massachusetts.: Applewood Books, 1998), p. 10. Publicado originalmente em *North American Review*, junho de 1889.
10. David Brooks, *On Paradise Drive: How We Live Now (and Alway Have) in the Future Tense* (Nova York: Simon & Schuster, 2004), p. 196. Ex-escritor da conservadora *Weekly Standard*, Brooks se tornou um nome regular na página de editorial e opinião do *New York Times.*
11. Thomas Frank, *What's the Matter with Kansas? How Conservatives Won the Heart of América* (Nova York: Henry Holt, 2005), pp. 248-249. Voltarei a esse tema e à abordagem de Thomas Frank sobre ele no capítulo 7.
12. George Gilder, *Wealth and Poverty* (Nova York: Basic Books, 1981), p. x.
13. Ibid., p. 266.
14. Ibid., p. 6.
15. John Locke afirmava que a divisão de classes em sua forma original nascia de uma divisão natural entre "os industriais e racionais", aos quais Deus deu o mundo natural abundante para usar, e "os brigões e beligerantes", que prefeririam roubar a trabalhar duro; veja livro 2, capítulo 5 (p. 309 da edição de Laslett) de *The Second Treatise of Civil Government* (Cambridge: Cambridge University Press, 1960). Para a influência de Locke sobre os pastores da Nova Inglaterra, veja Steven Dworetz, *The Unvarnished Doctrine: Locke, Liberalism, and the American Revolution* (Durham, Carolina do Norte: Duke University Press, 1990).
16. Gilder, *Wealth and Poverty*, p. 245.
17. *Vancouver Sun,* segunda-feira, 26 de dezembro de 2005. O editorial argumentava que era de interesse da humanidade que gastássemos dinheiro. Disponível em www.canada.com/vancouversun/news/editorial/story.html?id=de5fb8bc-f0a6-4f20-965e-08d0e93a2013.
18. "Religious Rejections of the World and Their Directions", em Gerth e Mills, *From Max Weber*, p. 332.
19. William Greider, *One World, Ready or Not: The Manic Logic of Global Capitalism* (Nova York: Simon & Schuster, 1997).
20. A citação aqui é das páginas de conclusão do capítulo final de "Asceticism and the Spirit of Capitalism", de Weber, em *The Protestant Ethic and the Spirit of Capitalism*, pp. 181-182. Weber parece quase descrever a nostalgia de Gilder em

relação ao etos capitalista de fundamento puritano quando fala da "idéia de dever da ambição" como algo que "ronda nossas vidas com o fantasma das crenças religiosas mortas" (p. 182). Embora seu impulso seja weberiano, Gilder talvez soubesse o quanto se havia afastado do mestre, uma vez que Weber não aparece em *Wealth and Poverty* nem em seu índice.

21. Ibid., p. 181. Na primeira parte, "ser deixada de lado a qualquer momento", Weber está citando Richard Baxter. O resto é do próprio Weber.
22. Ibid., p. 182.
23. Ibid., p. 182.
24. Ayn Rand, *The Fountainhead* (Nova York: New American Library, 1943), p. 686.
25. *Greed Is Good: The Capitalist Pig Guide to Investing* (Nova York: Harper Business, 1999), p. 2.
26. Ibid., pp. xvii-xviii.
27. Suze Orman, *The Courage to Be Rich: Creating a Life of Material and Spiritual Abundance* (Nova York: Riverhead Books, 1999), p. 4.
28. Ibid., p. 361. Ou talvez seja Franklin que soe como Orman: "A riqueza não é de quem a tem", opinou ele de forma memorável, "mas de quem a aproveita", de modo que, "se você sabe como gastar menos do que recebe, você tem a pedra filosofal."
29. Ibid., p. 361.
30. Friedrich Engels e Karl Marx, *The Communist Manifesto* (originalmente publicado em 1848, traduzido em 1888 por Samuel Moore; Nova York: Penguin, 1967), p. 222. Embora reconheça as mesmas conexões religiosas de Weber, Marx acha difícil levá-las a sério. Assim, no parágrafo inteiro do qual a citação no texto é retirada, Engel e Marx escrevem: "A burguesia, onde quer que ela esteja dominando, pôs fim a todas as relações patriarcais, idílicas. Sem piedade, rasgou em várias partes os laços feudais variados que prendem o homem a seus 'superiores naturais' e não deixou nenhum outro nexo entre as pessoas além do puro autointeresse, além do duro 'pagamento em dinheiro'. Afogou os êxtases mais divinos do fervor religioso, do entusiasmo cavalheiresco, do sentimentalismo filisteu, nas águas geladas do cálculo egoísta. Transformou o valor pessoal em valor de troca e, no lugar de inúmeras liberdades irrevogáveis garantidas, estabeleceu essa única liberdade injusta — o Livre Comércio. Em uma palavra, substituiu a exploração, encoberta por ilusões religiosas e políticas, pela exploração pura, descarada, direta e brutal."
31. O DestiNY Mall, do estado de Nova York, compreendendo um "resort de 3,2 quilômetros quadrados, de frente para a praia, exibindo a maior estrutura fechada e integrada do mundo" e prevendo até 20 milhões de visitantes por ano, recebeu do Congresso uma oferta de ajuda para desenvolvimento de US$ 100 milhões — veja *Ithaca Journal*, 12 de outubro de 2004, bem como o site do shopping

center, www.destinyusa.com/mainsite.html. Desde que isto foi escrito, porém, o projeto permanece paralisado, atolado em disputas legais.

32. Esses dados e exemplos são de John de Graaf, David Wann e Thomas H. Naylor, *Affluenza: The All-Consuming Epidemic* (São Francisco: Berrett-Koehler Publishers, 2001), pp. 14-15, um livro popular baseado em documentários de televisão com o mesmo nome.
33. Veja Nick Burns, "Shaving with Five Blades When Maybe Two Will Do", *New York Times*, 19 de janeiro de 2006. Há 30 anos, o programa de humor da televisão *Saturday Night Live* fez uma paródia de um barbeador com três lâminas com o slogan "Porque você acredita em qualquer coisa".
34. Weber, *The Protestant Ethic and the Spirit of Capitalism*, p. 182.
35. Wilhelm Röpke, *A Humane Economy: The Social Framework of the Free Market* (Indianapolis, Indiana: Liberty Fund, 1971), p. 113.
36. Irving Kristol, *Two Cheers for Capitalism* (Nova York: Basic Books, 1978), pp. 259 e 254. O livro curioso e muito bem-sucedido de Kristol marcou a finalização de sua viagem da esquerda para a direita, mas ainda manifestava uma profunda ambivalência em relação à contracultura dos jovens iconoclastas dos quais ele não gostava mas de cujas reclamações sobre os pecados do capitalismo ele parcialmente compartilhou, ou talvez tenha se inspirado nelas.
37. Worldwatch Institute, *State of the World 2004: The Consumer Society* (Nova York: W. W. Norton, 2004). Veja também Alex Kirby, "Richer, Stouter, and No Happier", *BBC News*, 9 de janeiro de 2004.
38. Robert E. Lane, *The Loss of Happiness in Market Democracies* (New Haven, Connecticut: Yale University Press, 2000), p. 3.
39. Karl Marx, *The Economic and Philosophical Manuscripts of 1844*, editado por Erich Fromm na coleção de Fromm intitulada *Marx's Concept of Man* (Nova York: Frederick Unger, 1961), p. 53.
40. Christopher Lasch, *The Culture of Narcisism: American Life in an Age of Diminishing Expectations* (Nova York: Warner Books, 1979), p. 12.
41. Veja Rob Walker, "The Hidden (in Plain Sight) Persuaders", *New York Times Magazine*, 5 de dezembro de 2004, descrevendo, por exemplo, como "a Sony Ericsson em 2002, contratou 60 atores em dez cidades para abordar estranhos", pedindo a eles para tirar uma foto com — é claro! — um telefone com câmara da Sony Ericsson. Conferências sobre marketing "boca a boca" são cada vez mais comuns: veja, por exemplo, a conferência de 2005 em Chicago anunciada como "A Primeira Conferência Anual para Marqueteiros de *Buzz*, Vírus, Blog e Boca a Boca" organizada pela Word of Mouth Marketing Association (veja www.womma.com). Eu abordo extensivamente o marketing *buzz* no capítulo 5.
42. O determinismo histórico encerra a idéia de que a história de desenvolve independentemente da vontade humana e completamente imune à intervenção criati-

va. Meu argumento aqui supõe, em vez disso, que os sistemas sociais descritos são conseqüência de filosofias sociais e ações individuais numa dialética que deixa bastante espaço tanto para uma lógica de desenvolvimento capitalista quanto para o funcionamento da vontade humana. O que varia ao longo do tempo pode ser como os sistemas sociais se acomodam à liberdade coletiva: se eles são menos ou mais vulneráveis à resistência e à mudança.

43. Weber, *The Protestant Ethic and the Spirit of Capitalism*, p. 69.
44. Existem algumas exceções notáveis e exóticas no modelo dos empreendedores pioneiros como Molly Brown, imortalizada na cultura popular no musical da Broadway *The Unsinkable Molly Brown*, de Meredith Willson.
45. Michael Oakeshott, *On Human Conduct* (Oxford: Clarendon Press, 1975), p. 239.
46. Walt Whitman, "Song of Myself", estrofe 24, em *The Portable Walt Whitman*, editado por Mark Van Doren (Nova York: Penguin Books, 1977), p. 56.
47. Walt Whitman, "Song of the Open Road," estrofe 5, in *The Portable Walt Whitman*, p. 159.
48. *Howard Hughes: The Secret Life*, de Charles Higham (Nova York: G. P. Putnam's, 1993), oferece um retrato límpido, ainda que melodramático, que, acertadamente, se tornou a base para o premiado filme de Martin Scorcese de 2004, *O Aviador*, no qual Leonardo Di Caprio representa Hughes.
49. Ron Chernow, *Titan: The Life of John D. Rockefeller, Sr.* (Nova York: Random House, 1998), p. 97.
50. Ibid., p. 11.
51. Ibid., p. 86, citando o historiador Allan Nevins.
52. Ibid., p. 81, citando Weber, *The Protestant Ethic and the Spirit of Capitalism*, p. 69.
53. Conforme apresentado por Jacob Streider, *Jacob Fugger the Rich, Merchant and Banker of Augsburg, 1459-1525* (edição original alemã, Adelphia, 1931; traduzido por M. L. Hartsough, editado por N. S. B. Gras, Hamden, Connecticut: Archon Books, 1966), p. 176. Veja também Mark Häberlein, "*Die Fugger*" *Geschichte einer Augsburger Familie (1367-1650)* (Kohlhammer, 2006).
54. Streider, *Jacob Fugger the Rich*, p. 171.
55. Ibid., p. 181.
56. Martin Kluger, *The Wealthy Fuggers: Pomp and Power of the German Medici in Golden Augsburg of the Renaissance* (Regio Augsburg Tourismus GmbH, n.d.), p. 26. De acordo com o historiador Franz Herre, à parte o poder que veio com seu império financeiro e comercial mundial, a família em seu apogeu foi proprietária de "metade da Suábia... uma grande parte da Bavária, uma parte da Suíça, uma grande parte da Alsácia e várias partes de Tirol, Hungria, Polônia, Boêmia e Saxônia" (Franz Herre, *Die Fugger in Ihrer Zeit* [1985], citado em

Kluger, p. 29). É claro que a propriedade da terra é nitidamente feudal e não qualifica os Fuggers como capitalistas, mas seu verdadeiro poder está em seu controle do capital financeiro e do comércio, sendo a propriedade da terra um produto, e não uma causa, de seu domínio mundial. Um banco privado Fugger continua a funcionar hoje.

57. Streider, *Jacob Fugger the Rich*, p. 172. Streider observa que a liderança não apenas colaborou na importância do monopólio para a economia alemã, mas esteve à frente para garanti-lo através de estatutos e políticas (p.173).
58. Diz-se que Lutero, o nacionalista alemão, sentiu algum orgulho pelo fato de o maior mercador da época ser de Augsburgo (Streider, *Jacob Fugger the Rich*, p. 157).
59. Kluger, *The Wealthy Fuggers*, p. 8.
60. Frederic Morton, *The Rothschilds: A Family Portrait* (Londres: Secker & Warburg, 1963), p. 48. Traçar os limites entre "mera" hegemonia financeira e bancária e capitalismo de investimento não é fácil, obviamente. Alguns insistiriam em que os Fugger foram os únicos financistas (o que também poderia ser dito sobre os Rockefellers, particularmente as últimas gerações), enquanto outros poderiam argumentar que os Rothschild foram tão cruciais para o surgimento do capitalismo industrial maduro na Europa do século XIX quanto os Fugger seriam para a gênese do capitalismo dos séculos XVII e XVIII na Itália, na Áustria e além.
61. Chernow, *Titan*, p. 49.
62. Ibid., p. 76.
63. Ibid., p. 153.
64. As igrejas congrecionalista, metodista e batista do norte tiveram trajetórias diferentes, mas em meados do século XIV compartilharam uma devoção comum a serviços e ações sociais. Como um biógrafo das mulheres da família Rockefeller observou, "Nos anos 1840, os batistas incorporaram muitas causas sociais, incluindo o controle do álcool, do abolicionismo e da educação... Considerando esse envolvimento de sua igreja em causas sociais, as crianças da família Rockefeller aprenderam que o serviço cristão ia além dos muros da igreja, chegando à comunidade" (Clarice Stasz, *The Rockefeller Women: Dynasty of Piety, Privacy, and Service* [Nova York: St. Martin's Press, 1995], pp. 14-15).
65. Gertrude Himmelfarb, *The Roads to Modernity: The British, French, and American Enlightenments* (Nova York: Alfred A. Knopf, 2004), p. 121.
66. Chernow, *Titan*, p. 76.
67. Wesley citado em Himmelfarb, *The Roads to Modernity*, p. 122. Cotton Mather havia advertido antes ainda, em *Magnalia Christi Americana*, que "a religião gerou prosperidade, e as filhas devoraram a mãe".
68. Chernow, *Titan*, p. 84.
69. Ibid., p. 133.

70. Ibid., p. 136.
71. Jean-Jacques Rousseau, "A Discourse on the Arts and Sciences", em *The Social Contract and the Discourses* (Nova York: Random House, 1993; primeiramente incluído em Everyman's Library, 1931).
72. Chernow, *Titan*, p. 145.
73. "A guilda uniu membros da mesma ocupação; por conseguinte, uniu adversários. Fez isso para limitar a competição bem como a aspiração racional ao lucro que funcionava através da competição" (Max Weber, "The Protestant Sects and the Spirit of Capitalism", em Gerth e Mills, *From Max Weber*, p. 321).
74. Minha assistente de pesquisa Rene Paddags fez uma extensa pesquisa e também ajudou a organizar os argumentos desta seção.
75. David Bank, *Breaking Windows: How Bill Gates Fumbled the Future of Microsoft* (Nova York: Free Press, 2001), p. 17; Stephen Manes e Paul Andrews, *Gates: How Microsoft's Mogul Reinvented an Industry and Made Himself the Richest Man in America* (Nova York: Doubleday, 1993), p. 167; Michael A. Cusumano e Richard W. Selby, *Microsoft Secrets: How the World's Most Powerful Software Company Creates Technology, Shapes Markets, and Manages People* (Nova York: Simon & Schuster, 1998), capítulo 3.
76. Manes and Andrews, *Gates*, p. 162.
77. *U.S.A. v. Microsoft* (2001). A decisão completa disponível em www.dcd.uscourts.gov/ms-conclusions.html.
78. Ibid.
79. Bill Gates, com Nathan Myhrvold e Peter Rinearson, *The Road Ahead* (Nova York: Penguin Books, 1996), p. 50.
80. Friedman, *The World Is Flat*, capítulo 2. Netscape é um dos dez "achatadores" críticos aos quais Friedman atribui o novo campo de jogo global nivelado que torna o mundo "plano".
81. Manes e Andrews, *Gates*, p. 202.
82. Bank, *Breaking Windows*, p. 38.
83. Ibid., p. 45.
84. Chernow, *Titan*, p. 149.
85. Ibid., p. 130.
86. A biografia de Chernow oferece um retrato convincente, envolvente e justo de Rockefeller, com o qual tenho uma grande dívida. Mas, a caminho de consertar o desequilíbrio das biografias, Chernow talvez seja às vezes apenas um pouco justo demais. Quando ele escreve que o verdadeiro objeto da atração de Rockefeller pelo monopólio era "substituir a competição pela cooperação", ele dá credibilidade à hipocrisia. E ele parece um pouco fascinado quando escreve: "Às vezes, quando investia contra a competição cruel e os caprichos do ciclo de negócios, Rockefeller soava mais como Karl Marx do que nossa clássica imagem do capitalista. Assim

como os marxistas, ele acreditava que a competição livre abria caminho para o monopólio e que grandes unidades de planejamento industrial eram o caminho mais sensato para gerenciar uma economia" (pp. 150-151). Rockefeller sem dúvida via a si próprio como o "Moisés que livrava" os refinadores do caos (p. 153), mas conluio é mais do que cooperação, e monopólio é mais do que conluio. As grandes figuras do desenvolvimento capitalista, dos Fugger até os Rockefeller e os Gates, podem ter gostado da condenação da competição cruel por Marx e podem, como Moisés, ter posto ordem no caos. Mas isto, como Chernow obviamente reconhece, não porque buscavam justiça, mas porque buscavam e buscam dominação total — um objetivo que não apenas ameaça a justiça e a liberdade, mas que põe o próprio sistema capitalista em perigo.

87. Chernow, *Titan*, p. 153.
88. Ibid., pp. 154-155.
89. De www.gatesfoundation.org.
90. Citado em Sarah Bosely, "Dream of eradicating disease that drives the world's richest man", *Guardian*, 25 de janeiro de 2005. Gates doou US$ 750 milhões para combater doenças infantis mortais e US$ 51 milhões a escolas secundárias de Nova York e outras cidades.
91. *Time*, 26 de dezembro de 2005, pp. 44-45.

3 Infantilizando consumidores: A chegada dos *kidults*

1. Dan Cook, "Lunchbox Hegemony? Kids and the Marketplace, Then and Now", 20 de agosto de 2001, www.lipmagazine.org.
2. *Centuries of Childhood: A Social History of Family Life*, de Philippe Ariès (Nova York: Vintage Books, 1962) foi talvez o primeiro estudo moderno a dar à infância não simplesmente uma história, mas um ponto de partida. Neil Postman desenvolve a idéia de que "a idéia moderna de maturidade é em grande parte um produto da imprensa escrita" (*The Disappearance of Childhood* [publicado primeiramente em 1982; Nova York: Vintage Books, 1994], p. 99).
3. Postman, *The Disappearance of Childhood*, pp. 98-99.
4. É preciso cuidado para evitar entrar em um jogo de crianças versus adultos, como é visto por adultos. O senso comum e a experiência nos ensinam que a psicologia de desenvolvimento da vida real é menos reducionista e dualista do que essas duas coisas. Essas oposições escondem um mundo complexo de morais, psicologias e metafísica.
5. Erik H. Erikson, *Childhood and Society* (Nova York: W. W. Norton, 1963), pp. 404-405. Erikson preocupa-se tanto em fortalecer a "defesa do adulto contra sua ansiedade infantil latente" (p. 413) quanto em assegurar que a utilidade das brincadeiras de criança não seja perdida pelo adulto.

6. Ibid., p. 222.
7. Uma versão mais recente do mandato epicurista é a declaração do filósofo Walter Pater: "O serviço da filosofia, da cultura especulativa, para o espírito humano é despertá-lo, alertá-lo para uma vida de observações agudas e entusiasmadas... A paixão poética, o desejo da beleza, o amor à arte em benefício próprio, têm grande parte disso; porque a arte vem a você professando francamente que não dará nada além da mais alta qualidade a seus momentos enquanto eles passam" (citado em Andrew Solomon, 'The Closing of the American Book", *New York Times*, 10 de julho de 2004). O ensaio clássico de John Stuart Mill *On Utilitarianism* (1861) é na verdade uma crítica à versão reducionista de Bentham. Seu ataque a seu antigo mentor é ainda mais evidente em seu ensaio sobre Bentham.
8. Slavoj Zizek, "Passion: Regular or Decaf ?", *In These Times*, 27 de fevereiro de 2004, www.inthesetimes.com/comments.php?id=632_0_4_0_c.
9. Citado em David Sheinin, "Baseball Has a Day of Reckoning in Congress", *Washington Post*, 18 de março de 2005, p. A01. Primeiramente Palmeiro foi suspenso e depois liberado pelo Baltimore Orioles.
10. Do Center for Academic Integrity, www.academicintegrity.org/cai_research.asp.
11. Essas empresas, muitas das quais fazem a promessa de "nenhum plagio", incluem Master-Papers, Paper Masters, Paper Store e Essay Town (que promete trabalhos escolares sobre "qualquer tema, em qualquer prazo" com "especificações exatas garantidas, nenhum plágio". Promete também "dissertações escritas personalizadas").
12 Filósofos e membros de comunidades como William Galston e Amitai Etzioni escreveram inteligentemente e favoravelmente sobre a questão do casamento com contrato, mas seus mais fervorosos defensores tendem a ser membros de comunidades religiosas. Veja Gary Chapman, *Covenant Marriage: Building Communication & Intimacy* (Nashville, Tennessee: Broadman & Holman, 2003); Dave Brown and Phil Waugh, *Covenant vs. Contract* (Forest, Virgínia: Franklin, Son Publishing); e sermões disponíveis online de bispo Wellington Boone, Dr. Gary Chapman, Dr. Tim Clinton, Rev. H. B. London, Dr. Fred Lowery, Dr. Greg Smalley e Rev. Phil Waugh. Certificados de casamento e cerimônias de contrato também estão disponíveis online. Revelação do autor: Divorciei-me uma vez e, embora desde então seja feliz em meu casamento, foi fácil demais, rápido demais, simples demais me casar pela primeira vez, bem como me divorciar. Minha história corrobora o argumento feito aqui.
13. Intelectuais que podem evitar o preto no branco (Adlai Stevenson? John Kerry?) são às vezes acusados de indecisos, enquanto os bravos que tomam decisões (George W. Bush?) são freqüentemente acusados de fazer julgamentos simplistas.
14. Roube e salve as crianças famintas, ou permaneça honesto, mas veja elas morrerem, diz Kohlberg, num típico dualismo. Explique ao dono da mercearia o pro-

blema (meus filhos estão morrendo de fome mas não tenho condições de comprar comida nesse momento) e encontre uma solução que funcione para os dois lados, diz Gilligan (empreste-me alguma comida e pagarei depois, quando puder). Veja "Kohlberg's Stages of Moral Development" em William C. Crane, *Theories of Development* (Nova Jersey: Prentice Hall), pp. 118-36. Gilligan, *In a Different Voice: Psychological Theory and Women's Development* (Cambridge, Massachusetts: Harvard University Press, 1993). Veja também meu ensaio crítico "Gilligan's Island" em *The New Republic*, 7 de dezembro de 1982.

15. M. Mitchell Waldrop, *Complexity: The Emerging Science at the Edge of Order and Chaos* (Nova York: Simon & Schuster, 1992), p. 12. As dialéticas da complexidade são evidentes no relato de Waldrop bem como no trabalho de George Cowan e outros do Santa Fe Institute, que se concentra nos esforços para "revelar os mecanismos que estão na base da profunda simplicidade presente em nosso mundo complexo" (veja www.santafe.edu).
16. Rebecca Mead, "A Man-child in Lotusland", *The New Yorker*, 20 de maio de 2002.
17. Quando ele jogou para eles, os Lakers usaram o Super-Homem como alter ego de Shaq, e tocaram a música do Super-Homem quando ele entrou; o próprio Shaq emoldurou os faróis de seu carro com revistas em quadrinhos, máquinas de fliperama e imagem do Super-Homem.
18. Mead, "A Man-child in Lotusland".
19. Nash, o Jogador Mais Valioso da NBA consecutivamente, em 2005 e 2006, recebeu o crédito pelo sucesso de seu time discreto e de bom desempenho na NBA, o Phoenix Suns, que teve o melhor desempenho na temporada 2004-2005, antes de ser eliminado dos playoffs nas finais pelo San Antonio Spurs. Nash, que lê Marx, Dickens, Kant e é um exemplo de maturidade, é geralmente considerado uma exceção que prova a regra na NBA, que de outra forma seria infantilizado (veja, por exemplo, Liz Robbins, "Nash Displays Polished Look: On the Court, of Course", *New York Times*, 19 de janeiro de 2005.
20. *Desperate Housewives*, a série de televisão popular e espalhafatosa, mostra a sociedade. O jantar dos repórteres da Casa Branca de 2005 mostrou uma paródia de Laura Bush, considerada uma estrita defensora dos valores morais. Os jornalistas aplaudiram efusivamente a brincadeira, que incluiu uma piada pueril sobre seu marido tentando ordenhar um cavalo.
21. Portanto, quando Antonio Davis, um respeitado jogador de basquete que era representante da National Basketball Players Association, rompeu as regras ao ir por alguns instantes ao banco para intervir numa discussão envolvendo sua mulher, em janeiro de 2006, ele foi escandalosamente multado e penalizado por cinco jogos.
22. William Berlind, "The Season That Wasn't", *New York Times Magazine*, 11 de agosto de 2002, p. 45.

23. Michael Sokolove, "The Thoroughly Designed American Childhood: Constructing a Teen Phenom", *New York Times Magazine*, 28 de novembro de 2004. Sokolove disserta sobre as IMG Academies, em Bradenton, Flórida, onde famílias podem pagar mais de US$ 40 mil para realizar cursos destinados a melhorar a habilidade de um estudante num único esporte. Outra empresa, a Velocity Sports Performance, cobra mais de US$ 2.500 por ano para tornar crianças corredores mais velozes e tem 40 franquias em 22 estados. O *Boston Globe* estimou que a indústria gera rendas de mais de US$ 4 bilhões por ano.
24. Citado em Sokolove, "The Thoroughly Designed American Childhood".
25. Michael Massing, "The End of News?" *New York Review of Books*, 1º de dezembro de 2005.
26. Ibid.
27. No segundo de seus artigos para a *New York Review of Books*, Massing comenta que "este verão, Nancy Cleeland, depois de mais de seis anos como repórter da área de trabalho no *Los Angeles Times*, deixou o cargo. Ela me disse ter saído 'sem frustração'. Os editores do *Los Angeles Times* estavam lutando para fazer um corte radical em sua equipe de repórteres — seis dos 48 da editoria de negócios foram embora (Michael Massing, "The Press: The Enemy Within", *New York Review of Books*, 15 de dezembro de 2005).
28. *Crossfire*, da CNN, 15 de outubro de 2004. Jon Stewart é o anfitrião do *Daily Show*, da Comedy Central. O programa é o favorito de jovens telespectadores cínicos que geralmente lêem menos jornais e assistem menos a noticiários de televisão do que seus pais e que parecem contentes por receber as principais notícias distorcidas.
29. Center for Media Education (Kathryn Montgomery and Shelley Pasnik), *Children Enter Cyberspace*, 1996.
30. Milan Kundera, em seu romance *Slowness* (Nova York: HarperCollins, 1995), pp. 2-3. Kundera aborda a aceleração da cultura sob condições de velocidade moderna sugerindo que "a maneira como a história contemporânea é contada é como um enorme concerto em que são apresentados todos os 138 opus de Beethoven, um após o outro, mas na verdade tocam apenas os oito primeiros movimentos de cada um". Dez anos depois, o concerto incluiria "apenas a primeira nota de cada peça", tendo um total de "138 notas, apresentadas como se formassem uma melodia contínua". Outros dez anos depois, toda a música de Beethoven estaria "resumida a um único e longo zunido" (pp. 92-93).
31. James Gleick, em conversa com Bruce Weber para o ensaio de Weber "Sing, Goddess, of the Stopwatch", *New York Times*, 8 de agosto de 2004. Gleick conclui que "estamos conseguindo atletas cada vez melhores. Cada vez mais pessoas entre nós — eles, eu diria — estão chegando ao limite da perfeição humana. Com isso, as diferenças entre eles são realmente pequenas. Uma das estranhas conse-

qüências disso é que coisas como usar sungas revestidas de Teflon e raspar todos os pelos do corpo podem tornar-se realmente importantes. Não acho que fosse isso o que os gregos tinham em mente". Veja também *Faster: The Acceleration of Just About Everything*, de Gleick (Nova York: Random House, 1999).

32. Gleick, *Faster*, p. 11.
33. Ibid., p. 13.
34. Malcolm Gladwell, *Blink: The Power of Thinking Without Thinking* (Nova York: Little, Brown & Co., 2005).
35. Mara Reinstein e Joey Bartolomeo, *Brad & Jen: The Rise and Fall of Hollywood's Golden Couple* (Nova York: Wenner Books, 2006).
36. Sheldon Solomon, Jeffrey L. Greenberg e Thomas A. Pyszczynski, citados em Len Costa, "Psychology of Shopping: How Much Is That Death Denial in the Window", *New York Times*, 7 de dezembro de 2003.
37. Steven Johnson, *Everything Bad Is Good for You: How Today's Popular Culture Is Actually Making Us Smarter* (Nova York: Riverhead Books, 2005), p. 26.
38. Jack Rosenthal, "What to Do When News Grows Old Before Its Time", *New York Times*, 8 de agosto de 2004. Rosenthal observa que a obsessão com as notícias mais novas valoriza mais a procura de uma grande notícia para amanhã do que acompanhar cuidadosamente a grande notícia de ontem. As novas notícias desaparecerem quase tão rapidamente quanto aparecem. Onde está hoje o escândalo da prisão de Abu Ghraib, pergunta ele. Notícias sobre coisas que acontecem lentamente (a degradação ambiental, a lenta disseminação de armas nucleares) não chegam à cobertura da mídia a não ser que haja um motivo específico. Como um povo pode estar bem informado se o que é novo sempre vence o que é velho?
39. Para um relato completo sobre a situação da mídia americana, veja "The State of the News Media" (www.stateofthemedia.org/2006/index.asp), publicado anualmente pelo Project for Excellence in Journalism.
40. Martha Marino, citada por Denny Fleenor, "Meals Together Improve Family Nutrition", 6 de outubro de 2003, num boletim de notícias publicado pela Nutrition Education Network (College of Agricultural, Human, and Natural Resource Sciences, da Washington State University), disponível em http://cahenews.wsu.edu/RELEASES/2003/03047.htm.
41. Citado em Renwick McLean, "Spaniards Dare to Question the Way the Day Is Ordered", *New York Times*, 12 de janeiro de 2005.
42. Postman, *The Disappearance of Childhood*, pp. 128-129. Ninguém sabe realmente a idade dos astros atuais (El Duque, do New York Mets; Pedro Martinez, ex-fenômeno do Boston Red Sox que é hoje do Mets; e Rey Ordóñez, também do Mets, provavelmente são mais velhos do que admitem), mas todo mundo sabe que as chances são cada vez mais dos jovens e que cada vez mais atletas de escolas

secundárias estão fugindo das universidades e correndo para o beisebol profissional, o basquete profissional ou o futebol profissional.

43. Existe a história de Danny Almonte, um menino brilhante da República Dominicana que atuou com perfeição num jogo de beisebol da Little League World Series de 2001. Exceto pelo fato que ele não tinha realmente 12 anos, mas 14; não estava matriculado em escola alguma; e tinha uma certidão de nascimento falsificada por um pai que esperava vencer as apostas nos meninos. Como escreveu o colunista de esportes com consternação na época, "A idade para exploração é cada menor aqui no El Dourado dos esportes americanos, onde as ruas estão pavimentadas de contratos a longo prazo" (George Vecsey, "Keeping Son from School Was Worse", *New York Times*, 31 de agosto de 2001).
44. Vecsey, "Keeping Son from School Was Worse".
45. Comissário da National Basketball Association, David Stern defendeu há pouco tempo uma idade mínima de vinte anos para jogadores profissionais, mas, numa área em que jogadores de escolas secundárias podem estar nas páginas da *Sports Illustrated* e na televisão a cabo, o gesto retórico de Stern resultou apenas numa mudança da idade de 18 anos para 19. Novamente, não são apenas pais que pressionam nem técnicos ambiciosos, mas jogadores corporativos que ditam a tendência, patrocinando campos de basquete pré-profissional de verão (como fazem a Nike e a Reebok) e incentivando escolas secundárias no país, como fazem muitas empresas de sapatos e roupas. Chris Rivers, executivo de uma empresa de sapatos, reclama que tem "pais de alunos do sétimo ano me perguntando se eu posso ajudar seus filhos num time em viagem. Um dos pais, cujo filho está no terceiro ano, quer que eu veja seu filho jogando agora" (Chris Broussard, "Still in High School, Certified Celebrities Look Toward N.B.A.", *New York Times*, 11 de dezembro de 2003). Dezenas de jogadores de basquete na NBA vieram diretamente da escola secundária, incluindo Kevin Garnett, Tracy McGrady e Sebastian Telfair. Muitos jogadores ambiciosos de times de basquete, futebol americano ou beisebol abandonam a faculdade bem antes de se formar para tentar entrar em times profissionais. E é claro que muitos outros, que não chegam a ser profissionais, não conseguem terminar a escola e estão destinados a ter vidas tristes em empregos sem futuro. Observe também que, se antes apenas times seniores de escolas secundárias viajavam para competições no país, agora podem ser encontrados times que viajam com alunos do sétimo ano.
46. Citado em Ian Fisher, "German Cardinal Is Chosen as Pope", *New York Times*, 20 de abril de 2005.
47. Herbert Marcuse, Eros e Civilização*: A Philosophical Inquiry into Freud* (Boston: Beacon Press, 1955; Nova York: Vintage Books, 1962), p. 12.
48. Ibid., p. 13. Veja Freud, O mal-estar da civilização (editado e traduzido por J. Strachey; Nova York: W. W. Norton, 1961). Freud anseia por uma condição em

que a sobrevivência pode tornar-se coerente com o princípio do prazer mas admite a necessidade de a repressão e os tabus desempenharem um papel não simplesmente na civilização, mas na sobrevivência humana.

49. Isto é Milton Friedman, citando a acusação de A. V. Dicey dos perigos da democracia em *Law and Public Opinion in England* (2d ed., Londres: MacMillan, 1914; pp. 257-258), de Dicey, em Friedman, *Capitalism and Freedom* (Chicago: University of Chicago Press, 1962; nova ed., 1982), p. 201.

4 Privatizando cidadãos: A produção da esquizofrenia cívica

1. Alan Wolfe, "The Revolution That Never Was", *The New Republic*, 7 de junho de 1999.
2. Hannah Arendt, *The Human Condition* (Chicago: University of Chicago Press, 1958; Anchor Books ed., 1959), p. 27. Sempre sensível a nuances, Arendt acrescenta que isto não significa que "só o necessário, o fútil e o vergonhoso têm seu lugar apropriado no território privado".
3 Thomas L. Friedman, *The World Is Flat: A Brief History of the Twenty-first Century* (Nova York: Farrar, Straus and Giroux, 2005), p. 252. Friedman observa que a terceirização não está relacionada apenas a salários menores: "Quando [diretores executivos] criam empregos no exterior, eles não apenas salvam 75% dos salários como obtêm um aumento de 100% na produtividade. (p. 260).
4. Benjamin R. Barber, *Fear's Empire: War, Terrorism, and Democracy* (Nova York: W. W. Norton, 2003), p. 216.
5. David B. Truman, *The Governmental Process: Political Interests and Public Opinion* (Nova York: Knopf, 1951), p. 51.
6. A famosa afirmação de Thatcher, de uma entrevista publicada em outubro de 1987 na revista *Woman's Own*, é citada em Alan Ryan, "Waiting for Gordon Brown", *New York Review of Books*, 23 de junho de 2005, p. 35.
7. Essa formulação concisa pertence a Charles E. Lindblom, que, entretanto, observa em sua equilibrada apresentação do sistema de mercado que este "é um coordenador duro e freqüentemente cruel... tanto um aliado quanto um inimigo da liberdade pessoal". Embora "destrua muitas desigualdades históricas gigantescas", "produz suas próprias desigualdades", e embora "historicamente tenha apoiado a democracia... sabotou importantes características democratizadas de Estados ostensivamente democráticos" (*The Market System: What It Is, How It Works, and What to Make of It* [New Haven, Connecticut: Yale University Press, 2001], p. 14).
8. Milton Friedman, *Capitalism and Freedom* (Chicago: University of Chicago Press, 1962; nova ed., 1982), p. 33.
9. Hannah Arendt, *On Revolution* (Sobre Revolução) (Nova York: Viking, 1963), p. 221.

10. Jedediah Purdy, *For Common Things: Irony, Trust, and Commitment in America Today* (Nova York: Alfred A. Knopf, 1999), p. 125.
11. Em *Two Concepts of Liberty: An Inaugural Lecture Delivered Before the University of Oxford, on 31 October 1958* (Oxford: Clarendon Press, 1958), escrito no mesmo período em que Milton Friedman ressuscitava o raciocínio de mercado, o filósofo Isaiah Berlin apresentou uma base para a renovação do liberalismo do século XIX argumentando que a liberdade necessariamente tem um significado negativo e que as tentativas de tratá-la como positiva só podem ter conseqüências autoritárias e totalitárias. Critiquei essa visão detalhadamente em *Strong Democracy: Participatory Politics for a New Age* (Berkeley: University of California Press, 1984; edição de 20° aniversário, 2004).
12. Walter Lippmann, *The Public Philosophy* (Nova York: Mentor, 1955); John Dewey, *The Public and Its Problems* (Nova York: Henry Holt and Company, 1927; reedição, Athens, Ohio: Swallow Press, 1991).
13. Maxine Greene, *The Dialectic of Freedom* (Nova York: Teachers College Press, 1988), p. 20.
14. John Dewey, *The Public and Its Problems*, p. 138. Acompanhando meu argumento aqui, Dewey atribui o eclipse do público em parte aos desvios feitos em relação à vida política e pública, que se tornaram possíveis com "o cinema, o rádio, o material de leitura barato e o carro a motor" e com "tudo o que eles permitem". (p. 139).
15. Friedman, *Capitalism and Freedom*, pp. 196-197.
16. David Harvey, *A Brief History of NeoLiberalism* (Oxford: Oxford University Press, 2005), p. 2. Harvey vê o neoliberalismo como "um projeto *político* para restabelecer as condições para a acumulação de capital e restaurar o poder das elites econômicas" (p.19). Pode ser que sim, mas também é importante entender que o neoliberalismo fornece as condições para um consumismo desregulado e, portanto, alimenta as compras intermináveis de crianças e adultos, necessárias à sobrevivência do capitalismo.
17. Robert Westbrook, "Consuming Citizens", in *The Responsive Community*, vol. 13, nº 4 (2003), p. 72.
18. William Greider, *One World, Ready or Not: The Manic Logic of Global Capitalism* (Nova York: Simon & Schuster, 1997), p. 26.
19. Alexis de Tocqueville, *Democracy in America* (Democracia na América), vol. 1 (Nova York: Vintage Books, 1990), p. 264.
20. Teórico político de Harvard no pós-Guerra, Louis Hartz rejeitou a obsessão tocquevilliana pela tirania da maioria observando que a maioria americana difamada "tem sido um cão pastor amigável mantido para sempre amarrado como um leão" (Louis Hartz, *The Liberal Tradition in America: An Interpretation of American Political Thought Since the Revolution* [Nova York: Harcourt, Brace, & Company, 1955], p. 129).

21. Lizabeth Cohen, *A Consumers' Republic: The Politics of Mass Consumption in Postwar America* (Nova York: Alfred A. Knopf, 2003).
22. James Surowiecki, *The Wisdom of Crowds: Why the Many Are Smarter Than the Few and How Collective Wisdom Shapes Business, Economies, Societies, and Nations* (Nova York: Doubleday, 2004), p. xix.
23. Sigmund Freud, *Civilization and Its Discontents* (editado e traduzido por J. Strachey; Nova York: W. W. Norton, 1961), pp. 55, 59. O grande esquema de Freud já não tem muita credibilidade nos campos da psicologia e da psicoterapia, mas continua sendo útil como metáfora cultural do impacto da repressão, da culpa, da regressão e da infantilização na cultura política; ou seja, oferece o que Freud chama de "patologia de comunidades culturais", que esclarece o que eu aqui estou chamando de etos infantilista.
24. Ibid., p. 88.
25. Para uma discussão popular e polêmica sobre o impacto da privatização na educação, em prisões, na água e em outros bens públicos, veja Si Kahn e Elizabeth Minnich, *The Fox in the Henhouse: How Privatization Threatens Democracy* (São Francisco: Berrett-Koehler Publishers, 2005).
26. Robert B. Reich, "Don't Blame Wal-Mart", *New York Times*, 28 de fevereiro de 2005. Fica evidente que essas políticas não são indispensáveis à sobrevivência econômica pelo fato de um dos mais bem-sucedidos adversários da Wal-Mart ser a Costco, uma empresa que combina marcas baratas com seguros de saúde melhores e políticas salariais melhores para seus funcionários.
27. Em *Democracy's Discontent: America in Search of a Public Philosophy* (Cambridge, Massachusetts: Harvard University Press, 1996), Michael Sandel analisou a mesma lógica quando ela era aplicada nos primeiros tempos de empresas com vendas por catálogos, como Montgomery Ward, Sears, e Roebuck & Company. Para oferecer mais mercadorias a preços mais baratos, elas iniciaram o movimento de consumidores que primeiro minaria os varejistas locais e as áreas de compras nos centros de cidades, bem como as comunidades às quais elas serviam.
28. Thomas L. Friedman, *The World Is Flat*, pp. 214, 216. Para uma discussão mais política, veja Liza Featherstone, *Selling Women Short: The Landmark Battle for Workers' Rights at Wal-Mart* (Nova York: Basic Books, 2005).
29. Assim, por exemplo, Thomas de Zengotita dá o título de "O Culto à Criança" ao capítulo 2 de seu *Mediated: How the Media Shapes Your World and the Way You Live in It* (Nova York: Bloomsbury, 2005).
30. Assim, Keith A. Scarborough, vice-presidente para Relações com o Governo da Associação de Anunciantes Nacionais, afirmou diante da Comissão de Saúde e Serviços Humanos do Condado de Montgomery, em Maryland, que, embora os anunciantes reconheçam que há um "problema" de obesidade infantil, o sistema auto-regulador da indústria de propaganda protege as crianças (não havendo ne-

cessidade de regulação pelo governo); além do mais, enquanto "grande parte das críticas à propaganda de alimentos para crianças se baseia numa premissa fundamentalmente falha que demoniza certos produtos alimentares", os anunciantes tendem a "rejeitar esse tipo de paternalismo do governo" e o "argumento comida boa/comida ruim". Em vez disso, eles pedem "moderação para haver uma dieta bem equilibrada" — algo para o qual nenhum anunciante de alimentos já gastou um centavo sequer (Associação de Anunciantes Nacionais, 28 de novembro de 2005, www.ana.net). Para o testemunho completo, veja www.ftc.gov/os/Comments/FoodMarketingtoKids/516960-00009.pdf.

31. Steven Johnson, *Everything Bad Is Good for You: How Today's Popular Culture Is Actually Making Us Smarter* (Nova York: Riverhead Books, 2005). Para uma discussão detalhada, veja capítulo 7.
32. Harry G. Frankfurt, "Freedom of the Will and the Concept of a Person", *Journal of Philosophy*, vol. 68, nº 1 (1971), pp. 5-20. Frankfurt (autor de um livro delicioso publicado em 2005 e chamado *On Bullshit*) sugere que não são os nossos desejos de primeira ordem que nos tornam livres ou humanos (todos os animais têm desejos que determinam "escolhas"), mas sim nossos desejos de segunda ordem *sobre* nossos desejos de primeira ordem.
33. John Stuart Mill, *On Liberty* (Norton Critical Edition, editado por David Spitz; Nova York: W. W. Norton, 1975), p. 57. O economista David George esclarece a ligação entre a definição de caráter feita por Mill e os desejos de primeira e segunda ordem em *Preference Pollution: How Markets Create the Desires We Dislike* (Ann Arbor: University of Michigan Press, 2001), p. 12.
34. Não há qualquer exagero de retórica. De acordo com a TV Watch, da MediaPost, "o Nickelodeon aparentemente encontrou o segredo para os marqueteiros de crianças: não tenha como alvo as crianças, apenas as pessoas que as influenciam" (Wayne Friedman, 23 de novembro de 2003, http://blogs.mediapost.com/tv_watch/?p=321).
35. Dados de Tamara Draut e Javier Silva, "Generation Broke: The Growth of Debt Among Young Americans", Demos, 13 de outubro de 2004 (www.demos.org/pub295.cfm). O relato observa que "o marketing agressivo para estudantes universitários" usando "camisetas, canecas e pizza, tudo grátis, além de outros incentivos", tem sido bem-sucedido em alcançar quase todos os estudantes universitários, 96% dos quais hoje têm cartões (p.7). "Entre 1990 e 1995, uma pesquisa descobriu que as dívidas com cartão de crédito aumentaram 134%, de US$ 900 para US$ 2.100. Em 2002, universitários se formaram com uma dívida média no cartão de crédito de US$ 3.262" (p. 9).
36. Caroline E. Mayer, "Offers Too Good to Refuse", *Washington Post National Weekly*, 25 de abril-1º de maio de 2005, p. 19. Bancos ambiciosos são protegidos porque, de acordo com as leis americanas sobre falência, "novos

débitos" não podem ser perdoados durante seis anos a partir da declaração de falência.

37. Edmund L. Andrews, "U.S. Offers Details of Plan for Open Markets in China", *New York Times*, 16 de outubro de 2005. Embora os gastos dos consumidores na China venham aumentando em cerca de 10% ao ano recentemente, e o crédito dos consumidores esteja crescendo, o ritmo é lento demais para uma Casa Branca que quer que Pequim "leve as pessoas a gastar mais".
38. Amy Waldman, "Mile by Mile, India Paves a Smoother Road to Its Future," *New York Times*, 4 de dezembro de 2005. Waldman explica que a modernização das auto-estradas da Índia acontece paralelamente à privatização: estradas tradicionais de duas pistas "têm sido espaços públicos, um abrigo para o caos lógico que tanto governa a vida [na Índia]... As auto-estradas refeitas têm desafiado isso, tentando impor limites e linearidade".
39. Kevin Roberts, *Lovemarks: The Future Beyond Brands* (Nova York: powerHouse Books, 2004), p. 33.
40. Barry Schwartz, *The Paradox of Choice: Why More Is Less* (Nova York: HarperCollins, 2004), p. 6.
41. Gregg Easterbrook, *The Progress Paradox: How Life Gets Better While People Feel Worse* (Nova York: Random House, 2003), citado por Robert J. Samuelson, "The Afflictions of Affluence", *Newsweek*, 22 de março de 2004. Samuelson relata que os americanos estão consumindo mais alimentos do que nunca, mas também se sentindo mais sozinhos (em 1957, 3% dos americanos relataram que se sentiam sozinhos, enquanto hoje o percentual é de 14%). Enquanto isso, 400 mil mortes por ano são atribuídas à obesidade. Veja também Schwartz, *The Paradox of Choice*.
42. Citada em Eduardo Porter, "Choice Is Good: Yes, No or Maybe?", *New York Times*, 27 de março de 2005.
43. Schwartz, *The Paradox of Choice*, p. 224.
44. Porter, "Choice Is Good: Yes, No or Maybe?".
45. Ibid.
46. "Diante da imposição de uma escolha, 75% da população adulta dos EUA se tornariam potenciais doadores de órgãos comprometidos" (Aron Spital, "Mandated Choice for Organ Donation: Time to Give It a Try", *Annals of Internal Medicine*, vol. 125 [julho de 1996], pp. 66-69). "Pesquisamos membros da Sociedade Internacional para Transplante de Coração e Pulmão (ISHLT) em conjunto com a Fundação para o Avanço dos Tratamentos Cardíacos (Fact). MÉTODOS/RESULTADOS: pedimos opiniões sobre como melhorar a doação de órgãos. Dos 739 respondentes, 75% apoiaram o consentimento presumido." (M. C. Oz et al., "How to improve organ donation: results of the ISHLT/Fact poll", *Heart Lung Transplant*, vol. 22, nº. 4 [abril de 2003], pp. 389-410.)

47. Rousseau usou essa frase em seu *Contrato Social*, em 1762, e isto levou muitos liberais concentrados somente na liberdade privada a concluir que ou Rousseau era incoerente ou um perigoso pensador protototalitário, do tipo que George Orwell acabaria alfinetando. Mas, quando diferenciamos a escolha privada (eu precisava de uma droga) da escolha pública (usar drogas diminui minha capacidade geral de ser livre), fica claro que a restrição à escolha privada pode aumentar nossa verdadeira liberdade e, portanto, "nos forçar a ser livres".
48. A resposta ao desastre do furacão Katrina em Nova Orleans é analisada adiante no capítulo. Sobre exploração espacial: a empresa Virgin Galactic, de Richard Branson, já vendeu mais de US$ 10 milhões em passeios espaciais em vôos particulares que partirão de um porto espacial no Novo México. Branson vendeu 200 mil passagens para celebridades como a atriz Victoria Principal e o diretor de Hollywood Bryan Singer e está comprando cinco naves espaciais para realizar esses vôos. Para o especialista John Tierney, a lição é de que se "a Nasa ainda não tem dinheiro para voltar à Lua, e muito menos para ir a Marte... existem outras pessoas nesse negócio". Pessoas como o designer Burt Rutan e seu patrocinador, o bilionário da Microsoft Paul Allen, privatizam os vôos espaciais, usando a nave espacial reutilizável com a qual ganharam o Prêmio Ansari X 2004 para fazer o trabalho que a Nasa já não tem condições financeiras de fazer (John Tierney, "Go West, Young Astronaut", *New York Times*, 6 de dezembro de 2005).
49. Timothy Williams, "In Bryant Park's Rebirth, Some Chafe at Growing Corporate Presence", *New York Times*, 5 de dezembro de 2005. Williams cita o membro da Assembléia Richard N. Gottfried, de Manhattan, declarando: "Nunca na história dessa cidade se pensou nos parques como entidades que financiariam a si próprias, e acho que este é um conceito perigoso. Isso nos coloca diante da possibilidade de um parque público se tornar um parque temático."
50. Tamar Lewin, "In Public Schools, The Name Game As a Donor Lure", *New York Times*, 6 de janeiro de 2006.
51. Estatística e citação de Sam Dillon, "At Public Universities, Warnings of Privatization", *New York Times*, 16 de outubro de 2005. Dillon observa que agora Michigan financia "cerca de 18% da receita de Ann Arbor", enquanto a parcela do contribuinte para a receita da Universidade da Virgínia é de aproximadamente 8%".
52. Veja, por exemplo, Jennifer Washburn, *University, Inc.: The Corporate Corruption of American Higher Education* (Nova York: Basic Books, 2005), cuja capa mostra um chapéu de graduando com um rótulo de "vendido"; Derek Bok, *Universities in the Marketplace: The Commercialization of Higher Education* (Princeton, Nova Jersey: Princeton University Press, 2003); e Stanley Aronowitz, *The Knowledge Factory: Dismantling the Corporate University and Creating True Higher Learning* (Boston: Beacon Press, 2000). Aronowitz teme que as universidades se tenham tor-

nado fábricas de educação para treinamento vocacional e McEmpregos, em vez de lugares de aprendizado crítico.

53. Andrew Hacker, "The Truth About the Colleges", *New York Review of Books*, 3 de novembro de 2005. Se são necessárias provas da corporatização das universidades, Hacker observa que "funcionários que não são professores representam 71% da folha de pagamento total de Stanford e 83% de Harvard".
54. Para saber mais sobre esse projeto, financiado pela Exxon Educational Foundation, veja o boletim de imprensa de 20 de novembro de 2002 em www2.exxonmobil.com/Corporate/Newsroom/Newsreleases/xom_nr_201102.asp.
55. Veja os dois relatórios em www.redefiningprogress.org.
56. Mara Faccio, Ronald W. Masulis e John J. McConnell mostram que "empresas conectadas politicamente (mas negociadas publicamente)", de uma amostra de 450 dessas empresas em 35 países, de 1997 a 2002, "...têm mais chances de ser financeiramente salvas do que empresas semelhantes que não têm essas ligações", embora "apresentem um desempenho financeiro pior do que suas adversárias não-conectadas na época do socorro financeiro e ao longo dos dois anos seguintes" (Mara Faccio, Ronald W. Masulis e John J. McConnell, "Political Connections and Corporate Bailouts", AFA 2006 Boston Meetings Paper, disponíveis em http://ssrn.com/abstract=676905).
57. Margaret Kohn, *Brave New Neighborhoods: The Privatization of Public Space* (Nova York: Routledge, 2004), p. 19.
58. Para uma discussão, veja meu "Dreamers Without Borders", *The American Prospect*, vol. 16, nº 8 (agosto de 2005). O medo da imigração, bem como de uma Europa corporatizada, também teve um papel importante.
59. P. W. Singer, *Corporate Warriors: The Rise of the Privatized Military Industry* (Ithaca, N. Y.: Cornell University Press, 2003), p. 7.
60. "A Halliburton, empresa que era chefiada pelo vice-presidente Cheney, ganhou contratos no valor de mais de US$ 1,7 bilhão durante a Operação Iraque Livre e continua a ganhar centenas de milhões de dólares com um contrato sem concorrência feito pelo Corpo de Engenheiros do Exército dos EUA", escreveu Michael Dobbs alguns meses depois da invasão do Iraque ("Halliburton's Deals Greater Than Thought", *The Washington Post*, 28 de agosto de 2003, p. A01). Como Dobbs observa, essa terceirização "foi estimulada por cortes no orçamento militar e por uma série de guerras que, desde o fim da Guerra Fria, representaram uma enorme demanda para as forças armadas". A maior parte do trabalho da Halliburton está relacionada a apoio e reconstrução, mas também há muitas corporações diretamente envolvidas em segurança no Iraque, no Afeganistão e em outros lugares. A execução brutal de quatro trabalhadores de segurança privada contratados pela Blackwater USA em Faluja, em 2004, foi tratada por muitos veículos da mídia americana como sinônimo de execução de soldados americanos em campo.

61. Jeremy Scahill, "Blackwater Down", *The Nation*, 10 de outubro de 2005.
62. Senador Durbin na National Public Radio, citado em Pratap Chatterjee, "Big, Easy Iraqi-Style Contracts Flood New Orleans", enviado em 20 de setembro de 2005 pela CorpWatch e disponível em www.corpwatch.org/article.php?id=12647. O artigo detalha contratos privados de construção em Nova Orleans depois da inundação.
63. Singer, *Corporate Warriors*, p. 189.
64. Editorial, "Privatizing Warfare", *New York Times*, 21 de abril de 2004.
65. Joel Brinkley e James Glanz, "Contractors in Sensitive Roles, Unchecked", *New York Times*, 7 de maio de 2004.
66. Singer, *Corporate Warriors*, p. 181.
67. Ibid. Singer observa que Smith acabou ficando preso durante dois anos por violar leis americanas sobre armas de fogo, mas muitas outras pequenas empresas marginais continuam não sendo detectadas e sem punição por suas atividades básicas. Como seu único objetivo é lucro, pouco se pode esperar, até mesmo de grandes empresas respeitáveis, que, como observa Singer, podem ter interesses que divergem dos de seus próprios governos nacionais.
68. James Glanz, "Modern Mercenaries on the Iraqi Frontier", *New York Times*, Week in Review, 4 de abril de 2004.
69. Barry Yeoman, citando Myles Frechette em "Need an Army? Just Pick Up the Phone", *NewYork Times*, 2 de abril de 2004.
70. Singer, *Corporate Warriors*, p. 226. Singer está citando um "analista" mencionado em Jack Kelly, "Safety at a Price: Military Expertise for Sale or Rent", *Pittsburgh Post-Gazette*, 15 de fevereiro de 2000.
71. Ironicamente, foi o ex-parlamentar de extrema esquerda Ken "o Vermelho" Livingston que, como prefeito de Londres, fez essas inovações supostamente socialistas, aplicadas como uma forma inovadora de taxação mas, na verdade, como as vias expressas rápidas com pedágio existentes em auto-estradas na Europa, um privilégio dos ricos.
72. Sasha Abramsky, "One Nation, Under Siege", *The American Prospect*, 1º de abril de 2005.
73. James Fishkin fez uma experiência interessante em pesquisa de opinião que envolve discussão, em conjunto com a televisão pública, demonstrando que os cidadãos podem mudar, e mudam, de opinião quando têm permissão para considerar as questões cautelosamente. Mas esses métodos são marginalizados por profissionais de pesquisa de opinião, que consideram esse trabalho como sendo o de fixar preconceitos privados, e não de ajudar a fazer julgamentos públicos ponderados. Veja James S. Fishkin, *Democracy and Deliberation: New Directions for Democratic Reform* (New Haven, Connecticut: Yale University Press, 1991).

74. Veja, por exemplo, George Lakoff, *Don't Think of an Elephant: Know Your Values and Frame the Debate* (White River Junction, Vermont: Chelsea Green Publishing, 2004) e *Moral Politics: How Liberals and Conservatives Think* (Chicago: University of Chicago Press, 2002); e Jim Wallis, *God's Politics: Why the Right Gets It Wrong and the Left Doesn't Get It* (São Francisco: Harper San Francisco, 2005).
75. Stephen Goldsmith e William D. Eggers, "Government for Hire", *New York Times*, 21 de fevereiro de 2005.
76. Martha Minow, *Partners, Not Rivals: Privatization and the Public Good* (Boston: Beacon, 2002), p. 2.
77. O papel do dinheiro na política, e seu impacto de corrupção sobre a democracia, é um assunto crucial, mas não é explorado em profundidade aqui. O que interessa é a conexão com a infantilização: numa sociedade de consumo, os cidadãos buscam não apenas "políticos papais" e "políticas mamães", mas "políticos velhos, ricos e safados", que retiram do público o fardo das campanhas financiadas publicamente e assumem toda a responsabilidade (e o poder) em seus ombros. Para derrotar Fernando Ferrer e conquistar um segundo mandato na cidade de Nova York, Michael Bloomberg gastou cerca de US$ 74 milhões, ganhando de seu adversário de dez a um (Gigi E. Georges and Howard L. Wolfson, "Singing the Blues in a Blue City", *New York Times*, 13 de novembro de 2005). George Bush "gastou um recorde de US$ 360 milhões nas eleições de 2004, superando facilmente os US$ 193 milhões levantados quatro anos antes"; o senador Kerry conseguiu levantar mais de US$ 317 milhões — e os dois candidatos recusaram fundos de contrapartida durante as primárias, para livrá-los de uma capacidade de gastos de US$ 45 milhões na primárias financiadas publicamente. (Center for Responsive Politics, www.opensecrets.org/bush/index.asp).
78. Veja, por exemplo, P. W. Singer, *Children at War* (Nova York: Pantheon, 2005). Karen Houppert escreve sobre recrutamento de adolescentes para as insuficientes forças armadas americanas em seu ensaio "Who's Next?", em *The Nation*, 12 de setembro de 2005.

5 Ostentando identidades: A perda de significado

1. Otto Riewoldt, editor, *Brandscaping: Worlds of Experience in Retail Design* (Basel: Birkhaueser-Publishers for Architecture, 2002), p. 10.
2. A primeira banda punk de Billy Idol nos anos 1970 tinha o nome de Generation X, mas o termo foi codificado por Douglas Coupland em seu livro de 1991 *Generation X: Tales for an Accelerated Culture* (Nova York: St. Martin's Press, 1991). Marqueteiros desesperados para identificar a geração que tinham como alvo, e que não tinha nome, apoderaram-se do título. Paul Fussel aborda a geração X no capítulo final de seu livro anterior *Class: A Guide through the American*

Status System (Nova York: Summit Books, 1983). Estima-se que a Geração X tenha cerca de 45 milhões de representantes.

3. Kevin Roberts, *Lovemarks: The Future Beyond Brands* (Nova York: powerHouse Books, 2004), p. 150.
4. Ibid., p. 125.
5. Conforme descrito na revista indiana *Outlook* e transformado em modelo do novo empreendimento por Thomas L. Friedman em *The World Is Flat: A Brief History of the Twenty-first Century* (Nova York: Farrar, Straus and Giroux, 2005), p. 184.
6. Mais uma vez é Friedman quem retrata e sem fazer críticas celebra esse paradigma consumista; *The World Is Flat*, pp. 184-186.
7. Citado em Michelle Cottle, "The Gray Lady Wears Prada", *The New Republic*, 17 de abril de 2006.
8. Daryl Travis, *Emotional Branding: How Successful Brands Gain the Irrational Edge* (Roseville, Califórnia: Prima Venture, 2000), p. 54.
9. Marc Gobé, *Emotional Branding: The New Paradigm for Connecting Brands to People* (Nova York: Allworth Press, 2001), p. xiv.
10. Naomi Klein, *No Logo: Taking Aim at the Brand Bullies* (Nova York: Picador, 2000), p. 120.
11. Shawn Carkonen, crítica editorial no Amazon sobre David Brooks, *Bobos in Paradise: The New Upper Class and How They Got There* (Nova York: Simon & Schuster, 2000), postada em www.amazon.com. Brooks resume a categoria dos *bobos*, uma geração da Era da Informação, argumentando que "pessoas tolas de boa aparência com bons pais foram substituídas por pessoas inteligentes, ambiciosas, educadas e contra o sistema que usam sapatos gastos" (*Bobos in Paradise*, p. 39).
12. A colocação de produtos comerciais em filmes é hoje o método de propaganda preferido. Permite que produtos sejam inseridos na "vida real" do cinema-realidade de Hollywood e identificados com ela. Alguns temem que a colocação de produtos possa conduzir o roteiro, de modo que o restaurante Red Lobster ou os biscoitos Oreo se tornem parte da narrativa dramática. Veja David Bauder, "Integrated ads: Producers concerned about product placement", *Berkshire Eagle*, 29 de maio de 2006.
13. Citado por William Safire, "Brand", *New York Times Magazine*, 10 de abril de 2005. Safire explica que a etimologia da construção de marcas pode ser investigada a partir dos ferros de marcar usados para identificar animais, e depois nas garrafas de vinho e cerveja, até chegar aos logotipos que precederam as marcas registradas na identificação de bens de empresas específicas.
14. Citado em Kenneth Hein, "Brand Loyalty 2004", *Brandweek*, 25 de outubro de 2004, em www.brandweek.com/bw/research/article_display.jsp?vnu_content_id=-1000683707.
15. Ibid.

16. Um ex-cliente da Saatchi & Saatchi, descrito em Roberts, *Lovemarks*, p. 152.
17. Melanie Warner e Stuart Elliott, "Frothier Than Ever: The Tall Cold One Bows to the Stylish One", *New York Times*, 15 de agosto de 2005.
18. William Leach, *Land of Desire: Merchants, Power, and the Rise of a New American Culture* (Nova York: Vintage Books, 1994), p. 16.
19. Ibid.
20. Citado em Leach, *Land of Desire*, p. 18. Palavras originais de Veblen citadas por Leach aparecem em Joseph Dorfman, *Thorstein Veblen and His America* (Cambridge, Massachusetts: Harvard University Press, 1934), pp. 326, 160.
21. Leach, *Land of Desire*, p. xv.
22. Jackson Lears, *Fables of Abundance* (Nova York: Basic Books, 1994).
23. Leach, *Land of Desire*, p. 37.
24. Ibid.
25. Gary S. Cross, *An All-Consuming Century: Why Commercialism Won in Modern America* (Nova York: Columbia University Press, 2000), p. 17.
26. Scott Bedbury, ex-vice-presidente de marketing da Starbucks, citado em Klein, *No Logo*, p. 20.
27. Howard Schultz, citado em Klein, *No Logo*, p. 21.
28. Este é mais uma vez Scott Bedbury. Klein conta que ele foi do marketing da Nike para o da Starbucks — sem, deveríamos acrescentar, ter que mudar uma palavra de sua filosofia de justificativa.
29. Geraldine E. Willigan, "High Performance Marketing: An Interview with Nike's Phil Knight", *Harvard Business Review*, julho de 1992, p. 92, citada em *No Logo*, p. 22.
30. Klein, *No Logo*, p. 22.
31. Roberts, *Lovemarks*, p. 25.
32. Jagdeep Kapoor, "Innovative Marketing to Woo Consumers", *Deccan Herald* (Índia), 7 de novembro de 2005. Kapoor observa que "os ladrilhos com marcas representam uma das categorias mais anunciadas com apelos às mentes e aos corações das famílias indianas. Cada ladrilho e todo ladrilho está tentando posicionar-se de maneira diferente e, através da comunicação, está tentando atrair consumidores".
33. Gobé, *Emotional Branding*, p. 53.
34. Roberts, *Lovemarks*, pp. 197-198.
35. Douglas Atkin, *The Culting of Brands: When Customers Become True Believers* (Nova York: Portfolio, 2004), p. xi. Atkin escreve que "as marcas de maior sucesso hoje em dia não apenas fornecem uma marca de diferenciação (identidade) a seus produtos. Marcas cultuadas são crenças. Elas têm moral — incluem valores. Marcas cultuadas defendem coisas. Trabalham duro; lutam pelo que é certo. Marcas cultuadas suprem nossa metafísica moderna, dando significado ao mundo. Vestimos seus significados quando compramos Benetton. Comemos seus significados quando

levamos Ben & Jerry à boca... As marcas funcionam como sistemas de significado completos. São os cenários onde o consumidor (e funcionário) demonstra publicamente uma série diferenciada de crenças e valores" (p. 97).

36. Atkin, *The Culting of Brands*, p. 202.
37. Ibid., p. 201.
38. Atkin escreve: "*existem poucas emoções mais fortes do que a necessidade de pertencer e fabricar significado*. E as marcas exploram essa necessidade" (*The Culting of Brands*, p. 199, grifo no original).
39. Ken Auletta, "The Dawn Patrol: The curious rise of morning television, and the future of network news", *The New Yorker*, 8 de agosto de 2005, p. 69. O que de início era visto como uma característica especial dos noticiários matinais tornou-se hoje o padrão pelo qual os noticiários são em geral medidos. A saída de cena de âncoras do jornalismo como Dan Rather, Tom Brokaw e Peter Jennings e o sucesso das notícias a cabo e dos programas de conversas com ouvintes nas rádios tornaram estrelas — de Rush Limbaugh a Howard Stern — o objetivo, enquanto as notícias, a conversa e os comentários são simplesmente um pacote útil no qual essas estrelas são embrulhadas.
40. Otto Riewoldt define *brandscaping* como "encenar experiências com marcas através da arquitetura e do design de interior (*Brandscaping*, p. 7).
41. Auletta, "The Dawn Patrol", p. 73.
42. Klein, *No Logo*, p. 24.
43. William Safire, "Brand", *New York Times*, 10 de abril de 2005, cita Evan Morris, autor de *From Altoids to Zima*, que escreve que "Calvin Klein e Ralph Lauren me parecem inovadores na reafirmação do nome pessoal como uma *marca* com 'caráter geral' bem conhecido, que dá aos consumidores uma idéia sobre o aspecto que seus produtos... provavelmente vão ter".
44. A estrela de Michael Jordan se apagou, embora só depois de a Nike ganhar US$ 2,6 bilhões vendendo Air Jordans com base num contrato de cinco anos, no valor de US$ 2,5 milhões, que Jordan assinou com a Nike em 1984. Seu sucessor, embora ainda não seja um ícone, pode ser LeBron James, recrutado pelo Cleveland Cavaliers diretamente numa escola de ensino secundário. James assinou um contrato de sete anos no valor de US$ 90 milhões em 2003, quase 20 anos depois de Jordan assinar seu contrato. Anúncios da Nike mostram LeBron como "King James", na esperança de que ele ganhe uma gorda fatia dos US$ 8 bilhões movimentados no mercado americano de sapatos esportivos ("Nike Pins Hopes on LeBron", CNN/Sports Illustrated, 22 de maio de 2003, disponível em http://sportsillustrated.cnn.com/basketball/news/2003/05/22/nike_sider_ap/). O valor do mercado fica evidente na aquisição da Reebok pela Adidas por US$ 3,8 bilhões, em agosto de 2005, na esperança de que a fusão possa ameaçar a Nike (e LeBron James) e garantir uma fatia maior do mercado.

45. Naomi Klein cita os executivos de propaganda Sam Hill, Jack McGrath e Sandeep Dayal argumentando que suas pesquisas provam que "Você realmente pode transformar não apenas areia em marca, mas também trigo, carne, tijolo, metais, concreto, produtos químicos, farinha de milho e uma variedade interminável de mercadorias tradicionalmente consideradas imunes ao processo" (*No Logo*, p. 25).
46. Conforme relatado no CNN Headline News, em 12 de agosto de 2005.
47. Rob Walker, "Consumed: Dog Chic", *New York Times Magazine*, 7 de agosto de 2005. Walker relata que o cartum para crianças Bob Esponja representa US$ 1,5 bilhão por ano em vendas de produtos licenciados e que a Louis Vuitton e a Harley-Davidson também estão entrando no mercado de animais de estimação.
48. "Standing Above the Crowd, Authors Guild Symposium", *Authors Guild Bulletin*, verão de 2005, p. 21.
49. Roberts, *Lovemarks*, pp. 42, 43, 45-46.
50. Ibid., p. 21.
51. Travis, *Emotional Branding*, pp. 39-40.
52. Marc Gobé, *Citizen Brand: 10 Commandments for Transforming Brands in a Consumer Democracy* (Nova York: Allworth Press, 2002), p. xxi.
53. Ibid. Gobé expressa de maneira típica o marketing moderno na maneira como "humaniza" as marcas, argumentando que as empresas precisam ampliar todo o programa corporativo para que este se torne um programa de percepção, personalidade e humanidade... as identidades corporativas do futuro vão precisar evoluir para se tornar mais expressivas e gerar personalidades fortes de uma maneira humanista" (p. 127). Gobé conclui que "uma marca com personalidade tem uma vida própria que envolve imaginação, beleza e diversão" (p. 144).
54. Roberts, *Lovemarks*, pp. 171-172.
55. Outras escolas tentaram criar uma nova marca mudando de nome: recentemente, o Beaver College, perto da Filadélfia, tornou-se Arcadia University; a State University of New York, em Albany, tornou-se University at Albany; e o Western Maryland College passou a ser McDaniel College. Muitas escolas têm consultado empresas como a Lipman Hearne, empresas de marketing especializadas em universidades e instituições sem fins lucrativos. Veja Alan Finder, "To Woo Students, Colleges Choose Names That Sell", *New York Times*, 11 de agosto de 2005.
56. Griff Witte, "Branded for Life: What if a Familiar Name Becomes a Different Animal?", *Washington Post*, 23 de janeiro de 2005.
57. "Corporate Brand Reputation Outranks Financial Performance as Most Important Measure of Success", boletim de imprensa do Fórum Econômico Mundial, 22 de janeiro de 2004, disponível em www.weforum.org.
58. Caroline E. Mayer, "Nurturing Brand Loyalty: With Preschool Supplies, Firms Woo Future Customers—and Current Parents", *Washington Post*, 12 de outubro de 2003.

59. Ellen Tien, "Living in the Lap of Labels", *New York Times*, 15 de fevereiro de 2004. Os itens recomendados incluem uma bolsa para fraldas transparente de Jimmy Choo, por US$ 880, e um carrinho de bebê da Silver Cross por US$ 2.500, além de "latas de lixo muito bem tampadas" para guardar fraldas, por US$ 168, da Garnet Hill. "Os bebês agora podem passear com as mesmas etiquetas que seus pais usam", escreve o entusiasmado repórter do *Times*.
60. Holly Peterson, "What the Well-Dressed Child Will Borrow", *Newsweek*, 2 de fevereiro de 2004.
61. Veja www.americangirlplace.com.
62. Julia Moskin, *New York Times*, 16 de maio de 2004.
63. Maria Papanthymou, "Branding for Russian Youth", postado em BizCommunity.com, 3 de novembro de 2004, disponível em www.biz-community.com/Article/196/19/5066.html. Veja também Paul Temporal, *Branding in Asia: The Creation, Development and Management of Asian Brands for the Global Market* (Nova York: Wiley, 2001).
64. Roberts, *Lovemarks*, p. 55.
65. Benjamin Barber, "A Dissenting Opinion of Sell-ebration: Living Inside the Book of Disney", FORUM, Summer 1997. Veja também Barber, "From Disney World to Disney's World", *New York Times*, 1º de agosto de 1995.
66. Mike Budd, Steve Craig e Clay Steinman fazem uma crítica estimulante desses fenômenos em *Consuming Environments: Television and Commercial Culture* (New Brunswick, Nova Jersey: Rutgers University Press, 1999), p. 126.
67. Jerry Mander, *Four Arguments for the Elimination of Television* (1978; reedição, Nova York: Perennial, 2002), p. 13 (a citação da página se refere à reedição).
68. Neal Gabler, *Life: The Movie: How Entertainment Conquered Reality* (Nova York: Knopf, 1998), p. 11.
69. Clay Calvert, *Voyeur Nation: Media, Privacy, and Peering in Modern Culture* (Boulder, Colorado: Westview Press, 2000), pp. 2-3. Calvert observa claramente como é o voyeurismo parasita mediado. Citando a "circularidade" dos programas que transformam pessoas em celebridades, ele observa como "*Extreme Makeover* claramente combina o gesto de transformar membros de uma platéia em celebridades de televisão verdadeiras quando modifica a aparência delas para que se adequem à imagem convencional da beleza das celebridades.
70. www.iconoclaststv.com. Em 5 de agosto de 2005, o programa *20/20*, da ABC, mostrou um quadro com seis jovens — quatro deles diziam que a Grey Goose era sua vodca favorita — fazendo um teste sobre gosto de vodcas. Nenhum deles escolheu sua marca favorita. A vodca, assim como os tijolos, é um genérico, e as empresas que a comercializam sabem que a lealdade do consumidor se deve à imagem, e não ao gosto. Inclusive os "iconoclastas" inteligentes da campanha da Grey Goose.
71. Jesse Lichtenstein, "The Wired World: The Real Orkut", *The New Yorker*, 29 de março de 2004. Sites semelhantes incluem o Friendster e o MySpace, bem como

o novo Wallop, da Microsoft, todos eles espaços virtuais onde jovens se integram por meio de mensagens instantâneas e interagem. O Orkut vende uma intimidade e confiabilidade que não merece ao fazer o site "apenas por meio de convites" e sugerir que, como você tem uma relação com pelo menos um outro membro, o site é o que Kevin Roberts consideraria uma marca de confiança.

72. A Yahoo! também usa um ator vestido com uma armadura do lado de fora do teatro, com um anúncio da Yahoo Mail Spamguard. Recentemente, os hotéis Hilton patrocinaram *Chitty Chitty Bang Bang* (apresentada no Teatro Hilton) em Nova York. A Turtle Wax patrocinou (o fracassado show) *Good Vibrations*, enquanto o Visa patrocinou a turnê nacional de *Movin' Out*. Veja Stuart Elliott, "On Broadway, Ads Now Get to Play Cameo Roles", *New York Times*, 22 de abril de 2005.
73. Peter T. Kilborn, "The Five-Bedroom, Six-Figure Rootless Life", *New York Times*, 1º de junho de 2005.
74. Ibid.
75. Esses temas são explorados em William Safire, "Goodbye to Privacy", *New York Times Book Review*, 10 de abril de 2005, uma crítica a *No Place to Hide*, de Robert O'Harrow Jr.
76. Adam Gopnik, "Times Regained: How the Old Times Square was made new", *The New Yorker*, 22 de março de 2004.
77. Alissa Quart, *Branded: The Buying and Selling of Teenagers* (Nova York: Basic Books, 2004), pp. 126-127. "Em apenas um ano, de 2000 a 2001, o número de cirurgias estéticas feitas em adolescentes de 18 anos ou menos aumentou 21,8%, de 65.231 para 79.501. Quase 306 mil das 77 milhões de cirurgias plásticas realizadas em 2000 nos Estados Unidos foram feitas em crianças e adolescentes. De acordo com a Sociedade Americana de Cirurgiões Plásticos (ASPS), a cirurgia para aumento dos seios foi a terceira mais popular entre pessoas de 18 anos ou menos em 2000, quando 3.682 meninas fizeram essa operação. No mesmo ano, os narizes de 29.700 adolescentes foram modificados, 95.097 adolescentes fizeram peeling químico, 75.154 jovens faces tiveram marcas retiradas cirurgicamente e 45.264 crianças fizeram depilação a laser" (p. 114).
78. Roberts, *Lovemarks*, p. 68.
79. Veka www.dga.com.
80. Roberts, *Lovemarks*, p. 87.
81. Harry Frankfurt argumenta em seu pequeno livro *On Bullshit* Princeton (Nova Jersey: Princeton University Press, 2005) que besteira é pior do que mentira e que a mentira pelo menos reconhece a verdade da qual se distancia, enquanto a besteira não se importa com a verdade. É neste sentido que a propaganda de marcas distorce a realidade.
82. Roberts, *Lovemarks*, p. 57.

83. Como é apropriado que essa pintura — há muito tempo considerada um item de "marca" — tenha sido roubada do Museu Munch, em Oslo, Noruega.
84. Marc Peyser, "Absolutely the Pitts", *Newsweek*, 12 de abril de 2004. Kate Winslet permitiu que sua foto na capa da *GQ* de fevereiro de 2003 fosse retocada e então mais tarde, numa entrevista, repreendeu mulheres que tentam alcançar um ideal não realista de sensualidade. Vea Hugh Davies, "The Secret of Slimline Kate", *London Telegraph*, 1º de outubro de 2003, disponível em www.telegraph.co.uk/news/main.jhtml?xml=/news/2003/01/10/nkate10.xml.
85. Don Kaplan, "Make a 'Face': The ugly side of getting movie-star looks", *New York Post*, 18 de abril de 2005.
86. Martha Minow, *Partners, Not Rivals: Privatization and the Public Good* (Boston: Beacon, 2002), p. 15. Como Minow escreve, "recue e observe os limites [entre educação e comércio] ficando imprecisos" (p. 21).
87. Daniel Kraker, "Private Names, Public Spaces", postado por PopPolitics.com, 30 de agosto de 2002, disponível em www.poppolitics.com/articles/printerfriendly/2002-08-30-namingrights.shtml.
88. Ibid.
89. Fred Gehrung, "Hey, Sports Fans, Guess What We've Named Your Stadium", *New York Times*, 10 de julho de 2005.
90. Kraker, "Private Names, Public Spaces".
91. Gehrung, "Hey, Sports Fans".
92. Kraker, "Private Names, Public Spaces".
93. Murray Chass, "Advertising Casting Its Web Over Young Fans at the Park", *New York Times*, 6 de maio de 2004.
94. Kraker, "Private Names, Public Spaces".
95. Katie Zezima, "A Bill to Sell Park Names", *New York Times*, 10 de maio de 2003.
96. Strawberry Saroyan, "Christianity, the Brand", *New York Times Magazine*, 6 de abril de 2006.
97. Roger Cohen argumenta que vender a democracia como uma marca é algo que tem uma longa história, que remonta à venda do Plano Marshall numa série de filmes realizados depois da Segunda Guerra Mundial. Veja seu "Democracy as a Brand: Wooing Hearts, European or Muslim", *New York Times*, 16 de outubro de 2004. Cohen acha que temos muito a aprender com a série de filmes chamada "Selling Democracy: Films of the Marshall Plan, 1948-53", exibida em Nova York em 2004.
98. Citado por William Safire em "Brand", *New York Times Magazine*, 10 de abril de 2005.
99. Citado em John Cassidy, "The Ringleader", *The New Yorker*, 1º de agosto de 2005, p. 47.
100. Citado em "Rebranding America", *The Weekly Standard*, 1º de março de 2004.

101. John M. McNeel, "America, spare Arabs the spin", *International Herald Tribune*, 9 de junho de 2005. Na verdade, a virada do Negócios para Ação Diplomática/McNeel é mais ou menos a mesma coisa que a virada dos EUA, e tem tido pouco impacto. Veja também Naomi Klein, "Can Democracy Survive Bush's Embrace?", *The Nation*, 28 de março de 2005.
102. Gobé, *Citizen Brand*, p. 230. Gobé cita como exemplos a iniciativa da Verizon de oferecer minutos grátis, depois do 11 de Setembro, a clientes do nordeste, para "ajudá-los a encontrar conforto no apoio de amigos e famílias nesse momento difícil", e a campanha do Merck de medicamentos grátis para idosos.
103. Vanessa O'Connell, "Veteran Beers Helps U.S. Craft Its Message", *Wall Street Journal*, 15 de outubro de 2001.
104. Christopher Marquis, "Promoter of U.S. Image Quits for Wall St. Job", *New York Times*, 30 de abril de 2004.
105. Numa viagem ao Oriente Médio em setembro de 2005, Hughes apresentou-se repetidamente às mulheres muçulmanas como "uma mãe trabalhadeira" que compreendia as necessidades das mulheres — como se os EUA fossem uma mãe trabalhadeira zelando pelas mulheres do Oriente Médio. Entretanto, as mulheres não compraram a história, insistindo em falar sobre a arrogância cultural dos EUA (em sua escala em Riad) e sobre a guerra no Iraque (na Turquia).
106. Citado em Brian Knowlton, "Humility has its uses, new U.S. envoy signals", *International Herald Tribune*, 15 de agosto de 2005.
107. Veja Steven R. Weisman, "Bush Confidante Begins Task of Repairing American Image Abroad", *New York Times*, 21 de agosto de 2005. A reportagem da *Newsweek* tornou-se uma causa nobre, não porque foi refutada, mas porque não estava totalmente bem documentada. Não há dúvida de que, embora possa ter causado certo constrangimento à *Newsweek*, isto não serviu muito para compensar o constrangimento bem maior que as verdades bem documentadas sobre a Baía de Guantánamo e a prisão de Abu Ghraib causaram nos americanos.
108. Citado em Brian Knowlton, "Humility has its uses, new U.S. envoy signals".
109. George Lakoff, *Don't Think of an Elephant: Know Your Values and Frame the Debate* (White River Junction, Vermont: Chelsea Green Publishing, 2004). O volume fino de Lakoff tem um prefácio do presidente do Comitê Nacional Democrata, Howard Dean.
110. O poder global da marca Coca-Cola já acomoda uma série de fórmulas diferentes para se adequar aos gostos de variadas culturas onde a empresa faz negócios. Nos anos 1930, a empresa vendeu Coca-Cola na Alemanha nazista modificando a tampinha e, até certo ponto, dissociando-se de sua imagem "americana".
111. Veja Clay Risen, "Remaindered: The Decline of Brand America", *The New Republic*, 11 de abril de 2005. Para mais informações, consulte Simon Anholt e Jeremy Hildreth, *Brand America* (Londres: Cyan Communications, 2005).

112. Risen, "Remaindered".
113. Citado em Murray Campbell, "Asterix Promoting McBurgers in France", *Globe & Mail* (Toronto), 24 de janeiro de 2002. Meu relato aqui segue a excelente reportagem de Campbell.

6 Homogeneizando a sociedade: O fim da diversidade

1. Apresentei a epígrafe com uma pequena variação em relação à versão original, que diz: "As artes, a literatura e as ciências, menos despóticas mas talvez mais poderosas, lançam buquês de flores sobre as correntes que pesam sobre elas. Esmagam sobre o peito dos homens o sentido original da liberdade, para o qual parecem ter nascido, fazem-nos amar sua própria escravidão e, portanto, fazem deles o que é chamado de povo civilizado" (Jean-Jacques Rousseau, "A Discourse on the Arts and Sciences", em O Contrato Social e Discursos [Nova York: Random House, 1993; incluído primeiramente em Everyman's Library, 1931], p. 5).
2. Alexis de Tocqueville, A Democracia na América, vol. 2 (Paris, 1864), p. 151, citado por Max Horkheimer e Theodor Adorno, Dialética do Esclarecimento (publicado primeiramente em alemão, em 1944; Nova York: Continuum, 1993), p. 133.
3. Michel Foucault, Vigiar e Punir*: The Birth of the Prison* (Nova York: Vintage Books, 1995; publicado originalmente em Londres, 1977), p. 177. Foucault argumenta que o poder já não pode ser retratado em termos negativos, num sentido que exclua, reprima, censure; em vez disso, ele "produz realidade; produz domínios de objetos e rituais de verdade" (p. 194).
4. Ibid., p. 201. Foucault usou a mesma metáfora de Max Weber, considerando o sistema panóptico uma "gaiola cruel, engenhosa", parecida com minha própria metáfora da armadilha do macaco africano.
5. Horkheimer e Adorno, *Dialectic of Enlightenment*, p. 121.
6. Herbert Marcuse, *One-Dimensional Man: Studies in the Ideology of Advanced Industrial Society* (Boston: Beacon Press, 1964), p. xv.
7. Ibid., p. 3.
8. Ibid., p. xv. Marcuse era um pensador sutil e havia limitado seu uso do termo *falsa consciência*. Ele falava apenas de "falsas necessidades" que eram "a maioria das necessidades prevalescentes de relaxar, divertir-se, comportar-se e consumir de acordo com a propaganda, amar e odiar o que os outros amam e odeiam" (p. 5). Ainda assim, Marcuse caiu num paradoxo — consciência que de alguma forma não era realmente consciente, e uma forma de totalitarismo que "pode ser compatível com um 'pluralismo' de partidos, jornais, 'poderes equivalentes'" (embora o pluralismo e o totalitarismo fossem antônimos) (p. 3).
9. Num ensaio provocativo chamado "Tolerância Repressiva", Marcuse havia até argumentando que "a tolerância universal torna-se questionável quando sua lógi-

ca já não prevalece, quando a tolerância é administrada a indivíduos manipulados e doutrinados que imitam, como se fosse deles próprios, a opinião de seus mestres, para os quais a heteronomia se tornou autonomia" (Marcuse, "Repressive Tolerance", em R. P. Wolff, Barrington Moore, Jr., e Herbert Marcuse, *A Critique of Pure Tolerance* [Boston: Beacon Press, 1965], p. 90).

10. Paul Berman, *Power and the Idealists; Or, The Passion of Joschka Fischer and Its Aftermath* (Brooklyn, N.Y.: Soft Skull Press, 2005), p. 39. Esse tipo de retórica foi especialmente popular na França, onde E. Ionesco foi citado afirmando em 1960 que "o mundo dos campos de concentração... não era uma sociedade excepcionalmente monstruosa. O que vimos ali foi a imagem, e num certo sentido a quinta-essência, da sociedade infernal na qual estamos mergulhados hoje" (citado com aprovação em Marcuse, *One-Dimensional Man*, p. 80).
11. Eric Hoffer, *The True Believer: Thoughts on the Nature of Mass Movements* (Nova York: Perennial Classics, 2002; publicado originalmente por Harper & Row, 1951).
12. Douglas Atkin, *The Culting of Brands: When Customers Become True Believers* (Nova York: Portfolio, 2004), p. 202.
13. Matthew W. Ragas e Bolivar J. Bueno, *The Power of Cult Branding: How 9 Magnetic Brands Turned Customers into Loyal Followers (and Yours Can, Too!)* (Roseville, Califórnia: Prima Publishing, 2002); Douglas B. Holt, *How Brands Become Icons: The Principle of Cultural Branding* (Boston: Harvard Business School Press, 2004).
14. Marc Gobé, *Citizen Brand: 10 Commandments for Transforming Brands in a Consumer Democracy* (Nova York: Allworth Press, 2002), p. 230.
15. David George, *Preference Pollution: How Markets Create the Desires We Dislike* (Ann Arbor: University of Michigan Press, 2001), p. 13.
16. Juliet Schor, *The Overspent American: Why We Want What We Don't Need* (Nova York: Harper Perennial, 1999).
17. Harry G. Frankfurt, "Freedom of the Will and the Concept of a Person", *Journal of Philosophy*, vol. 68, nº. 1 (1971), pp. 5-20.
18. Michael Walzer, *Spheres of Justice: A Defense of Pluralism and Equality* (Nova York: Basic Books, 1983), pp. xiv-xv.
19. Ibid., p. 8.
20. Kathryn Harrison, "'On Desire': I Am, Therefore I Want", crítica de *On Desire: Why We Want What We Want*, de William B. Irvine (Nova York: Oxford University Press, 2005), *New York Times Book Review*, 6 de novembro de 2006.
21. David Carr, "I Want My Ubiquitous Conglomerate", *New York Times*, 7 de novembro de 2005.
22. Johnnie L. Roberts, "Small TV, Big War", *Newsweek*, 24 de outubro de 2005, comentando sobre o negócio Apple-Disney que permite a iPods veicular conteúdos da Disney/ABC, tais como *Desperate Housewives* e *Lost*.

23. Alan Riding, "Unesco Adopts New Plan Against Cultural Invasion", *New York Times*, 21 de outubro de 2005.
24. Um jovem esperto chamou a atenção do marketing ao cunhar o termo "Bumvertising" para vender uma versão diferente da marca: ele se especializou em recrutar sem-teto ("bums") para que desistam de mendigar para exibir disfarçadamente mercadorias: estimular o desejo em vez de mendigar como uma nova forma de marketing *buzz*. Veja Claudia Rowe, "'Bumvertising' stirs debate", *Seattle Post-Intelligencer*, 13 de setembro de 2005.
25. Margaret Webb Pressler, "Coming to One's Senses", *Washington Post National Weekly Edition*, 27 de fevereiro–5 de março de 2006. Pressler relata que "a AriZona Beverage Co. está à frente de uma nova onda de embalagens de alta tecnologia [o aroma na tampa da garrafa!] em produtos de consumo. Como as pessoas ignoram cada vez mais os comerciais e dividem sua atenção entre muitos tipos de mídia, a televisão tradicional, o rádio e a propaganda impressa estão perdendo eficiência, e os marqueteiros vão eleger alvos nos cinco sentidos quando possível à procura de novas maneiras de ser notados. Uma maneira promissora parece ser ter como alvo tantos dos cinco sentidos quanto possível, via embalagens."
26. Campbell Robertson, "It Had to Happen (or Did It?); Ads at the Theater", *New York Times*, 24 de maio de 2006.
27. Doreen Carvajal, "Advertisers Count on Sheep to Pull Eyes Over the Wool", *New York Times*, 24 de abril de 2006.
28. Veja George Gilder, *Telecosm: The World After Bandwidth Abundance* (Nova York: Touchstone, 2002). "Technology Reports", de Gilder, continua a seguir essas tendências.
29. Citado em Seth Schiesel, "For Online Star Wars Game, It's Revenge of the Fans", *New York Times*, 10 de dezembro de 2005. Ainda que ponha à prova a precisão dos limites entre a realidade virtual e a rotina diária, explorados no capítulo 4, esse exemplo indica como o próprio tempo tem sido alterado para se acomodar virtualmente como um substituto da realidade.
30. Adam L. Penenberg, "The Fight Over Wireless: Will we get Internet access from big government or big business?", revista *Slate* (www.slate.com), 24 de outubro de 2005. A maior parte da atenção motivada pela conexão sem fio municipal tem sido dada à batalha entre empresas que instalam fios, como Verizon, Sprint e AT&T, e as operadoras de banda larga que as substituiriam. O impacto social da conexão sem fio universal tem sido relativamente ignorado além do fato de que altera necessidades óbvias, como a polícia, e salva provedores de serviços e informações.
31. Robert Kuttner, *Everything for Sale: The Virtues and Limits of Markets* (Nova York: Alfred A. Knopf, 1997), p. 3.
32. Ibid.

33. A questão foi amplamente discutida na mídia e criticada pela Sociedade Americana de Editores de Revistas. A Target, fundada em Minnesota, em 1962, situava-se desde o início como uma loja de bom gosto e mediana, que dava descontos. Associou-se a designers de moda como Isaac Mizrahi e o arquiteto pós-moderno Michael Graves, e tornou seu logotipo — um alvo — sinônimo de loja de descontos para a classe média. Antes da experiência na *New Yorker*, havia comprado toda uma edição da revista *People*. Veja Bryan Curtis, "Target: Discount retailer goes to *The New Yorker*", revista *Slate* (www.slate.com), 17 de agosto de 2005.
34. Houve uma campanha em Nova York para colar adesivos no sistema de metrô para anunciar a mais nova versão de MSN, MSN 8, da Microsoft. A prefeitura ordenou que os adesivos fossem retirados. Para detalhes, veja Margaret Kane, "Microsoft decals don't stick in NYC", CNETNews.com, 25 de outubro de 2002, disponível em http://news.com.com/2100-1023- 963330.html.
35. Michael Barbaro, registrando às 00h05min a abertura da CompUSA, em Manhattan, um dia depois do Dia de Ação de Graças: "Dawn Rush Hints at Strong Start to Holiday Sales", *New York Times*, 26 de novembro de 2005. Um ensaio que complementava a reportagem, na seção de negócios, observava que as compras durante a madrugada se tornaram uma norma no feriado (Melanie Warner, "The Doorbusters", *New York Times*, 26 de novembro de 2005.
36. Citado por Nathan Dungan em "Media Habits May Lead to Over-Spending", 25 de outubro de 2005, disponível em www.foxreno.com/money/5171041/detail.html.
37. Ibid.
38. Kelly Kahl, citada em Marc Peyser, "TV: Changing Their Tune", *Newsweek*, 17 de outubro de 2005.
39. Gavin O'Malley, "Yahoo!, OMD: Global Youth Get Music Fix on Web", Online Media Daily, 27 de setembro de 2005, disponível em http://publications.mediapost.com/index.cfm?fuseaction=Articles.showArticleHomePage&art_aid=34498. O estudo analisou jovens de 13 a 24 anos em onze países e foi divulgado em setembro de 2005. Outro estudo, da Mediamark Research, descobriu que "quase 60% das crianças com idades entre 6 e 11 anos usam a internet pelo menos uma vez por mês, e... aproximadamente uma em cada doze faz isso diariamente". Esse estudo também relatou que 42,6% dos jovens jogam jogos *online* pelo menos uma vez por mês e que 84,2% dos jovens consultados jogam videogames todo mês, dos quais um quinto joga todos os dias — 30% meninos e 11,1% meninas (Shankar Gupta, "One in 12 Kids Visits Web Daily", 22 de novembro de 2005, Online Media Daily, 22 de novembro de 2005, disponível em http://publications.mediapost.com/index.cfm?fuseaction=Articles.san&s=36586&Nid=16742&p=335276).
40. Nat Ives, "No Skipping: Children Still Watch TV Ads", www.MediaWorks.com, 21 de novembro de 2005.

41. Peyser, "TV: Changing Their Tune".
42. Dungan, "Media Habits May Lead to Over-Spending".
43. Jodi Kantor, "The Extra-Large, Ultra-Small Medium", *New York Times*, 30 de outubro de 2005. Os provedores de conteúdo já reagiram a essas novas realidades oferecendo versões enlatadas e abreviadas da programação regular: edições de quatro minutos de *Desperate Housewives* e *Alias*, juntamente com novas séries originais chamadas "mobisodes", que "oferecem cinco minutos de ação a cada vez" dessas séries originais criadas para telas minúsculas, portáteis e móveis.
44. Warren Buckleitner, editor da *Children's Technology Review*, comentando o novo jogo para bebês V.Smile, citado em Tamar Lewin, "See Baby Touch a Screen, But Does Baby Get It?", *New York Times*, 15 de dezembro de 2005.
45. Veja Lewin, "See Baby Touch a Screen". Lewin cita especialistas que concordam, apesar das "vastas experiências não controladas com nossas crianças e bebês que crescem em casas saturadas de mídia eletrônica", que "não existe um educador capaz de discordar da noção de que o concreto e o real são sempre melhores". Mas são sempre menos lucrativos.
46. Michael Barbaro, "Mommy, Help Me Download 'Farmer in the Dell' to My MP3 Player", *New York Times*, 11 de fevereiro de 2006.
47. As citações e os dados são de Derrick Z. Jackson, "Why Obesity Is Winning", *Berkshire Eagle*, 24 de agosto de 2005.
48. Ibid. O Centro para Ciência no Interesse Público está processando a indústria de bebidas, tentando proibir em escolas máquinas de refrigerantes que vendem bebidas como Coca-Cola e Pepsi e que contribuem para a obesidade dos jovens em todo o país. Mas metade das escolas públicas dos EUA (incluindo 70% das escolas secundárias) tem contratos exclusivos com empresas de bebidas, que lhes garantem uma renda significativa.
49. Marian Burros, "Federal Advisory Group Calls for Change in Food Marketing to Children", *New York Times*, 7 de dezembro de 2005. O grupo de consultoria federal Instituto de Medicina de Academias Nacionais apresentou ao Congresso "provas convincentes que ligam a propaganda de alimentos na televisão ao aumento da obesidade infantil".
50. Jeffrey Gettleman, "As Young Adults Drink to Win, Marketers Join In", *New York Times*, 16 de outubro de 2005.
51. Ibid. A homepage em www.collegedrunkfest.com anuncia que "este site contém nudez, violência, linguagem explícita e tudo mais que sua mãe nunca deixaria você ver". Entre anúncios pornográficos e promoções especiais de bebidas ("Absinto Extremo", da República Tcheca, com 70% de álcool por volume) podem ser encontradas regras para centenas de jogos com bebidas.
52. April Lane Benson, ed., *I Shop, Therefore I Am* (Northvale, Nova Jersey: Jason Aronson, 2000).

53. Gregory Karp, "Shopping addiction no laughing matter", *Chicago Tribune*, edição *online*, 13 de março de 2005.
54. *The Overspent American*, de Schor, é a obra mais reflexiva e séria. Outras, na maioria dirigidas a mulheres, incluem Karen O'Connor, *Addicted to Shopping . . . and Other Issues Women Have With Money* (Eugene, Oregon: Harvest House Publishers, 2005); Benson, ed., *I Shop, Therefore I Am*; Carolyn Wesson, *Women Who Shop Too Much: Overcoming the Urge to Splurge* (Nova York: St. Martin's Press, 1990); e Olivia Mellan, *Overcoming Overspending: A Winning Plan for Spenders and Their Partners* (Nova York: Walker & Co., 1995). *Pattern Recognition* (Nova York: G. P. Putnam's Sons, 2003), de William Gibson, e *Jennifer Government: A Novel* (Nova York: Doubleday, 2003), de Max Barry, oferecem dois provocativos relatos ficcionais de vício em compras numa sociedade comercial totalizante.
55. Veja www.proctor.org and www.addictionrecov.org/index2.htm.
56. Procure por vício em Yahoo! Health.
57. Robert D. Manning, *Credit Card Nation: The Consequences of America's Addiction to Credit* (Nova York: Basic Books, 2000). O impacto desse "vício" nos jovens é retratado graficamente em Tamara Draut, *Strapped: Why America's 20- and 30-Somethings Can't Get Ahead* (Nova York: Doubleday, 2006).
58. Sarah Kershaw, "Hooked on the Web: Help Is on the Way", *New York Times*, 1º de dezembro de 2005.
59. Ibid. Internet/Computer Addiction Services apresenta 15 "sintomas" ou sinais de perigo de vício, o que inclui uma incapacidade de dizer quanto tempo é gasto no computador, um sentimento de euforia enquanto se está *online*, ânsia de passar mais tempo no computador, negligenciar família e amigos e ficar inquieto e irritado quando não se está no computador (veja www.icaservices.com).
60. De acordo com www.addictions.co.uk, "a pesquisa sobre hábitos de compras feita pela Mintel, uma analista de mercado, perguntou a mais de mil pessoas em qual dessas categorias elas se encaixavam: viciado, feliz, decidido, relutante ou obstinado. Descobriu que o número de viciados em compras deu um salto. Vinte e dois por cento das pessoas consultadas admitiram o vício, contra 18% em 1993. Mas, enquanto apenas 15% dos homens disseram ser viciados, 29% das mulheres admitiram o mesmo". Embora esses números do que claramente não chega a ser uma pesquisa científica pareçam suspeitos, eles indicam como o problema é visto com seriedade na Grã-Bretanha. A pesquisa, agora defasada, está em www.mintel.co.uk.
61. Em www.addictions.co.uk/statistics.asp#30.
62. "Addiction to shopping becomes a serious mental disorder", *Pravda*, 23 de setembro de 2005, disponível em http://english.pravda.ru/society/family/23-09-2005/8951-shopping-0. A maioria dos dados deste material não pode ter sua autenticidade verificada, e na melhor das hipóteses é jornalisticamente indicativa,

não podendo ser considerada definitiva. Este artigo popular da Rússia atribui o problema com as compras principalmente a fatores psicológicos como "falta de cuidados e carência afetiva" na infância. Mas reconhece que, embora "o vício em comprar seja uma doença psicológica do futuro", ele também está ligado à "capacidade de comprar" das novas sociedades de mercado, que está "aumentando juntamente com o número de serviços. Não é segredo que o vício de comprar é comum em países com economias estáveis. Poder-se-ia depreender que economias estáveis geram mais compradores".

63. Kershaw, "Hooked on the Web".
64. Citada em Schiesel, "For Online Star Wars Game, Its Revenge of the Fans".
65. Kershaw, "Hooked on the Web".
66. O material aqui provém de Kershaw, "Hooked on the Web".
67. David Barboza, "Ogre to Slay? Outsource It to Chinese", *New York Times*, 9 de dezembro de 2005. Esses dados freqüentemente incluem repetidos acessos ao sistema e podem representar o que, de acordo com uma notícia da AP, são 20 milhões de jogadores regulares jogando os chamados MMORPGs, ou Massively Multiplayer Online Role-Playing Games (Peter Svensson, "Telecommuting to a brave new world: The rise of virtual jobs", notícia da AP em *Metro*, 7 de novembro de 2005).
68. Kershaw, "Hooked on the Web".
69. Veja Debtors Anonymous General Service Board, Inc., *A Currency of Hope* (Needham, Massachusetts: Debtors Anonymous, 1999).
70. Heather Hatfield, "Shopping Spree, or Addiction?", WebMD.com, 23 de novembro de 2004, disponível em www.webmd.com/content/article/97/104241.htm.
71. Mellan, *Overcoming Overspending: A Winning Plan for Spenders and Their Partners*.
72. Em meu livro *Jihad X McMundo* (edição revista, Nova York: Random House, 2001), relatei os esforços da Coca-Cola Company, descritos em seu relatório corporativo anual de 1992, para dominar o mercado de bebidas na Índia fazendo uma "guerra" contra a cultura indiana do chá.
73. James Ridgeway, *It's All for Sale: The Control of Global Resources* (Durham, Carolina do Norte: Duke University Press, 2004), p. xvii.
74. Ibid.
75. Marcuse, O Homem Unidimensional, p. 57.
76. O marketing *buzz* é um exemplo típico da atração do consumismo pela reprodução. Como já vimos, usa tipicamente um marketing de colega para colega, disfarçado, para vender a jovens novas modas que, quando são vendidas dessa maneira, se tornam modas comuns. O resultado é menos variedade, e não mais variedade.
77. A Canadian department store advertising slogan, cited by Naomi Klein, *No Logo: Taking Aim at the Brand Bullies* (New York: Picador, 2000), p. 119.

78. Horkheimer e Adorno, *Dialectic of Enlightenment* (A dialética do Esclarecimento), p. 121.
79. Título de um best-seller pop-psicológico do Dr. Thomas A. Harris publicado primeiramente em 1969.
80. Marcuse, *One-Dimensional Man*, p. 75.
81. Ibid., p. 57.
82. Veja o clássico retrato, feito por Tom Wolfe, dos radicais chiques em seus ensaios *Radical Chic & Mau-Mauing the Flak Catchers* (Nova York: Farrar, Straus and Giroux, 1970).
83. Horkheimer e Adorno, *Dialectic of Enlightenment*, p. 121.
84. Neil Postman, *Amusing Ourselves to Death: Public Discourse in the Age of Show Business* (Nova York: Penguin Books, 1986), p. vii.
85. Ibid.

7 Resistindo ao consumismo: O capitalismo pode curar-se?

1. Jackson Lears, *Fables of Abundance: A Cultural History of Advertising in America* (Nova York: Basic Books, 1994), p. 9.
2. Com a simples sabedoria do asceta, Rousseau escreveu que "o que nos torna miseráveis como seres humanos é a contradição entre nossa situação e nossos desejos, nossos deveres e nossas inclinações, nossa natureza e as instituições sociais entre o homem e o cidadão; torne o homem um só e você o tornará tão feliz quanto ele consegue ser. Entregue-o inteiramente ao estado ou deixe-o inteiramente por si só; mas, se você dividir seu coração, você o cortará em pedaços" (*Fragments politiques* [Paris: Gallimard, 1964], vol. 2, p. 510.
3. Em *Jihad X McMundo* (edição revista, Nova York: Random House, 2001), observei a ironia desmoralizante do fato de que a pobreza era o único caminho seguro para uma sociedade se salvar do McMundo e de seu consumismo totalizante.
4. Citado em John Burns, "Al Qaeda Ally Declares All-Out War on Iraqi Elections", *New York Times*, 23 de janeiro de 2005.
5. Na crítica de Damon Linker a Neuhaus, intitulada "Without a Doubt: A Catholic priest, a pious president, and the Christianizing of America", em *The New Republic*, 3 de abril de 2006. O livro que Linker criticou é Richard John Neuhaus, *Catholic Matters: Confusion, Controversy, and the Splendor of Truth* (Nova York: Basic Books, 2005). O controverso simpósio *First Things* de Neuhaus teve contribuições de Robert H. Bork, Charles W. Colson (que pede "algum tipo de confronto direto, extrapolítico") e Robert P. George.
6. Em *Jihad X McMundo*.
7. Veja Paul M. Kennedy, *The Rise and Fall of the Great Powers: Economic Change and Military Conflict from 1500 to 2000* (Nova York: Vintage Books, 1989). Os

limites do argumento da creolização, discutidos abaixo, ficam evidentes no fato de que a avaliação de Kennedy sobre a dominação japonesa provou ser exagerada, enquanto os Estados Unidos mostraram ser um líder mais difícil de ser superado do que ele havia sugerido.

8. David Howes, ed., *Cross-Cultural Consumption: Global Markets, Local Realities* (Londres: Routledge, 1996), p. 7.
9. Constance Classen e David Howes, "Epilogue: The Dynamics and Ethics of Cross-Cultural Consumption", em Howes, ed., *Cross-Cultural Consumption*, p. 182. Veja também Ulf Hannerz, *Cultural Complexity: Studies in the Social Organization of Meaning* (Nova York: Columbia University Press, 1992).
10. Tyler Cowen, *Creative Destruction: How Globalization Is Changing the World's Cultures* (Princeton, Nova Jersey: Princeton University Press, 2002), p. 22. O título de Cowen é retirado de uma descrição do economista clássico Joseph Schumpeter sobre a dialética em que o capitalismo "criativamente" destrói as fases que atravessa enquanto evolui. Para uma crítica detalhada de Cowen, veja minha crítica "Brave New McWorld", *Los Angeles Times Book Review*, 2 de fevereiro de 2003.
11. Cowen, *Creative Destruction*, p. 44.
12. Constance Classen, "Sugar Cane, Coca-Cola and Hypermarkets: Consumption and Surrealism in the Argentine Northwest", em Howes, ed., *Cross-Cultural Consumption*, p. 39. Classen observa que na Argentina rural habitantes acham que a Coca-Cola é um produto local, sugerindo que apesar da cultura comercial universal, a América Latina "está longe de ser delatinizada", em razão da capacidade de "incorporar seletivamente os produtos e as tecnologias do mercado global enquanto sustenta uma identidade local forte e distinta" (p. 53). Como argumentarei abaixo, isto parece exagerado, mas é pelo menos parcialmente verdadeiro.
13. Scott Wilson, "Israeli Pop Singer Rocks Ultra-Orthodox Community", *Miami Herald International Edition*, 2 de janeiro de 2006. Como 700 mil dos sete milhões da população de Israel são ultra-ortodoxos, e Elbaz vendeu mais de 80 mil cópias de seu CD campeão de vendas *Meanings*, sua influência parecer ser real.
14. Ibid.
15. De www.visualcliff.net.
16. A canção era "Who Can Bwogo Me", da dupla de rap GidiGidi MajiMaji. Veja Marc Lacey, "To the Beat of a Hit Song, the New Kenya Sends Spirits off the Charts", *New York Times*, 16 de fevereiro de 2003. A canção começa com "I am unbwogable / I am unbeatable / I am unuseable / So if you like my song / Take it from me / Who can bwogo me / I am unbwogable".
17. Klaus Farin, ed., *Die Skins: Mythos und Realität* (Berlim: Ch. Links, 1997). Citado em Timothy Scott Brown, "Subcultures, Pop Music and Politics: Skinheads and 'Nazi Rock' in England and Germany", *Journal of Social History*, vol. 38, nº 1

(2004), pp. 157-178. Selos como Rock-O-Rama e White Noise Club promoveram essa música nos anos 1970. O manifestante de direita Stuart Donaldson teve um papel crucial na aproximação entre o movimento *skinhead* inglês e a direita neonazista ultranacionalista alemã, mais política.

18. Citado em Brown, "Subcultures, Pop Music and Politics". Para mais detalhes veja Devin Burghart, ed., *Soundtracks to the White Revolution: White Supremacist Assaults on Youth Music Subcultures* (Chicago: Center for New Community, 1999). A conexão americana é explorada em "White-Power Rock 'n' Roll: A Growing Industry", em Jeffrey Kaplan e Tore Bjørgo, eds., *Nation and Race: The Developing Euro-American Racist Subculture* (Boston: Northeastern University Press, 1998).
19. A Mecca-Cola foi introduzida na França em 2002 por Tawfiq Mathlouthi. A campanha publicitária incluía filmes com imagens verdadeiras (um anúncio mostrava imagens dramáticas de um pai palestino tentando proteger seu filho antes de ser morto num fogo cruzado) e uma contribuição de 10% dos lucros para ajuda aos palestinos. A Arábia Saudita encomendou cinco milhões de garrafas, e houve outros pedidos vindos do Oriente Médio, do Paquistão, da China, da Rússia e até dos Estados Unidos. Veja Gretel C. Kovach, "Cola: 'Pepsi' for Palestine", *Newsweek*, 16 de dezembro de 2002.
20. Deborah Sontag, "The Ambassador", *New York Times*, 29 de janeiro de 2006. Assim como muitos astros coreanos, Rain atua em novelas na televisão.
21. Veja a discussão em meu livro *Jihad X McWorld*.
22. Isto de acordo como Brotin Banerjee, vice-presidente de marketing da Barista. Banarjee acrescenta: "Com a liberalização da economia, há um grande número de jovens indianos com bons empregos e rendas atraentes. Muitos ainda moram com os pais. Portanto, sua renda está amplamente disponível e eles precisam gastá-la em alguma coisa. Por que não num café gastronômico?" (Parija Bhatnagar, "Starbucks: A passage to India", *CNN/Money*, 11 de novembro de 2004, disponível em http://money.cnn.com/2004/10/28/news/fortune500/starbucks_india.
23. Veja Jamie James, "Battle of Borobudur", *Time Asia*, 27 de janeiro de 2003.
24. Farish A. Noor, "Youth culture & Islamic intelligentsia: Ignoring the popular cultural discourse", *Muslimedia*, abril—agosto de 1996. Noor conclui com esse apelo: "Não deixem que um dia, no futuro, os eminentes ulemás e doutores das universidades e centros de estudos islâmicos acordem e percebam que os grandes projetos ideológicos foram frustrados por algo (aparentemente) inócuo, como uma boneca Barbie sorridente."
25. "Bible Studies at *The Moorings*: Three Crises in Growing Up", do site cristão www.themoorings.org/life/family/crises/ycult.html. Salvo a hipérbole fundamentalista, o site está certo ao insistir que "a força condutora... por trás da cultura jovem é a ambição", com uma "indústria de entretenimento que cobiça dinheiro", porque compreende que "o pecado é lucrativo".

26 Aqueles que querem uma introdução à perspectiva de Mikhail Bakhtin sobre carnavais, vejam Lauren Langman and Katie Cangemi, "Transgression as Identity", disponível *online* em www.angelfire.com/or3/tss2/transid.html.

27. M. M. Bakhtin, *Rabelais and His World*, tradução de Hélène Iswolsky (Bloomington: Indiana University Press, 1984), p. 10.

28. Lears, *Fables of Abundance*, p. 9.

29. Por esse motivo, embora George Gilder celebre o capitalismo moderno, ele faz isso confundindo suas virtudes protestantes, que ele admira, com suas virtudes recentes, que em geral são diferentes. Veja seu *Wealth and Poverty* (Nova York: Basic Books, 1981).

30. John Fiske, *Reading the Popular* (Boston: Unwin Hyman, 1989), pp. 17-19 em alguns trechos. Veja também a discussão de Thomas Frank sobre Fiske em *The Conquest of Cool: Business Culture, Counterculture, and the Rise of Hip Consumerism* (Chicago: University of Chicago Press, 1997), pp. 17-18.

31. Em seu *A Contemporary Guide to Economics, Peace, and Laughter* (1971), citado em James B. Twitchell, *Lead Us Into Temptation: The Triumph of American Materialism* (Nova York: Columbia University Press, 1999), p. 58.

32. Twitchell, *Lead Us Into Temptation*, p. 286.

33. Ibid., p. 286.

34. Ibid., p. 58. Como testemunho pessoal, Twitchell cita sua afeição por seu carro esportivo Miata (p. 274), o mesmo carro cuja propaganda é citada no capítulo 6 como definidora da moderna identidade com a marca.

35. Frank, *The Conquest of Cool*, p. 9.

36. William Leach, *Land of Desire: Merchants, Power and the Rise of a New American Culture* (Nova York: Vintage Books, 1994), p. 5. A frase pertencia originalmente ao comerciante e pioneiro das lojas de departamentos John Wanamaker.

37. Rem Koolhaas et al., *Mutations*, Koolhaas, "Project on the City", Bordeaux, França, ACTAR, arc en reve, centre d'architecture, sem data, p. 125. Veja também Michael Sorkin, "See You in Disneyland", em Michael Sorkin, ed., *Variations on a Theme Park: The New American City and the End of Public Space* (Nova York: Hill and Wang, 1992).

38. Koolhass et al., *Mutations*, pp. 125-126.

39. Gary S. Cross, *An All-Consuming Century: Why Commercialism Won in Modern America* (Nova York: Columbia University Press, 2000), p. 215.

40. A frase é de Mike Davis, *City of Quartz: Excavating the Future in Los Angeles* (Nova York: Verso, 1990), p. 47.

41. Mike Davis descreve Marcuse como "capaz de fazer uma conexão orgânica com o radicalismo nativo [da Califórnia] que havia escapado à maioria de seus companheiros de exílio nos anos 1940" (*City of Quartz*, p. 54). Davis apresenta a visão de Baudrillard baseado numa entrevista anônima que ele cita.

42. Langman and Cangemi, "Transgression as Identity".
43. Ibid.
44. Twitchell, *Lead Us Into Temptation*, pp. 14-15.
45. Ibid., p. 38. Citando a ironia de Oscar Wilde de que "o único caminho para se livrar da tentação é se render a ela", Twitchell acrescenta que "pelo bem ou pelo mal, foi o que fizemos no último século" (p. 15).
46. Cross, *An All-Consuming Century*, p. 248.
47. Ibid., p. 236.
48. Ibid., p. 175. Cross é um crítico ambivalente e quer compreender por que o consumismo tem sido defendido tão firmemente. "Para muitos intelectuais americanos do início do século XX, o consumismo, em todos as suas formas, refletia a pobreza do desejo, a substituição da excitação, da conformidade e do espetáculo por alegria verdadeira, solidariedade social e realização individual." Mas, escreve Cross — e aqui entra o aspecto carnavalesco —, "o consumismo também foi uma resposta ao desejo, permitindo gratificações não apenas instantâneas, mas múltiplas, que a religião, a política e a educação não conseguiam oferecer separadamente... A cultura de consumo foi e é, como observa James Twitchell, 'o retorno ao pueril, ao cru e ao descontrolado', uma rebelião contra o 'processo de civilização' imposto pela igreja, pela sala de aula e pela etiqueta à mesa de jantar, e uma libertação para a moda, a diversão e a *junk food*" (p. 64).
49. Ibid., p. 31.
50. Lears contrasta "as decepções dos homens confiantes" (em grande parte como o Wild Bill Rockefeller que descrevi no capítulo 2) com "o discurso simples do homem que venceu por seus próprios esforços" (em grande parte como o filho de Wild Bill, John D. Rockefeller), ou seja, o contraste entre "a força espontânea do desejo do consumidor e a condução direcionada para a previsibilidade e o controle" (*Fables of Abundance*, p. 9).
51. Lears, *Fables of Abundance*, p. 10.
52. Ibid., p. 51.
53. Ibid., p. 43. Isto está num capítulo adequadamente chamado "A Lírica da Fartura".
54. Ibid., p. 39. O histórico relato de Lears descreve uma "modernização da mágica" e uma "estabilização da feitiçaria" com o objetivo de "conter o Carnaval". Assim, de acordo com sua visão, "depois de 1900, a quantidade de carne em exibição diminuiu; o corpo grotesco do Carnaval praticamente desapareceu" (p. 117).
55. Essas citações são todas do prefácio de Steven Johnson, *Everything Bad Is Good for You: How Today's Popular Culture Is Actually Making Us Smarter* (Nova York: Riverhead Books, 2005). O foco de Johnson está nos videogames e em seu impacto sobre a inteligência, mas suas alegações são bem mais amplas. Tyler Cowen faz uma celebração do consumismo semelhante, direta, principalmente de sua suposta capacidade de sustentar uma cultura séria, no livro que antecedeu seu *Creative*

Destruction discutido antes, um livro com o apropriado título de *In Praise of Commercial Culture* (Cambridge, Massachusetts: Harvard University Press, 1998).

56. Johnson, *Everything Bad Is Good for You*, pp. 198-199. Para um debate sobre estupidificação, veja Katharine Washburn e John F. Thornton, eds., *Dumbing Down: Essays on the Strip Mining of American Culture* (Nova York: W. W. Norton, 1996).
57. Escrevi sobre o shopping center e o desaparecimento do espaço público em "Malled, Mauled, and Overhauled: Arresting Suburban Sprawl by Transforming Suburban Malls into Usable Civic Space", em Marcel Hénaff e Tracy B. Strong, eds., *Public Space and Democracy* (Minneapolis: University of Minnesota Press, 2001).
58. Sorkin, "See You in Disneyland", p. 208.
59. James C. Scott, *Domination and the Arts of Resistance: Hidden Transcripts* (New Haven, Connecticut: Yale University Press, 1990), p. 176. De fato, em muitos rituais de carnaval, "uma figura que representa o espírito do carnaval é assassinada ritualmente por uma figura que representa a Quaresma, quase como se esta dissesse: 'agora que você se divertiu, devemos voltar à vida religiosa sóbria'" (p. 177).
60. Na coluna regular sobre videogames, na seção de esporte do *Times*, Seth Schiesel escreveu sobre World of Warcraft, um novo videogame interativo jogado simultaneamente por várias pessoas, com mais de 5,5 milhões de assinantes no mundo. O jogo, entusiasma-se Schiesel, envolve "desafios épicos, como conquistar a Cova de Blackwing e seu mestre, o dragão negro Nefarian" (Seth Schiesel, "Kill the Big, Bad Dragon [Teamwork Required]", *New York Times*, 28 de janeiro de 2006). Em outro veículo, Charles Herold analisou o jogo com uma alegria infantil: "Os macacos se espalham quando você derruba seu oponente num telhado baixo onde eles estão resistindo. Numa versão espalhafatosa e cheia de néons da Las Vegas Strip, pedestres assistem confusos quando sua luta de rua é interrompida toda vez que você é jogado para o alto pelo impacto de um carro em velocidade. Você pode lutar até num santuário de dinossauros e jogar seu oponente contra um velociraptor irritado" (Charles Herold, "Mayhem With a Beautiful View", *New York Times*, 1º de janeiro de 2006). Veja também Jonathan Dee, "Joystick Nation: How and why video games conquered music, TV and the movies to become America's *popular* pop culture", *New York Times Magazine*, 21 de dezembro de 2003.
61. Um título *yippie* de Abbie Hoffman com o qual, apesar da piada, ele ganhou mais do que alguns dólares e que ainda está disponível, reimpresso em brochura.
62. Guy Debord, *The Society of the Spectacle* (1967; Nova York: Zone Books, 1995), p. 146.
63. Kalle Lasn, *Culture Jam: The Uncooling of America* (Nova York: Harper Collins [Quill], 1999), p. xi.
64. Ibid., p. 111.

65. Ibid., pp. 111, 113.
66. Ibid., pp. 113, xvi
67. Ibid., pp. 135, 113.
68. Carlo Petrini, ed., *Slow Food: Collected Thoughts on Taste, Tradition, and the Honest Pleasures of Food* (White River Junction, Vermont: Chelsea Green Publishers, 2001); Carl Honoré, *In Praise of Slow: How a Worldwide Movement Is Challenging the Cult of Speed* (Toronto: A. A. Knopf Canada, 2004). O site dos *Adbusters*, www.adbusters.org, também promove *American Mania: When More Is Not Enough*, de Peter C. Whybrow's (Nova York: W. W. Norton, 2005).
69. Uma revista *Adbusters* recente apresentou classificações dos maiores "terroristas" do mundo moderno. Putin, da Rússia, foi o primeiro colocado, seguido de Ariel Sharon (antes do derrame) e do presidente Bush, o número três. Essa tolice não parece ajudar a combater o consumismo, que não é de modo algum uma preocupação apenas da esquerda.
70. É típico da abordagem irônica dos perturbadores um cartão postal dos Adbusters que circula amplamente, tendo na parte da frente uma mancha de poluição cinza e a legenda "repense o que é *legal*" e na parte de trás a mensagem: "Querido Phil [diretor executivo da Nike], belos sapatos. Muito ruins as condições de trabalho. Estou ajudando a construir a antimarca Blackspot e vamos acabar com sua logomarca. Atenciosamente..." Em seguida há um espaço em branco para você assinar seu nome e enviar o cartão para a sede mundial da Nike, em Beaverton, Oregon (o cartão já está endereçado e pronto para ser enviado!).
71. Charles C. Mann, "How Click Fraud Could Swallow the Internet", *Wired*, janeiro de 2006. Mann está mais preocupado com os tipos de fraude cometidos por rivais que clicam repetidamente em sites de concorrentes (a mais de US$ 10 o clique) para afastá-los da internet, mas que, se fossem usados por centenas de milhares de perturbadores, os perturbadores realmente conseguiriam "engolir a internet".
72. Diante de um pedido de informações sobre o sucesso comercial de seus calçados, um gerente de marketing da Blackspot se recusou a divulgar relatórios financeiros e a fazer comentários. Aparentemente, não é possível dirigir uma empresa desse tipo com transparência, o que confirma os temores de críticos de que, quando uma empresa de contracultura busca lucros, é provável que adquira os vícios da cultura que ela critica.
73. Rob Walker, "What's Wrong With Adbusters' New Anti-Nike Campaign?", em www.adbusters.org. No fim das contas, escreve Walker, a campanha da Blackspot parece simplesmente "transmitir uma mensagem superficial sobre o quanto você é anticorporativo (e, portanto, *legal*)... Isto não é precisamente tão vazio quanto a ideologia da logomarca da Nike, que assume que não há melhor maneira de nos expressarmos do que através do logotipo que escolhemos (ou rejeitamos)?"

74. Naomi Klein, citada em William MacDougall, "Just Screw It!: Adbusters takes on the might of Nike", revista *Seven Oaks*, 29 de março de 2004.
75. Lasn, *Culture Jam*, p. 119. É lembrado o slogan de Paris em 1968 "Reformas = Clorofórmio".
76. Frank, *The Conquest of Cool*, p. 7.
77. Thomas Frank, *What's the Matter with Kansas?: How Conservatives Won the Heart of América* (Nova York: Henry Holt, 2005), pp. 248-249.
78. A ironia de "zombar 'do Homem'" é tema de um recente anúncio da Cingular na televisão, no qual um executivo que zomba de si mesmo chega ao trabalho um dia pronto para zombar "do Homem". "Mas você é o homem", protesta sua assistente solícita. "Sim", responde o sujeito relaxado, antenado e que zomba de si mesmo. Pronto! Compre esse telefone *legal*.
79. Michael McCarthy, "Fond Memories of Past Nike Ads," *USA Today*, 16 de junho de 2003. O mesmo *Álbum Branco* de onde saiu "Revolution", com a canção "Helter Skelter", foi supostamente um motivo que estimulou os assassinatos de Charles Manson. O significado não pode ser controlado. Até mesmo os Beatles eram ambivalentes: a letra de "Revolution" diz: "Você diz que quer uma revolução / Bem, você sabe / Todos nós queremos mudar o mundo / Você me diz que isto é evolução / Bem, você sabe / Todos nós queremos mudar o mundo / Mas quando você fala em destruição / Você sabe que não pode contar comigo." Exceto que na canção original o "não" do último verso é em seguida retirado, o que permite a Paul McCartney ter sua revolução e ao mesmo tempo continuar politicamente correto.
80. Citado em John Bickerton, "You Say You Want a Sneaker Revolution", *Underscore*, vol. 1, nº 3 (agosto de 2004), disponível em www.uniquetracks.com/issues/August2004.html#say.
81. Virginia Heffernan, "Earnestly Pursuing the Gentle Art of Nastiness Behind a Radio Microphone", *New York Times*, 12 de janeiro de 2006. Eu destaco o *Times* porque não é a *Rolling Stone* nem algum tablóide contracultural alternativo, mas o principal jornal das famílias americanas e um jornal de categoria.

8 Superando a esquizofrenia cívica: Restaurando a cidadania num mundo de interdependência

1. Immanuel Kant, "What Is Enlightenment?" (O que é Iluminismo?), em *Political Writings*, de Kant, ed, com introdução e notas de Hans Reiss, tradução de H. B. Nisbet (Cambridge: Cambridge University Press, 1970), p. 54.
2. O frontispício de "On Liberty" (1859), de Mill, é retirado de *The Sphere and Duties of Government*, de Karl Wilhelm von Humboldt, traduzido para o inglês em 1854 (Londres: John Chapman).

3. O anúncio da National Advertiser, na revista *Life* de 1916, reimpresso em Jackson Lears, *Fables of Abundance: A Cultural History of Advertising in America* (Nova York: Basic Books, 1994), p. 228.
4. Lears, *Fables of Abundance*, p. 229.
5. Lizabeth Cohen, *A Consumers' Republic: The Politics of Mass Consumption in Postwar America* (Nova York: Alfred A. Knopf, 2003), p. 411. Cohen considera que os críticos não são realistas e sugere que "em vez de fantasiar que é possível se livrar desse consumidor cidadão de duas caras, que ainda é o guardião de nossos portões, deveríamos ser mais sábios para identificar um legado usável que maximize seus benefícios e minimize seus custos". (p. 412).
6. Cohen, *A Consumers' Republic*, p. 32, citando um artigo de 1939 na *Harvard Business Review*.
7. Para detalhes, veja Cohen, *A Consumers' Republic*, pp. 347-349.
8. Os projetos de lei cruciais incluíam a Lei de Controle de Poluição do Ar, de 1962; a Lei de Qualidade da Água, de 1965; a Lei de Trânsito Nacional e Segurança de Veículos a Motor, de 1966; a Lei Nacional de Política Ambiental, de 1969; a Lei de Oportunidades de Crédito Iguais, de 1974; e a Lei de Controle de Substâncias Tóxicas, de 1976. Para uma lista completa, veja Cohen, *A Consumers' Republic*, p. 360.
9. O boicote foi organizado pelo sindicato National Association of Teachers in Further and Higher Education (NATFHE), em Manchester, e atraiu cerca de 700 adeptos internacionais. Rapidamente sucumbiu à oposição popular e à intervenção do primeiro-ministro Blair. Veja Francis Elliott e Catherine Milner, "Blair vows to end dons' boycott of Israeli scholars", *London Telegraph*, 17 de novembro de 2002. Outro boicote foi proposto um ano depois pela NATFHE, reacendendo a controvérsia. Para uma justificativa desses boicotes, veja www.academicsforjustice.org. Até mesmo democracias podem optar por boicotes que parecem injustos, mas pelo menos eles têm correspondido às condições mínimas de legitimidade e representam uma decisão "pública", e não privada.
10. Federal Trade Commission, "Marketing Violent Entertainment to Children", setembro de 2000. Apesar da aceitação quase universal do pedido de classificações, houve "poucas mudanças nas práticas de todas as três indústrias no que diz respeito a usar adolescentes na propaganda para a mídia popular de filmes classificados como violentos e restritos para menores de 17 anos, videogames recomendados a adultos e gravações consideradas de conteúdo explícito". O relato e um complemento da FTC de junho de 2002 mostraram que metade dos cinemas do país admite regularmente menores de 18 anos em filmes restritos para menores de 17 anos, enquanto produtores de música e videogames têm como principal público de seus produtos, conforme seus planos de marketing, pessoas que são demasiadamente jovens de acordo com seus próprios códigos de classificação. Para

uma discussão crítica, veja Joe Gross, "Senators Equate Hazards of Music, Film, Video Games with Tobacco", *Addicted to Noise*, 17 de junho de 1999.

11. Para um relato sucinto do debate anterior, veja Michael Scott, "The Tuna-Dolphin Controversy", *Whalewatcher Magazine*, vol. 30, nº 1, agosto de 1988.
12. Veja www.rugmark.org.
13. Cohen, *A Consumers' Republic*, p. 405.
14. Ibid., p. 406.
15. Uma ironia da proibição de boicotes é que ela é direcionada a "boicotes nacionais" por burocratas do comércio internacional que aparentemente não podem imaginar um boicote de consumidores que não seja patrocinado por um estado.
16. De um anúncio da Calvert Investments na *Kiplinger*'s, março de 2006.
17. Em seu *An Empire of Their Own: How the Jews Invented Hollywood* (Nova York: Crown, 1988), Neal Gabler conta a história da criação por Hollywood da mitologia americana na qual já vivemos. Ironicamente, essa mitologia de Hollywood é hoje considerada ameaçada por... Hollywood!
18. David Ansen, "Cliffhanger Classic", *Newsweek*, 15 de junho de 1981.
19. Leon Wieseltier, citado por Maureen Dowd, "Leave It to Hollywood", *New York Times*, 16 de agosto de 1997.
20. Maureen Dowd, escrevendo sobre o filme *Foi Sem Querer* em "Leave It to Hollywood", *New York Times*, 16 de agosto de 1997. Dowd conclui que "Spielberg, Lucas, 'Os Flintstones', Brady Bunches ao longo de gerações, contos de fada de Kevin Costner, Stallone e Schwarzenegger: seja impróprio para menores de 13 anos, impróprio para menores de 17 anos, ou o quer for, eles tratam seus públicos como crianças."
21. A descrição dos "internos" foi feita por Richard A. Rowland, chefe do estúdio Metro Pictures. Recentemente, a Sony e a Comcast compraram a United Artists (juntamente com sua empresa-mãe, a MGM). Para um quadro claro sobre os padrões de propriedade em Hollywood, veja os ensaios úteis e atualizados "Who Owns What", da *Columbia Journalism Review*, disponíveis em www.cjr.org/tools/owners/.
22. Essa demonstração de bom (e até mesmo transgressor) gosto da Academia de Artes e Ciências Cinematográficas foi tão surpreendente que o principal jornal americano publicou um editorial perguntando cinicamente se Hollywood poderia "apenas enviar um e-mail" explicando por que havia indicado para o prêmio de melhor filme do ano "filmes que são na maioria independentes, com baixos orçamentos e temas sérios". Mais incisivamente, o editorial propunha que as indicações poderiam ser "a resposta da academia à grave situação em que nosso mundo se encontra" ("Oh, Oscar!" *New York Times*, 2 de fevereiro de 2006).
23. Revelação completa: Weitz na verdade citou meu livro *Jihad X McMundo* ao discutir a filosofia por trás de seu filme *Uma Boa Companhia*, que aborda a ética da

hierarquia corporativa nos EUA, e o livro aparece nas mãos do personagem do presidente Staton na controversa comédia terrorista de Weitz *Tudo pela Fama*.

24. Tina Rosenberg, "Editorial Observer: What Lara Croft Would Look Like if She Carried Rice Bags", *New York Times*, 30 de dezembro de 2005. O jogo custou apenas US$ 350 mil para ser desenvolvido (contra US$ 7 milhões do jogo do Exército) e atraiu a Liga Nacional de Futebol Americano como parceira. Como no mundo real uma pessoa morre a cada cinco segundos de fome, na maioria crianças, e como muitos integrantes de forças de paz já morreram em campo, este é um caso raro em que o jogo é muito mais brando do que a realidade. Veja www.food-force.com.
25. Chris Suellentrop, "The Evildoers Do Super Mario Bros.: The War on Terror's leastfrightening video games", revista *Slate* (www.slate.com), 12 de agosto de 2005. Suellentrop testa e escreve sobre jogos islamitas que ele realmente jogou num ensaio interessante, que minimiza tanto sua ingenuidade quanto seu impacto.
26. Benjamin R. Barber, *Strong Democracy: Participatory Politics for a New Age*, edição do 20º aniversário (Berkeley: University of California Press, 2003), p. 274. (A edição original é de 1984.)
27. Neal Gabler, "When You Wish Upon a Merger", página de opinião, *New York Times*, 2 de fevereiro de 2006. *Walt Disney: The Triumph of the American Imagination* (Nova York: Knopf, 2006), de Gabler, defende o argumento de Thomas Frank apresentado acima, tratando certas figuras arquetípicas dos negócios da indústria de propaganda dos anos 1960 como inovadores e rebeldes contra a cultura tradicional dos negócios. Aqui, o capitalismo parece funcionar curando-se de seus males através da destruição criativa sobre a qual Joseph Schumpeter escreve.
28. No caso da campanha de Howard Dean, porém, ela realmente tentou explorar e tirar proveito da comunicação cidadão-a-cidadão, na qual elites e líderes eram menos importantes do que as práticas de fortalecimento da comunidade cívica. Em termos políticos, isto se tornou algo que foi além de uma virtude, como Dean descobriu na convenção partidária de Iowa. Ali, pareceu a alguns críticos que os partidários do Dr. Dean reunidos pela internet estavam mais interessados nas comunidades que eles estavam criando do que nos resultados políticos. Vários dos leais partidários da internet não participaram das caças ao voto, da convenção partidária e nem mesmo votaram. Para um relato do gerente da campanha do governador Dean que se dedicava à internet, veja Joe Trippi, *The Revolution Will Not Be Televised: Democracy, the Internet, and the Overthrow of Everything* (Nova York: Regan Books, 2004).
29. A hipocrisia nesses assuntos é grande. O Google insiste que essa censura é simplesmente uma boa prática de negócio: nada mais do que respeitar as regras e os regulamentos de seus clientes. Exceto pelo fato de que, aparentemente, o Google

se recusa a colaborar com seus clientes locais nos Estados Unidos da América, onde não tem colaborado com a tentativa do governo de bloquear a pornografia infantil e identificar seus usuários. Na China, é uma questão de direito dos clientes locais; nos Estados Unidos, é uma questão de direito à privacidade e à liberdade. A idéia é dar crédito a princípios, mas a única consistência evidente aqui é o lucro: colaborar com a China mas resistir às intrusões do governo dos EUA ajuda os negócios dos dois lados do Pacífico. Para mais informações, veja Arshad Mohammed, "Google Refuses Demand for Search Information", *Washington Post*, 20 de janeiro de 2006.

30. Lee Drutman e Charlie Cray, *The People's Business: Controlling Corporations and Restoring Democracy* (São Francisco: Berrett-Koehler, 2004).
31. Harold Bloom, *The American Religion: The Emergence of the Post-Christian Nation* (Nova York: Simon & Schuster, 1992), p. 22.
32. Robert N. Bellah, Richard Madsen, William M. Sullivan, Ann Swidler e Steven M. Tipton, *Habits of the Heart: Individualism and Commitment in American Life* (Berkeley: University of California Press, 1985), p. 219.
33. Veja Jeff Faux, *The Global Class War: How America's Bipartisan Elite Lost Our Future — and What It Will Take to Win It Back* (Hoboken, Nova Jersey: John Wiley & Sons, 2006). Faux foi presidente fundador do Instituto de Política Econômica, de tendência esquerdista. Economista de Harvard, Jeffry A. Frieden, um analista mais de centro, escreve em sua história sobre o capitalismo global que o sucesso é tudo menos inevitável e depende em parte da liderança de nações poderosas, como a Inglaterra do século XIX e os Estados Unidos do século XX. Veja Jeffry A. Frieden, *Global Capitalism: Its Fall and Rise in the Twentieth Century* (Nova York: W. W. Norton, 2006).
34. Jeffrey Sachs, *The End of Poverty: Economic Possibilities for Our Time* (Nova York: Penguin Press, 2005).
35. Michael Wines, "Hope for Hungry Children, Arriving in a Foil Packet", *New York Times*, 8 de agosto de 2005.
36. Veja Sachs, *The End of Poverty.*
37. No programa de televisão *Charlie Rose*, da PBS, em 26 de junho de 2006. Buffett, a segunda pessoa mais rica do mundo, depois de Bill Gates, ofereceu a maior parte de sua fortuna de US$ 30 bilhões à Fundação Gates.
38. A hierarquia de necessidades de Abraham Maslow inclui reconhecimento de capacidades pessoais, necessidades estéticas, necessidades cognitivas, estima, amor e entrosamento, segurança e necessidades fisiológicas (materiais). Brazelton e Greenspan incluem "o cultivo permanente de relacionamentos; proteção física, segurança e regulação; experiências de acordo com diferenças individuais; necessidade de experiências apropriadas em desenvolvimento; necessidade de estabelecer limites, estrutura e expectativa; necessidade de comunidades estáveis e de

apoio, e continuidade cultural; proteção para o futuro" (*The Irreducible Needs of Children:What Every Child Must Have to Grow, Learn, and Flourish* [Cambridge, Massachusetts: Perseus, 2000]).

39. Brazelton e Greenspan, *The Irreducible Needs of Children*, p. x.

40. De acordo com a Organização para Cooperação e Desenvolvimento Econômico (OECD), em 2004 a contribuição dos Estados Unidos para a ajuda externa foi de aproximadamente 0,17% do PIB, a segunda mais baixa depois da Itália, com 0,15% do PIB. Apenas alguns países corresponderam ao índice de 0,7% estabelecido pelos Objetivos de Desenvolvimento no Milênio. Da lista da OECD de 22 países, apenas Luxemburgo, Holanda, Noruega e Suécia excederam os 0,7%, enquanto 14 países ficaram abaixo de 0,4%. Veja o site da OECD www.oecd.org/dataoecd/40/3/353879786.pdf. Dados completos estão disponíveis no site Sustainable Development: www.globalissues.org/TradeRelated/Debt/UsAid.asp.

41. C. K. Prahalad, *The Fortune at the Bottom of the Pyramid: Eradicating Poverty Through Profits* (Upper Saddle River, Nova Jersey: Wharton School Publishing, 2004), pp. xi-xii. A publicação de dois artigos, "The Fortune at the Bottom of the Pyramid" em *Strategy + Business* (janeiro de 2002), com Stuart L. Hart, e "Serve the World's Poor, Profitably" em *Harvard Business Review* (setembro de 2002), com Allen Hammond, marcou o sucesso de Prahalad no avanço de suas idéias na comunidade de negócios.

42. Para mais informações, veja David Bornstein, *The Price of a Dream: The Story of the Grameen Bank and the Idea That Is Helping the Poor to Change Their Lives* (Chicago: University of Chicago Press, 1997).

43. De fato, um dos problemas do microcrédito tem sido o fato de instituições como o Grameen Bank, que oferecem uma primeira rodada de empréstimos, serem superadas mais tarde por bancos grandes, que não se dispõem a correr o risco inicial mas que querem lucrar em segundas e terceiras rodadas de empréstimos, quando os ganhadores de empréstimos já provaram sua capacidade de usar o financiamento.

44. Assim, argumentou Yunus: "Ao fixar a taxa de juros, a taxa de juros do mercado é tomada como taxa de referência, e não como a taxa dos emprestadores de dinheiro. Alcançar os pobres é sua missão não-negociável. Alcançar a sustentabilidade é um objetivo direcional. É preciso alcançar a sustentabilidade logo que possível, de modo que se possa expandir o alcance sem restrições de fundos." Yunus também dá grande prioridade à construção de um capital social, que ajuda a sustentar os indivíduos em seus novos esforços. Muhammad Yunus, "What Is Microcredit?", janeiro de 2003, disponível online em www.grameen-info.org/mcredit/.

45. Alan Budd, "A Mystery Solved", *Times Literary Supplement*, 15 de dezembro de 2000.

46. Hernando de Soto, *The Mystery of Capital: Why Capitalism Triumphs in the West and Fails Everywhere Else* (Nova York: Basic Books, 2000), p. 49.

47. Allen D. Kanner, "Globalization and the Commercialization of Childhood", *Tikkun*, vol. 20, nº. 5 (2005), p. 49.
48. Veja Peter W. Singer, *Children at War* (Nova York: Pantheon, 2005). Crianças soldados costumavam ser raras, mas agora, como mostra Singer, são lugar-comum na África e em áreas do sudeste da Ásia. Até mesmo as forças armadas dos EUA fazem campanha para atrair jovens recém-saídos da escola secundária, prometendo que se eles prestarem o serviço militar terão carreiras e rendas que permitirão tornar-se consumidores.
49. No início do novo milênio, a Índia tinha apenas um canal de televisão para crianças, o Cartoon Network. Hoje, tem nove ou dez, com corporações globais como a Nickelodeon, a Disney, a Sony e a Turner pressionando para conquistar fatias maiores do mercado. Marcas mundiais, como McDonald's, espalham-se no mundo não apenas via franquias, mas através de ligações com bandas como a Destiny's Child, cuja turnê mundial em 2005, patrocinada pelo McDonald's, incluiu não apenas Reino Unido, França, Alemanha e Espanha, mas também Japão, Austrália e Brasil.
50. Amartya Sen, *Development as Freedom* (Nova York: Alfred A. Knopf, 1999), p. 147.
51. Ibid., p. 151.
52. Ibid., p. 152.
53. Jean-Jacques Rousseau, *Fragments politiques* (Paris: Gallimard, 1964), vol. 2, p. 510.
54. A Nike é apenas um dos invasivos patrocinadores das Olimpíadas: "Havia apenas 2.500 atletas aqui [nas Olimpíadas de Inverno de Turim em 2006]", escreve Sally Jenkins, "comparados aos dez mil convidados dos onze principais patrocinadores olímpicos — incluindo Visa, Coca-Cola e McDonald's — que pagam cerca de US$ 50 milhões, cada um deles, por direitos de patrocínio" (Sally Jenkins, "A Fiat Caveat: Don't Urbanize the Olympics", *Washington Post*, 27 de fevereiro de 2006).
55. David Chandler aborda criticamente o que chama de "conceito imaginário" de sociedade civil global, argumentando que esse conceito está mais sintonizado com interesses do poder estatal e da elite econômica do que com os interesses de governança internacional normativos sobre os quais escrevem Mary Kaldor, David Held e outros ardentes defensores da sociedade civil global. Veja David Chandler, *Constructing Global Civil Society: Morality and Power in International Relations* (Basingstoke, Reino Unido: Palgrave Macmillan, 2004). Para os interessados em acompanhar o debate acadêmico sobre esses assuntos, a nova revista *Globalizations*, com sede em Newcastle upon Tyne, na Inglaterra, é extremamente útil.
56. Grifo acrescentado. Esta é a definição da cientista política Anne-Marie Slaughter em seu *A New World Order* (Princeton, Nova Jersey: Princeton University Press, 2004), p. 18. Veja também a entusiasmada análise de John Keane em seu *Global Civil Society?* (Cambridge: Cambridge University Press, 2003).

57. "A ética de assistência cria preocupação e receptividade mútua a necessidades tanto no nível pessoal quanto no nível social mais amplo", e pode ser associada a preocupações feministas que suavizam a visão hobbesiana patriarcal do mundo social que domina o pensamento sobre o mercado global (Virginia Held, *The Ethics of Care: Personal, Political, and Global* [Oxford: Oxford University Press, 2006], p. 28).
58. Veja Robert D. Putnam, *Bowling Alone: The Collapse and Revival of American Community* (Nova York: Simon & Schuster, 2000), capítulo 20.
59. Kwame Anthony Appiah, *Cosmopolitanism: Ethics in a World of Strangers* (Nova York: W.W. Norton, 2006), p. xviii.
60. O frontispício de "On Liberty", de Mill, é extraído de *The Sphere and Duties of Government*, de Karl Wilhelm von Humboldt, traduzido para o inglês em 1854.
61. Para uma análise desse argumento no contexto da derrota da Constituição Européia em 2005 e das relações transatlânticas entre progressistas, veja Benjamin Barber, "Dreamers Without Borders", *The American Prospect*, agosto de 2005, pp. 39-42. Minha nova organização subordinada ao CivWorld, chamada The Paradigm Project, destina-se a facilitar o pensamento global entre internacionalistas que buscam maneiras de incentivar a colaboração através de fronteiras. Veja www.civworld.org.
62. Held, *The Ethics of Care*, p. 119.
63. Nancy Kranich, "The Information Commons: A Public Policy Report", Free Expression Policy Project, Brennan Center for Justice na NYU School of Law, 2004, p. 1, disponível online em www.fepproject.org (grifo como no original). Veja também John Willinsky, *The Access Principle: The Case for Open Access to Research and Scholarship* (Cambridge, Massachusetts: MIT Press, 2006).

ÍNDICE

Número de páginas a partir de 379 se referem a notas.

Este livro foi composto na tipologia
ClassGaramond Bt, em corpo 10,5/15, e impresso
em papel off-white 80g/m² no Sistema Cameron
da Divisão Gráfica da Distribuidora Record.

#ECN03962
Consumido: como o mercado corrompe
crianças, infantiliza adultos

Seja um Leitor Preferencial Record
e receba informações sobre nossos lançamentos.
Escreva para
RP Record
Caixa Postal 23.052
Rio de Janeiro, RJ – CEP 20922-970
dando seu nome e endereço
e tenha acesso a nossas ofertas especiais.

Válido somente no Brasil.

Ou visite a nossa *home page*:
http://www.record.com.br